漫长的余生

一个北魏宫女和她的时代

果てしない余生

ある北魏宮女とその時代

羅新 著

田中一輝 訳

人文書院

目次

凡例

一、本書は羅新『漫長的余生 一個北魏宮女和她的時代』（北京日報出版社、二〇二二年）の邦訳である。

一、原書各章には漢文四字の章題が付されているが、訳書ではその書き下し文を掲載した。ただし、緒言（原文「引言――時間停止」）・余韻（原文「余音――時間休止」）及びあとがき（原文「後記」）は現代日本語に翻訳した。

一、原書に引用されている伝世文献の漢文に関しては、原則として現代日本語訳を掲載した。ただし原漢文の引用が必要な箇所に関しては、原漢文と現代日本語訳を併記した。注もこれに準ずる。

一、墓誌の題記は原漢文を掲載した。墓誌本文のうち、序文は現代日本語訳を、銘文は書き下し文をそれぞれ掲載した。注もこれに準ずる。

一、詩・賦に関しては原則として書き下し文を掲載した。ただし俗語の歌謡に関しては、現代日本語訳を掲載した。注もこれに準ずる。

一、丸括弧（ ）内は原書にある著者の補足説明である。亀甲括弧〔 〕内は訳者の補足説明である。注もこれに準ずる。

一、注において訳注をつける場合、原注に続いて〔訳注〕と記し、その後に訳注を付した。

一、難読漢字にはルビを付した。注もこれに準ずる。

一、原書にある挿図・イラストは原則としてそのまま掲載した。ただし原図に簡体字で表記されている箇所については、日本の漢字に改めた。

一、原書所掲の挿図以外に、地図・系図を掲載した。

一、原書本文に言及されている墓誌等の石刻史料の拓本図版は一部を除き掲載した。ただし挿図の出典は原書の注に紹介されているものとは必ずしも同一ではない。

一、原書所掲の挿図、訳書所掲の地図・系図・石刻史料拓本には通し番号とキャプションを付した。原書所掲のイラストも訳書に掲載したが、これには番号・キャプションともに付していない。図の出典は訳書末尾に一括して掲載した。

果てしない余生——ある北魏宮女とその時代

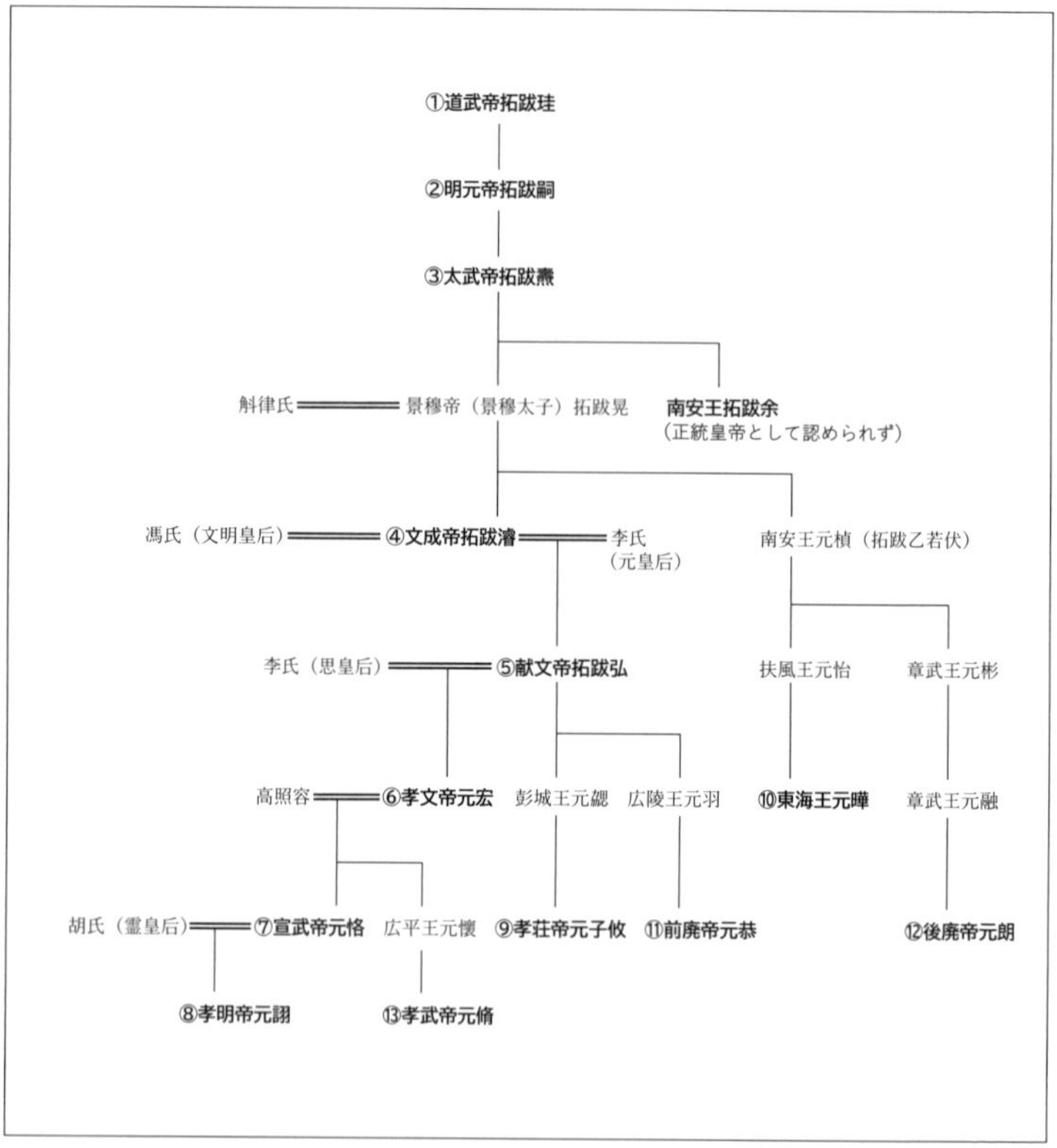

図１　北魏皇帝系図（ゴシックは皇帝、数字は即位順）

緒言――慈慶の死

北魏正光五年（五二四）、孝明帝元詡《げんく》は一五、六歳となり、即位して一〇年がたっていた。南方では梁の普通五年、武帝蕭衍は在位二三年目であり、既に六一歳ではあったが、さらに在位期間が二五年も続くことを、当時の人々は知りえなかったであろう。この年の前後は、政治史から見るならば、梁は平板であり、とりたてて大きな事件もなく、特筆すべきこともなかった。これは社会が安定し、政治が平穏であったことを意味している。北魏は全く異なっており、一〇〇年にわたる上昇期と繁栄期の後、西部の秦隴《しんろう》地方と北辺の六鎮《りくちん》〔沃野鎮・懐朔鎮・武川鎮・撫冥鎮・柔玄鎮・懐荒鎮〕から、本来王朝の統治の基礎を構成していたはずの城民や鎮民が反乱を起こし始めたのであり、長きにわたる全国規模の政治的動乱の幕が切って落とされた。後世の人間は歴史を読んでここに至ると、不意に心が落ち着かなくなるが、この当時、彼ら後世の人間の見たところを知る人間などいるはずもなく、底辺社会と遥かなる辺境における強烈な震動は、官僚体制の硬直化といういっそうの選別を経て洛陽の朝廷に伝わり、月下における天淵池〔洛陽の宮城にある園池〕のわずかな波紋ほどに大いに衰えてしまった。

この年の五月七日（グレゴリオ暦五二四年六月二三日）、八六歳の老尼である慈慶が洛陽昭儀尼寺にて亡くなった。仏教徒のいう「遷神」である。(1) 彼女は早くに出家し、ずっと宮中に住んでいたが、この年の四月三日（五二四年五月二一日）に「はやり病にかかり、外寺に移った」らしく、季節性の流行病に感染し、規則に基づき宮中から出され、そのため宮外の昭儀尼寺に移ったのであろう。『洛陽伽藍記』によれば、昭儀尼寺は「東陽門内一里、御道の南」にあったという[2]。洛陽城の内城東城壁には三つの門があり、北から建春門・東陽門・青陽門という。東陽門から西に直進すると銅駝街《どうだがい》の大道、すなわち「御道」に通じており、昭儀尼寺はその御道の南側に位置していた。『洛陽伽藍記』はこの寺が「宦官たちが建てた」といっており、寺名が昭儀なのは、この寺がはじめ宦官（あるいはさらに宮女たちも含まれたかもしれない）の某昭儀によって建てられたことによるようであるが、この昭儀は必ずしも比丘尼《びくに》ではなく、仏教を信仰して祈願するためだけであったかもしれない。

　北魏が洛陽に遷都して以降、廃されるかあるいは勢いを失った后妃たちの中には出家して尼になった者が少なからずおり、自ら望んでそうなったか否かはおくとして、仏教が伝播する以前の宮廷女性と比較すると、比丘尼の身分は彼女たちにある程度の自由と生まれ変わりを与えたのであり、少なくともある種の相対的に独立した社会生活を保持することはできた。洛陽城西城壁の閶闔門《しょうこうもん》（北から二番目の城門）の内部で、宮城の千秋門と直に対する御道の北には、著名な瑶光尼寺《ようこうにじ》があるが、これは孝文帝の廃皇后馮氏《ふうし》、宣武帝の皇后高氏や孝明帝の皇后胡氏のような、もっぱら特殊な身分の出家者のために用意されたものである。『洛陽伽藍記』によれば、瑶光尼寺は「尼房が五〇〇間以上あり」、装飾は贅を極め、「椒房・嬪御が道を学ぶところであり、宮中の美人もその中にあった」というが、出家者だけではなく、宮中の高貴な女性もここに来て道を学び仏を敬ったことが分かる。これらは当然ながら経済的な支援があったことを意味している。同様の経済力を備えているのは貴族の若い女性であり、「名族の処女で信心厚い者は、髪を剃って辞親し、この寺にやってくる」。洛陽の複雑な社会ネットワークにおいて、瑶光尼寺は宮中の内外を貫通し、上下僧俗を繋げる独特な性質があった。

　しかし老尼慈慶は瑶光尼寺で出家したのではなく、彼女は出家後も、病気で亡くなるまで宮中に居住していた。宮中には仏寺があったが、おおよそ出家した女性がなおも宮中にいたまま仏を信仰するためであろう。しかし出家者の身分は特殊であり、彼女たちが出家前に宮中にいたときの制度や規則と比較すると、多少は自由があり、宮城の垣は絶対的な人生の境界であったというわけではなくなったようである。もし一定の経済的な支援があれば、彼女たちは宮中の内外を行き来できることを利用して、宮外に寺を建てることができたのであり、これらは宮中の寺院と異なることにちなんで、外寺と呼ばれた。宮中の寺は文献の記録からは確認できないが、外寺という名称からはそれと対照的な内寺なるものが存在していたことをうかがわせる。昭儀尼寺はこうした外寺の一つであり、広大さ・豪奢さは瑶光尼寺に及ばなかったが、内外を結びつけ僧俗を繋げるという役割にはそれほど違いはなかった。(3)

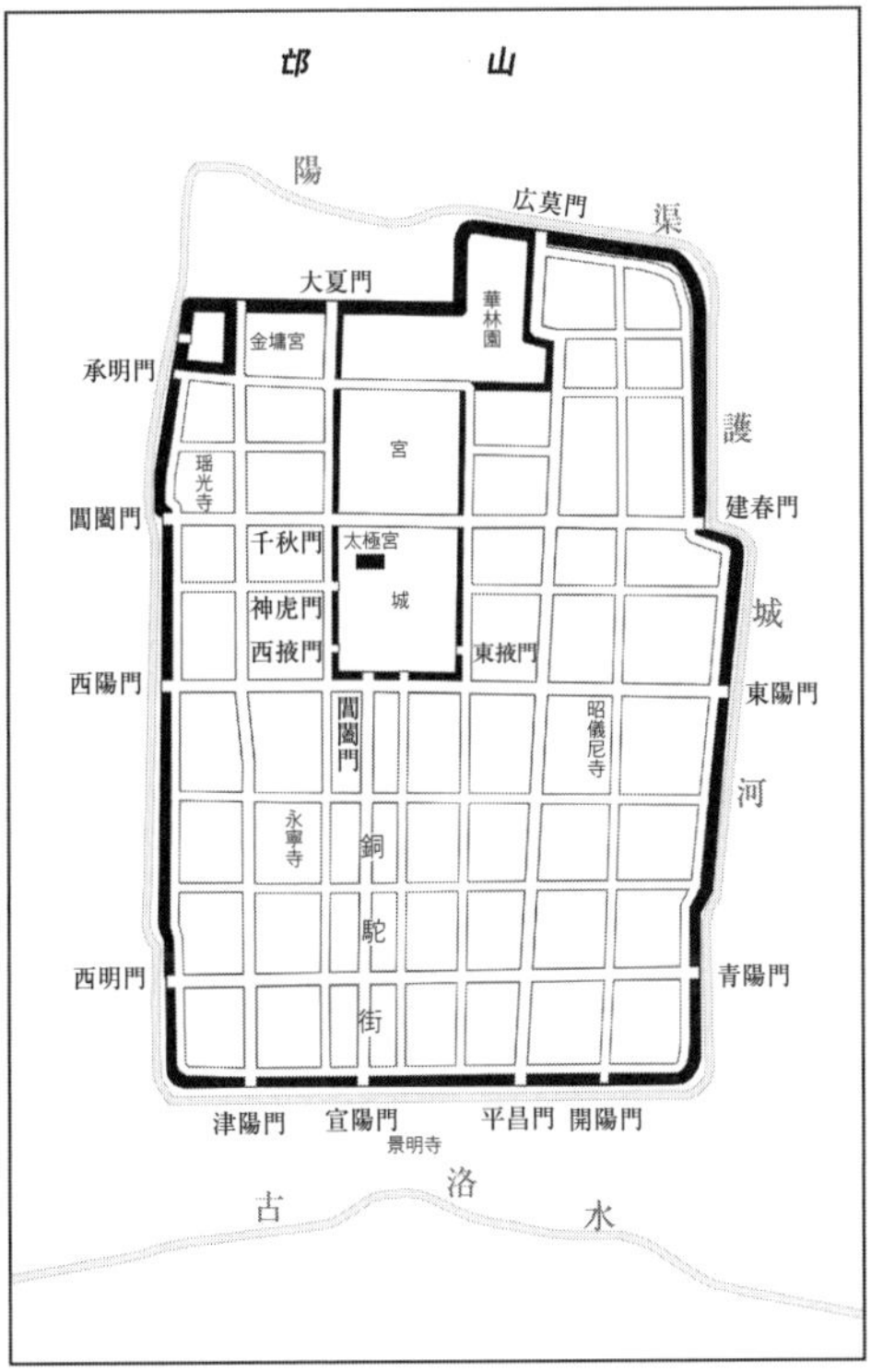

図２　北魏洛陽城内城図

『洛陽伽藍記』によれば、昭儀尼寺の塑像《そぞう》は仏が一体、菩薩が二体であり、「つくりは精巧であり、京師《けいし》〔洛陽〕には他にないものであった」と

いう。芸術レベルが極めて高いこれら三尊の塑像は毎年仏誕（四月八日）の「行像」に参加する。北魏の首都が平城にあった時代には四月八日の行像は極めて盛大であり、重大な祝祭日となっていた。太武帝は即位したばかりの時には前二代の皇帝の崇仏政策を継承し、「四月八日、諸々の仏像を輿に載せて大通りを行き、皇帝自ら門楼に臨御し、仏像に散花し礼敬した」と『魏書』釈老志はいっている(4)。この式典は南アジアや中央アジアから中国にもたらされたものであり、『法顕伝《ほっけんでん》』や『大唐西域記』にも関連する記録がある。経済レベルが大いに高められた洛陽遷都以後の北魏では、行像の式典の盛んさは以前をはるかに超越していた。この日は盛んに仏像を装飾し、車輦に載せ、都城の内外をめぐり、大衆の礼拝を受け、多種多様の伎楽の演奏を伴わせ、活気をみなぎらせていた。

『北史』外戚伝は胡太后の父である胡国珍が、「年老いても、もとより仏法を敬い」、積極的に仏誕の行像に参加していたことを伝えている。老尼である慈慶が病により宮中を出る六年前、すなわち神亀元年の仏誕の行像式典において、胡国珍は八〇歳という高齢ながらこれに参加していた。まず彼は前日、すなわち四月七日（五一八年五月二日）に家を起ち、自身が出資して鋳造した仏像を閶闔門に送っている。彼は仏像の後ろにおり、「鋳造した仏像につきしたがい、自分の邸宅から閶闔門までの四、五里を行った」と称されるほど、全コースを歩行した。八日、彼は「また立って像を見」たが、これは立ったままなってようやく座ることを示し（閶闔宮門の楼上に立っていたのであろう）、一日中立ちっぱなしで、「晩に行像の大典を見たことを肯《が》んじた」という。この疲労によりついに倒れ、「高熱が出、そのまま寝込んでしまった」。胡太后が「自ら薬膳を振る舞い看病したが」、結局老い先の短い余生であり、四日後の四月一八日（五一八年五月七日）にこの世を去った。(5)『魏書』が「時節ごとに物忌みし、自らつとめて礼拝した」というように、彼は年老い体が弱ったときにも礼によって仏像の前で跪拝した。(6)胡国珍の故事は、当時における行像の熱狂の一斑を伝えている。

『洛陽伽藍記』は洛陽の各寺の何千体もの仏像が前日（四月七日）に先に城南の景明寺に送られ、次の日に巡遊して洛陽城に入ると述べる。昭儀尼寺の三尊の塑像はそのたぐいまれな美しさから、景明寺に送られたとき、寺内の三尊の仏像が担ぎ出されて迎えられたのであり、これは「仏を以て仏を迎える」などと呼ばれた。二日目の仏誕当日には、一〇〇〇尊もの大像が車輦に載せられ、順番に列をなし、洛陽城の正南門である宣陽門から入城し、南北を貫く銅駝街を通って閶闔宮門の前に至り、皇帝は宮門楼の上から下に向けて散花するのである。

ときに金花は日光をうけて光り輝き、宝蓋は雲に浮かび、幢幡《どうばん》は林のごとく並び立ち、香煙は霧のごとくあたりを包んでいた。仏教の音楽が天地に鳴り響き、百戯は勢いよく躍り上がり、そこら中が人だかりであった。名僧徳衆は錫杖を手にして群れをなし、信徒法侶は花を持って藪をなした。

車や馬はひしめき、相互に押しのけ合っていた(7)。

　慈慶は四月三日に病を発し、遅くとも一両日のうちに昭儀尼寺に移った。四月七日は昭儀尼寺の一仏二菩薩の三像が景明寺に送られたときであり、寺中の多くの尼は無関心な態度を取り、それは慈慶も病にかかりながら分かっていた。翌日には洛陽城で行像が行われ、歓声は天にとどろき、それは慈慶にも聞こえていた。しかし、このとき彼女の病は重くなっていたため、この行事に関心を持っていたとは限らない。昭儀尼寺には池があり、一説によればこれは西晋石崇の緑珠楼下の池であったという。寺内の仏堂の前には「酒の木や麺の木」があったとされ、おおよそヤシを指すのであろうが、当時の洛陽では珍しい樹木として扱われた。しかし池がよく、珍しい樹木もよかったとしても、慈慶にはもはやそれらを鑑賞して楽しむことはできなくなっていた。

　慈慶の病が深刻化していた四月二七日（五二四年六月一四日）、孝明帝元詡は昭儀尼寺に見舞いに赴いた。「皇帝は自ら見舞い、朝から晩まで、自ら薬剤調合を監視した」が、孝明帝がここに丸一日滞在し、他人が慈慶のために薬を煎って治療しているのを見たことは、彼のこの老保母に対する深く厚い感情を反映している。この時期に胡太后が元叉・劉騰らによって宣光殿に軟禁されて既に五年が経っていたことを考慮するならば、孝明帝がこのように慈慶に対する感情をあらわしたことには、他に深い意味があったであろう。慈慶は臨終に際し、国家統治のための献策にまで及ぶ、孝明帝への伝言をなおも忘れてはいなかったといわれ、それがいわゆる「病気が重くなり、呼吸が絶えようとしても、なおも遺言を献じ、政道を褒め称えた」である。これは当然ながら慈慶が国家を思いやったことを示すものではないが、彼女自身が育てた孝明帝に対する感情を多少なりともあらわすものではある。

　五月七日の午後、慈慶は昭儀尼寺にて「遷神」した。二日目に皇帝の手詔によって追悼され、かつ細かな後事が指示され、慈慶に尼僧の最高官職である比丘尼統が追贈された。葬式は宦官の中給事中王紹によって監護され、「贈物は一五〇〇段に及んだ」。皇帝は「史臣に命じて墓誌銘を作らせ」たが、尼僧の死後の栄誉として、これよりも高いものはなかった。墓誌は特別に孝明帝の手詔を収録しており、慈慶の栄誉の高さを明らかに示している。この年の六月一八日（五二四年八月三日）慈慶は北邙山《ほくぼうざん》に葬られた。一連の出費の額は宮中からのものとは別の支出なのか、という点については、「贈物は一五〇〇段に及んだ」から換算しても、あまりはっきりはしない(8)。

　孝明帝は「史臣に命じて墓誌銘を作らせ」たが、これは朝廷の文章作成専門の官僚である中書舎人常景が慈慶のために墓誌銘を撰したことを指す。常景は北魏の宣武帝・孝明帝時代の比較的重要な文人・書家であり、洛陽の宮殿門閣や里名は、彼と劉芳によって制定されたものである。胡太后は彼を褒め、永寧寺碑の作成を依頼した。魏収は『魏書』にて彼の列伝を設け、彼の多くの詩文を収録したが、明らかにこの先輩を重んじており、かつその評価は高く、それは当時名声の高かった袁翻《えんほん》や祖瑩《そえい》をも超越していた。『洛陽伽藍記』は常景が「勤勉・博識で、名を全国に知られ」、官位は高くなかったとはいえ、「家にいるときは倹約につとめ、農家にも等しく、ただ経史を有するのみであったが、それは荷車や書架がいっぱいになるほどであった」という。『魏書』は彼が「清く倹約につとめ自ら品行を守り、産業を営まなかった」が、鄴城《ぎょうじょう》に遷都したときも、高歓が特に四両の牛車を与えなければ、彼とその一家は行かなかったと述べている。彼が慈慶のためにあらわした墓誌の、少なくとも文学的な水準は当時において一流であった。

　常景が撰した墓誌は誌石に刻され、慈慶の遺骨とともに北邙山の黄土の下に埋められたが、これはいわゆる「百年同じく謝す西山の日、千秋万古北邙の塵」（唐の劉希夷の詩）であった。この文は常景の文集に収録されたが、彼の文集が唐代に散逸するにしたがい、墓誌の文も誰にも見られなくなった。しかし地はこの宝を愛さなかったのか、墓誌は一九二〇年代に再び日の目を見ることとなった（当然慈慶の墓が盗掘されたことを意味する)。郭玉堂の記録によれば、「(慈慶墓誌は)民国一二年陰暦三月、洛陽城東山嶺頭村南唐五里の小さな墳丘墓から出土した。墓誌の誌石の厚さは三寸であった」といい[9]、墓誌が一九二三年四月中旬から五月中旬の間に出土したことが分かる[10]。拓本が流通し、北京図書館が一部を購入し、趙万里の『漢魏南北朝墓誌集釈』に著録された[11]。まさしくこの墓誌は長い歳月をかけて深いところに埋没していた慈慶を我々の眼前に送り届けてくれたのである[12]。

もし常景の撰したこの墓誌がなければ、慈慶の八六年にわたる人生は淡い霧のように虚空に消えて、それにともなって彼女に関係する歴史の節目となるような意義をそなえた多くの事件や事実もなくなっていたであろう。墓誌のおかげで、我々は遥かに昔のことをうかがうことができるのである。

墓誌によれば、慈慶は北魏太武帝太延五年(宋文帝元嘉一六年、四三九)であり、彼女が出家したのは北魏孝文帝太和二〇年かあるいは二一年(四九六もしくは四九七)、出家以前は宮女であり、俗名は王鍾児《おうしょうじ》であったという。平城皇宮の一宮女となる前、王鍾児は南朝劉宋の中下層官僚の家庭に育ち、同じような階層の夫の家に嫁いだが、後に南北朝の戦争により、北方に拉致され、奚官《けいかん》の、卑賤の身で虫けらのような奴婢となり、平城に送られて宮女となった。王鍾児が三〇歳になったこのとき、彼女にとっては、人生で天を驚かせるほどの大事が発生し、正常な生命の軌跡はにわかに停止し、残ったのは暗く寄る辺のない余生であった。彼女が北魏皇宮で五六年も生活することを誰が予想できたであろうか。

まさしく果てしない余生である。

以後は王鍾児/慈慶がこの果てしない余生をいかに過ごしていったかを見ていくこととしよう。

＊　＊　＊

墓誌全文(13)

魏故《もと》比丘尼統慈慶墓誌銘

尼の俗姓は王氏、字《あざな》は鍾児、太原祁《き》の人、宕渠《とうきょ》太守虔象《けんしょう》の娘である。生まれつきつつましく、天賦の気はすばらしく、資質は盛んであり、理知・心情は純潔で美しく、志は深遠であった。ゆえに温厚・聡明の様は幼年期から始まり、柔和で規律に従順であり成年の品徳に勝っていた。二四歳にして、故の予州主簿・行南頓太守の恒農の楊興宗に嫁いだ。心を外族に合わせ、礼をとって妻としてつとめ、機織りの仕事はすばらしく、婦人ののっとる儀礼はただ誠実であった。当時宗父坦之が長社県の令となり、一家を率いて赴任し、予州に寓居することとなった。たまたま玄瓠《げんこ》鎮将の汝南人常珎〔珍〕奇が城に拠って反乱を起こし、外部からの侵略に呼応した。王の軍は討伐にあたり、略奪されて奚官に没した。そのまま恭宗景穆皇帝の昭儀斛律《こくりつ》氏に直接養われることとなり、文昭皇太后とは姉妹のようであった。太和年間に、出家することを強く求め、そこで宮中に入った。尼としての素行は、上下に対してともにうまく合い、純真であることを守り、いよいよ終始を貫いた。これによって忍辱《にんにく》精進し、徳は法流を尊び、仁愛に満ち温和にして恭しくかつ麗しく、行いはあまたの宮女の中でも冠たるものであった。先帝を幼年のときより養育し、聖なる身体を生まれたときから守ってきた。苦労してつとめ励んだが、その心を怠らせたことはなかった。力が衰え年齢を重ねても、あえてやめることはしなかった。これもまた正道の帰するところ、仁愛・誠心の結ぶところである。正光五年、尼は八六歳にして、四月三日に突然疫病にかかり、外寺に移り住んだ。その月の二七日、皇帝は自ら見舞い、朝から晩まで、自ら薬剤調合を監視した。病気が重くなり、呼吸が絶えようとしても、なおも遺言を献じ、政道を褒め称えた。五月庚戌朔七日丙辰に昭儀寺にて遷神した。皇帝は哀悼し、手詔を書き、「尼は五朝に仕え、三帝を崇め、英名の耆老にして、法門の宿老であった。また東華門が建てられた〔皇太子に立てられた〕日、朕《わたし》が生まれたばかりのとき、常に恩勅を被り、〔朕の身を〕任されて側について守っていた。昨日の申の刻、突然殞逝した。朕は自ら悲しみ、衷心から慎み深くした。葬具を給すべきであり、〔それについては〕全て別勅にしたがえ」と述べた。中給事中王紹が葬式を監督し、贈物は一五〇〇段に及んだ。また比丘尼統を追贈した。一八日に洛陽北芒《ほくぼう》〔北邙〕の山に葬った。そこで史臣に命じて墓誌銘を作らせた。その詞は次の通りである。

道性 寂たりと雖も、淳気未だ離れず、沖凝するも揆を異にし、緇素 規を同じくす。於《ああ》昭らかにして淑敏たり、寔《まこと》に粋にして光儀たり、雲の如く岫より出で、月の若く池に臨む。契闊して家艱《くる》しみ、世故に屯亶《ちゅんてん》するも、命を信じ時を安んじ、初睽 末《いま》〔未〕だ遇わず。孤影 彰し易く、窮昏 曙《あ》け難く、迹を四禅に投じ、誠を六渡に邀《むか》う。直心 既に亮《あき》らかにして、練行 斯れ敦《あつ》く、洞窺して想うに非ず、玄照して言う無し。往《かつ》て眷渥を荷《にな》い、茲《ここ》に隆恩を負い、空しく落暑を嗟《なげ》き、徒《いたずら》に告存に勖《はげ》む。壑《たに》に停まるも久しからず、徂舟 舎つる無く、気 安般を阻み、神 旦夜に疲る。翠儀に延佇し、鑾駕を淹留し、彩を滅ぼし機に還り、襟を夷《ほろ》ぼし化に従う。悲しみ 四衆に纏い、悼み 両宮を結ぶ。哀数厚きを加え、窆礼 崇《たか》きを増す。泉幽 景《かげ》を閟《かく》し、隴首 風を棲まわす。名を揚げて始まりを述べ、石に勒して終わりを追わん。

征〔征〕虜将軍・中散大夫・領中書舎人常景の文、李寧民の書。

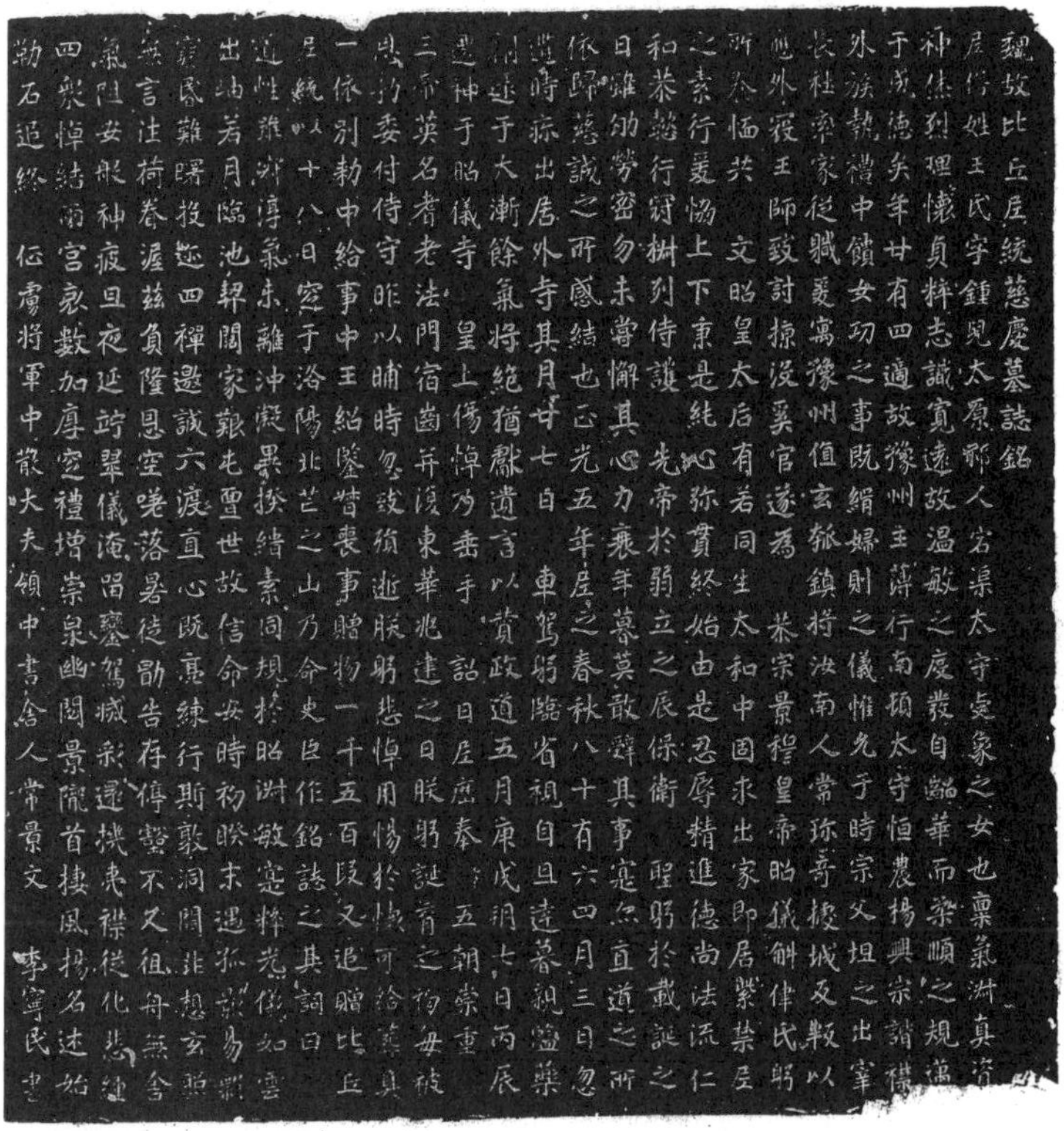

図３　慈慶（王鍾児）墓誌

注

（1）以下の諸例にある通り、中古の僧尼はその死を遷神と呼んだ。宝唱『比丘尼伝』巻一 司州令宗尼伝「会話が終わらないうちに、たちまちに遷神した」（王孺童『比丘尼伝校注』、中華書局、二〇〇六年、三三頁）。慧皎《えこう》『高僧伝』巻七 宋京師東安寺釈慧厳《えごん》伝の劉宋文帝の言に「たちまち遷神し、懐に痛悼する」（湯用彤校注・湯一介整理『高僧伝』、中華書局、一九九二年、二六三頁）とある。道宣『続高僧伝』には用例が多いため、ここでは贅言しない。墨香閣蔵東魏女尼曹道洪墓誌は、道洪の死を「魏武定元年一一月一日をもって遷神した」（葉煒・劉秀峰主編『墨香閣蔵南北朝墓誌』、上海古籍出版社、二〇一六年、五四～五五頁）と伝える。

（2）楊衒之《ようげんし》『洛陽伽藍記』巻一。版本は范祥雍校注『洛陽伽藍記校注』（上海古籍出版社、一九七八年）による（五四～五五頁）。

（3）比丘尼のこうした独特の自由さは南朝にも見られ、ゆえに『宋書』巻九七 蛮夷伝は「諸々の寺の尼は宮掖に出入りし、后妃と交流した」という（中華書局標点本（修訂本）、二〇一八年、二六一九頁）。

（4）『魏書』巻一一四 釈老志（中華書局標点本（修訂本）、二〇一七年、三三九四頁）。

（5）『北史』巻八〇 外戚伝（中華書局標点本、一九七四年、二六八八頁）。

（6）『魏書』巻八三下 外戚伝下（一九八二頁）。

（7）范祥雍校注『洛陽伽藍記校注』一三一～一三三頁

（8）呉麗娯の研究によれば、唐朝において官僚・貴族に対する賻贈は主として死者の家庭に対する補償であり、官費による葬儀の支出は賻贈とは関係がなかった。『終極之典 中古喪葬制度研究』、中華書局、二〇一二年）五七三～五八〇頁。北朝も同様であった可能性がある。

（9）郭玉堂『洛陽出土石刻時地記』（一九四一年復刻本）、氣賀澤保規編著『明治大学東洋史資料叢刊』第二号影印、二〇〇二年、三三五頁。

（10）この墓誌の誌石は羅振玉により所蔵され、第二次世界大戦戦勝後ソ連軍が旅順を占領したときに、誌石が破壊され、二つの断片が残るだけである。羅継祖『楓窓三録』（大連出版社、二〇〇〇年）三一六頁。

（11）『漢魏南北朝墓誌集釈』（科学出版社、一九五六年）巻五及び図版二三九。

（12）近年慈慶（王鍾児）墓誌を偽造された墓誌と見る論考が多く発表されている。宮万松「北魏墓誌〝変臉〟案例――北魏比丘尼統清蓮墓誌識偽」（『中原文物』二〇一六年第一期）八四～八六頁。

（13）趙超『漢魏南北朝墓誌彙編（修訂本）』（中華書局、二〇二一年）一九五～一九七頁。

第1章　家は懸瓠《けんこ》に在り

墓誌には慈慶について「尼の俗姓は王氏、字《あざな》は鍾児、太原祁の人、宕渠太守虔象の娘である」といっている。北朝墓誌は女性の「字」（及び北族の人物のいわゆる「小字」）を記すが、実のところこれらは本名である。王鍾児は南朝劉宋文帝元嘉一六年（北魏太武帝太延五年、四三九）に生まれたが、遺憾ながら彼女の家が劉宋領土のいずこにあったのかは定かではない。墓誌は彼女が太原郡祁県の人であったと伝えるが、これは郡望にすぎず、郡望とは当時においては主として自己の姓族のルーツを示すものであった。たとえ王鍾児の父祖が確かに漢晋名族の太原王氏出身であったとしても、永嘉の乱〔西晋滅亡の原因となった反乱〕やその後一〇〇年にわたる動乱を経て、南に移った北人は南方の各地に定住し、多くはさらに「土断」を経て、南方の州郡を地元とする人と見なされていた。墓誌は王鍾児の父親王虔象が宕渠太守をつとめたことがあるという。劉宋の梁州にはもと宕渠郡があり、後にさらに南宕渠郡を立て、元嘉一六年にこの南宕渠郡は益州に属するようになり、そのため梁・益の二州はともに宕渠郡を有していたことになるが、王虔象がどちらの州に赴任していたかまでは分からない。

墓誌は定型の美辞で嫁ぐ前の王鍾児について描写している。「天賦の気はすばらしく、資質は盛んであり、理知・心情は純潔で美しく、志は深遠であった」。当然これらは定型句であり、墓誌の作者が実際の状況を知るはずもなく、あるいはたとえ理解していたとしても世辞をいうしかなく、この種の定型化されていた空言を書き、墓誌の様式によって墓主の人生の各段階において評価を記すことが要求されていたのである。評価は二つの部分に分けられる。第一に抽象的な徳行の概括、第二にこれらの徳行の外面的な表現であり、すなわち「ゆえに温厚・聡明の様は幼年期から始まり、柔和で規律に従順であり成年の品徳に勝っていた」といった部分が続き、王鍾児が幼きときより温厚・聡明で器量があり、柔順にして規則をわきまえるなど、一般的な成人を超越していたと述べるのである。

続いて王鍾児の人生のさらなる段階――父母と別れ、夫の家に嫁ぐ――に進み入ることとなる。「二四歳にして、故の予州主簿・行南頓太守の恒農の楊興宗に嫁いだ」。王鍾児は二四歳で嫁に行くが、これは晩婚と見られ、当時の女性の結婚年齢はおおよそ一三～一五歳が最も多かった[1]。王鍾児の晩婚には特殊な原因があったに違いなく、これが彼女の初婚ではなかった可能性もあるが、残念ながら詳しく知ることはできない。彼の夫の楊興宗は「恒農」、すなわち弘農郡（北魏では献文帝の諱《いみな》である「弘」を避け、「弘農」を改めて「恒農」とした）の郡望である。弘農楊氏は漢晋における第一流の名門であるが、楊興宗の家が権門であったかは何ともいえず、王鍾児の家が太原王氏を自称していたのと似たようなものである。楊興宗の官職は「予州主簿・行南頓太守」であるが、これは生前最後の職位であったはずで、すなわち予州主簿の身分で予州内にある南頓郡太守の職務を代行していたことになる。王鍾児の父親の官は郡太守にまで至り、彼女の夫（若年時）は州主簿であるから、両家は同一の階層であり、同格の家柄の婚姻と見られ、ともに晋宋社会における「次門」、すなわち「低等士族」に属していたと思われる[2]。

墓誌の結婚後の女性に対する描写には没個性的なパターンがあり、当時の女性の理想や倫理上の要求を反映している。墓誌は王鍾児が「心を外族に合わせ、礼をとって妻としてつとめ」たというが、これはすなわち社会倫理の、若い嫁に対する、慎んで内外の親族の各種関係を処理し、手仕事を含む家庭における諸々の職責を履行するように、という要求である。これにより、王鍾児は夫の家において、「機織りの仕事はすばらしく、婦人ののっとる儀礼はただ誠実であった」といい、これは家事をよく行うだけではなく、他の各方面にも模範的な女性の品徳をあらわしたという意味である。いわゆる「諛墓《ゆぼ》〔死者を過剰にほめる〕」の辞には、男女の別あり、官民の別あり、上下の別あり、老少の別あり、道俗の別あり、華夷の別ありなどと、墓主に対して賛美の極致を尽くさないものはない。これらは虚飾で実のないものであり、派手ではあるが空しい美辞は、実のところ時代的な内容を大量に含んでおり、後世の人間はそれによって当時の規範や理想を観察するのであるが、礼法のもつれた社会において、規範と理想とは栄辱明暗の巨大なブラックホールであることをも意味していた。

王鍾児は結婚後に夫の家に住むこととなったが、彼女の夫である楊興宗の家は当時汝南にあった。墓誌は楊家がなぜここにあったかも説明しており、「当時宗父坦之が長社県の令となり、一家を率いて赴任し、予州に寓居することとなった」と伝える。これにより、楊興宗の父親である楊坦之が長社県〔現在の河南省長葛市〕の県令をつとめ、そのため家をあげて予州に移ったことが分かる。長社県は伝統的に予州潁川郡に属しており、晋末宋初のそれほど長くはない一時期を除いては、南朝の軍政の範囲には含まれていなかった。劉宋文帝元嘉二七年〔四五〇〕に大挙北伐が実施されたとき、淮西《わいせい》軍は汝南と上蔡から出発し、長社を攻め、この後に北進を続けた。間もなくして北魏の太武帝が全面的に反攻をかけたため、長社は守備に失敗することとなり、劉宋軍はもとの道に沿って汝南に撤退した。楊坦之が長社県令をつとめていたのは、元嘉の北伐のときであり、またこれは劉宋の僑県〔架空の県〕にすぎず、実体のないものであったかもしれない。僑置された長社は、予州に僑置された司州に属していた。劉宋前期の司州の州治は汝南にあり、そのため司州の官吏やその家族は多く汝南に住んでいたのである。

予州汝南郡の郡治は懸瓠城にあるが、これは劉宋の淮西辺境の要塞であり、汝水の上流を占め、戦略的意義は極めて大きかった。この城は汝水の南岸にあり、一説によると汝水はここで曲がり、その形が

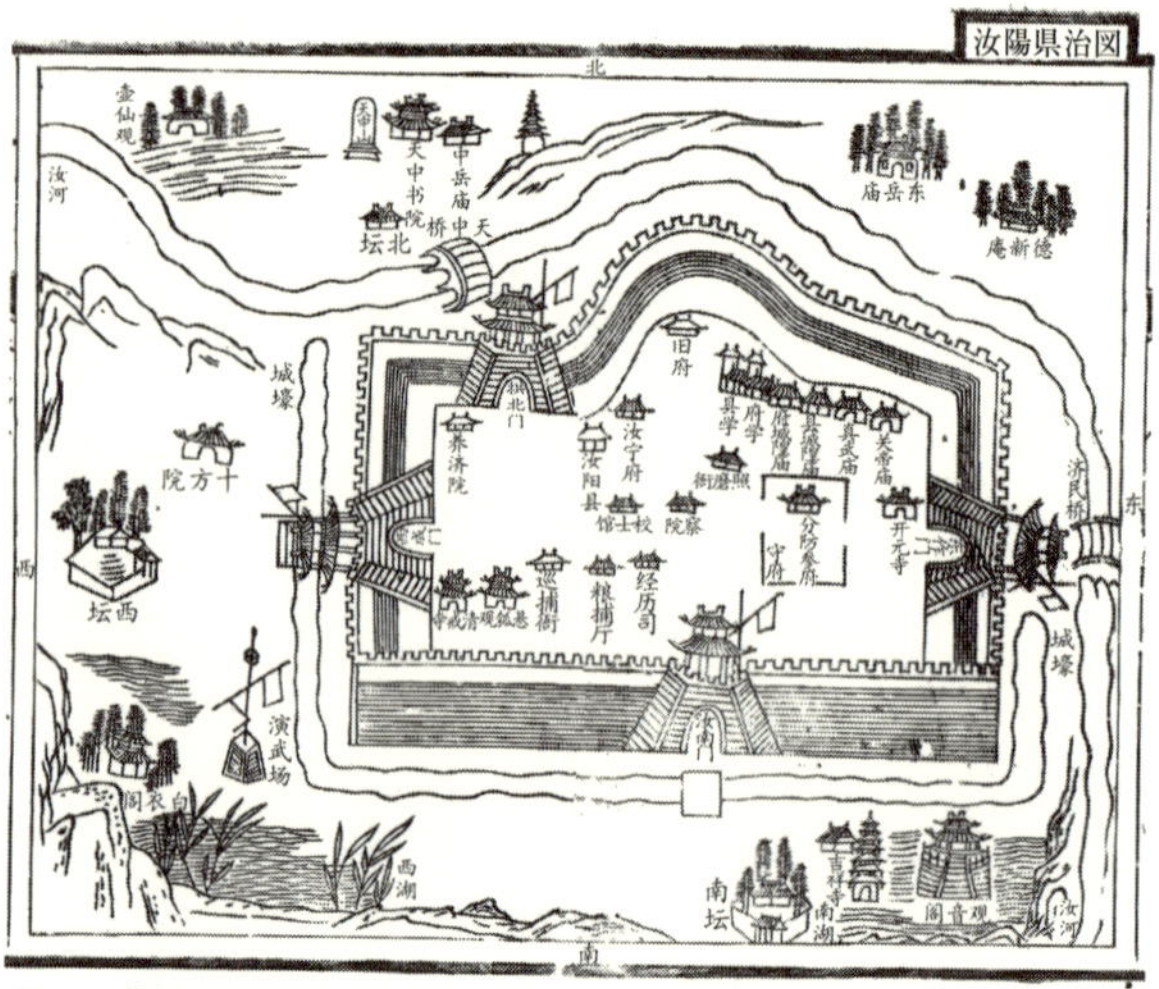

図４　『康熙汝陽県志』汝陽県治

懸《か》けた瓠《ひさご》のようであるため、この名がつけられたという。この説はまず『水経注』に見られ、「城の北西、汝水は分かれて左に出で、北西に流れ、また西に曲がって東に転じ、また南西に進み汝水に合流し、その形は垂れた瓠のようである」[3]といっており、『元和郡県図志』は恐らくはこの説に基づき、「汝水が屈曲する様は垂れた瓠のようであり、ゆえにその城はかく名づけられた」[4]という。隋唐時代の蔡州は懸瓠に州治を置いており、李愬《りそ》は雪の降る夜に蔡州に入り、この懸瓠城を奪取した。劉宋時代は新蔡郡の郡治を汝南に置き、すなわち新蔡と汝南の両郡はともに懸瓠城を有し、二郡の太守は常に一人が兼任していたのである。後の歴史の展開から見て、私は楊坦之一家が懸瓠（現在の河南省汝南県）に住んでいたと考えている。

『水経注』が汝南郡懸瓠城について述べるとき、著者酈道元《れきどうげん》はさらに当地の老人の話を引用して懸瓠の著名な特産品である板栗（シナグリ）について言及している。「長老はいう、城の北は馬湾と名づけられ、上に栗農園があると。栗は小さいが、固安の

〔栗の〕実ほどではない。しかし一年に三〇〇石を貢納しており、天府〔朝廷〕の需要を満たしている」。酈道元は自身の故郷である范陽郡固安〔故安に作ることもある〕県の板栗が天下一のものと見なしており[5]、懸瓠のそれは小さく、「固安の実ほどではない」といっているのであるが、洛陽の朝廷がこの特産品を重んじており、毎年懸瓠から三〇〇石もの板栗を取り寄せていることは認めている。彼はまた汝水の中州にも言及しており、ここに多くの板栗の木があり、このためここを栗州〔洲〕と称するともいっている。「この中州はすなわち栗州である。樹木が高く茂り、望めば雲のごとく集まり気が積もるようである。林の中には栗堂・射的があり、甚だ広く、地方官や英俊が多く遊覧したところである」。北魏の孝文帝は洛陽に遷都した後に幾度も南朝に攻め込んだが、懸瓠城に二回駐留しており、酈道元はこれについても記録を残している。「その城の上の北西の隅について、高祖〔孝文帝〕は太和年間〔四七七～四九九〕に懸瓠に行幸し、平南将軍王粛は高台を小城に築き、層楼を隅に建て、下は水辺に面し、降りては栗渚〔栗州〕を眺め、左右に樹を連ね、四周に競うように立っており、壮観であった」。

　劉宋・北魏が対立する軍事情勢のもと、懸瓠城は争奪の的となった。元嘉二七年初春、汝南・新蔡の二郡の太守が離職し、寿陽の戦地に駐留していた都督南平王劉鑠《りゅうしゃく》が自身の右将軍府の行参軍陳憲を懸瓠に派遣して「汝南・新蔡二郡の軍事を行《か》ね」、太守の職務を代行させた。陳憲は赴任すると、すぐに北魏の太武帝が大挙して南進し、第一の標的として懸瓠城を包囲した。城内の兵は一〇〇〇人に満たず、陳憲は城によって防衛し、苦戦すること四二日、固く北魏の大軍を城下に防ぎ、雨季の到来時に彼らを撤退させた。劉宋の人々はとりわけこれを誇りに思い、後に北魏の人にひけらかすようにこういった。「我々の懸瓠は小さい城であり、陳憲もたいした武将ではなかったが、魏主は国を傾け、数十日かかっても勝てなかった」。

　この懸瓠防衛戦について、『宋書』は多くの箇所で記録している。北魏軍が汝水を渡り、兵が城下に臨むほどに至っても、劉宋軍は城壁によって守るしかなかった。『宋書』南平穆王鑠伝は攻守の双方が「矢や石が交わらないときはなかった」と記し、北魏軍は「高楼を多数作り、弩を設置して城内を射撃し、矢は雨のごとく降り注ぎ、城内では扉を背負って水を汲んだ」と伝える。北魏軍は臨時に建てた楼車の上から大弩で城内を射撃し、城内の人は井戸の上に行って水を汲んだが、彼らは全員門の板を背負って空から降ってくる矢の雨を防いだのである。劉宋軍は仏像を溶かして大鉤を鋳造し、これで楼車を攻撃した。さらに「城内に一人の仏僧がおり、非常に機転が利き、奇策を設けてこれに応じた」。北魏軍は「蝦蟇車《かばしゃ》を多く作って塹壕を埋め、肉薄して城を攻め」、死体は城壁の高さを超えるほど積み上がり、後続の者は死体の上から城壁に躍り出、短兵をもって攻撃した。陳憲の指揮のもと、劉宋軍は「鋭気いよいよ奮い、一人で一〇〇人にあたらない戦士はなく、死傷者は数万人にのぼり、汝水はこのために流れなくなった」。

『宋書』索虜伝には次のようにある。「〔陳〕憲は城壁をめぐらせて守り、〔拓跋〕燾《とう》〔太武帝〕は精鋭を繰り出してこれを攻撃し、憲は自ら郭城に登って督戦した。楼閣を建てて城内を見、矢が雨のごとく降り注ぎ、衝車をもって南城を攻め破り、憲は城内にさらに楯と城壁を築き、柵を立ててこれを補った。虜は肉薄して城を攻め、死者は多数にのぼり、憲の将兵も半数が死傷した」。野戦用の騎兵に慣れ親しんだ北魏軍にとっては、河岸に近い懸瓠城はかみ切れない骨のようであり、長らく攻撃したが下すことができず、河の水が上昇する時季まで及んでしまい、攻城軍は河を遡って来る劉宋軍に南岸を絶たれる危険に面したため、「攻城兵器を焼いて逃走」するしかなかった。懸瓠城の特徴と価値はこれによってその一斑をうかがうことができる。

唐代の劉禹錫の詩に、「汝南の晨雞《しんけい》 喔喔《あくあく》として鳴き、城頭の鼓角 音 和平たり」〔「平蔡州〔蔡州を平らぐ〕」三首〕とあるが、これは懸瓠城を描写したものである。劉禹錫がこの詩を詠った三五〇年以上前、劉宋孝武帝大明六年（北魏文成帝和平三年、四六二）に、王鍾児は楊家に嫁いだのであり、以後汝水がめぐる懸瓠城にて二年にわたる穏やかな結婚生活を送ることとなり、秋には当地名物のあの板栗を食べていたことであろう。しかし安定した生活は二年しか続かなかった。二年後、何の予兆もなく、「風中の秋葉の如く」、「水上の浮萍の如く」、淮西の何千何万にのぼる無辜の軍民とともに、王鍾児は突然時代の怒濤の波に巻き込まれることとなる。極限の悲劇を経て、自由を失った彼女は異国に流され、北魏の奚官の奴婢となるのである。

注

（1）中古時代の結婚年齢に関しては、薛瑞沢「魏晋南北朝婚齢考」（『許昌師専学報』一九九三年第二期、二一～二七頁）参照。この論文の主要な論点と考証は、薛瑞沢『嬗変中的婚姻――魏晋南北朝婚姻形態研究』（三秦出版社、二〇〇〇年）一〇七～一二四頁に収録されている。また謝宝富『北朝婚喪礼俗研究』（首都師範大学出版社、一九九八年）一～四頁も参照されたい。

（2）低等士族・低級士族あるいは次等士族については、中古史研究の古典的なテーマであり、論者は多く、ここでは贅言しない。祝総斌氏は、制度的には晋代士族は高・低の二つの等級しかなかったという。「劉裕門第考」（『北京大学学報（哲学社会科学版）』一九八二年第一期、同氏著『材不材斎史学叢稿』、中華書局、二〇〇九年、三一三～三二五頁）参照。

（3）酈道元『水経注』巻二一　汝水条、楊守敬・熊会貞《ゆうかいてい》『水経注疏』（江蘇古籍出版社、一九八九年）一七七六～一七七七頁参照。

（4）李吉甫『元和郡県図志』（中華書局、一九八三年）巻九　蔡州汝陽県（二三八頁）参照。

（5）左思「魏都賦」は北方の名産を列挙しており、「真定の梨、故安の栗、醇酎《じゅんちゅう》中山、流湎せること千日、淇洹の筍、信都の棗、雍丘の粱、清流の稲」などといっている。蕭統『文選』（中華書局、印胡克家刻本、一九七七年）巻六（一〇七頁）参照。

第2章　天に二日有り

その巨大な変化は二〇〇〇里を隔てた劉宋の首都建康にて発生し、皇宮から始まり、全国に蔓延し、最終的には敵国である北魏まで巻き込むこととなる。

劉宋孝武帝大明八年閏五月庚申（四六四年七月一二日）、三五歳の孝武帝劉駿は建康宮の玉燭殿にて死去し、一六歳の皇太子劉子業が当日に即位したが、歴史的に彼は前廃帝と称される。この思春期の皇帝は不可思議なほどに猟奇的で殺人を好み、即位して一年後に大いに殺人を行い、恨みを抱いて殺し、脅威に思った者を殺し、目障りに思った者を殺し、また気分次第で殺したが、要するに胡乱な殺人であり、かつ殺されたのは全て朝廷の大官で、統治集団の中核メンバーの心理には官位の高低を問わず彼を排除するという考えが生じ、ひいては「暗君を廃して名君を立てる」というような考えまでもが公私の場であらわれた。ついに景和元年一一月二九日（四六六年一月一日）夜、華林園竹林堂における「射鬼」のときに、彼の身辺にあって幾度も殺されかけ、辱めをもうけ、いよいよ殺されるであろうタイミングにあった叔父の一人で、肥満のため彼から「猪王」と呼ばれていた湘東王劉彧《りゅういく》が、機を見て腹心を指揮しこの暴君を殺害した。落ち目の身分から再起した劉彧は年まさに二七歳であり、すぐに建康の朝廷を制圧し、八日後に皇帝の位に即き、元号を泰始とした。彼こそが劉宋の明帝である。

劉宋の皇位継承は極めて危ういものであり、皇太子の身分から皇位を継承してまともな終わり方をし

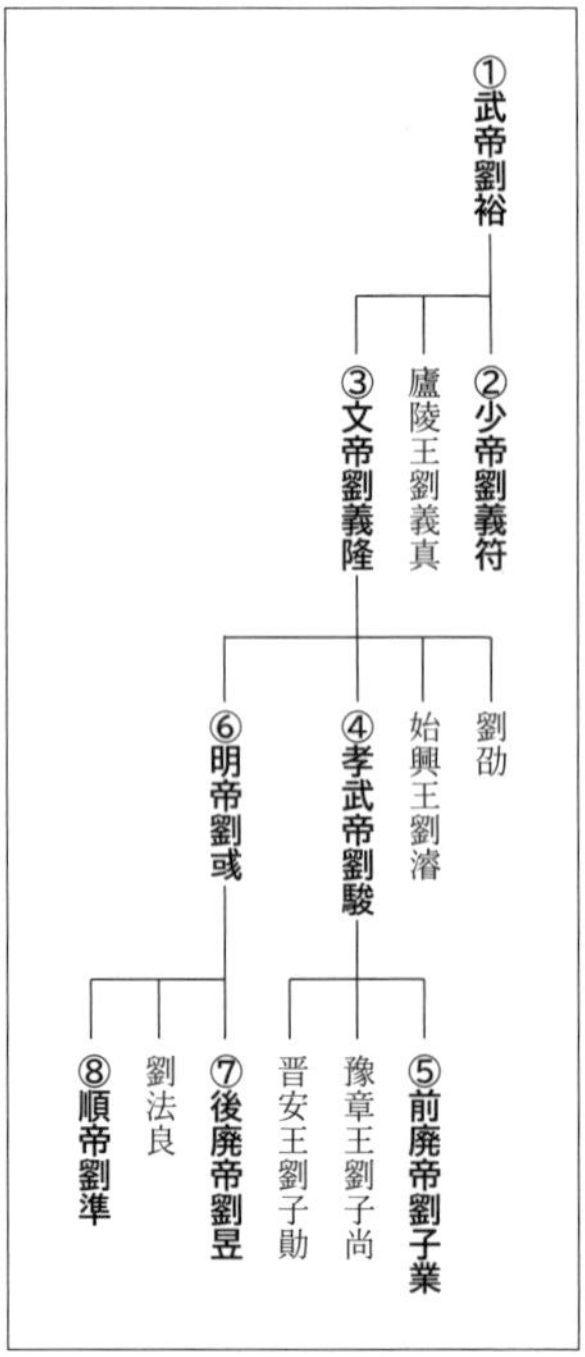

図5　劉宋皇帝略系図（ゴシックは皇帝、数字は即位順）

た者は一人としてなかった。これ以前には三人の皇太子がおり、建国者にして初代皇帝である劉裕の長子劉義符は、品行の悪さによって数名の輔政大臣に殺害され、これに代わって即位した劉裕の第三子劉義隆はすなわち劉宋の文帝である。文帝の長子劉劭は父を弑《しい》して即位し、文帝の第三子劉駿が挙兵してこれを滅ぼして即位したが、これが孝武帝である。孝武帝の長子は前述の、異常に凶暴な劉子業である。劉子業の即位時において、前二代がともに皇帝の第三子が即位を成功させたケースであるという偶然は社会心理に影響し、劉子業もまたその例外ではなかった。劉子業は刺殺される前、自身の弟の中でも父の第三子にあたる江州刺史・晋安王劉子勛の排除をやはり考えていたのであり、臣下に毒薬を渡して尋陽に派遣し、当時一〇歳でしかなかったこの弟を殺害しようとした。劉子勛の身辺の官僚も第三子のジンクスにとまどっており、思い切って挙兵し反乱を起こした。劉子業が刺殺され、劉彧が即位した後に至っても、劉子勛の部下の文官・武官はなおも初志を忘れておらず、朝廷から自立することを決意し、明帝の泰始二年正月乙未（四六六年二月七日）、尋陽にて皇帝を自称し、元号を義嘉とした。

一国に二帝、真の災難がここに降臨したのであり、これがいわゆる義嘉の乱である。

孝武帝の諸弟の中でも劉彧は比較的年長であったため、皇帝に即位したのは道理がないわけではない。

しかしもし彼が劉子業を刺殺した後に孝武帝の第二子である予章王劉子尚を擁立した場合、これは当時の社会における継承順序の観念にいっそう符号したであろう。もちろん歴史は決して観念によって展開するわけではない。劉彧が劉子業の謀殺を成功させた後に数名の弟たちの支持のもとで劉子尚らを殺害したのは、孝武帝の諸子に政治権力を返す考えが少しもなかったことを示すためであり、よって彼自身が速やかに皇帝となったのである。

劉子勛が皇帝を自称した後、各地・各級の軍政の諸官は回避できない選択に迫られた。どちらか一人の皇帝に忠誠を表明しなければならないのである。尋陽の劉子勛か、それとも建康の劉彧か。

孝武帝に忠誠を誓うという習慣によるのかもしれない、一般的な社会観念にとらわれたのかもしれない、第三子のジンクスにとまどったのかもしれない、これら三つの「かもしれない」のある種の不均衡な組み合わせは、明らかに多くの州郡に劉子勛を支持するという方向に向かわせたのであり、その気勢はいっそう大きかった。上下各級の間、近隣の州郡の間において、立場の差違が紛争を引き起こし、権力の再構築の激動はただちに劉宋全域を席巻した。間もなくして劉子勛に忠誠を示した勢力が圧倒的優勢を占めるようになり、首都とその近郊の一、二郡を除いては、劉彧は有力な支持者を探し出すことができないほどになっていた。『宋書』は劉子勛が尋陽にて皇帝を自称すると四方にそれが響き渡り、威は天下を震わせ、「四方の貢納や上計は、全て尋陽に向かった」と述べている。この「四方の貢納や上計」は、紙の上での政治的な態度表明であるか、実際に兵員・物資を送り財政的な支持を行ったか否かにかかわらず、劉子勛の尋陽朝廷にさらなる希望を持たせることに繋がった。

劉子勛の建康入城と、劉彧のみじめな失敗とは、実現が間近に迫っているかに見えた。

劉子勛を支持する方鎮の大官のうち、真に実力があり、情勢に影響を与えるほどであったのは、襄陽に鎮守する雍州刺史袁顗《えんぎ》である。袁顗は劉子業の狂気が発露するときに軍事上の要衝である雍州の刺史となったが、赴任する前に母方のおじである蔡興宗に荊州刺史に就任するよう勧めており、荊州・雍州の力を合わせ、「もし朝廷に何かあれば、協力して斉の桓公、晋の文公の功績を立てようではありませんか」といった。蔡興宗には別に考えがあり、彼は劉子業の凶暴さに基づき、「宮省の内外にて、人々が自衛しないならば、事変が起きるに違いない」といい、間もなく宮廷にて政変が発生すると判断していた。しかし彼を憂慮させたのは政変が発生するかどうかではなく、政変の後にどのようにして傷跡を修復するかという、さらに大きな問題であった。彼は袁顗に、「もし国内の紛争を鎮められたとしても、外国との戦争については必ずしもこれを予測できない」といったが、まさしくその憂慮に由来するものであり、彼は甥に、「お前は外にあって安全を求め、私は内にあって災いから免れ、各々その見るところを行えば、それでよいのではなかろうか」といった。後に発生する全ての事態は、蔡興宗の予見と一致するのであり、宮廷における内紛が鎮められたときは、まさに全国が動乱のさなかにあったのであるが、しかし彼は動乱の中心人物の一人が眼前の甥であることまでは予測できなかったであろう。

袁顗は建康から襄陽に赴任し、途中で尋陽を経たときに、自分の高等士族としての身分を手放し、わざわざ数日間をかけて劉子勛の身辺における、身分のいくらか低い低級士族の府州上佐と結託したが、明らかにこれは数日後に劉子勛を擁立するための準備であった。彼は襄陽において真っ先に劉子勛に皇帝即位を勧め、挙兵したのも最も早く、始まるとすぐに精鋭の軍隊を派遣して漢水から長江に入らせ、尋陽の北進の大軍の主力とした。彼自身もすぐに雍州の総力をあげて尋陽に向かい、自ら主将となった。その他の支持を表明した州鎮の諸官とは異なり、彼の決定は受動的な選択ではなく、天下をもって己が任とし、積極的に謀略をめぐらし、全局面に目配せをして行ったものである。本書が関心を抱くのは、王鍾児の命運を決定づけた淮西の情勢が、袁顗の直接的な関与のもとで、重大な変化を発生させたことである。

淮西とはどこを指すのであろうか。淮水は桐柏山を源とし、東に流れる過程で、南北の支流が流れ込むが、南からの支流が多く、北からの支流は少ない。淮水は寿陽（魏晋時代の寿春、東晋時代に避諱〔簡文帝の母鄭阿春〕により改名）の前に至り、北からの支流で最大のものである汝水が、寿陽に至って北からの潁水と合流する。寿陽から淮水は北に向かいつつ東にも偏り、流水方向に明確な変化が生ずることとなる。これにより寿陽を境界として東西に分けることができ、淮水以北の汝水・潁水地域の七郡（汝南・新蔡・汝陽・汝陰・陳郡・南頓・潁川）を概して淮西と呼ぶ。東晋時代、淮西・淮南は全て予州に属し（やや下流の過水《かすい》流域は兗州に属する）、劉宋の武帝は死去する前、詔によって「淮西の諸郡に予州を立てよ。淮水以東には南予州を立てよ」と命じた。淮西の住民は多く永嘉の乱の後に北西や北方から移り、特に五胡十六国時代に北方から次々に起こる動乱によって南下を余儀なくされた北人であり、南に渡ったのは比較的遅く、東晋政府によって北辺の前線に安置されたのである。

予州の州治は寿陽にあるが、寿陽以外で予州の最も重要な軍事拠点は懸瓠城である。このとき辺境の要衝である懸瓠城の軍政長官であったのは綏戎将軍、汝南・新蔡二郡太守の周矜《しゅうきょう》である。『宋書』殷琰《いんえん》伝には「周矜は懸瓠にて挙兵し、兵一〇〇〇人以上を集めた」とあるが、これは周矜が建康の朝廷を支持していたことを示し、「兵一〇〇〇人以上を集めた」とある兵力は、懸瓠城に常時駐留していた軍のそれに相当する（陳憲が懸瓠を守備していたときの兵力もまた一〇〇〇人足らずであった）。周矜のこうした立場は彼の上司である予州刺史殷琰とは異なっていたが、殷琰は当時南から来る脅威に対応しており、上流の懸瓠を顧みるどころではなかった。このときまさに袁顗が表に出、部下を懸瓠に派遣し、周矜の司馬である常珍奇を探し出し、彼に周矜を刺殺するよう勧めたのである。常珍奇はこの機を見逃すことはせず、すぐにその通りに動いた。『宋書』殷琰伝には次のようにある。「袁顗は人を派遣して（周）矜の司馬である汝南人常珍奇を誘い、金鈴を合図とし、珍奇は即日矜を殺し、その首を顗に届け、顗は珍奇を汝南・新蔡二郡太守とした」。このように、常珍奇は一介の府僚から大郡の太守にまで出世したのであり、淮西地域の歴史的な方向を決定づける人物の一人となった。

建康の朝廷は汝南のコントロールを失った後、すぐに行動に移った。一つは「矜に本官を追贈する」ことであり、すなわち周矜が生前に担当していた綏戎将軍、汝南・新蔡二郡太守を贈官として彼に追贈したのである。もう一つは、淮水の上流の予州に南西部を分けて司州を立てたことであり（孝武帝の時に司州は廃止されていた）、義陽内史龐孟虯《ほうもうきゅう》を司州刺史に抜擢し、随郡太守を兼領させた。これは随郡を荊州から新設の司州に組み込んだことを意味する。(1)もし龐孟虯が建康側につけば、義陽と随郡における彼の存在は尋陽の朝廷の裏庭に刃を突きつけたことになり、西方の襄陽、北方の汝南、東方の寿陽及び南方の夏口にとっては脅威となる。しかし、袁顗が汝南を押さえた以上、自然と義陽についても考慮することになり、そのため「（龐）孟虯は命をうけず、挙兵して（劉）子勛についた」。その後すぐに龐孟虯は軍を率い尋陽の前線に向かい、子の龐定光を義陽にとどめたが、これについて『宋書』には「子勛は孟虯を召して尋陽に出し、孟虯の子の定光に義陽郡の事を行ねさせた」とある。

建康・尋陽の二人の皇帝が対抗しあった直後、劉宋国内の州郡は多く尋陽側につき、建康側は明らかに孤立していた。『宋書』蔡興宗伝は次のようにいう。「ときに諸々の方鎮が挙兵して反乱を行い、国家（建康の朝廷）が保つところは、ただ丹陽・淮南の数郡のみであり、その間の諸県は、既に賊（尋陽の劉子勛）についていた」。地方における軍政首脳の多くが建康の劉彧を見限って尋陽の劉子勛についたのは、劉彧が勝利する可能性が極めて低く、劉子勛が勝利する見込みが高いと見なしていたためである。彭城という、淮北における最重要の要衝に駐屯していた徐州刺史薛安都《せつあんと》もその一例である。『南斉書』垣栄《えんえい》祖《そ》伝は劉彧が垣栄祖を派遣して薛安都に改心して帰順するよう説得したことを伝えるが、薛安都は垣栄祖に次のようにいったという。「天命は今や京都の方一〇〇里の地にはなく、包囲攻撃して勝利をえるなど、ちゃんちゃらおかしいわ。それに私は亡き孝武帝陛下にまで背きたくはないのでな」。薛安都にとっては、建康の朝廷は既に抵抗する能力がなく、軽々しく「ちゃんちゃらおかしい」という程度のことにすぎなかったのである。

しかし薛安都のこの判断は間違っており、「ちゃんちゃらおかし」かったのは建康の朝廷ではなく、かえって尋陽の劉子勛の、人も多く勢いも強いように見える集団の方であったことを歴史は証明することとなる。孝武帝が皇位の奪取に成功してから、建康の禁衛軍は大規模な人員転換が行われ、雍州の官兵の割合が次第に大きくなり、そのため蔡興宗は建康の「六軍〔禁衛軍〕は精鋭で、武器・防具は犀利である」が、敵方は「戦いに慣れていない兵」が多いといったのである。これは明帝劉彧が勝利をえる原因の一つであったかもしれず、当然、別にいっそう深刻でありかつ偶然の要因が決定的な作用を果たした可能性もあり、今後再び思考するに値するものである。事実の経過としては、建康の軍はまず東の三呉・会稽に出撃し、経済の中心地を制圧し、その後に南下して尋陽に向かい、袁顗の率いる劉子勛陣営の主力軍に大勝した。劉子勛が皇帝を自称してから殺害されるまでに、八か月にも満たなかったのである。

皇位をめぐる争いが引き起こした全国レベルの内戦は、本来ならば劉子勛の死後においてはその理由を失ったために、平和に戻るはずであった。江南の内地や大多数の州郡にとっても、懲罰のための小規模の流血は避けられなかったとはいえ、確かにその通りになった。しかしいくつかの地域、例えば王鍾児のいた淮西やこれと関連する淮北四州にとっては、さらに激烈な動乱が劉子勛の死後に幕を開けるのである。

注

（1）『資治通鑑』の叙事順序に基づいた場合、劉宋明帝による司州設置は、常珍奇による周矜殺害よりも前のこととなる。今は『宋書』殷琰伝にしたがう。

第3章　淮北魏に入る

尋陽と建康、二つの朝廷が対抗し合ったばかりのとき、劉子勛側は「一六州を連ね、一〇〇万の徒を擁し」（『宋書』殷琰伝に引く劉勔「与殷琰書〔殷琰に与うる書〕」）、圧倒的優勢であるように見えた。とりわけ劉彧が任命した、寿陽に鎮守する予州刺史殷琰が、予州の土豪の逼迫のもとで尋陽に向かっていたとき、建康はほとんど尋陽勢力の幾重もの包囲の中にあり、「天下は皆叛き、朝廷は丹陽一郡を保つのみであった」。明帝劉彧は内心不安を抱きつつ蔡興宗に「この件は終わらせることができるのであろうか」と問うた。蔡興宗は「必ず掃討できます」と断言した。その理由は彼が建康において人心が乱れておらず、市場が穏やかに安定している様を見たことにある。しかし彼は劉彧に対して、軍事作戦が成功した後の善後処理は気をつけて行う必要があると建言し、「私が懸念しているのは、事後において、羊公が平定後において皇帝の聖慮を憂えたことのようになる点です」といった。羊公とは羊祜《ようこ》を指す。『晋書』羊祜伝は西晋の武帝〔司馬炎〕が病床の羊祜に孫呉を討伐する戦役の指揮を希望したときのことを伝えており、羊祜は、「呉を取るのは必ずしも臣《わたし》が自ら行う必要はないでしょうが、ただし呉を平定した後の陛下の聖慮が心配です」といった。これは孫呉を征伐することには軍事的には何ら困難はないが、真に困難なのは軍事的な勝利の後における政治的な対応であるという意味である。蔡興宗は羊祜のエピソードを借りてさらにさきの憂慮を表明したのであり、戦場における勝利が必ずしも直接的に政治的な成功に転化するわけではないことを示したのである。

後に起こる全てのことは彼の憂慮に理由があったことを証明している。劉子勛の死後、明帝は子勛の弟たちを殺し尽くした。『南史』は明帝の子である後廃帝〔劉昱《りゅういく》〕が残忍で殺人を好んでいたことを記し、とりわけ「孝武帝の二八子のうち、明帝は一六人を殺し、その他は帝が殺した」[1]と伝えている。この記述に基づくならば、孝武帝劉駿には二八子がおり、彼の弟である明帝によってうち一六人が殺害され、残り全員が明帝の子である後廃帝に殺害されてしまったことになる。しかし当然ながらこの記述は完全に正確であるというわけではない。『資治通鑑考異』は「『宋書』によれば、孝武帝の諸子は一〇人が早くに死去し、二人が景和〔前廃帝〕に殺害され、残りは皆太宗〔明帝〕が殺害したといい、蒼梧〔後廃帝〕の時代に生き残っている者はいないことになるので、『南史』は誤っている」[2]と指摘する。孝武帝には二八人の子がおり、一〇人が早くに死去し、前廃帝が二人を殺し、残りの一六人は全員明帝の手によって殺され、しかもその手段は残忍さを極め、幼少の子供すらも「肉を引き裂いた」という。明帝は劉宋皇室の大規模な殺戮の伝統を打ち立て、禍が自身に及ぶと、遂に劉氏の血統は絶たれることとなった。かくもすさまじい手段は、宗室に対して施すというだけならばさほど重要ではないが、劉彧はさらに内乱後の北辺州鎮に対しても用い、これが真に劉宋王朝にとって補うことができなくなるほどの損失となってしまうのである。

尋陽の朝廷は覆滅し、内乱において劉子勛側についていた刺史・太守たちはすぐに建康に対して投降し忠誠を誓うしかなくなり、淮北・淮西も当然例外ではありえず、淮北の薛安都、淮西の常珍奇も部下を派遣して建康に向けて「帰順」を申し出た。『宋書』薛安都伝は安都の上奏文を掲載しているが、そこで彼は、自身が挙兵したのは孝武帝の知遇の恩にとまどったからであるなどと釈明する一方で、悔やみながら「今天命は大いに帰り、迷える衆生はあらためて帰属し、部下を率い、自らの身体を縛って罰を待ち、不服従の罪により、湯鑊《とうかく》〔釜ゆで〕の刑をもうける所存でございます」と述べている。もとより言葉のあやの一面はあるが、多少なりとも同様の状況に置かれている、淮西の常珍奇らを含む各地の文武の諸官の、改悟に急ぐ心情をあらわしていよう。明帝が寛大をもって示し、あらまし慰撫したならば、淮北・淮西の情勢は安定し、何らの変化も引き起こさなかったであろう。

しかし明帝は大勝の後、すっかり得意となってしまい、劉宋・北魏が隣接する地域における種々の危険について、低く見積もっていたか、あるいは全く認識していなかった。『宋書』薛安都伝には、「太宗〔明帝〕は四方が既に平定されたため、威を淮外に示そうとし、張永・沈攸之《しんゆうし》を派遣して重軍をもってこれを迎えさせた」とある。降伏をうけ入れつつも、さらに重将を派遣して大軍を率いて「迎えさせた」というのは、明らかに寛大な処置ではない。『宋書』蔡興宗伝は蔡興宗が明帝を諫めたことを伝え（当然効果はない）、このような言葉があったと述べる。「安都は使者を派遣して帰順しておりますが、これは嘘などではありません。今はこれを慰撫するのに和をもってし、その管轄にお墨つきを与えた方がよく、一人の使者と咫尺《しせき》の書でこれを行うに越したことはございません」。処罰するつもりがないことを宣布し、各人の職を今までと変えなければ、朝廷は一人の使者、一枚の詔書のみを用いるだけで、情勢は自然に安定化するが、現状は大軍が国境を圧迫しており、彼らは必ずや疑って事変を起こすであろうというのである。

江南の内地州郡とは異なり、淮北と淮西は劉宋・北魏の国境であった。また江左の高門士族と異なり、淮北・淮西の軍政の主たる官は辺境の地にて成長し、戦争によって出世するのであり（いわゆる「武力をもって叙せらる」）、たとえ官職が低くはなくとも、また南陽の上流階層にいたとしても、これは彼らが江左政権に忠誠を誓い南朝社会に恋慕する限度を多少は決定づけた。そのため蔡興宗は「もし重兵をもってこれを迎えるのであれば、必ず疑いを抱くようになり、あるいは北虜を招き入れることもありえ、そうした災難は予測できなくなります」と述べたのである。『宋書』明帝紀によれば、泰始二年〈北魏献文帝天安元年、四六六〉一〇月に明帝は大軍を派遣して淮北に向かわせたという。しかし、常珍奇の建康への「帰順」を、『宋書』殷琰伝は泰始二年一一月のこととし、あわせて珍奇は建康に使者を送ると同時に、「納れられないことを考慮し、また索虜〈北魏〉に救援を求めた」という。『宋書』がこの事件を繋《か》ける時期は『魏書』よりも二か月遅いが、『宋書』は一一月にまとめてこれらの事件を記述したことが疑われるため、タイミングに関しては『魏書』が正しいと思われる。薛安都が使者を北魏のどの辺鎮に派遣したかは記載がないが、常珍奇は北魏の長社鎮に使者を派遣しており、長社とはすなわち王鍾児の夫である楊興宗の父楊坦之が県令を担当していたところである。

実のところ、薛安都は挙兵時には尋陽が勝利すると予測していたが、万が一失敗したときにどうするかについても考えていた。『南斉書』垣栄祖伝は、薛安都が垣栄祖に「他人が何というかは知らないが、私はこれを恐れてはいない。大きな蹄の馬が近くにおり、すぐに計略をなすであろう」といったと伝える。意味は明白であり、いったん危険があれば、彼の「大きな蹄の馬」に乗って北魏に行くということであろう。彼のように軍隊があり地盤がある人物は、当然自身が敵に投降するだけではなく、自身が管轄する戦略的な要地である徐州ごと北魏に献上することがありうる。そのため、当地では張永と沈攸之が重軍をもって北にやってきたと聞いたとき、すぐにこれが「大きな蹄の馬」に乗るときであることが分かっていた。『宋書』薛安都伝には次のようにある。「安都は既に帰順した以上、重兵を派遣すべきではないと考えたが、罪より免れないことを恐れ、手紙を送って索虜を誘引した」。このとき淮西の常珍奇は名も力も弱かったため、薛安都のみが方針を定めることとなり、彼とともに進退したのである。二人の北魏への降伏は各自が使者を派遣したが、協調して進められたものであった(3)。

敵国の辺境の重将が自発的に降伏することになり、たちまちのうちに好事が生じたものの、北魏側は

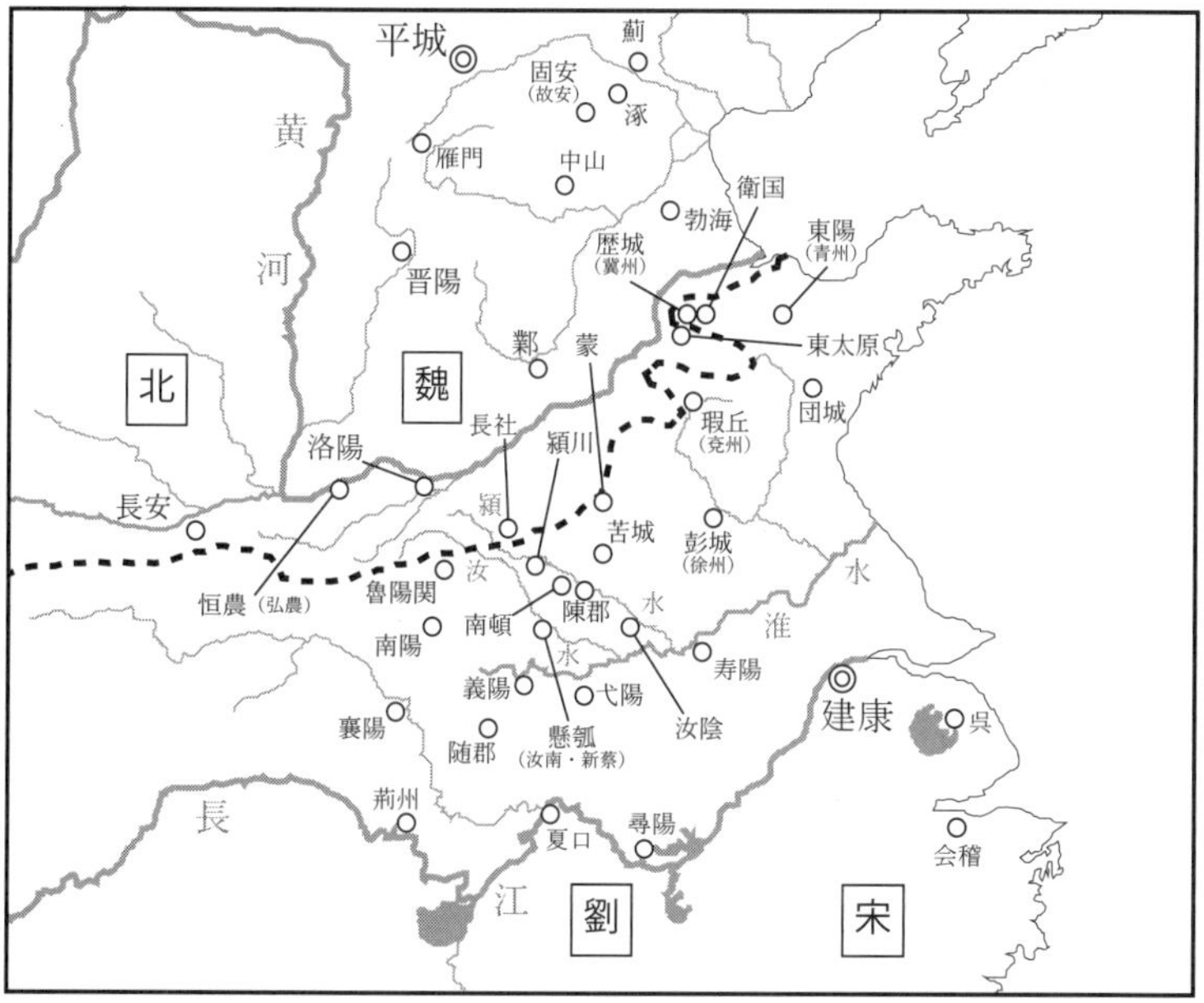

図6　北魏・劉宋地図

かえって疑い始めた。『魏書』李順伝附李敷伝は次のようにいう。「劉彧の徐州刺史薛安都、司州刺史常珍奇が彭城・懸瓠を伴って降伏したが、当時の朝議では、彼らの降伏が真偽いずれか信じがたいとされていた」。辺境では降伏と偽って敵を欺くなどということは常にあり、北魏朝廷があえて信じないのも無理はなかった。しかし朝廷の中にはこの機会を逃すことを願わない人物もおり、李敷はその中でも重要な役割をになった一人である。彼は「必ずや本物であるといって固く信じ」、薛安都・常珍奇の投降が偽りではないと見なしていた。彼は「劉氏は内乱を起こし、各地で殺し合いが行われ、骨肉は互いに離れ、藩屏となる軍鎮は外に寝返りました。皇朝の霊、兵馬の力をもって、兼併の機会を今にとらえるのがよいでしょう。……今の機会をどうして失うことができましょうか」。この意見が優位に立つと、献文帝は「詔により北部尚書尉元を鎮南大将軍・都督諸軍事に任命し、鎮東将軍・城陽公孔伯恭を副将とし、東道より出でて彭城を救援させた。殿中尚書・鎮西大将軍・西河公元石を都督荊予南雍州諸軍事とし、給事中・京兆侯張窮奇を副将とし、西道より出でて懸瓠を救援させた」と『魏書』顕祖紀はいう。

このように、劉宋の内乱は外戦に変化したのであり、かつ明らかに北魏が機先を制していた。

常珍奇は北魏に降伏したとき劉宋の司州刺史を名乗っていたが、史料には彼がいつこの昇進を遂げていたのかが記されていない。淮西は劉宋のときには予州に属し、予州刺史殷琰も挙兵して尋陽を助けていたため、常珍奇の事跡は『宋書』殷琰伝に多く見られる。殷琰伝によれば、建康はかつて義陽内史龐孟虯を司州刺史に任命したが、孟虯がこれを拒否し、かえって挙兵して尋陽に与《くみ》したため、尋陽側はそのまま孟虯を司州刺史とすることとなったという(4)。泰始二年春に袁顗は孟虯を召して兵を率いて尋陽に赴かせ、孟虯は子の龐定光をとどめて義陽を守らせた。常珍奇が拠っていた懸瓠は府庫が充足し、また彼はかつて郭確を弋陽《よくよう》太守に任命しており、彼の影響力が既に汝水・潁水の上流を越え、淮西全体を覆っていたことがうかがえ、各地で懸瓠に投じる者は甚だ多かった。弋陽の西山(大別山)の蛮人の酋長である田益之(建康の使者をうけ入れていた可能性がある)が五月に挙兵して弋陽を攻め、六月には「蛮衆一万人以上を率いて義陽の龐定光を攻撃した」。尋陽側は義陽を保って失わなかったために、わざわざ龐孟虯に命じて軍を返して義陽の救援に向かわせた。このとき常珍奇も自発的に義陽を救援し、「懸瓠から三〇〇〇人を派遣し定光を救援させた」。七月、龐孟虯の軍は敗走し、彼は蛮中にて死去した。このときに尋陽の朝廷が常珍奇を司州刺史に任命した可能性が高い。八月に尋陽は敗れ、常珍奇は建康に帰順し、明帝も彼を継続して司州刺史とするより他になかった。おおよそこれこそが常珍奇が北魏に投降したときに司州刺史の肩書きを有していたことの由来であろう。

北魏は尉元《うつげん》を彭城に、元石を懸瓠に派遣し、両軍はともに一二月中に到着した。明帝が彭城攻撃のために派遣した張永の大軍は北魏軍と薛安都軍に前後挟撃されて惨敗を喫した。「(張)永は狼狽して軍を撤退させ、虜に追いつかれて大敗した。また雪にあたり、士卒は離散し、永の脚や指はちぎれ、わずかに身をもって逃れ、その第四子を失った(5)」。大雪と凍えは南軍大敗の悲惨さを高めることとなり、泗水は凍結してしまい、劉宋軍は船九〇〇艘を放棄せざるをえなくなり、岸に上がって陸上を進み、尉元の、高速で追撃する騎兵に進路を阻まれ、士卒の凍死は一万人にのぼり、生還した者の多くは張永と同じく凍傷で脚や指を失った。『宋書』沈攸之伝は、「攸之らは撤退するものの、虜の乗ずるところとなり、また雪もあって、指を失った兵士は一〇人中二、三人にものぼった」という。

この一戦は劉宋・北魏両国の新たな国境を確定し、これによって劉宋軍は淮水によって守備するしかなくなり、淮北の徐州・兗州・青州・冀州の四つの戦略的に極めて重要な大州や、予州に属する淮西の汝水・潁水流域の諸郡は、一斉に北魏に取り込まれることとなった。ゆえに『宋書』明帝紀は、「薛安都は索虜を迎え、張永・沈攸之は大敗し、ここにおいて淮北四州と予州の淮西の地を失った」と総括している。

元石軍は上蔡に至ったが、ここと懸瓠城とは城をめぐり東に流れる汝水を隔てるのみであった。常珍奇は文武の三〇〇人を率いて汝水を渡ってこれを迎え、王鍾児の夫である楊興宗もその中にいたであろう。元石は大局は既に定まったと見、懸瓠への進入を急がず、北岸にて野営しようとした。『魏書』鄭義伝によれば、参軍を担当していた鄭義は元石に、「機事は早さをたっとぶものであり、今珍奇が来たとはいえ、その真意はまだ把握できず、かの城に入り、その鍵を奪い、府庫を占拠すれば、たとえ珍奇が裏切ったとしても、制圧して勝つことができます」と注意をうながしたという。ここにおいて元石は馬に鞭打って城に入り、淮西の要衝である懸瓠を占領した。

鄭羲伝の非常に怪しいいいまわしに基づくならば、常珍奇は甘んじて北人に身を落とすつもりはなく、自身の家にて数百の兵を隠し、夜に官衙や家屋に火を放ち、機に乗じて反乱を起こそうと企んでいたようである。しかし鄭羲には先見の明があったものと見え、夜の宴の席上で常珍奇には「甚だ不満の色があった」といい、彼が手を残しており、再度元石に先に防備を整えるよう注意をうながしたと判断される。これによって、常珍奇は手をこまねいて懸瓠城と淮西の大半を献上したことになり、取り返しはつかなくなってしまったのである。

北魏は当然ながら常珍奇に報奨しなければならず、「ことが定まると、珍奇を持節・平南将軍・予州刺史・河内公とした」(『魏書』常珍奇伝)。北魏にはもとより司州があり、こちらは代北の平城を中心とする京畿地区であるため、淮西のこの司州は予州と改称され、常珍奇を予州刺史としたのである。北魏の習慣に基づくならば、元石は彼が率いていた北魏軍や常珍奇とともに懸瓠城を守ることになったはずであり、それぞれ城内の一部に拠っていたであろう。少なくとも北魏に組み込まれたばかりのときには、常珍奇の権威と利益は保証されており、彼の手下の文武の衆人は、しばらくは平安を保つこととなった。かくして名実ともに淮西は北魏の一部となったのである。

このとき王鍾児は二八歳であった。もし常珍奇が以後固く北魏に忠誠を誓ったならば、彼の家族、彼の手下の諸官の家族、懸瓠や淮西諸郡県の民衆――その中には当然我々が注目している王鍾児も含まれるであろう――は、人生の新たな段階に踏み込んだことになり、好むと好まざるとにかかわらず、ゆっくりと北魏の統治に適応していくこととなったであろう。

このときには周矜が挙兵し、常珍奇が周矜を殺害してから、一年余りが過ぎていた。北魏人が入城したとき、常珍奇に「甚だ不満の色があった」という記述は、当然必ずしも信用できる真実ではなかろうが、彼は間違いなく考えを改めていた。懸瓠城の暴風はなおも遠い過去のことではなかったのである。

注

（1）『南史』巻三（中華書局標点本、一九七五年）宋本紀下（八九頁）参照。
（2）『資治通鑑』巻一三四（中華書局、一九五六年）宋紀順皇帝升明元年（四一九四頁）参照。
（3）『魏書』巻六 顕祖紀 天安元年九月条は常珍奇が懸瓠を、薛安都が彭城をもってそれぞれ「内属」したとし、これらを二つのこととして分けている（一五三頁）。常珍奇は長社に使者を派遣したが、殷琰の同意をえていたはずであり、ひいては常珍奇が殷琰の北魏への投降の代表をつとめていた可能性もある。『宋書』巻八六 劉勔伝には、「（殷）琰は初め索虜に救援を要請し、虜の大軍は汝南に駐屯した」といっている（二四〇六頁）。
（4）『宋書』殷琰伝は劉子勛が六月に龐孟虬を司州刺史としたと記しており、またそれまでに起こったことを全て叙述しているが、実際には二月中に尋陽の「尚書が符を下し」て龐孟虬が司州刺史になっていたことが言及されており、『宋書』巻八四 鄧琬伝に見られる（二一三四頁）。
（5）『宋書』巻五三 張茂度附張永伝（一六五二頁）参照。

第4章 淮西変に驚く

慈慶／王鍾児の墓誌には次のような文言がある。「城に拠って反乱を起こし、外部からの侵略に呼応した。王の軍は討伐にあたり、略奪されて奚官に没した」。王鍾児の運命を変えた重大な災難について述べているのであり、それは常珍奇が「城に拠って反乱を起こし、外部からの侵略に呼応した」ことを指すが、実は彼のこの反乱は一回目のものではなく、二回目のものであった。

常珍奇は北魏に入った後、内心満足はしていなかったものの、しばらくは隠忍自重するしかなかった。このとき淮西で北魏に降伏することを肯んじなかったのは、東の汝陰であり、南の義陽であった。北魏軍は淮西を平定しなければならず、また常珍奇を重視していたため、一定期間は彼に対する種々の優待を維持するつもりであった。利害を目前に突きつけることをしなければよく、おおよそ常珍奇の方も行き当たりばったりではあった。懸瓠やその近辺の民衆にとっては、常珍奇のそうした態度は、自分たちの住む地域のしばらくの平和を意味していた。二八歳の王鍾児にとってもそれは同様であった。一年以上の緊張と混乱の後、城の上にはためく旗幟が変わり、通りの随所に北から来た北魏軍がいるのを見て、懸瓠の人々、とりわけその中の官僚の家庭は、内心の安定を保ちがたかったことであろう。

冬が過ぎて春が到来し、懸瓠に軍を駐屯させて二か月が経ち、元石は軍を率いて東方の汝陰（現在の安徽省阜陽市）に出、淮西における劉宋の残党勢力を攻撃した。太守張超の指揮のもと、小規模の汝陰城は意外にも北魏軍の進攻から持ちこたえていた。春の雨が次第に増し、河の水位が高まっていたこともあり、寿陽から来た劉宋の援軍は比較的容易に船に乗ってここに到着することができ、元石は撤退を余儀なくされた。『魏書』鄭義伝は鄭義が撤退に反対し、攻撃を継続するよう主張したことを伝えるが、当時の北魏軍は恐らく淮水・汝水地域の雨が多く泥濘のある春・夏の作戦環境に適応していなかったのであろう。(1) 元石のこの撤退は、懸瓠に引き返すのではなく、直接彼らの長社鎮の基地に戻るというものであった。彼らが長社を離れてから既に三、四か月が経っていたため、将兵は休養を必要としており、物資・装備も交換や補充が求められていた。史料にはあらわれないが、元石とその大軍が長社で休息していた時間はそれほど長くはなく、彼らは速やかに懸瓠に戻り、淮西に対する支配を強めたと思われる。

この年は劉宋泰始三年(四六七)、北魏献文帝天安二年(八月に孝文帝が生まれたことにより皇興と改元される)である。北魏軍が淮北と淮西を占拠して以降、冀・青の二州と淮南の陸路が切断され、この地域と建康の連絡には海路に頼るしかなくなった。ここで北魏への降伏をはかる一派と劉宋との和睦を目指す一派との間で、一年以上にわたる混乱を極めた戦いが発生し、最終的には北魏の大軍の到来で終わった。しかしこの動乱が淮西地域に及ぼした影響は大きくはなかった。淮西の情勢に影響する要素は劉宋があらためて淮河南岸をコントロールするための拠点である寿陽であり、寿陽に鎮守していたのは新任の予州刺史劉勔《りゅうべん》である。寿陽を基地として淮西を経略するのは、まさに劉勔の主たる職責であり、彼が小をもって大を制したことにより、一年後に懸瓠をめぐる情勢は大きな変化を引き起こすこととなる。

常珍奇が北魏に降伏したとき、彼の安定的な支配のもとにあったのは、汝南・新蔡を除けばおおよそ陳郡と南頓しかなかった。これは平城に向けて忠誠心を示すためであったかもしれず、また平城の彼に対する態度をはかるためであったかもしれず、あるいは功績を立てるためであったかもしれないが、要するに、彼は朝廷に上表し、劉宋を討伐するよう要請し、自身がその前駆となって力を尽くすと申し出たのである。彼は上表において次のように述べた。「高位高官を求め、さらに雄将を派遣し、五〇〇〇頭の馬を飼い、私の征討を助け、さらに大臣の儀仗をいただけましたら、長江の外を震動させて見せましょう。長江以北は、必ず平定できます。私には将帥としての能はありませんが、前駆となることを願うばかりであり、進攻・占拠のよろしきは、指揮にお任せします」[2]。彼は明確に「高位高官」・「大臣の儀仗」を求めており、北魏朝廷において官職や軍号を高めることを希望している。当然、彼はこうした方法で立場を表明したにすぎず、自身が敵国に未練を残していると北魏が疑うことを回避したのである。

しかし、実のところ彼は劉宋に未練があり、そのため『魏書』常珍奇伝は「偽の上表を行ったが、その忠誠心は不純であった」といっている。泰始の変（あるいは義嘉の乱とも称される）において北魏に降伏した諸人は全員「事態が行き詰まったらもとの国に帰」ろうとし、進んで寝返る人間はいなかった。しかし各人の状況は異なっており、降伏した後に気が変わっても、北魏はとっくに防止策を講じていた。常珍奇の特殊状況は劉勔からの誘惑である。薛安都は北魏に投降すると、自身の第四子である薛道次を質子《ちし》として差し出した。子供を質子とするのは当時信用を示すための一種の慣例であり、常珍奇は一貫してそれを避けてきたが、やがてそれもできなくなった。北魏の朝廷は「一年余りして、その子の超を呼びつけた」。常超は『宋書』では常超越に作っているが、この方が正しく、彼は常珍奇の長子であった。北魏の朝廷は明らかに彼に長子を平城に送るよう要求していたのである。しかし常超越の母親である胡氏は別れるのに忍びなく、子供を遠く北方に赴かせることを願わなかった。そこで常珍奇は「密かに南に寝返ることを考えた」。北魏が質子を求めたのは常珍奇の南に帰るという考えに触発されたにすぎないのかもしれないが、一年以上前に長社に部下を派遣して降伏を要請したときから、その考えは常珍奇の脳裏に常にめぐっていたとも考えられる。

『宋書』劉勔伝によれば、劉勔は淮西地域奪回の謀略をめぐらす責任を負っていたが、彼は自発的に出兵するよう主張することはせず、「北のかた懸瓠を攻撃する」よう求めた、淮西の人である賈元友の意見をしりぞけ、回帰する常珍奇の奪取を含む、比較的慎重な方法をとった。あたかも常珍奇は北魏に質子を要求されており、心理的に混乱していたときでもあった。そこで「勔は常珍奇に手紙を送り、虜に叛くよう勧めた」。劉勔の勧めをえて、あるいは承諾したのかもしれず、常珍奇はすぐに諸々の行動に移った。

> 珍奇は子の超越、羽林監垣式宝《えんしきほう》とともに、譙において虜の子都公費抜ら計三〇〇〇人余りを殺害した。勔は駅馬を馳せて上奏し、太宗〔明帝〕は大いに喜び、珍奇を使持節・都督司北予二州諸軍事・平北将軍・司州刺史・汝南新蔡県侯に任命し、食邑を一〇〇〇戸とした。超越は輔国将軍・北予州刺史・潁川汝陽□□三郡太守・安陽県男に任命した。式宝は輔国将軍・陳南頓二郡太守・真陽県男に任命し、食邑を三〇〇戸とした。

この記述から分析すると、劉勔が常珍奇に勧めていたのはまさしくこのときであり、常珍奇はこの後すぐに北魏から劉宋に寝返ったことになる。懸瓠はもともと元石率いる北魏の重兵が駐留していたが、この年の一二月、北魏軍が行動するのに適した季節が到来し、元石は再び汝陰に出征し、常珍奇にこれ以上ないほどのルートを開けてしまったのである。『魏書』常珍奇伝は、「ときに汝・徐はいまだ平定されておらず、元石は自らここに出撃し、珍奇は虚に乗じて懸瓠にて叛き、城の東門を焼き、三〇〇人余りを惨殺した」と述べる。「汝・徐」の部分は、『資治通鑑』にしたがって「汝陰」に作るべきであろう。『宋書』は常珍奇が北魏軍を襲撃した地点を「譙」としているが、『魏書』は懸瓠の東門といっており、恐らく『宋書』はもと「譙門」に作っていたのであろう。東門は懸瓠城にとどまる北魏軍が集中した地点であり、東門を焼くとは野営して守備を行う北魏軍を攻撃するためであったと思われる。俘虜を殺害して譙門にて民衆に示すのは、北魏に叛いて劉宋に帰属する決意をあらわし、劉宋の信任と応援を獲得するためである。『魏書』は常珍奇が北魏軍三〇〇人余りを殺害したというが、『宋書』は三〇〇〇人余りとしており、こちらはおおよそ常珍奇が劉勔に向けて報告した誇大な戦果であろう。

劉勔伝が記すところの劉宋が常珍奇らに与えた官爵からは、劉宋が常珍奇の占拠する淮西地域を司州と北予州の二州に分け、おおよそ汝水流域を司州、潁水流域を北予州とし、常珍奇父子によって二州刺史が分担されたことがうかがえ、これは当然常珍奇を籠絡するためであろうが、彼は結局一介の叛将であり、ゆえに彼に向けたさらに高い報奨などはなく、彼の北魏における身分や職務を対等に保ち、予州刺史を司州刺史に、平南将軍を平北将軍に改めるにすぎなかった。(3) 注目に値するのは、常超越（北予州刺史）と垣式宝（陳南頓二郡太守）の職務であり、陳郡と南頓郡はともに北予州に属していた。慈慶墓誌は王鍾児の夫の楊興宗が「予州主簿・行南頓太守」であったと伝えるが、この予州は本来北予州に作るべきものと考えられる。楊興宗は北予州主簿の身分で「南頓太守を行ねた《か》」が、これは南頓太守垣式宝が実際には戦争に従事しており、南頓郡の職務を処理する暇がなかったことによるのであろう。もしこの推測が成立するのであれば、墓誌に記される楊興宗の官職はこのときにえられたということになる。

しかし劉宋は常珍奇に適宜有力な軍事的支持を提供しなかった。これは劉勔の慎重な性格に符合し、また南朝政権の辺境地域のこうした「反復常ならない」地方豪族に対する一貫した態度とも符合していた。『魏書』によれば、元石は常珍奇が叛いたことを知った後に、すぐに軍隊を引き返し、常珍奇の勢力はそれを防ぐことができなくなり、懸瓠から撤退せざるをえず、劉勔のいる寿陽方面に転進したという。「（常珍奇は）上蔡・安城・平輿三県の住民を略奪し、灌水に駐屯した」。汝南郡の上蔡県は懸瓠城があるところであり、安城・平輿は汝水の下流に位置する。常珍奇の撤退時に、懸瓠の住民を巻き込んで汝水に沿って下流に向かい、道にしたがって安城・平輿両県の住民を伴って南に逃走し、灌水に至り、ようやくとどまって野営・守備したことがうかがえる。

『水経注』巻三二 決水条において、かつて自らこの一帯で水の通りについて考察したことのある酈道元は、灌水は古称であり、長いときを経て音が変化し、民の間では澮水と呼び（灌・澮の音は近い）、これは寿陽以西の小川であり、灌水は決水に合流し、その後に淮水に入り、その合流地点が決口であるといっている(4)。常珍奇が懸瓠から南東方向に撤退し、淮河を越えて、その岸辺で野営していたことが分かる。王鍾児と彼女の家族はこのとき灌水の野営地にいたのであろう。

しかし常珍奇は灌水において元石の率いる北魏軍の最後の一撃をうけた。『宋書』には「珍奇は虜に敗れ、軍を引いて南に出、虜は追撃してこれを破った」といい、『魏書』は「(元)石は馬に乗って攻撃し、大いにこれを破り、たまたま日が沈んで暗くなり、火を放って軍営を焼いた」といっている。元石は最終的には火をもって徹底的に撃破したのであり、劉勔軍のいかなる支援も確認できない。『宋書』によれば、常珍奇は「逃走して山に拠り、寿陽に到達できたが、(常)超越・(垣)式宝は殺害された」という。『魏書』は野営地が破られた後に、「珍奇は単騎で逃走し、その子の超は苦城に逃れたが、殺害され、小子の沙弥は囚われて京師に送られ、宮刑をうけて宦官となった」と記す。もし常超越が逃走する際に経由した苦城が現在の河南省鹿邑県に位置するのであれば、常超越は父親と一緒ではなく、おおよそ終始北予州一帯にて活動していたこととなる。これは属官である楊興宗も彼と行動をともにしており、おおかた一緒に死んだであろうことを暗示する。

常珍奇が北魏に叛き劉宋に降伏したのはいつのことであろうか。『資治通鑑』は常珍奇の北魏に叛いた事件を劉宋明帝泰始三年（北魏献文帝皇興三年）末に繫《か》けている。『宋書』明帝紀は明帝が常珍奇父子に官爵を授与したのを泰始四年二月辛丑（辛丑は二五日であり、四六八年四月三日にあたる）のこととする。『資治通鑑』は灌水の敗戦を二月辛丑の後に繋ける。この時系列に基づくならば、明帝は常珍奇が灌水にて敗退した後にようやく彼ら父子にそれぞれ司州刺史と北予州刺史の官号を授与したことになるが、これは南朝人の、抜け目がなく横柄な風格に符合しない。『南史』によれば吏部尚書褚淵《ちょえん》（彦回）は明帝が「傖《そう》人（北人）」常珍奇に「重位を加える」ことに反対したが、「帝はしたがわなかった」という、明らかに彼の利用価値を重視していた。私は時系列としては『宋書』劉勔伝にしたがい、明帝が常珍奇父子に「重位を加え」たのは劉勔が「駅馬を馳せて上奏し」た時期と非常に近いものと見ており、常珍奇が大敗した後のことではありえないと考えている。軍事情報を駅馬で報告することの伝達速度や懸瓠―寿陽間の道路の距離から分析するならば、常珍奇と劉勔の間の使者は早くも泰始三年末に進んでいたが、彼が挙兵して叛いたのは泰始四年正月より早く、そうでなければ明帝が二月二五日にやっと常氏父子に「重位を加える」ことなどありえないであろう。『資治通鑑』の淮西事件に関係する年月の編年はやや混乱しているといえる。(5) 常珍奇の灌水における大敗は、おおよそ泰始四年三、四月の間のことであろう。

常珍奇は単騎で寿陽に逃れ、劉勔は彼を建康に送った。しかし劉宋にとっては、既に彼には利用価値がなくなっていた。彼の傖楚（北方人に対する蔑称）としての背景からは、劉宋朝廷の信任を取り付けることはできず、また朝廷も彼が泰始二年（四六六）に叛いて淮西の地を失わせた罪も忘れることはできなかった。『南史』褚彦回伝は彼が「ついでまた叛いた」と伝えるが、おおよそ口実にすぎず、彼は殺されてしまったのである。別の場所では、常珍奇の少子である常沙弥が灌水で捕らえられ、幼少であることから死を免れたが、平城に送られて宮刑をうけて宦官となり、以後平城宮にて仕事をすることになったのであろう。北魏の宦官の中には、常沙弥と同様に家族が罪をうけたことや戦争で捕虜となった者が絶対多数を占めていたといえる。常珍奇が灌水までともにした三県の住民はみな捕虜となり、幸運にも生き残った者は北方に送られ、官奴婢となったのである。

王鍾児はこのようにして平城に入ったのであり、これこそが墓誌にいう「略奪されて奚官に没した」である。

王鍾児は囚われて北に向かい、「略奪されて奚官に没し」たが、これは泰始四年の春〜夏のことであり、彼女は既に三〇歳となっていた。たとえ彼女の家族がなおも生きていたとしても（我々には彼女に子供がいたか否かが分からない）、おおよそこのときからは互いに会うことはできなくなっていたであろう。自由を失い、絶体絶命の状況にいた彼女には、自身が北魏の皇宮にて六〇年近くの長い余生を送ることになろうとは想像もつかなかったに違いない。

注

（1）北魏の対劉宋作戦は冬季が最も喜ばれ、通常は春・夏・秋の多雨の季節は避けられた。例えば、劉宋文帝元嘉七年三月に詔を下して出兵し河南を争奪した際、北魏太武帝は「今は仮に軍をおさめて避け、冬を待って行く土地が清まり、黄河が氷結したら、さらに進んでこれを取れ」といっており、『宋書』巻九五 索虜伝に見られる（二五六〇頁）。劉宋軍の北進は、規模が大きく多くの城をとり、たとえ「天を凌ぎ地を震わせ、山を抜き海を動かした」としても、冬になると狼狽して敗北・撤退した。元嘉二七年七月に劉宋軍は大挙北伐し、太武帝は遅々として反応せず、一〇月にようやく黄河の北岸に至って観望し、一一月に長駆南下して、一二月には馬に長江の水を飲ませているが、これは辛棄疾のいう「元嘉草草」（「永遇楽・京口北固亭懐古」）のためである。元石が懸瓠に、尉元が彭城に至ったのは、ともに一二月のことであるが、偶然ではないはずである。張永・沈攸之の泗水における大敗は、厳しく寒い天気が北魏軍を助けたことも一因である。この助けは北魏軍が苦心して手配した後ようやくあらわれたものである。

（2）『魏書』巻六一 常珍奇伝（一四九〇頁）参照。

（3）『宋書』巻八 明帝紀 泰始四年二月辛丑条には、「前龍驤将軍常珍奇を平北将軍・司州刺史とした」（一七九頁）とある。これにより、劉宋明帝が泰始二年に常珍奇を司州刺史に昇格させたとき、彼に与えた将軍号が龍驤将軍であったことが分かる。常珍奇が投降した後、北魏が彼に与えた将軍号は平南将軍であり、品級は大いに高められている。常珍奇が北魏に背き劉宋に降伏したとき、劉宋は彼に対等の将軍号を与えることしかできず、平南を平北に改めたにとどまり、字面としては吉をねらったものとなっている。

（4）酈道元『水経注』巻三二 決水条の注に、「俗にこれを澮口といっているのは、間違っており、これは決灌の口である。私はかつて公務で淮津に至り、船や車に乗り、決水にとまり、民宰〔地方官〕を訪ねたところ、古名と全く異なり、川をたどり道をたずねると、これが決口であることが分かった。灌・澮は音がともに似ており、習俗が真実を害してしまっただけである」とある。楊守敬・熊会貞『水経注疏』二六六六頁参照。

（5）『資治通鑑』はさらに賈元友の上書を常珍奇の劉宋への降伏の後、敗走の前に繫けており、『宋書』劉勔伝と相反しているが、これも正しくはない。

第5章　北魏の奚官

王鍾児が「略奪されて奚官に没した」のは劉宋明帝泰始四年であり、すなわち北魏献文帝皇興二年（四六八）である。奚官署は魏晋以来宮廷を管理する奴婢の機関であり、両晋時代の少府の属官に奚官令がおり[1]、南朝梁の奚官署は大長秋に[2]、北斉のそれは長秋寺に属し[3]、唐代には「奚官局は宮人の疾病死喪をつかさどった[4]」といい、これは皇宮内侍の事務を管理する機構である。『隋書』にいうように、「後斉〔北斉〕が官を制定する際には、多く後魏〔北魏〕のそれにならった」のであり、北斉の官制は北魏のそれを多く継承しており、北斉に奚官署があった以上、北魏にもそれがあったことになろう。

王鍾児（慈慶）が世を去る四、五年前、すなわち孝明帝神亀二年から正光元年の間（五一九〜五二〇）において[5]、劉昶《りゅうちょう》（劉子業に迫られて北魏に投降した劉宋の宗室）の子である劉輝はその妻の蘭陵長公主と長年にわたって仲が悪く、劉輝が別に張・陳という姓の二人の女性を愛人としていたために、公主は劉輝と喧嘩し、家庭内暴力が発生し、劉輝が公主を床にぶつけ、殴る蹴るの暴行を加えた結果、公主は流産し、さらに死亡してしまった。『魏書』劉昶伝によれば、蘭陵長公主は宣武帝の二姉であり、胡太后としては情においても理においても彼女のためにこれを表に出さざるをえず、そこで劉輝を厳重に処罰するとともに、劉輝と仲のよかった張・陳二氏それぞれの家族も見逃すことをせず、「二家の娘は髡笞《こんち》して宮に付した」という。「髡笞」とは剃髪して鞭笞で身体を打つ刑罰であり、「宮に付した」とは自由を剥奪し、宮中に送って婢とすることである。(6)『魏書』刑罰志は司法官である三公郎中崔纂がこの処置に反対したといい、二人の女性の姦通は軽微な罪であり、「宮掖の罪や奚官の役と等しいことがあるでしょうか」と主張したと伝える。「宮に付した」が奚官への没入を指すことがうかがえよう。

北魏の皇宮（明らかに宮廷に限定されていない）における奴婢は、男性の宦官か女性の宮女かにかかわらず、もとは犯罪者か捕虜であることが多かった。『魏書』閹官《えんかん》伝は二五人の宦官の列伝であるが、うち二二人は戦争中に捕虜となって来たのではなく、家族の罪によって宮刑をうけて宦官となったのである。一般的には、宦官となるには年少であることが求められると考えられており、史料に見られる宦官も幼少時から宮中に入ったケースが多く、常珍奇の少子である常沙弥もその一例である。実のところ宮刑には年齢上の区別などはなく、犯罪者のケースでは成年男性の多くが処刑され、年少者が宮刑をうけるというだけである。宮女はさらに年齢が関係なくなり、前述の蘭陵長公主の事件における張・陳の二氏は、「宮に付」されたとき既に成年であり、我々の物語における主人公王鍾児が宮中に入ったのも、既に三〇歳のことであった。

常珍奇が懸瓠にて挙兵し北魏に叛いたとき、建康に忠誠を示していた東徐州刺史張讜《ちょうとう》は団城に駐屯し、尉元《うつげん》の指揮する東進する北魏軍と相対していた。団城は現在の山東省沂水《ぎすい》県にあり、ここは青・冀二州に進入する北魏軍に抵抗するための要塞の一つであった。常珍奇が懸瓠から民衆を伴って南に逃れたとき、団城も厳重に包囲されていた。尉元は部下を派遣して降伏を勧め、退路のなくなった張讜としては北魏に降伏するしかなかった。北魏側は降伏した武将に対する処遇については一貫した方針をもっており、張讜に（しばらく）東徐州刺史を継続して担当させ、別に北魏朝廷を代表する文官（中書侍郎高閭）を派遣して同様に東徐州刺史を担当させ、張讜とともに団城に駐留し、これを史書では「対《つい》に刺史となす」と表現するのであるが、実際には監督であり、また過渡期の処置にすぎず、最終的にはこの地域における全面的な管理権限を奪うのである。[7] 間もなくして北魏は既に投降していた薛安都・畢衆《ひつしゅう》敬《けい》を入朝させたが、張讜がいつ入朝したかについては史書からはうかがえず、恐らくは数か月のうちのことであろう。張讜が平城に向かい北魏の献文帝に拝謁したとき、王鍾児は既に平城宮にいたともいえよう。

　王鍾児が知らなかったのは、張讜の妻である皇甫氏が、早くもこれより数年前に、同様に不幸な平城への旅を経験していたことである。正確な時期は不明であるが、元嘉二七年（四五〇）の冬に北魏軍が長駆して長江にまで進攻したあの大戦争において、張讜の妻皇甫氏は北魏軍に捕まり北方へ連行されたと思われる。『魏書』張讜伝はその不幸について記述しており、「（張）讜の妻皇甫氏は捕まり、中官に賜与されて婢となった」といっている。捕虜となって奚官に没した後、その身柄が皇帝によりある宦官に賜与されて女婢となったのである。「皇甫は陽狂し、梳《くしけず》らず洗髪もできなかった」ともあるが、彼女は自身が狂ったように演じ、毎日櫛を使わず髪も洗うことができなくなり、自身が使い物にならないことを明示したのであるが、これはさらに厳しい屈辱から免れるためであったのかもしれない。

　数年が過ぎ、南方の皇帝が孝武帝に、北方の皇帝が文成帝に変わり、張讜が劉宋の冀州刺史の軍府にて長史をつとめていたとき、機会がおとずれ、人（大半は辺境にて委託された商人）に一〇〇〇匹の絹を携えて平城に向かうよう頼んだ。各地で皇甫氏の行方を聞き、彼女を買い戻そうとしたのである。この知らせは文成帝の耳に届き、彼はどんな女奴がかくも多額の絹に値するというのだと驚いた。わざわざ彼女を呼び出し、一見すると六〇歳ほどに見える（実際には五〇歳過ぎと思われる）ぼけた老婆であり、「南人は妻を重んじる。この老母の任は何か。このように無駄なことはやめてしまおう」といい、感慨を禁じえなかった。皇甫氏は南に帰り、張讜は妾を派遣して辺境の地にて彼女を迎えさせた。皇甫氏は家に帰ってから数年で死去したが、それは彼女の平城における悲惨な経歴と無関係ではなかろう。しか

図７　文羅気墓誌

し張讜は、妻が死去した一〇年後に、彼自身も運命により平城に送られることを、このとき予想できなかったのである。

　以下では、いわゆる罪人の家族の男女が、いかにして宮中の奴婢となるかの一例を再び見てみたい。

　王鍾児よりも三〇歳ほど若い文羅気は蛮人酋長の家庭に生まれ、彼女とその家族が代々生活していたのは、現在の河南省洛陽市以南、南陽市以北の魯陽関付近であり、黄河流域と長江・淮河流域の分水嶺の山地であり、山は高く林は深く、「霑《てん》沐《もく》王化」〔中国的な文明・文化による感化の意、『隋書』食貨志〕されることの比較的緩慢な地帯であった。文羅気とその家族は後に法律の巨大な網に捕らわれてしまい、奚官に没し、女は宮女となり、男は宦官となった。本来、文羅気のような社会階層の女性は正史に言及されることはまずなく、幾千幾万の、彼女と同様の女性とともに忘却されてしまうものである。彼女にとっての幸運は王鍾児と同じく、彼女の遺体とともに地下に埋められた石版に彼女の人生の一部が刻されていたことであり、研究者の精密な分析を経て、この世に浮き沈みしたそのあらましが、多少なりとも現在の人間の知るところとなったのである。それこそが近年出土した北魏雷亥郎妻文羅気墓誌である(8)。この墓誌は胡鴻氏により解読されており、我々は独特の、無視できない故事を知ることができるようになった(9)。

文羅気の祖父である文虎龍は、魯陽における蛮人酋長の中でも比較的早期に北魏に投降した者の一人であり、当地においては領袖的な人物であった。文羅気の父親は早くに死去しており、北魏が南陽方面に領土の拡張を行っていたとき、魯陽の蛮人の主導権は別の蛮人大姓である雷氏の手中に渡っていた。文羅気は雷氏の子弟である雷亥郎に嫁いだが、これは同格の家の婚姻であろう。北魏の勢力が南陽盆地に深く入り込むのにしたがい、魯陽蛮を含む南陽周辺の山地の蛮人は、強大な政権の圧力を感じ始め、摩擦や反抗の日々の増加が避けられなくなった。そこで北魏は、一万家以上の蛮人を北方に移し、六鎮及び河北諸州に分置した。文羅気は家族とともに晋陽に移ったが、この蛮人の領袖はおそらく文羅気の伯父であり、文虎龍の子である文石他であろう。彼らは「郷里の邸宅を懐かしく思っ」ており、このような支配に甘んじたわけではなく、文石他の引率のもとで南に逃れ、その目的は「郷里に帰って国を作る」ことであったが、北魏軍によって包囲殲滅されてしまった。『魏書』蛮伝には、「(蛮人は)ついで叛き南に逃れ、ところどころで追討し、黄河にて追いつき、彼らを尽く殺害した」とある。幸運にも黄河の岸辺における屠殺から生き残った者は、全員が奴婢となった。文羅気の夫である雷亥郎もおおよそこのときに殺害されたのであろう。文羅気とその子供である雷暄はこれによって宮中に入り、文羅気の弟である文翹《ぶんぎょう》、及び五、六歳の従弟である問度も「没して官人となり」、すなわち同様に宮刑をうけて宦官となったのである。ときに宣武帝景明三年(五〇二)のことであり、文羅気は三三歳であり、王鍾児が宮中に入ったときと比べて三歳年長のタイミングであった。

文羅気の運命は波瀾万丈であった。胡鴻氏の考証によれば、彼女が宮中に入ってから間もなくして、宣武帝によって劉姓の宦官に賜与されてその妻(実質的には妾であろう)となり、そしてこの宦官とは、後にしばしば言及することになる劉騰(彼は王鍾児と同じく、宣武帝に最も信任された身辺の者の一人であ

図８　問度墓誌

る）か、あるいは劉騰の一族の者である可能性が高いという。これが劉騰本人かその一族かにかかわらず、この劉氏の宦官は妻妾を娶っただけではなく、さらに子女を養育しなければならず、それは譙郡劉氏の一族から選び出したのであろう。文羅気の墓誌には一人だけ女児〔養女〕の存在に言及しており、他の養子には言及しておらず、養子は早くに処刑されたのかもしれない（劉騰の二人の養子に関しては、胡太后の二度目の奪権の後に、うち一人が南朝に逃れており、もう一人は辺境の州に流されている）。しかし、文羅気はかえってこの養女の恩恵を大いにえており、この養女劉貴華が孝明帝の淑儀となったことにより、文羅気は一気に外戚となったのである。劉貴華は「不幸にも花・葉が早くに落ちてしまい」、すなわち早くに死去し、文羅気の栄光はあっという間であったが、彼女はなおも宮中にて宦官の家族として扱われたのであろう。墓誌によれば、彼女の弟の文翹の官は（中）嘗食典御にまで至り、子の雷暄《らいけん》は園池丞となり、従弟の問度も中常侍・中嘗食典御であり、全員が宦官の中でも上層の人物となった。

文羅気は東魏の末年まで生き、享年七一歳であり、彼女の死去時には弟の文翹が彼女に七、八年先だって死去していたが、子の雷暄と従弟の問度は鄴城の皇宮にいた。葬式は雷暄によって執り行われたようであり、墓誌も雷暄によって作成されたものと思われる。胡鴻氏は、「文羅気の晩年には、雷暄と文翹が彼女の面倒を見ていた。まさしくこのために、雷暄が作成させた墓誌には、父親である雷亥郎の事跡が比較的多く書かれており、かつ母親の二回にわたる婚姻については非常に曖昧である。墓誌の題記に「魏故長秋雷氏」とあるのは雷亥郎を指し、彼がこの官職をつとめていたか否かに関しては明らかにはできないが、大長秋は宦官の最高官職であり、これは墓誌において常々出現する虚構である」と指摘する。私は逆に、墓誌の題記に「魏故長秋雷氏文夫人墓誌銘記」とあるのは興味深い混じり合いであり、「長秋」は文羅気の後の夫である劉姓の宦官（劉騰である可能性が極めて高い）を指し、「雷氏」とは文羅気の前夫である雷亥郎を指すと見ている。

胡鴻氏はさらに、「文羅気の一生が北魏の洛陽時代のことを物語るというよりは、この時代が彼女の曲折した人生を形作ったとする方がよいであろう。歴史家は広大な時代の脈絡の結果に関心を注ぎ、歴史の舞台の中心より離れた普通の人物の人生を詳細に吟味したり、はるかに遠い時代に対して同情したりすることができる」と述べる。これには私も全く賛成であるが、我々がはるかに遠い時代の普通の人物に関心を注ぐのは、彼／彼女らが真の歴史の一部であるためであり、彼／彼女らがいなければ、歴史は不完全でかつ不鮮明であったろうということを追加しておきたい。我々はさらに、普通の人物に対する隠蔽や無視は、伝統的な歴

史学の欠陥の一つであり、前近代社会の強烈にして強固な不平等体制が決定づけたものである。まさしくこのために、我々はこれらの正史に排斥されつつも、墓誌によって幸いに現在に情報が伝わる北魏宮女の史料に対して、粗末な扱いを行ってはならないのである。

注

(1)『晋書』巻二四 職官志（中華書局標点本、一九七四年）七三七頁参照。

(2)『隋書』巻二六 百官志上（中華書局標点本〔修訂本〕、二〇一九年）八〇六頁参照。

(3)『隋書』巻二七 百官志中（八四四頁）参照。

(4)『旧唐書』巻一八四 宦官伝（中華書局標点本、一九七五年）四七五三頁参照。

(5)この事件は『魏書』巻五九 劉昶伝と巻一一一 刑罰志に記録があり、前者は「正光（五二〇～五二五）の初め」とし、後者は「神亀中（五一八～五二〇）」のこととしている。劉輝が蘭陵長公主と不仲となり離婚してまた再婚しながら家庭内暴力を振るったのは、前後少なくとも二年はあり、離婚はおおよそ神亀二年（五一九）で、暴力騒ぎは正光元年の胡太后軟禁の前のこととなろう。

(6)このエピソードに対する詳細な研究として、李貞徳『公主之死』（生活・読書・新知三聯書店、二〇〇八年）がある。

(7)『魏書』李霊伝は李璨《りさん》が「張讜と対に兗州刺史となり、安定してから初めて帰属した」といい、張讜を兗州刺史とし、かつ張讜と対に刺史となった者は高閭ではなく李璨であったとしており、『魏書』高閭伝や『魏書』張讜伝とは異なっている。『魏書』畢衆敬を調べてみると、薛安都は畢衆敬を行兗州事とし、劉宋明帝は衆敬を兗州刺史としたが、衆敬は北魏に降伏し、「皇興（四六七～四七一）の初め、すなわち（衆敬を）散騎常侍・寧南将軍・兗州刺史に拝し、爵東平公を賜与し、中書侍郎李璨を対に刺史とした」という。李霊伝が誤っていることが知られる。

(8)文羅気墓誌の拓本の図版と釈文は、葉煒・劉秀峰主編『墨香閣蔵北朝墓誌』（上海古籍出版社、二〇一六年）六八～六九頁に収録されている。文羅気の従弟である問度の墓誌も、同書二四八～二四九頁にある。文羅気の姓は文、問度の姓は問であり、二字は同音で、ともに「蛮」の音写であり、彼らの身分が蛮人であることをあらわしており、これにより文と問のいずれをとっても異なるところはないことになる。しかし、同一家族出身の文羅気と問度がこともあろうに異なる漢字をもって姓氏としたのは、彼らが華夏の姓氏を獲得してから時間が長くは経っておらず、また安定していなかったことを物語っている。私はさらに、漢代以来の蛮人酋長に常に見られる姓氏としての「梅」も、実のところ「蛮」の音写であると仮定したいと考えている。この類の姓氏は全て他称の色彩を帯びている。

(9) 胡鴻「蛮女文羅気的一生——新出墓誌所見北魏後期蛮人的命運」(武漢大学中国三至九世紀研究所『魏晋南北朝隋唐史資料』第三五輯、二〇一七年、九七~一一一頁)参照。

第6章　青斉の女子

一般的には、普通の宮女の事跡が正史の列伝に記録されることはあまりなく、我々は北魏宮女については、二〇世紀以来出土した墓誌によって理解するのみである。宮女の法的地位は普通の農民に比べてはるかに低かったが、彼女たちは権力の中心に近く、したがって偶然に権力の一部となる可能性が出てくる。当然、絶対多数の宮女には墓誌がなく、幾人かが巨大な不幸に巻き込まれる中、幸運にも宮女の中においてある種の地位をつかんだ宮女は、官費で葬られ、ひいては墓誌を作成されるという優待を獲得することもありうる。現在までに見られる北魏宮女の墓誌は、死亡時に宮女の身分を保持しているケースであるが、全て高級宮女であり、品級（宮品）も高かった。これらの宮女墓誌の埋葬時期は孝明帝の正光年間（五二〇～五二五）に集中しており、墓地も洛陽の北邙山終寧陵地区の陪葬墓の片隅に集中している。[1] 個別の例外を除き、これらの宮女の宮品は一品か、もともと二品であったが一品に追贈されたものばかりである。宮品が一品であって初めて（もともと一品であるか、死後に追贈されて一品となったかを問わず）、後宮の奚官の管理機構によって彼女たちのために墓誌が製作される機会がおとずれるのである。追贈の慣例に基づくならば、二品になってようやく一品に追贈されることがありうる。したがって、墓誌を残した宮女は、生前には全員宮品二品以上であったことになる。しかし二品の宮女が全て一品に追贈されたか否か、この点は今なお明確ではない。

北魏皇宮の内侍の等級体系において、宮女は五等に分けられ、内司が最も高く、大監がこれに次ぐ。宮女は全員最も低い等級である奚官の女奴から始まり、ゆっくりと年功を積み重ね、昇進の機会を待つのである。『北史』は北魏孝文帝の後宮制度改革について記し、「後に女職を置き、内事をつかさどらせた。内司は尚書令・僕に擬える。作司・大監・女侍中の三官は、二品に擬える。監・女尚書・美人、女史・女賢人・女書史・書女・小書女の五官は、三品に擬える。中才人・供人・中使女生・才人・恭使宮人は四品に擬える。青衣・女酒・女饗・女食・奚官女奴は五品に擬える[2]」と述べている。これによって宮女の最高官職が内司（一品）であり、一人しかいないことがうかがえよう。二品は比較的多く、名誉職的な女侍中、作司や大監のような部署のトップは全て二品である。現在見られる宮女墓誌も主としてこれらの例を出るものではない。

現在内司の墓誌は二点残っており、うち一点は題記があるが、もう一点にはそれがない[3]。題記のあるものは「大魏宮内司高唐県君楊氏墓誌」であり、墓主は正光二年（五二一）に死去しており、姓はあるが名はない。題記のないものの墓主は熙平元年（五一六）に死去し、名はあるが姓はない。後者は墓誌の文章が「近祖の呉双」に言及していることから、研究者の多くはこの呉を姓氏と見なし、趙万里氏は「内司呉光墓誌」として著録し、あわせて墓誌に言及されている「司徒公」は後漢の呉雄ではないかと疑っている。勃海の著姓に呉氏があり、中古時代の呉氏の勃海郡望〔郡内で有力な家柄〕として真っ先にあげられるのは[4]、姓は呉、名は光、字は興貴という墓主である。墓誌はこの内司呉光が勃海太守安生の長女であるといっており、「性格は天賦のもので、早くから家庭のしつけを教訓を体得し、風采は清く華やかで、外にあらわれていた」という。彼女がなぜ宮中に入ったかについて、墓誌は全く説明しておらず、ただ曖昧に「紫朝に入り、かたじけなくも宮中をつかさどった」というだけである。この二点を比べると、内司楊氏の墓誌の方がより多くの墓主関連の情報を提供してくれる。

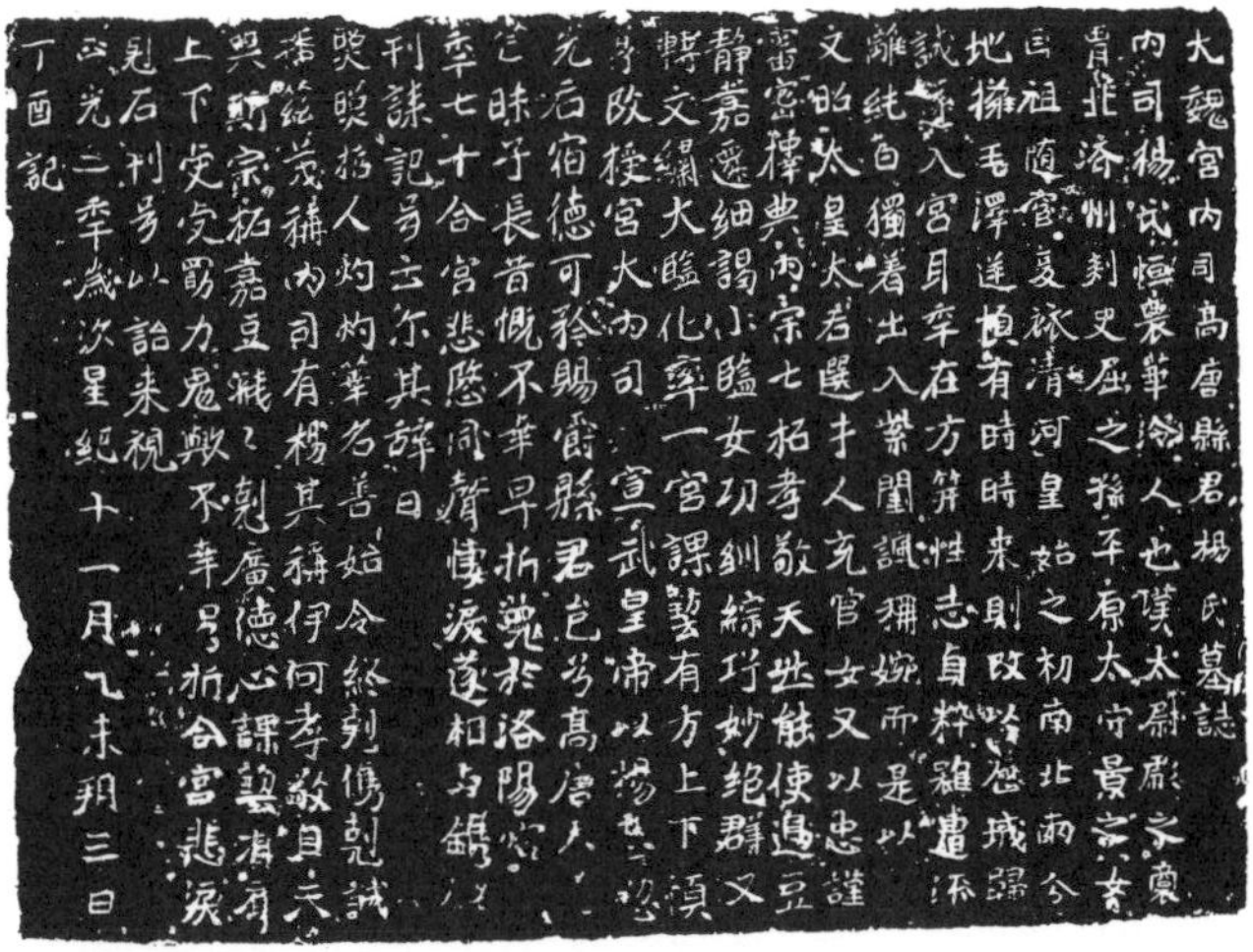

図９　楊氏墓誌

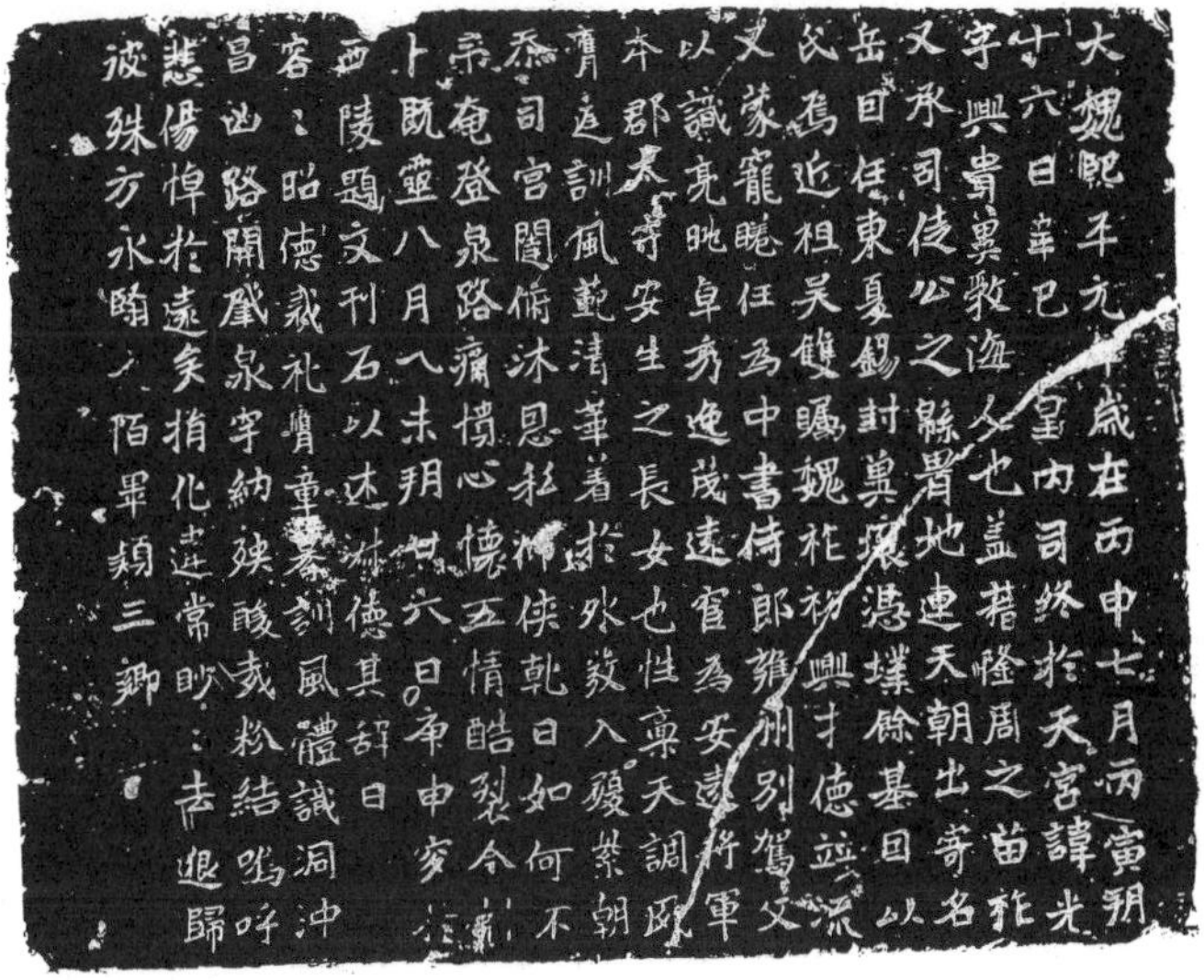

図10　呉光墓誌

注目に値するのは、墓誌にあらわれる高級宮女の中に、王鍾児と同じく、劉宋が淮北四州と淮西の地を喪失したときに平城に連行された者がいることである。墓誌は彼女たちが全員官僚の家庭出身であったといっており、おおよそそのために一定以上の教育をうけたのであろうし、このような家庭の背景と教育の条件とが彼女たちの宮中における出世にある程度の助けになった可能性もある。内司楊氏はこうした状況にあったのであろう。

「大魏宮内司高唐県君楊氏墓誌」によれば、楊氏の祖父の楊屈は北済州刺史であり、父の楊景は平原太守で、家は清河郡（河北冀州の清河ではなく、劉宋が南燕から継承した現在の山東省淄博《しはく》市に設置された冀州清河郡であり、北魏時代には斉州に属する東清河郡であった）にあったという。墓誌は楊氏が宮中に入った時代背景を明確に描写しており、それは劉宋が淮北の四州を失い、「皇始（皇興に作るべきと思われる）の初め、南北に二分し、その地は皇帝の恩沢をうけながらも、裏切りや帰順がたびたび起こり、ときが経てばまた反対のことが起こり、歴城が北魏に帰順すると、そのまま宮中に入った」と述べている。墓誌は楊氏が「方笄《ほうけい》の年齢で、志は純正であった」といっているため、宮中に入ったのは一五歳（方笄）となり（墓誌の記す年月から算出すると、一六歳であった可能性もある）、さらに「流離の憂き目を見たが、純白な性格で賞賛され、初めて後宮に入り、その美しさを称えられた」という。

王鍾児は楊氏に比べてかなり年長ではあるが、彼女たちはともに宣武帝の生母である高照容に仕えていたため、知り合いであったに違いない。楊氏の墓誌には、「文明太皇太后は才人を選び、宮女にあてた」といい、これは高照容が馮太后に選ばれて掖庭（皇女・宮女のいる所、後宮）に入ったとき、配属された宮女の中に楊氏がいたことを指し、このとき高氏は一三歳であり、楊氏は二七～八歳ほどであった。墓誌によれば、後に――恐らくは高照容の死後に、楊氏は配置換えとなり、「また忠誠心があって慎み深く、選ばれて内宗七祏《せき》をつかさどった」という。内宗七祏とは宮内の宗祏であり、宗廟の神主を安置するところを祏といい、七祏とはすなわち七廟である。この仕事は主として日常的な祭祀であると思われ、墓誌は彼女が「親への孝行や年長者への敬いは自然に備わったものであり、辺（籩）豆をよく扱うことができ」、これにより細謁小監に昇進することができたと述べる。細謁とは宮中の紡績機構であろう。墓誌は楊氏がこの職務において「機織りや糸繰りは、巧妙で抜群である」と賞賛しており、したがって「文綉大監に転じた」という。小監から大監となったのであるから、かなり出世したことになろう。

楊氏の内侍女職系統において昇進を重ね、墓誌は彼女が「一宮を率い、仕事は要領をえており、上下は順厚にして、あらためて宮大内司を授けられた」といい、最後には官は内司にまで至り、宮女が到達しうる最高の職位についたのである。彼女の宮女としての「仕途」はかくも順調であり、もとより彼女個人の能力や品行、素質と関係があったとはいえ、彼女が当初自身の生母高照容に仕えていたことに宣武帝が感謝し、必然的に宣武帝自身を育てることになったという事情にも関係するのであり、ひいては後者こそがいっそう重要な要素であったといえるのである。墓誌は明確に、「宣武皇帝は楊氏が先后に仕え、その徳は誇るべきものであることから、県君の爵位を賜与し、その邑を高唐と号した」といっている。皇帝が一介の宮女に封爵（高唐県君）と加官（宮大内司）を与えたことは、王鍾児が重病に陥ったときに孝明帝が見舞ったのと同様に、宮廷生活において頻繁に見られた現象ではありえず、当然ともにこれらの宮女が特殊なタイミングで皇帝個人と特殊な関係を有したことによるのである。

楊氏は王鍾児よりも一三～四歳若いが、世を去ったのは逆に二年半早く、正光二年に死去し、享年は七〇歳、墓誌は葬った時期を一一月三日（五二一年一二月一七日）としている。

墓誌にあらわれる北魏宮女のうち、少なくとも四人が楊氏と同様に、同じ時代背景のもとで、同じ時期に青・斉地域（劉宋の青・冀二州）から北魏軍によって平城に連行されている。四人の宮女とは劉阿素・張安姫・緱光姫《こうこうき》・孟元華である。

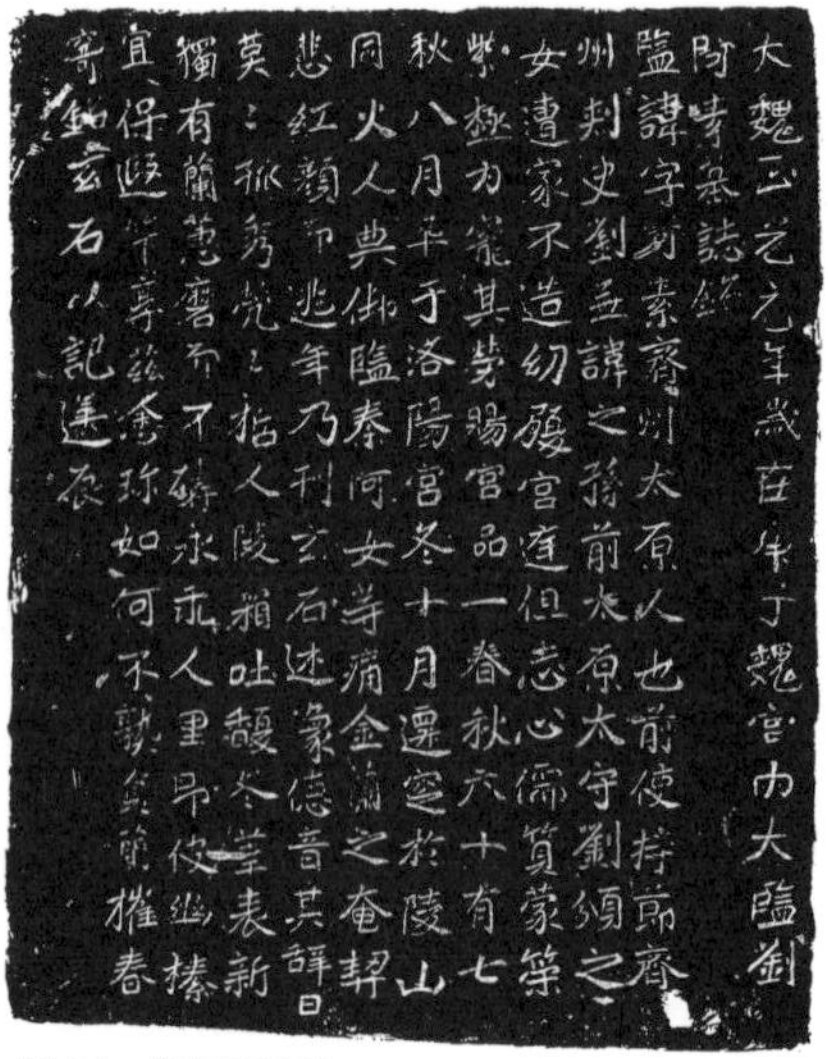

図11　劉阿素墓誌

劉阿素の墓誌（題記には「大魏正光元年歳在庚子魏宮内大監劉阿素墓誌銘」とある）は劉阿素が「斉州太原の人である」というが、この太原とは東太原郡であり、現在の山東省済南市と泰安市の間に位置する。墓誌によれば、劉阿素の祖父劉無諱《りゅうむき》、父劉頒《りゅうはん》はともに劉宋の官僚であるといい（具体的な官職については当然信用できない）、墓誌には「家が祖霊を祀らない時期の後をうけ、幼くして宮廷に入った」とあるが、その時代背景は北魏が劉宋の淮北四州を奪取したことである。劉阿素は正光元年（五二〇）八月に死去し、享年は六七歳であるから、生年は劉宋孝武帝孝建元年（四五四）となり、平城宮に入ったときはまさに一四～五歳のこととなる。劉阿素は「宮内大監」であり、第二品に属したが、「その功労を評価され、官品一を賜った」といい、死後に追贈されて一品となったのであろう。

張安姫墓誌の題記は「大魏正光二年歳在辛丑三月己巳作廿九日丁酉宮第一品張墓誌銘」とあり、墓誌は張安姫が兗州東平の人であり、祖父張基は兗州刺史、父張憘《ちょうき》は済南太守であったと述べるが（当然官職は必ずしも信用できない）、これらは全て劉宋の淮北における地方官であろう。張安姫は「一三歳で難に遭遇し、家は罰せられて宮中に入れられ」、楊氏・劉阿素の宮中入りと同様のケースであり、年齢も似ている。墓誌は張安姫が「二〇歳で御食監に任命された」といい、二〇歳で三品の宮官となったことになる。彼女は御食監の職務においては「心を尽くして固く節操を保ち、職務への態度が賞賛された」ことにより、文綉大監に昇進し、さらに宮作司に転任したが、これらの職位はともに二品である。墓誌は張安姫が六五歳のときに「麻疹にかかり、病状はしつこくいよいよ長びき、一〇〇の処方をもって医療を行うも、衰弱の度合いが増してしまい」、洛陽宮にて病死したという。劉阿素と同様に、張安姫は死後に「第一品を旨贈され」、最高の位に達したのであり、そのため題記には「宮第一品」とあるのである。

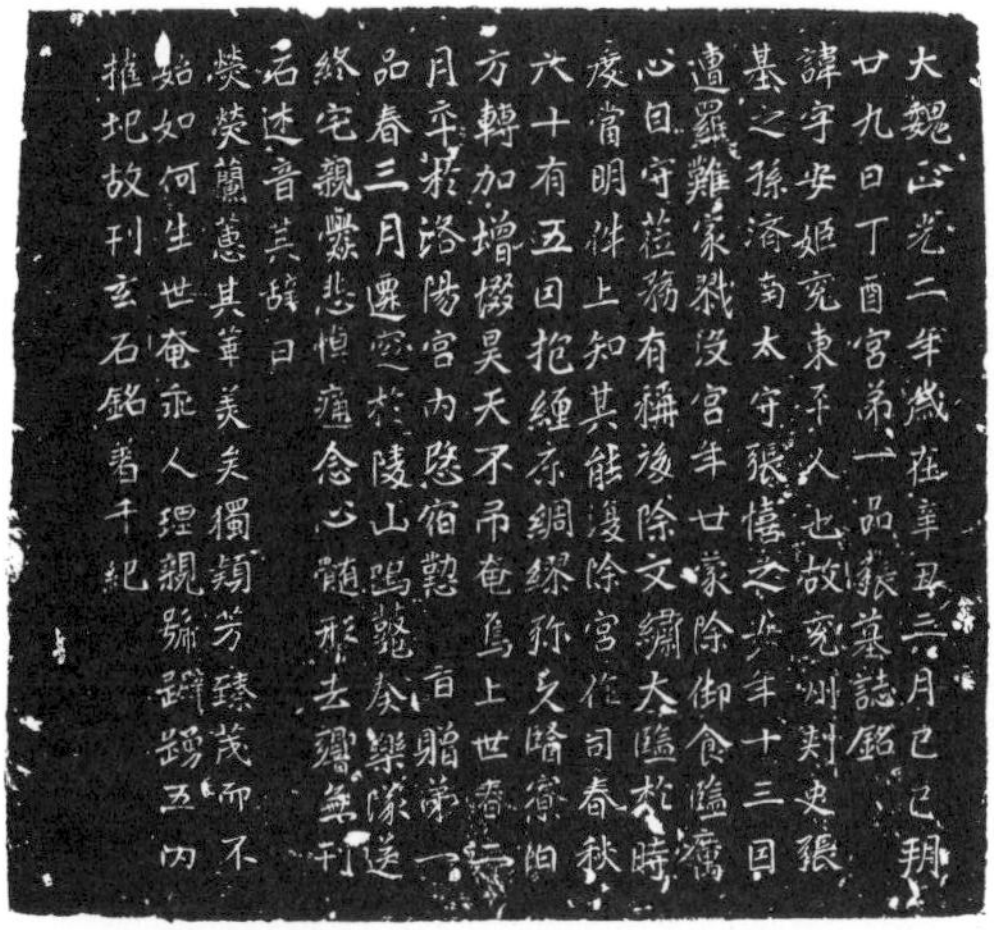
図12　張安姫墓誌

図13　緱光姫墓誌

図14　緱顕墓誌

緱光姫の一家も青・斉から北魏に入った。「魏故第一品家監緱夫人之墓誌銘」によれば[5]、緱光姫の祖父緱永、父緱宣はともに劉宋の青・冀二州における官僚であったという（具体的な官職は当然信じることはできない）。墓誌は後宮に入る前の光姫について次のように描写する。「代々の嘉風を継ぎ、子孫への恩徳の繋がりに益あり、才徳は罕世を超え、美貌はあまたの女子より優れ、ゆえに高き名声はこれによって遠方まで届き、その評判はここにおいてとどまるところを知らず、繈褓〔幼少〕の歳でありながら、既に成人の志を有していた」。しかしながら「嫁入り前に、家の災難に遭い」、これより「身を宮掖に委ね、椒闈《しょうい》〔後宮〕に出入した」が、これは銘文にいう「一たび家難より離れ、長く宮廷に秘す」である。緱光姫は正光六年（孝昌元年、五二五）正月に七二歳で死去しているため、その生年は劉宋孝武帝孝建元年（北魏文成帝興光元年、四五四）となり、泰始四年（四六八）に彼女は一四〜五歳であるが、まだ嫁いではいなかった。いわゆる「家難」とは、父兄が殺害され、家族が捕虜となったことを指す。この巨大な変化は光姫の心理に深く傷つけ、墓誌は彼女について、「しかし父兄の死により、栄誉に関心がなく、粗末な衣服をきて粗食し、身体の形をあてて口を満たすだけであり、多くの友と席をともにし、人生について話題が及ぶと、家のことを回顧し、涙を流して泣き声をもらした」という。これらの描写は、全て綦光姫の精神世界の穴を多少なりとも映し出している。綦光姫の宮における身分は「家監」、第二品であり、題記にいう第一品とは死後の追贈ではなく、生前にえた賞賜であったようである。墓誌には、「同輩はその風操をたっとび、僚友はその貞概を慕い、こういうわけで聖上はとりわけ尊重し、事業を委ね、心中から認められ、すなわち品第一を賜り、班秩・清禁〔宮殿〕・羽儀の等級は、郡君と同じであった」とある。

文羅気と同じく、綦光姫も一人で後宮に入ったのではない。我々は現在彼女とともに奚官に没した家族がさらに二人いることを知ることができ、すなわち兄嫁の茹氏と甥の綦顕であり、彼らは綦顕の墓誌から確認できる。(6) 綦光姫墓誌は彼女が「大魏冠軍将軍・斉州刺史顕の姑《おば》」であったという。綦顕墓誌も綦顕の生前最後の将軍号が冠軍将軍であり、死後の贈官が斉州刺史であったと記しており、ちょうど一致する。綦光姫墓誌は彼女が「斉郡衛国の人」、綦顕墓誌は彼が「魏郡衛国峗《ぎ》の人」であったというが、ともに正確ではなく、斉州東魏郡衛国県に作るべきであり、峗とは郷名であろう。綦顕墓誌は曾祖父と祖父の名をそれぞれ綦稚・綦珍とするが、これらは綦光姫墓誌と異なっており（彼らの官職も違う）、原因は不明であるが、二人が叔母と甥の関係であったことは間違いない。綦顕墓誌はその父綦虎が劉宋の直閣将軍・西予州刺史であったと伝えるが、綦虎は綦光姫の兄であろう。綦顕は綦光姫よりも二年早く死去し（正光四年二月）、享年は五八歳であったというから、その生年は劉宋明帝泰始元年（四六五）となり、まさしく大動乱が開始したあの年である。青・斉が北魏に組み込まれたとき、綦顕はまだ四歳にもなっておらず、ゆえに墓誌は「皇風が遠くまで震い、三斉を席巻し、綦君は子供であったが、母の茹氏とともに代都に移った」というのである。これによって綦氏一門から三人が平城宮に入ったことがうかがえる。

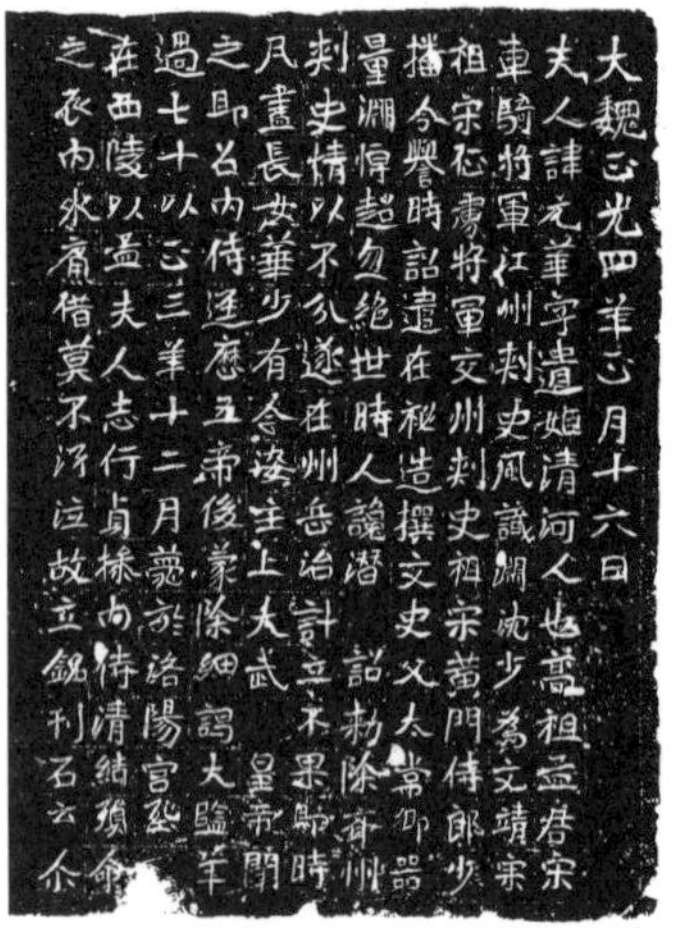

図15　孟元華墓誌

　孟元華墓誌はその文字に問題がやや多いが、[7] おおよそは読解することができる。墓誌によると、孟元華が正光三年一二月（五二三年一月）に死去し、年齢は七〇歳を過ぎていたといい、ならば彼女の生年はおおよそ劉宋孝武帝孝建元年（北魏文成帝興光元年）にあたり、平城宮に入ったときには一四～五歳にすぎなかったことになる。墓誌は彼女が北魏に入った後に、「主上太武皇帝は彼女のことを聞き、招いて内侍に任命された」と伝えるが、太武皇帝ではなく献文皇帝に作るべきであろう。墓誌の孟元華の父祖の劉宋における官職は当然信じるべきではない。しかし、彼女の父親が斉州刺史（実のところ劉宋には斉州はない）の任にあったときに泰始の動乱に遭遇したといっており、孟元華の北魏に入った背景を明らかにすることができる。墓誌は孟元華が皇宮に入った後に「五帝を経た」といっているが、献文帝・孝文帝・宣武帝と孝明帝とで四人の皇帝しかなく、もしかしたら馮太后をこれに含めているのかもしれない。孟元華の最高官職は細謁大監であり、宮品は二品とされ、墓誌には彼女に対する追贈については記していないが、追贈によって死後一級高めるのが慣例であったのかもしれず、これによって彼女も一品の身分で葬られたのである。

　同じ時期の華北社会と比べるならば、青・斉地域の文化・教育程度はいくらか高かったであろう。以上に言及した楊氏・劉阿素・張安姫・緱光姫・孟元華は、青・斉の実家にいたとき既に一定程度の教育をうけていたと思われる。例えば劉阿素墓誌は彼女が「儒質を心がけ、皇宮にて栄誉を被った」というが、「儒質」の二字は彼女の文化レベルが低くはなかったことを示す。この点、王鍾児の状況と近く、王鍾児が宮中に入ったとき既に三〇歳であり、彼女がさらに成熟した労働能力を備えていたという違いがあるにすぎない。

注

（1）本章以降において引用する北魏宮女の墓誌は、注において特に出所を明記するものを除いては、それぞれの拓本図版は全て趙万里『漢魏南北朝墓誌集釈』のものであり、墓誌の釈文は趙超『漢魏南北朝墓誌彙編（修訂本）』を参照した。しかし、本書が基づく墓誌の文字及び標点は全て著者本人の読解によるものであり、趙超書やその他の墓誌釈文の著作とは異なるかもしれず、誤りは著者本人の責任であること、特にここに断っておきたい。〔訳注〕訳書では原則として本文に言及されている墓誌・墓碑などの石刻史料の拓本を掲載しているが、出典は必ずしも趙万里『漢魏南北朝墓誌集釈』や本書に注記されている資料ではない。

（2）『北史』巻一三后妃伝上（四八六頁）参照。

（3）二人の内司墓誌の釈文は、それぞれ趙超『漢魏南北朝墓誌彙編（修訂本）』一一九頁と一六九～一七〇頁に収録されている。

（4）北朝墓誌では頻繁に勃海呉氏があらわれ、例えば西魏の呉颺墓誌・北斉の呉遷墓誌などがある。西魏の李賢妻呉輝墓誌は「その祖先は勃海にいたがここに移った」といっている。「寧夏固原北周李賢夫婦墓発掘簡報」（『文物』一九八五年第一一期）参照。釈文は趙超『漢魏南北朝墓誌彙編（修訂本）』四八三～四八四頁に収録されている。敦煌文書S二〇五二「天下郡望姓氏族譜」には勃海著姓を列挙しており、呉氏は高氏に次ぐ。『太平寰宇記』巻六三は渤海郡の三姓を記しており、その順序は呉・高・欧陽である。楽史『太平寰宇記』（中華書局、二〇〇七年）一二八四頁参照。

（5）緱光姫墓誌の拓本図版は趙君平『邙洛碑誌三百種』（中華書局、二〇〇四年）一七頁に、墓誌釈文は韓理洲『全北魏東魏西魏文補遺』（三秦出版社、二〇一〇年）二〇九頁に収録されている。

（6）緱顕墓誌の拓本図版は『北朝墓誌精粋』第一輯北魏巻一（上海書画出版社、二〇二一年）八二～八三頁に収録されている。

（7）孟元華墓誌の釈文は趙超『漢魏南北朝墓誌彙編（修訂本）』一七五～一七六頁に収録されている。

第7章　宮女の人生

張安姫墓誌は葬儀について、「鼗《ふりつづみ》を鳴らして音楽を演奏し、隊送して家についた。親襯《しんとう》は悲しんで悼み、心の奥底まで念じた」と伝える。いわゆる「親襯」のうち、親は親族を指し、襯は同火人を指す。同火人とは、字の意味からいえば竈をともにして飯を炊く人であるが（同居人を指す可能性もある）、さらに広げて金蘭の契り、姉妹の契りを結ぶという意味にもなったのかもしれない。北魏宮女の同火人という呼称は、劉阿素などの宮女墓誌に見られる。劉阿素墓誌は彼女の死後、「同火人典御監秦阿女らが金蘭の契りを痛み、長らくその美しき顔を悲しみ、黒き石に刻み、すばらしき名誉をかたどった」と伝える。劉阿素の葬儀を取り仕切ったのは彼女の同火人である典御監秦阿女である。秦阿女は典御監であり、第三品で、もし昇進を継続できなければ、彼女の死後には追贈されても二品にしかならなかったと思われる。現在は基本的に二品の宮女の墓誌は見当たらず、二品では墓誌を製作されるという待遇をうけることができなかったのであろう。まさしくこのために、我々は目下秦阿女の墓誌を見ることができなくなっている。しかし、経費が政府から拠出されたとはいえ、結局葬儀には取り仕切る人間がいたのである。劉阿素は正光元年（五二〇）八月に洛陽宮にて死去し、一〇月に邙山の西陵（宣武帝の陵区）に葬られ、それを仕切ったのはまさしく彼女の生前における「同火人」秦阿女であったのである。

宮女の出所は、戦争の捕虜（南朝出身）や、家族が罪に問われた者（北魏出身）を除いては、全て官

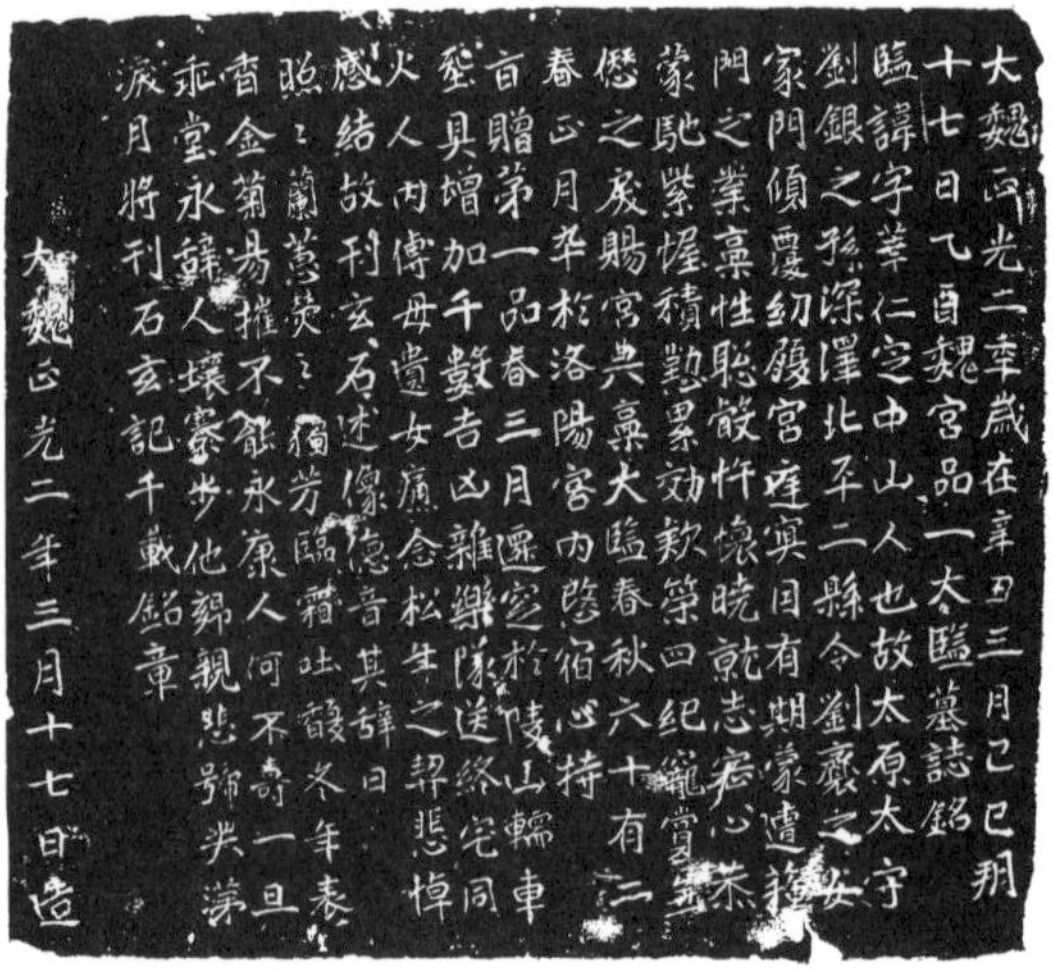

大魏正光二年歳在辛丑三月己巳朔
十七日乙酉魏宮品一大監墓誌銘
監諱字華仁定中山人也故太原太守
劉銀之孫深澤北平二縣令劉襲之女
家門傾覆幼履宮庭寔因有期蒙遣豫
門之業稟性聡敏忤懐曉就志密心恭
蒙馳紫幄積懃累効款策四紀寵賞弥
懋之後賜宮典稟大監春秋六十有二
春正月卒於洛陽宮内鼕宿心持
首贈第一品春三月還窆於陵山輻車
至具增加千數吉凶雜樂隊送終宅同
火人内傅母遺女屬念松生之契悲悼
感結故刊玄石述像德音其辞曰
照ゝ蘭蕙熒ゝ獨芳臨霜吐馥冬年表
昔金菊易摧不能永康人何不寄一旦
乖堂永辞人壊寒歩他鄉親悲歸哭漭
淚月將刊石玄記千載銘章
大魏正光二年三月十七日造

図16　劉華仁墓誌

僚の家庭出身者である。例えば劉華仁墓誌（題記は「大魏正光二年歳在辛丑三月己巳朔十七日乙酉魏宮品一大監墓誌銘」）は、家族が罪に問われたために定州中山郡の人である劉華仁が宮中に入ったと伝えている。華仁は正光二年（五二一）正月に洛陽宮にて死去し、享年は六二歳であったというから、その生年は文成帝和平元年（四六〇）となる。華仁の祖父・父の官はそれぞれ郡太守・県令にまで至ったが、「家門が傾き、幼くして宮庭に入った」という。華仁の宮女としての生涯も相当長く、「策に款《しる》すこと四紀」とあり、宮中にて半世紀近く働いていたのであり、このことは彼女が宮中に入ったとき一三～四歳にすぎなかったことを意味している。墓誌は彼女が「天性として聡明であり、内心に逆らっても利発さは隠せず、志は密にして心は恭しく、皇帝の帷に入り」、「長くつとめて功績を重ね」たことにより、宮典稟大監に昇進したと伝える。「内にその心を憐れみ、特に第一品を贈った。……輀車《じしゃ》葬具は、数千点にまで増加し、吉礼・凶礼の楽を交え、隊送して家についた」ともいっている。注目に値するのは、劉華仁の後事も彼女の同火人によって取り仕切られたことである。墓誌は「同火人内傅母遺女が長年の契りを痛み、哀悼して心がもつれ、ゆえに黒き石に刻み、すばらしき名誉をかたどった」という。劉阿素の同火人秦阿女については知ることができないが、劉華仁の「同火人内傅母遺女」については彼女の墓誌が残っている。この「内傅母遺女」とは、北魏が洛陽に遷都した後の宮中における初のシェフであり、姓は王、名を遺女という。この王遺女墓誌の全文を以下に記しておこう。

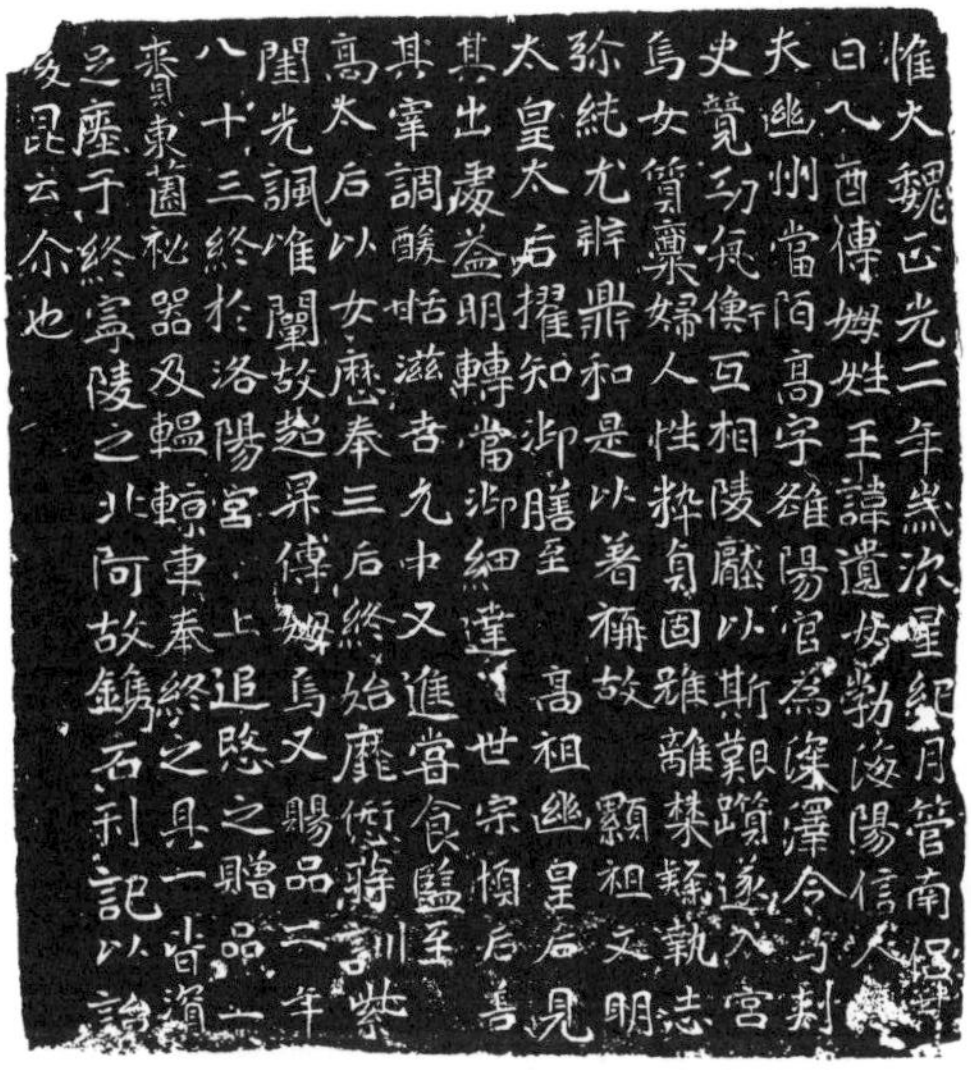
図 17　王遺女墓誌

惟《こ》れ大魏正光二年、歳星〔木星〕は星紀にあり、月管は南呂〔八月〕、二〇日乙酉。傅姆〔傅母〕の姓は王、諱は遺女、勃海陽信の人である。その夫の幽州当陌の高、字は雒陽《らくよう》は、官は深沢令となり、刺史競功と争い、相互に押さえ合った。そのいざこざにより、そのまま宮中に入った。女は天性の婦人であり、その性格は純粋で正しく、宮中の奴隷の身分より離れても、志をとることといよいよ純粋であった。最も料理を楽しみ、こういうわけで名が知られるようになった。ゆえに顕祖〔献文帝〕の文明太皇太后は抜擢して御膳〔皇帝の食事〕を作らせるようになった。高祖〔孝文帝〕の幽皇后の代に至り、その挙動がますます明らかなのを見られ、転じて御細を担当させた。世宗〔宣武帝〕の順皇后の代に至り、彼女が料理において酸味・甘味を調節し、美味・苦味がまことに当をえていることを評価し、さらに嘗食監に昇進した。高太后の代に至り、遺女が三人の皇后に仕え、終始誤りがなく、進んで紫闈《しけい》を戒め、輝かしい評判はただ広まり、ゆえに傅姆に昇進し、品二を賜った。八三歳で洛陽宮にて逝去した。上〔皇帝〕は追ってこれを憐れみ、品一を追贈され、東園の秘器及び轀輬車《おんりょうしゃ》〔霊柩車〕を賜与され、葬送の用具は全て足りており、終寧陵の北阿に埋葬した。ゆえに石に刻んで記し、後の世の人々に伝えるのである。

劉華仁墓誌は華仁の葬式を取り仕切ったのが「同火人内傅母遺女」であったというが、王遺女墓誌は「傅姆の姓は王、諱は遺女」といい、職位・名がともに一致することから、王遺女こそが劉華仁の同火人であったことが確認できる。しかし劉華仁が葬られたのは正光二年三月であり、王遺女のそれは同年八月であるから、まさしく前後して世を去っていることになる。王遺女は死去したとき八三歳であったというが、ならば彼女の生年は太武帝太延五年（四三九）となり、王鍾児と同い年となる。王遺女は劉華仁よりも二一歳年長であり、二人の関係はおおよそ姉妹と母子の間のようなものであったろう。墓誌は遺女の夫について「幽州当陌の高、字は雛陽」というが、当陌とは郡県の名ではなく、幽州范陽郡涿県の村の名である(1)。墓誌は王遺女の夫高雛陽が深沢県令であり、（定州）刺史「競功と争い、相互に押さえ合」い、このために法の網にかかってしまったと伝えている。高雛陽は恐らくは殺されたのであり、王遺女は奚官に没し、墓誌はこれについて「そのいざこざにより、そのまま宮中に入った」と述べている。夫の家の高氏は范陽郡涿県当陌村の大姓であり、王遺女墓誌はあらまし郡県名を去っているが、彼女自身が普段回顧するときには村名のみをいい、傍らの人が長らくこれを聞いており、当陌という名は知っているが、これが村であるとは分からず、郡県の名としてしまったため、墓誌を製作したときに直接幽州の下に繋げたのであろう。

王遺女は料理が得意であり、その技能によって宮中において出世していった。墓誌は彼女が「最も料理を楽しみ、こういうわけで名が知られるようになった。ゆえに顕祖の文明太皇太后は抜擢して御膳を作らせるようになった」といっている。王遺女の料理の才能は早くも献文帝時代に馮太后（文明太皇太后）によって見出されており、彼女に内宮の御膳を担当させ、ここから彼女は皇后の専属料理人となり、北魏後宮初のシェフとなったのである。彼女が仕えた皇后には孝文帝の幽皇后、宣武帝の順皇后（于氏）と高皇后（高英）が含まれている。墓誌は王遺女が幽皇后の時代に「転じて御細を担当させた」というが、御細とは主食と相対して言及される食物（精細な点心？）であるらしい。宣武帝時代、順皇后于氏は「彼女が料理において酸味・甘味を調節し、美味・苦味がまことに当をえていることを評価し、さらに嘗食監に昇進した」。嘗食監は三品の位である。高皇后高英の時代、「遺女が三人の皇后（馮太后・幽皇后と順皇后）に仕え、終始誤りがなく、進んで紫闈を戒め、輝かしい評判はただ広まり、ゆえに傅姆に昇進し、品二を賜った」。傅母には品級はなかったようであるが、賜品は後宮の傅母身分の宮女に対するものとしては破格の報奨であった。王遺女の死後、「上は追ってこれを憐れみ、品一を追贈され、東園の秘器及び轀輬車を賜与され、葬送の用具は、全て足りて」いたという。

　こうした「葬送の用具は、全て足りて」いたという優遇は、王遺女に対する特別の恩典ではなく、全ての第一品宮人に対する制度的な処置であった可能性が高い。同じく正

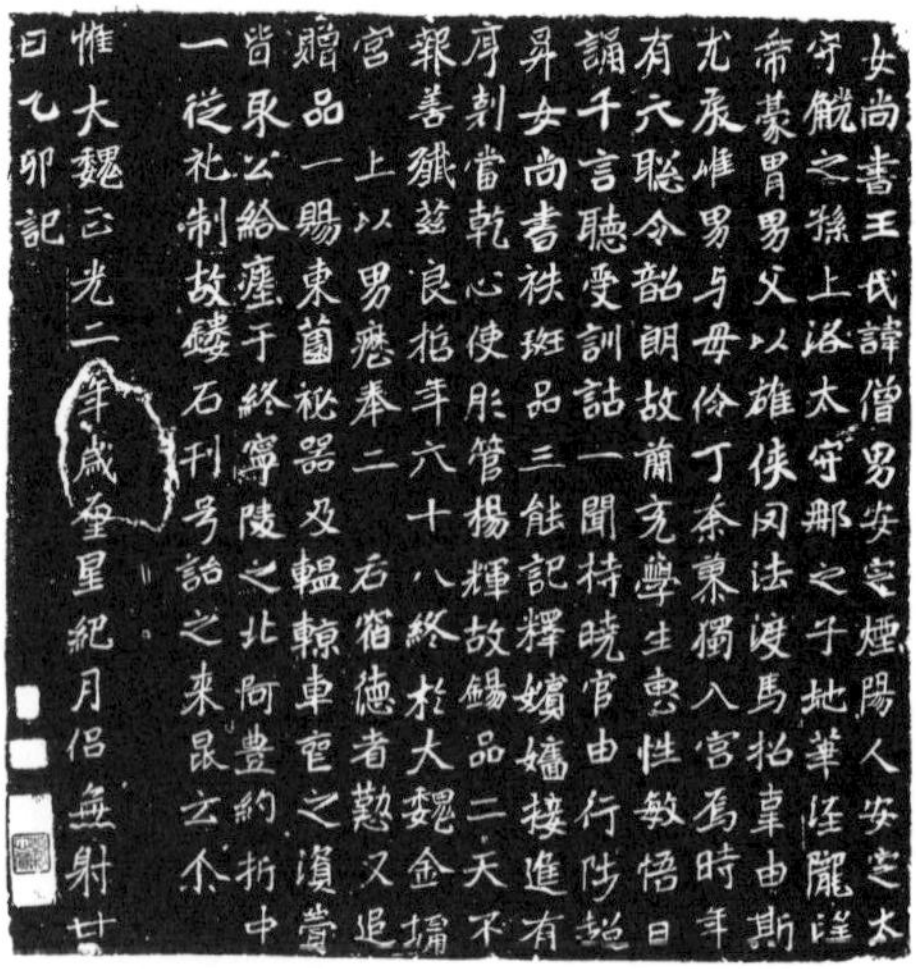

図18　王僧男墓誌

光二年に死去した宮女である王僧男は生前においては女尚書であり、第三品にすぎない。彼女の墓誌には題記がなく、初めに「女尚書王氏諱は僧男、安定煙陽の人」といっており、後に彼女が「超えて女尚書に昇進し、秩班は品三」と記し、女尚書は三品でしかなかったが、彼女は後に二品を賜与されたのであり、このように彼女は追贈して一品となる資格を備えていたのである。墓誌は、「六八歳で大魏の金《きん》墉宮《ようきゅう》にて逝去した。上は僧男が二人の皇后に仕え、徳を積んでつとめたため、さらに品一を追贈し、東園の秘器及び輼輬車を賜与され、葬儀の経費は、全て公から給された」という。こちらも宮廷から葬儀の経費が支払われており、これが第一品宮女の定例の待遇であり、一種の制度であったことがうかがえよう。「葬儀の経費」の中には、墓誌製作の費用が含まれていた可能性もある。

　罪人の家族の女性が「奚官に没する」とき、常に母や娘の同行が見られ、とりわけ母親が幼年の女児を伴って宮中に入るのであり、王僧男もこの例に含まれる。墓誌によれば、僧男の祖父王觥・父王那はそれぞれ安定太守・上洛太守をつとめていたといい、明らかに安定の地方豪族であり、墓誌にいう「本貫は涇・隴に華たり、郡望として豪族子弟を帯同している」がそれを示している。王那は「雄侠を理由に法にかかり」、自身が殺害されるという災難に巻き込まれ、「僧男と母だけが残され、孤独で艱難辛苦に耐え、宮中に入り、ときに一六歳であった」。王僧男は文成帝興光元年（四五四）に産まれたので、王那が法に陥ったのは太安五年（四五九）となる。六歳の王僧男は母とともに奚官に入り、彼女の六二年もの長きにわたる宮女としての生涯が始まったのである。

　王僧男墓誌は幼年の宮女のための学校教育制度（宮学）について記録しており、この学校で勉強した宮女は「宮学生」となった。墓誌は王僧男が「聡明であったため、選ばれて学生となった」という。幼女が母にしたがって宮中に入るケースは普遍的であり、後宮はその中でも勉強に向いている者のために学校を開設し、文化を備えた宮女を養成していたのであろう。墓誌は僧男が「聡明であり、一日に一〇〇〇言を暗誦し、訓詁を受講し、一たび聞けば暗記していた」といい、すっかり本の虫となっていた。これは彼女が「超えて女尚書に昇進」できた原因であり、彼女はその職務上「宮女の名を暗記しており、接待・進退に秩序があり、皇帝に気を配り、彤管《とうかん》（女性の筆記用具）を輝かせたため、品二を賜った」といい、職務内容は皇帝と妃嬪の折衝であったようである。

図19　馮迎男墓誌

　一品に届かないのにもかかわらず墓誌を残している北魏宮女の（現存するもののうち）唯一の例は、馮迎男である（墓誌の題記には「魏故宮御作女尚書馮女郎之誌」とある）。前述の正光二年前後の宮女

墓誌と比べると、墓誌の撰写と石への刻字において、これらの墓誌には相当の共通点があり、文字と書法が同一人物によるらしいことが非常に明確にうかがえる。これは馮迎男の葬儀が宮廷によって取り仕切られたことを意味するのではないであろうか。墓誌には葬った際に「同母弟は哀悼し、親族は嗚咽した」とあり、後事が彼女の実弟によって仕切られたことがうかがえる。墓誌には馮迎男の死後における追贈について言及しないが、たとえ追贈したとしても、彼女の場合女尚書の三品から二品になったにすぎないであろう。極めて可能性が高い状況としては、馮迎男の弟も早くに宮中に入って宦官となったことであり、現在は既にそういう判断を可能にするほどの根拠が混じり合っている。馮迎男の弟が自身で姉の葬儀を取り仕切ったために、彼が姉のために墓誌を作ったと考えることもできるのではないか。

王僧男と同じく、馮迎男も幼年で母親にしたがって宮中に入った。墓誌は「西河介の人である。父の顕は州別駕となり、郷曲の難により、家は奚官に没した。女郎はときに五歳であり、母にしたがって宮中に配された」という。馮迎男の父親である馮顕はおおよそこの「郷曲の難」にて死去し、彼女と彼女の弟とは、母にしたがって奚官に没したのであり、以後それぞれ離れ、弟は宮刑をうけて宦官となり、彼女は母親にしたがって宮女となった。王僧男と同様に、馮迎男もまた幼年時に選抜されて宮学生となり、また彼女も本の虫であった。「口数は少なく寡黙で、その天性を覆い、手は巻子本を離さず、聡明にしてよく理解し、同朋の中でも飛び抜けていた。一五歳で宮内御作女尚書を授けられた」。馮迎男は一一歳で宮学校にて勉強を始め、五年で卒業した。宮学校の前に児童教育がなされていたか否かに関しては、目下史料がないが、私はそれがあったと見ている。いわゆる「選ばれて宮学生となった」とは、選抜の手続きがあったことを物語っており、児童教育をうけた少年・宮女の中からさらに高度な学問を身につける者を選抜したのであろう。宮学校で学んだ宮女は、比較的高度な教育をうけていたというべきであり、そのため宮女の中で頭角をあらわすこともでき、このことはおおよそ大多数の高品級宮女の共通する特徴であろう。

王鍾児が宮中に入ったとき既に三〇歳であり、彼女は一定程度の文化を備えていたに違いないが、高い品を獲得したことはないようである。それは洛陽遷都後に品級を定めるときに、彼女が既に年長で速やかに出家してしまったからであるかもしれない。前述の宮女たちのうち、王鍾児が見知った人間は少なくなかったであろう。例えば地位が最も高い宮内司楊氏は、かつて彼女とともに高照容に仕えていたことがあり、一緒に宣武帝とその弟・妹を養育していたのである。王鍾児は内宮第一のシェフ王遺女とも顔見知りであったはずであり、二人は同い年で、かつともに宮中で長い余生を送ることとなったのである。

注

（1）柯昌泗『語石異同評』巻三「碑額」に補足として「河北涿州の城垣の上にあり、もと高伏徳造像記があった」と記しており、その碑額の文章には「幽州范陽郡涿県当陌村高伏徳・像主維那劉雄合三百人」とあったといっている。『語石・語石異同評』（合印本、中華書局、一九九四年）一六〇頁参照。

第8章　斛律《こくりつ》昭儀

王鍾児が平城宮に入ったばかりのときに担当した仕事について、墓誌には「そのまま恭宗景穆皇帝の昭儀斛律氏に直接養われることとな」ったという記述しかない。恭宗景穆皇帝とは太武帝の長子であり、文成帝の父親である拓跋晃（四二八〜四五一）であって、彼は太武帝よりも早くに死去し、文成帝が皇位を継承した後に景穆皇帝と追尊され、恭宗という廟号をえたのである。景穆帝は皇帝となったことはなく、したがって彼の妻たちも正式な後宮の名号をえることはなく、この昭儀というのも文成帝のときに追尊されたものにすぎない。いわゆる「直接養われる」とは、字の意味からいえば王鍾児が斛律氏から養育されたことを指すが、実際には王鍾児が昭儀である斛律氏に仕えていたことをいっている。これにより、我々は王鍾児の平城宮における最初の仕事が、景穆帝の斛律昭儀への奉侍であったことが確認できる。

景穆帝は延和元年春正月丙午（四三二年二月一七日）に皇太子に冊立され、ときに五歳であった。彼は皇太子の身分のまま、太武帝正平元年六月戊辰（四五一年七月二九日）に二四歳で死去した。彼は太武帝の猜疑によって死んだ可能性もあるが、もちろん南北朝の文献や後世の史家の議論においては、全て彼が太武帝の意志によって秘密裡に死刑となったことにされている。前述の通り、太平真君一一年（劉宋文帝元嘉二七年、四五〇）秋、太武帝は大軍を率いて深く淮河に進入し、劉宋文帝の「元嘉草草」

〔辛棄疾「永遇楽・京口北固亭懐古」〕を撃退し、ついで勝ちに乗じて追撃し、年末に長江にまで到達し、瓜歩山にのぼって南のかた劉宋の塁を眺めたのであり、少なくとも表面上は大勝をえたことになる。しかしこの半年以上続いた戦争の消耗は巨大であり、北魏の軍力と財政はともに深刻な欠乏を来し、このことが太武帝の不安感を刺激したのであろう。太武帝は皇太子拓跋晃を脅威と見なし、平城に帰還してから三か月もしないうちに皇太子を殺害してしまった。間もなく太武帝自身も宦官宗愛に殺されてしまい、ときに正平二年二月甲寅（四五二年三月一一日）のことであった。[1]

拓跋晃以前において、北魏皇帝は正式に制度として規定された皇太子を立てたことはなく、そのため東宮制度があったとも聞かれない。『北史』は、「魏はもともと太子・後庭に位号がなく、文成帝が即位すると、景穆帝の宮人で子のある者は、みな椒房と呼ぶようになった[2]」という。拓跋の初期における可《か》汗《がん》〔北方遊牧民族の君主の称号〕後庭と同じく、等級を示す特定の名号はなく、「ただ次第〔順序〕を名称とした[3]」のである。しかし皇太子には（その他の皇子、その他の貴族と同様に）代北拓跋の伝統的な婚姻制度における正妻がおり、当時皇太子の正妻も中原式の「太子妃」のような名号がなかったと考えることができよう。南安王拓跋余〔宗愛により皇帝に擁立されたが、正統の皇帝とは見なされていない〕の永平（承平）元年（太武帝正平二年）一〇月戊申（四五二年一〇月三一日）、一三歳であった文成帝が擁立されて即位したとき、彼を擁立した幾人かの大臣が大権を掌握していた。彼らは拓跋晃を皇帝として追尊しながらも、同様の地位を彼の正妻に待遇として与えることはせず、文成帝の生母郁久閭氏を追尊して皇后としただけであった。[4]前掲『北史』によるならば、拓跋晃の多くの妻の中で、子嗣を養育した者を「椒房」と尊んだことになるが、子を産んでいなかった者はおよそ位号をえられなかったことになろう。

北魏後宮における椒房の号は太武帝に始まる。『北史』后妃伝には次のようにある。「（道武帝は）初めて中宮を立て、残りの妾はあるいは夫人と称し、その多少に関して限りはなかったが、全員に品次はあった。太武帝は左右の昭儀及び貴人・椒房などを増やし、後庭は次第に多くなった」。魏収の原文ではなく、後人に増補されて成立した『魏書』皇后伝は、「椒房」の下に「中式」という等級を加えている。いわゆる道武帝が「初めて中宮を立て」たとは、初めて漢語の「皇后」の号が作られたことを指すのであり、これ以前には可汗の正妻の号（すなわち鮮卑語の「可敦」であり、『南斉書』は「可孫」に作り、ともにkhatunの音訳である）[5]があるだけであった。太武帝が定めた後宮の位号に基づくならば、皇后の下には左右の昭儀、貴人・椒房と中式などが続くことになり、椒房は昭儀や貴人よりも低い身分であったろう。文成帝が即位したばかりのとき、権力を掌握した諸々の大臣たちは文成帝の（既に死去した）生母である郁久閭氏を追尊して皇后とし、拓跋晃の妾の中でも依然として健在でありかつ子嗣を養育していた者を椒房とした。景穆帝の諸々の椒房がそれぞれの子にしたがっており、宮中には住んでいなかったことは説明しておくべきであろう。

『魏書』と『北史』が記す景穆帝の椒房の中に斛律氏はなく、彼女が子供を産んだ者の列になかったことを物語っている。しかし昭儀の地位は皇后に次ぎ、椒房よりはるかに高い。子のない斛律氏は昭儀の身分を擁し、景穆帝の諸王の生母たちより地位が高かったことになるが、これは何を物語るのであろうか。昭儀という名号は斛律氏が本来拓跋晃の正妻であったことをあらわすという潘敦氏の推測[6]は成立しうるであろう。こうした理解に基づくと、文成帝が即位した後、景穆帝を追尊すると同時に、景穆帝の正妻斛律氏に対しても昭儀号をたてまつったことになろう。理屈からいえば景穆帝は追尊されて皇帝となり、彼の正妻である斛律氏は皇后として尊ばれたことになる。しかし孝文帝より前の北魏皇后（可敦）は全員「手ずから金人を鋳る」という試験を経ており、「成功した者を吉となし、そうでなければ冊立することはできなかった」[7]という。斛律氏はこの試験を履行する機会がなく、このために皇后を称することができなかったのである。皇后に次ぐ昭儀として尊ばれたことは、斛律氏が到達しうる最高の待遇であった。これも斛律氏が一貫して宮中にとどまった原因であったかもしれない。

斛律（これももとはkül/köl/külü/külügであったかもしれない）は中古アルタイ語（Altaic）の人名としては比較的よく見られる固有名詞であり、政治的名号（主として官号として官称を修飾する）や、部族や家族の称号（その機能は漢語社会における家族の姓氏に非常に近い）としても用いられる。前者については北魏前期の柔然の藹苦蓋可汗の本名がすなわち斛律であり、後者については例えばある種の突厥語（Turkic）の高車各部の中に著名な斛律部がある。（ここで高車が突厥語族のある一種あるいは数種の言語を話すことを協調しているのは、古代モンゴル語族のある一種あるいは数種の言語を話す柔然や拓跋と区別したかったためである）。景穆帝の正妻斛律氏は、高車の斛律部出身であろう。

『北史』高車伝は道武帝の時代に高車斛律部の酋長である倍侯利が柔然に撃破された後に南のかた拓跋に投降したと伝え、「倍侯利はそのまま北魏に逃走し、爵孟都公を賜与された。侯利は質朴であり、勇健なること人を過ぎ、戈を奮って陣を陥落させ、衆人とは異なっていた。北方人は彼を恐れて、赤子が泣き、「倍侯が来るよ」というと、泣き止んだという。処女の歌にも、「いい夫を求めるなら、倍侯みたいなのがいいな」というものがあり、衆人が心服することこのようであった。五〇本の筮竹で吉凶を占うことに長じており、的中するごとに寵愛され、賞賜も大量にうけ、その少子である曷堂《あつどう》に命じて内侍させた。倍侯利が死去するに及び、道武帝は哀惜し、魏の礼で葬り、諡を忠壮王とした」という。初期の拓跋の伝統に基づくならば、このような自発的な投降は「上客」・「第一客」あるいは「第一品大酋長」といった待遇をうけ、「附国大人」あるいは「附国渠帥」とみなされることがありえ、また高貴な者は拓跋皇室と姻戚関係となる資格も獲得できた。『北史』はさらに高車がもとの部族形態を保持しており、「部族解散」の影響をうけず、「道武帝の時代に、諸部を分散させるも、高車はその類が粗暴であ

図 20　文成帝南巡碑碑陽

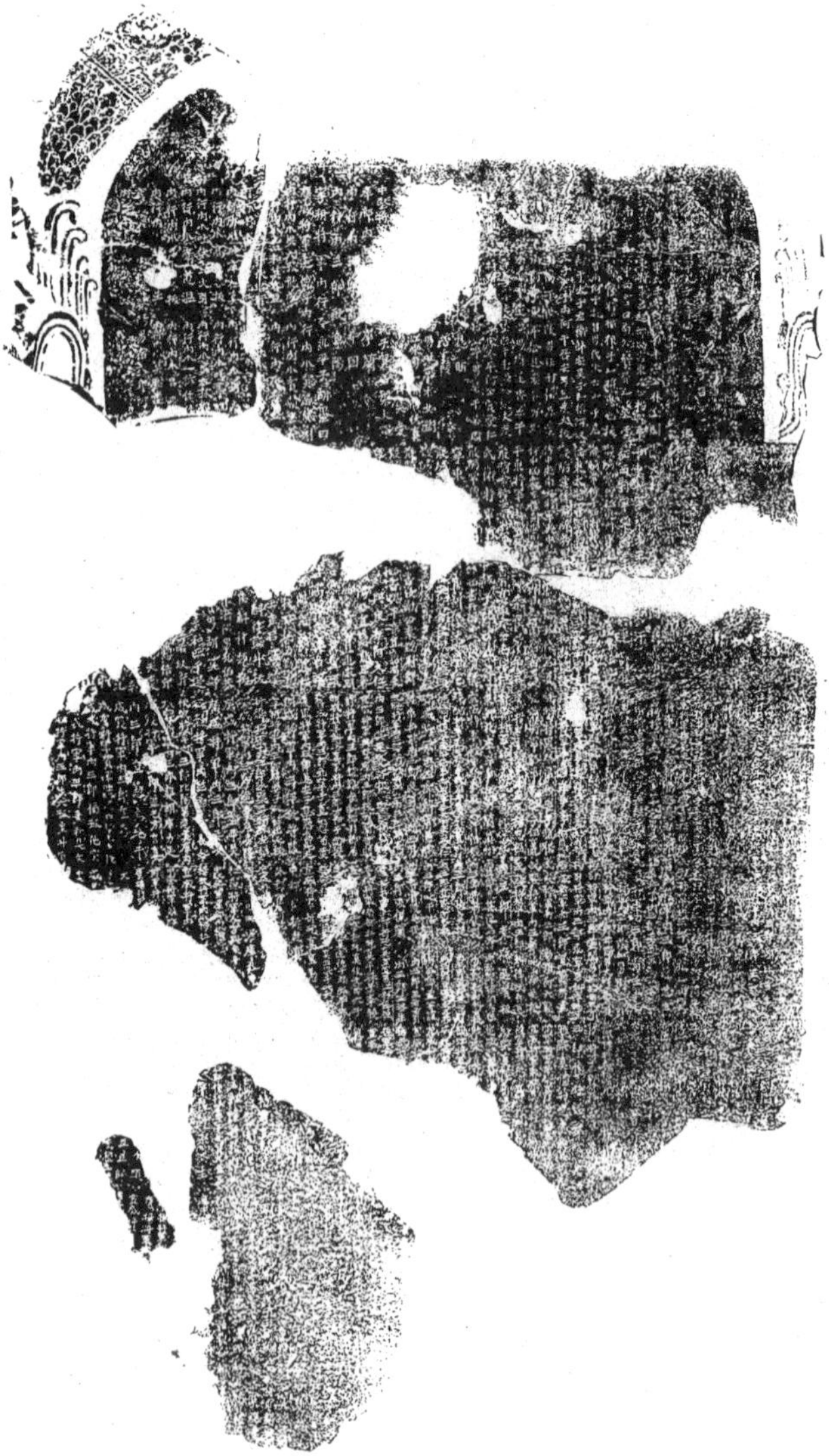

図 21　文成帝南巡碑碑陰

り、使役にたえなかったことから、特別に部族のままでいることができた」といっている。

斛律家は内侍の資格をえた人間が多かったに違いなく、倍侯利の少子曷堂のみならず、後に数代にわたる斛律の人物が禁衛武官の身分で北魏の宮廷に出入りした。「北魏文成帝南巡碑」の碑陰題名には斛律氏の人物が少なからずおり、身分は全員「内三郎」であった。[8]孝文帝の「吊比干碑」の碑陰題名にも「直閤武衛中臣高車部人斛律慮」がいる。[9]注目に値するのは、孝文帝が洛陽に遷都して以降、斛律氏の子弟はこれまで通り直閤武衛に任命されていたが、彼らは北魏初期以来の「特別に部族のままでいることができた」という伝統を維持しており、六鎮一線の北辺にとどまり、洛陽には移らなかったことである。北辺にとどまったことにより、斛律氏はその他の辺鎮の豪族と同様に、孝文帝による改革の利益を享受することが少ないかあるいは全くなく、かつ政治的・文化的にも次第に辺境化したのであり、遷都はこの変化の非常に重要な分水嶺であったに違いない。歴史叙述の意義からいえば、斛律氏が再び辺境から中心に進み入るのは、六鎮の人士が中原政治を主導する東魏・北斉時代を待たなければならなかったのである。

太武帝時代において、斛律氏は依然として宮廷内外において非常に活躍する「車馬の客」であった。太武帝が皇太子に斛律家の女子を娶らせたのは、斛律氏が上客や附国渠帥の資格を備えていたためである。当然、もし王鍾児（慈慶）墓誌が「恭宗景穆皇帝の昭儀斛律氏」に言及しなかったならば、我々も拓跋晃の正妻が元来高車斛律部出身であったと理解することはできなかったであろう。王鍾児が斛律氏のもとに配属されて力を尽くすようになったのは、彼女が献文帝皇興二年（四六八）に平城宮に入ったときかそのやや後のことであろう。このとき景穆帝の死から実に一七年が経っていた。斛律氏と景穆帝の年齢が近かったならば、彼女は既におおよそ四〇歳ほどであったことになり、王鍾児よりも一〇歳ほど年上であったことになる。

注

（1）『宋書』巻五 文帝紀 元嘉二九年条に、「二月庚申（四五二年三月一七日）、虜帥拓跋燾が死去した」とあり（一〇七頁）、『魏書』の記すところよりも六日遅い。庚申はこの知らせが建康に到達した日であったかもしれない。『資治通鑑考異』は『魏書』にしたがっている。『資治通鑑』（中華書局標点本）三九七三頁参照。
（2）『北史』巻一七 景穆十二王伝上（六二九頁）参照。
（3）『魏書』巻一三 皇后伝（三七七）参照。
（4）『魏書』巻一三 皇后伝は郁久閭氏が「世祖（太武帝）の末年に薨去した」といい（『北史』巻一三 后妃伝上は「文成皇帝を産んで薨去した」といっているが、誤っており、『北史』巻二 魏本紀二の校勘記三二に既に解説がある）、具体的な時期を説明していない。同書巻五 高宗紀は文成帝興安元年一一月甲申（四五二年一二月六日）に「皇妣が薨去した」と記す。陸麗らが文成帝を擁立したときに、すぐに「子貴母死」の制にしたがって郁久閭氏を殺害したことが分かる。
（5）潘敦「可敦、皇后与北魏政治」（『中国史研究』二〇二〇年第四期、八二～一〇四頁）参照。
（6）潘敦「可敦、皇后与北魏政治」参照。
（7）『北史』巻一三 后妃伝上（四八六頁）参照。
（8）山西省考古研究所・霊丘県文物局「山西霊丘北魏文成帝「南巡碑」」（『文物』一九九七年第一二期、七〇～七九頁）参照。
（9）王昶『金石萃編』巻二七（陝西人民美術出版社、一九九〇年、掃葉山房一九二一年石印本影印）参照。

第9章　文明太后

王鍾児が平城に入ったとき、北魏皇帝拓跋弘（鮮卑語の本名は第豆胤《ていとういん》であり[1]、廟号は顕祖、諡号は献文である）は一五歳であり、軍国の大権は全て皇太后馮氏の手中にあった。文成帝が和平六年五月癸卯（四六五年六月二〇日）に死去したことにより、一二歳の献文帝は翌日に即位し、文成帝の皇后馮氏は皇太后となった。しかし朝政の実権は権臣乙渾《いっこん》の手にあり、彼はほしいままに権力闘争の相手を殺害し、自ら丞相となり、「位は諸王の上におり」、一時はその威風にかなう者はないほどであった。しかし半年以上経った後に、一部の禁軍将校の支持のもと、馮太后が政変を発動させ、乙渾を殺してしまい[2]、母后の身分をもって権力を掌握した。以後の三年間ほどは、平城宮は相対的に安定していた。王鍾児が宮中に入る一年前に、孝文帝が誕生しており（四六七年一〇月一三日）、王鍾児が宮中に入って一年後に、孝文帝は皇太子に冊立された（四六九年六月二七日）。これらはともに平城ないしは全国において最も重要な大事であり、王鍾児は少なくとも聞いたことはあったであろう。

これら二つの大事の間に、さらに一つ、朝廷にとっていっそう重要なことがあった。おおよそ王鍾児が宮中に入ったこの年に、献文帝が一五歳になったため、「臨朝聴政（幼少の皇帝に代わり皇太后が政治を行うこと）」していた馮太后は政治をやめざるをえなくなり、献文帝自身に皇帝としての職務を履行させた。しかし馮太后は長きにわたって手はずを整えていた。これより一年前、孝文帝が生まれると、馮太后は彼を生母李夫人の手中から奪い、自身の宮殿にて養育した。『北史』后妃伝には、「孝文帝が生まれると、太后は自ら養育した」とある。孝文帝が二歳半になると「宏」という名を与えられ、一か月後に皇太子に冊立された。立太子の前に、孝文帝の生母である李氏は殺害され、これは当然「子貴母死〔子貴ければ母死す〕」の旧制を執行したものであるが、馮太后にはこの制度を利用するいっそう現実的な動機があった。この後、馮太后が在世する二〇年以上において、あえて孝文帝に彼の生母について言及する人はおらず、孝文帝自身もあえて問わず、そのため自身の生母の姓名が何であったかについて全く知らなかった。ゆえに『北史』に「太后が崩御するまで、孝文帝は自身を産んだのが誰か知らなかった」とあるのである。

文成帝が死去したとき、馮太后はまだ二四歳であった。『北史』后妃伝によれば、彼女には苛烈な一面があったという。拓跋の伝統的な葬儀に基づき、人が死去してから三日後に、親族は死者が生前に使用していた衣服や靴、その他の用具を一緒に焼き上げねばならず、『北史』に「御服器物を一度に焼き、百官や中宮は皆号泣してこれに臨んだ」とあるのがそれである。このとき馮太后は「悲しみ叫んで自ら火に身を投げようとしたが、左右の者が救い、しばらくして立ち直った」という。内外の百官は皆瞠目して馮太后のこの驚くべき行動を見たのであるが、これは彼女にとって長く続く資本を勝ち取ることを意味したに違いなく、半年後に禁軍将校が彼女の策略に参与して乙渾を殺害した政変は、少なくとも部分的には、彼女の苛烈さに服していたがためということが考えられよう。

とはいえ馮太后は一介の年若い婦人にすぎず、絶対的な権力を掌握した後において、彼女が個人的な幸福を追求するのを阻止できる人物はいなかった。おおよそ奪権後間もなくして、彼女は朝臣の中でも趙郡の李弈《りえき》と特殊な関係を取り結んだ。李弈の父兄はともに北魏において名が一時重んじられた人物である。父李順は太武帝時代に重用されていたが後に寵を失って殺害され、兄の李敷は特に文成帝に重用された。『魏書』は李敷が「性格は恭謙で、加えて文学の才があり、高宗〔文成帝〕はこれを寵愛して厚遇し」、「重要な仕事をつかさどっていた」という。『魏書』によれば、李弈本人は「容貌が美しく、才芸があった」といい、早くから重要な職務を任されており、官は散騎常侍・宿衛監・都官尚書に至り、これらの官職は彼の宮中における活動を便利にするためであったと考えられる。おおよそ李敷と同様に、李弈も青少年時代は平城にて勉強し〔中書学生〕、皇帝に給侍した〔中散に任じられ、あるいは内小と称された〕。馮太后が「臨朝聴政」すると、李敷はいっそう「優遇され」、加官して爵位を進められ、「朝政の大議について、関与しないことはなかった」という。まさしくこのような条件のもとで、北魏は薛安都・常珍奇らの降伏をうけ入れたのであり、彼は鍵となる役割を果たすこととなる。太武帝は晩年に李順を殺したことを悔やんだが、彼の名誉を回復することはせず、馮太后の聴政時代に至り、初めて名誉回復と追贈が行われた。しかし、当然これは彼女がその息子に恋愛感情を抱いたことによる。『魏書』は李順が顕祖〔献文帝〕による追贈をえたことの原因として、「順の子の敷らが寵愛されたため」としており、李敷自身も重んじられたのであろうが、実のところ弟である李弈の余光に浴したがためであろう。

十数年後の馮太后が多くの朝臣との関係を隠さなかったのと同様に、彼女と李弈の関係もほとんど公然の秘密であった。この関係が傷つけた人は多くはなかったが、仮にいたとして、その中には権力を掌握したばかりの献文帝拓跋弘が含まれていたであろう。一五～六歳の皇帝がどんな動機を有していたかは分からないが、彼は李弈兄弟の排除を重要な目標としていた。皇帝が何をしようと考えようが、当然自発的に力を尽くす多くの人がいたであろう。陰謀と裏切りとは再び物語の不可欠の筋書きとなった。李敷の親友である李訢《りきん》は相州刺史に任にあったとき「民の財や商胡の珍宝をうけた」ことにより、告発されてしまった。南部尚書と中書監をつとめていた李敷は李訢とは中書学の同窓生であり、「若いときから親友であり、常に左右にあった」といい、いつも彼を擁護し、ここでも告発の文書を握りつぶして報告しなかった。しかし皇帝は既に李訢を突破口とすることに決めており、よって命令を下して「檻車をもって訢を召喚し、弾劾して罪にあてた」。李訢が窮地に陥っていたまさしくそのとき、ある官僚が彼に李敷兄弟を告発することで自分の身を保全するように、とアドバイスした。李訢は「全く気が進まず、そんなことは考えつかず」、たとえ彼が親友を売ろうとしていたとしても、何の罪状も思いつかなかったようである。準備が進むのと同じく、このとき李訢の女婿が知恵を出し、李敷に怨みを抱く者を探し出し、その人物より「行状」を提示させた。

『魏書』は「李訢はその隠れた罪二〇条余りを並べ」たというが、いわゆる隠れた罪とは、全て裏づけがしがたい、親友間での私語のようなものであったろう。献文帝にとっては、馮太后が大いに擁護するに違いない李敷兄弟を排除せねばならないが、李訢のこのような言葉だけでは十分ではなかったであろう。ここで別の検挙人がすぐにあらわれ、これこそが李敷の同郷の范檦《はんひょう》である。范檦の告発内容はあたかも李訢の罪状を証明するに足るものであり、これが鉄案となってしまった。皇興四年（四七〇）冬、献文帝はこの案を受理し、李敷兄弟が多くの罪を犯したとして、当然「大いに怒り」、証拠は十分として、裁判で判決が下され、馮太后は力不足で思うに任せず、「敷兄弟を誅殺し、位号を剥奪して庶人とした」。李氏兄弟三人、すなわち李敷・李式・李弈と、李敷の次子李仲良、李敷の従弟李顕徳、妹の夫宋叔珍は、全員「ときを同じくして法に伏した」。李敷の長子李伯和は一年以上逃亡していたが、やがて捕まって殺害されてしまった。

李敷には他に異母弟の李冏《りけい》がいたが、彼は「逃亡して免れることができた」。後に李冏は孝文帝の時代に官は光禄大夫・守度支尚書に至り、太和二一年（四九七）に死去した。李伯和には幼い庶子の李孝祖がいたが、隠されて難より免れることができた。李敷の妻である崔氏は、罪人の家族ということで、王鍾児と同じく奚官に没し、平城宮では五～六歳の宮女であったが、献文帝が急死し、馮太后が再び「臨朝聴政」すると、ようやく外に出て日の目を見ることとなった。『魏書』は崔氏が宮中より出た後、外にて逃亡していた孫の李孝祖を養い、どうにか一家を立て直した。李孝祖は成人にまで成長し、官は平涼太守となった。

二九歳の馮太后は自身の愛人が家ごと災難を被ったのを見たのであり、沈痛な気持ちでその仇と対していたであろうことは推して知るべきである。彼女は献文帝の生母ではないが、彼を一〇年以上も養ったのであり、母子の情はあったであろう。しかし、献文帝が李敷兄弟を誅殺したことで、一〇年にわたる恩義は一朝にして潰えたのである。

馮太后が具体的に何を行ったのかは分からないが、献文帝は自身が皇帝であり続けられなくなることを速やかに悟り、李敷兄弟を殺してから一年もしないうちに皇位を手放すことに決めた。彼は最初叔父の中でも最年長の京兆王拓跋子推に皇位を譲ることを思いついたが、これは拓跋子推が馮太后とは弟と兄嫁の関係にあり、子推が即位すれば、馮太后は朝政に関与する条件を失うためであろう。拓跋の伝統によるならば、可汗の弟は年齢の順序に基づき可汗の位を継承する資格があった。『魏書』任城王伝によれば、一八歳の献文帝は大臣を召集して自身の考えを宣布し、「王公卿士は、あえて先にいうことをしなかった」が、おおよそ驚いたがためであろう。献文帝の叔父である任城王拓跋雲が最初に反対の立場をとり、その理由として、「父子が継承すること、それは長らく続いてきたことです」と述べたが、これは道武帝が建国して以来、兄が死去して弟が継ぐという旧制は早くに父子継承に取って代わられたことを指す。拓跋雲は「陛下は塵務をお捨てになり、精神を養い爽やかになろうとされますが、冢《ちょう》副《ふく》のよりどころこそが、皇位を継いだ方がよいでしょう」というが、これは献文帝自身が皇帝を続けようとしないならば、後継者は皇太子以外にありえないという意味である。この後すぐに、乙渾を誅殺した政変において鍵となる役割を担った源賀[3]・元丕〔拓跋丕[4]〕らが次々と雷同した。献文帝は自身の意見が通らないことを悟り、あっさりと五歳の皇太子に皇位を譲ったが、要するに皇帝ではなくとも、太上皇帝の名義で朝政を掌握したのである。孝文帝が即位した後に、馮太后は名分においてはさらに昇格し、太皇太后となり、理論上は朝政からいっそう離れることになったのである。

史料の不足により、我々はこの変化が制度面において献文帝がある種の自由な空間を勝ち取り、馮太后との日常的な衝突を回避しえたか否かについて知ることができなくなっている。しかし、たとえ彼がこの空間を勝ち取ったとしても、時間まで勝ち取ることはかなわなかった。五年にも満たずして、献文帝は四七六年七月二〇日、平城宮の永安殿にて急死してしまったのである。南北朝の史書はいずれも馮太后が手を下したとし、『資治通鑑』は各種の史料を整合し、「魏の馮太后は行いが正しからず、李弈の死をもって顕祖を恨み、密かに鴆毒《ちんどく》を用い〔て殺害し〕た」と概括する。馮太后が李弈のために復讐したのであれば、なぜ五〜六年も我慢したのであろうか。献文帝が在位していたときの一日ごとに、力関係が変化した可能性もある。ある史料は、一つの小事が母子間のある種の均衡を破り、矛盾を激化させ、情勢が迅速に発展したことを明らかに示している。馮太后は先手をとって動き、献文帝を殺害したのである。

『魏書』李訢伝によれば、献文帝は李敷兄弟を殺害し、李訢を寵愛すると、「軍国の大議に参加して決議を行い、兼ねて選挙をもつかさどり、その権力は内外を傾け、百官は節を曲げてこれに仕えない者はなかった」という。李訢こそは李敷兄弟が難に遭うこととなった検挙・告発人の筆頭であり、彼が日常を順調に過ごせば過ごすほど、馮太后は怒りを高めて抑えが効かなくなっていった。ここで一つの、大きくはないが小さくもない治安事件が発生したのである。いわゆる「群姦」が李訢の宗人の邸宅に攻め込み、ほしいままに火を放ったのであるが、これは表面的には犯罪分子が偶然に暴れたにすぎないものであった。しかし献文帝にとってはさにあらず、彼はこのためにことさらに詔を下し、「往年以来、群姦はやまず、訢の宗人李英ら四家を襲い、邸宅を焼き、善良な人々を傷つけた」と指摘したのである。献文帝はこれが一般の治安刑事案件ではないと決めつけ、そのため詔書では手厳しく次のようにいっている。「これを我慢できるのであれば、我慢できないことなどあろうか。有司は懸賞をかけて募り、必ず捕らえよ」。これはほとんどこの事件の政治性を強めるためであり、詔書ではさきに李訢を大々的に表彰し、彼は「国家の柱石を備えた、当今の老臣である。……上に利することは、知り尽くして行わないことはなく、親疏を避けることもないのであり、孝子の慈母を思い〔舜が自らを殺そうとした継母に孝をもって仕えたことを指す、『史記』五帝本紀〕、鷹や鸇《はやぶさ》が鳥雀を逐《お》う〔忠勇の人物が残忍な人物を放逐する、『左伝』文公一八年〕故事といえども、彼に擬えるには足りない」といったのである。

馮太后がこの事件に関わったか否か、恐らくは永遠にはっきりさせることはできないであろう。しかし明らかに、当時の少なからざる人々が疑心を抱いていたのであり、そのため献文帝は大々的に譴責し、有司に調べ尽くすよう命令して、気勢は大きく、「必ず捕らえよ」といったのである。もしこの事件の背後に確かに馮太后の影があったのであれば、事件が解決する日とは、すなわち太后の勢力が打撃を被るときとなろう。しかし献文帝の詔書に「孝子の慈母を思い」とあるのは、別に暗示するところがあるようである。献文帝の生母李氏は王鍾児と同じく劉宋の臣民であり、「元嘉草草」の年の劉宋・北魏の戦争において、永昌王拓跋仁によって捕まり北魏に連行されたのである。後に拓跋仁が誅殺されたとき、李氏は「その家族と平城宮に送られ」、宮女となった。文成帝が平城宮の白楼の上にて望見していたとき、偶然目に入ったこの宮女の美しさに心を奪われ、「後に斎庫にて寵幸され、そのまま妊娠し」、献文帝を産んだのである。献文帝は成長した後に当然自身の生母が「子貴母死」の制によって死し、かつ執行者が常太后であったことを理解してはいたであろうが、馮太后との隙がいよいよ深刻になったときに、彼もこのはかりごとを馮太后の身の上に及ぼそうとしたのであろう。

かつ、この「孝子の慈母を思い」は献文帝自身のことをいうだけではなく、孝文帝も巻き込んだ可能性がある。孝文帝の生母思皇后李氏は貴族家庭の出身であり、「選ばれて東宮に入った」が、これは献文帝が皇太子であったときに父文成帝によって手配されたものであった。思皇后が孝文帝の立太子前に死去し、孝文帝は生母について一切知らなかったが、これは馮太后が情報を完全に遮断していたためである。馮太后が孝文帝の養育と教育とをコントロールしていたとき、献文帝はこれについてどうすることもできなかったが、彼は別の方法で自身の態度を証明したのであり、それこそが特に孝文帝の外祖父李恵を賞賛し、彼の官位を高めたことである。これは当然ながら馮太后の警戒を引き起こし、このままの状態が続くならば、馮太后が孝文帝を養育し、思皇后の情報を遮断していた努力は徒労に終わってしまうことになろう。ゆえに史書は「（李）恵はもとより文明太后に忌み嫌われていた」とあるのであり、李訢と李恵の二人は、馮太后にとって目の上のこぶとなったのである。

馮太后は献文帝の次第に大きくなる脅威を感じ取っていたのであろう。李訢の家族や邸宅が攻撃をうけ、献文帝は徹底調査を決心し、大いに手の内のさらけ出すのを惜しまないほどの勢いであった。このとき馮太后は均衡が既に破れたことを意識し、そこで先手を打って、「密かに鴆毒を用いた」のである。(5)二三歳の献文帝は急死し、馮太后は再び「臨朝聴政」した。再び大権を握った後、彼女は当然李訢と李恵を排除したが、相当辛抱強かったようであり、それは献文帝が当初李敷兄弟を排除したケースを超えていた。第一歩として、彼らに加官し爵位を進め、第二歩として、外鎮の大州に派遣して刺史に任命し、第三歩として、彼らが陰謀によって裏切り南に亡命することをはかっていたとして検挙したのである。興味深いのは、李訢を誣告したのが、まさにかつて李敷を誣告し、後に李訢に重用されていた范攃であったことであり、これも恐らくは馮太后が深く復仇を考え特別に手配した人選であったのであろう。

李訢・李恵の二人の家はかつての李敷兄弟と全く同じく惨烈な災難を被ることとなった。『魏書』李訢伝は「(李)訢は早くから猜疑されていたことにより、一族が罪を被ることとなった」といい、『北史』外戚伝は「(李)恵はもとより罪はなかったために、天下はこれを冤罪として惜しんだ」という。『北史』后妃伝は「李訢・李恵の徒に至っては、嫌疑され滅ぼされたのは一〇家余り、死者は数百人にまでのぼり、多くは法律を曲げて行われたものであり、天下はこれを冤罪とした」といってさらに強調している。ところが実は、馮太后がこのような辛辣な処置を下したのは、いっときの興起によるものではなく、数年もかけて耐えながら行われたのである。

王鍾児のいた平城宮は、このように一見すると太平ではあるが、実は亀裂が縦横にめぐっていた場所であった。もし彼女がずっと斛律氏のように大事とは縁のない主人に仕えていたのであれば、何ごともなかったであろう。しかし、なぜかは不明であるが(斛律氏が死去したのかもしれない)、王鍾児には新たな仕事ができ、運命は彼女を奇妙な方向の渦に巻き込んでいくのである。

注

(1) 献文帝の鮮卑語の本名は、『魏書』及び『北史』にはあらわれない。『宋書』巻九五 索虜伝は献文帝について、「弘の字は第豆胤である」(『宋書』二五八三頁)と述べている。第豆胤の語言は詳しくは分からないが、東北地方における部族名の「地豆于」と同じ名称である可能性が高い。

(2) 乙渾は『魏書』に列伝がなく、当然これは彼が馮太后により政変を起こされ転覆された後に否定された人物であるためであるが、乙弗の一族は太武帝以来代々公主を娶っており、十分に盛えており、乙渾本人も文成帝時代における最も重要な大臣の一人であった。文成帝南巡碑の碑陰題名にはランクが歩六孤伊□(欠字は利/麗である可能性が高く、この人物はすなわち『魏書』中の陸麗である)に次ぐ「侍中・特進・車騎大将軍・太子太保・尚書・太原王一弗歩□□」

としてあらわれ、これがすなわち乙渾であり、彼の鮮卑語の本名が乙弗歩六渾であったことが分かる。
（3）源賀の鮮卑語の本名について、『宋書』索虜伝は「直勤駕頭抜」に作っている。私も昔研究したことがあるが、北魏において直勤の称号を有するのは全て皇族拓跋氏で、源賀は河西鮮卑の禿髪氏出身であり、北魏に入った後に太武帝から拓跋姓を賜与され、後に孝文帝の改革によって源氏に改めた。駕頭抜の駕は賀字の訛誤であろう。そのため馮太后時代の源賀は姓は拓跋、名は賀頭抜であったはずである。羅新「北魏直勤考」（『中古北族名号研究』、北京大学出版社、二〇〇九年収録、源賀関係の討論は八五頁にて行っている）参照。
（4）元丕の姓名は、ともに孝文帝改革後のものであり、馮太后時代には当然拓跋姓である。名も文成帝南巡碑の碑陰題名にあらわれており、すなわち「興平侯・直勤渇侯」であり、渇侯とは彼の鮮卑語の本名である。
（5）献文帝は馮太后の手により殺害され、諸史にも異議はないが、ただし殺害の詳細に関しては、描写が異なっている。『魏書』巻一〇五の三 天象志三には、「このとき、献文帝は眠りから目覚めず、六月に至って突然崩じたが、実は鴆毒の禍であった」（二六三四頁）とある。『魏書』と『北史』はともに馮太后が毒殺という方法で献文帝を殺害したことを強調している。しかしながら『資治通鑑考異』所引唐人元行沖『後魏国典』に「太后は壮士を禁中に隠し、太上が入って謁見すると、そのまま崩じた」とある。『考異』は「事件がもしこのようであったならば、どうして明らかにならず、内外が平然として怪しまず、また孝文帝もこれを知らないということがあろうか」といい、元行沖の説を採用しなかった。『資治通鑑』巻一三四 宋後廃帝元徽四年（四一八七頁）参照。

第10章　子貴ければ母死す

いわゆる「子貴母死〔子貴ければ母死す〕」とは、皇子が皇位継承者として確定したときに、その生母が殺害されることを指す。『北史』は「魏の故事では、後宮で子が生まれ、儲弐《ちょじ》となることになれば、その母は皆死を賜る」と述べる。北魏の建国の君主である道武帝拓跋珪は自身の死後のことを案じて様々な措置を講じたが、その一つが皇位継承予定者の生母を殺害することである。道武帝の長子である明元帝拓跋嗣の生母劉貴人は独孤部出身であり、「子貴母死」の最初の犠牲者となった。『北史』によれば、「初め、帝〔明元帝を指す〕の母が死を賜り、道武帝は帝に、「昔漢の武帝はその子を冊立するに際してその母を殺したが〔子貴母死〕、これは婦人に国政に関与させないためであり、汝《おまえ》は正統を継承すべきであり、ゆえに遠く漢の武帝にならったのだ」と告げた。帝はもとより純粋で孝行心があり、悲しんで自身を抑えられなかった(1)」という。この記述に基づくならば、道武帝が劉貴人を殺害し明元帝を立てたのは、漢の武帝の鉤弋《こうよく》夫人を殺害して昭帝を立てた故事に歴史的に依拠したがゆえということになる。しかしながらこれは史臣の虚飾にすぎない。道武帝がどのような動機によったかはともかくとして、彼はこの方法の必要性に対して十分な自信を持っており、その決心も大きかったようである。明元帝が母の死に悲しみ、道武帝に怒りを抱いて出奔した後に、次子清河王拓跋紹が継承者となる可能性が出てきたが、道武帝は彼の生母賀夫人を殺害しようとしていたようであり、追い詰められた拓跋紹が機先を制して道武帝を殺害してしまった。

明元帝の後、太武帝・景穆帝それぞれの生母の死去したタイミングもともに早いが、二人とも「子貴母死」によって殺害された可能性が高い。(2) 既に説明したように、文成帝が皇位を継承したとき、彼を擁立した大臣たちは同時に彼の生母である郁久閭《いくきゅうりょ》氏を殺害しており、名義上はおおよそこれも「子貴母死」の故事にしたがったのであろうが、実際には皇帝の生母という身分をもつ皇太后と権力を分割することを回避せんがためであった。このように時間を超越して実践し蓄積され、ある種の制約力を有するほどになった伝統は、「子貴母死」に一定程度の制度的意義をもたらすことになった。当然、権力の場に参与する者の制度あるいは伝統の選択的な利用は、制度がいっそう強固となり、伝統がいっそう不壊となることとの主導的な力となる。例えば、馮氏は罪によって宮中に入った奴隷であったが、解脱して皇后・皇太后・太皇太后として変身する過程において、「子貴母死」の制は彼女の最も重要な武器となり、まず彼女の支持者と保護者のために、後には彼女自身のために完璧に、しかも一度ならず二度、三度と利用されたのである。

北朝史を読む者は皆「子貴母死」に注目し、研究者は多少なりともこの話題に触れたが、現在までに重要な成果として二冊の学術書がこのことに言及しており、一つは李憑『北魏平城時代』であり、もう一つは田余慶『拓跋史探』である。(3) この二冊はそれぞれ重点の置きどころが異なっていた。李憑氏は拓跋の君主権の運営における母后の影響力に着目し、宮廷政治における権勢を有する女性の個体としての役割に関心を向けた。田余慶氏は拓跋集団の政治機構と歴史的経験から観察し、母族〔母の一族〕・后族〔后の一族〕の拓跋の君主権に対する支持者と競争者の二重の役割に着目した。そして「子貴母死」を、君位継承者の母親を亡き者にすることで、実質的に強大な母族が国政に関与し皇帝権に対する脅威となることを予防するための処置と見た。二氏はともに「子貴母死」の非人間性に嘆いており、とりわけ田余慶氏はこれらの事例をもって深く考え、余韻を保ちつつ、「拓跋部が文明に向かって駆け上がる過程において、残酷な暴力は触媒となった。暴力は数多くの、天に背き道理に悖る罪悪を形作った。……「子貴母死」の研究は私に、野蛮が文明を育むという一つの認識をもたらし、同時に、歴代の統治者が全て残酷な暴力的手段を用いたとして、古今の文明は全て野蛮さ・残酷さを必要として初めて育まれ得るものであったのであろうか、という一つの疑念を抱かせた。私は再三考えたが、これについての答えを出すことは遂にできなかった」と述べている。

田氏によれば、道武帝が母を殺し妻を殺したとき及びそれ以前において、拓跋の君主権にはある種の構造的リスクが確かにあり、最も主要な問題は母族・后族の部族勢力に対する依存であった。部族解散に伴って、中央集権はさらに深まり、拓跋による統治は基本的には安定化し、母族・后族は国政に関与しがたくなり、皇帝権に脅威となることはありえなくなった。そして子を立てるに際し母を殺すことの動機は早くも消滅していった。しかし、「「子貴母死」が完全に制度化され、さらに厳格に執行されたのは、文明太后馮氏の時代であった。馮太后は献文帝・孝文帝とは血縁関係にない。彼女は……「子貴母死」の制を存分に利用し、自身や馮氏家族のために利益を得ることを目論んだ。……理屈から言えば、「子貴母死」はその存在理由を失った以上、次第に弱体化し、消失すべきであった」。しかし、制度であれ、伝統であれ、その出現と継続を決定づけた力は明らかに後世の史家の歴史に対する認識ではなく、歴史の現実の中で権力を弄ぶ者の自身の利益に対する判断であった。ゆえに田氏は「馮太后は私利私欲のために、この制度を極力利用して存続させ、またさらに残酷さを加え、予想だにしなかった結果を引き起こした」というのである。

馮太后の祖父馮弘は北燕の最後の君主であり、馮弘は在位の最後の数年において、北魏太武帝の巨大な圧力に直面し、一方では娘を北魏の後宮に送り、一方では愛する子を人質として差し出すことを肯ん

図22　馮熙墓誌

ぜず、最終的には高句麗に逃れたのである。さきに北魏に降伏した彼の数人の息子の中に、馮太后の父親である馮朗がいる。『北史』外戚伝によれば、馮朗は北魏に入った後に秦雍二州刺史をつとめ（私は「秦」は「東秦」に作るものと疑っている）[4]、長安に治所を置いていた。馮朗の妻は楽浪王氏であり、彼の母親と同じ一家であった。馮太后と彼女の兄である馮熙《ふうき》はともに長安で生まれたという[5]。孝文帝が自ら文章を撰した馮熙墓誌によれば、馮熙は太武帝太延四年（四三八）に生まれ、馮太后よりも三歳年上であったという。

『北史』后妃伝は馮太后が宮中に入ったのは馮朗が「あることに坐して誅殺された」ためであるといい、明らかに罪人の家族であることから「奚官に配された」のである。史書は馮朗がどんなことに坐したのは明言しないが、私は彼の弟馮邈《ふうばく》が北伐に従軍したときに叛いて柔然に逃亡したことによると見ている。『北史』外戚伝は馮熙が保母にしたがって亡命したが、それは「叔父である楽陵公邈が戦で蠕《じゅ》蠕《じゅ》〔柔然〕に入った」ためであるとしている。年代を整理して、私は馮邈の逃亡は太平真君四年（四四三）冬に発生したと見ている。この年の九月に北魏は大挙北伐し、四方面から大軍が深く漠北に入り込み、柔然の心臓地帯である頞根河（オルホン河）の河谷を攻撃した。しかしこの戦には多くの問題があり、まず重要な将軍である「鎮北将軍封沓《ほうとう》が蠕蠕に亡命し」、次に戦後に行軍中「期に後《おく》れ」た八人の将軍を処刑し、その中には四方面の大軍の一つの将軍である中山王拓跋辰もが含まれていた。馮邈は封沓と同じく（あるいは一緒に）柔然に逃亡した可能性が高い。

　馮朗はこれによって殺害され、妻の王氏は既に死去していたようであるが（そうでなければ彼女も娘と同じく奚官の奴となっていたであろう）、六歳の息子である馮熙は保母の魏氏にしたがって逃げ回り、「氐・羌の中に至って養育され」、宮刑をうけて宦官となる災厄から逃れたのである。いわゆる「氐・羌の中」とは、おおよそ馮朗が東秦州刺史として管轄していた関中北東部、すなわち漢晋の馮翊《ひょうよく》郡を指し、氐・羌などの非漢族が主な人口を占めていた。そのような中、馮太后は三歳で宮中に入ったのである。『北史』后妃伝は彼女は宮中に入った後に叔母に面倒を見られ、「太武帝の左昭儀は、后の叔母である。雅にして母徳があり、養育して教え諭した」という。この左昭儀馮氏は、馮弘が平城に和親のために送った娘である。幼い馮氏は叔母に暖かく養育されつつ、一方では自身で努力し、「性格は聡明であり、宮掖に入ってより、粗いながらも読み書きそろばんを学んだ」。しかし、左昭儀も彼女の卑賤な宮女の身分を変えることはかなわなかった。馮太后の幸運は、この他に運気をもった年長者に頼ることでもたらされる。それこそが文成帝の乳母である常太后である。

『魏書』皇后伝には、「高宗〔文成帝〕の乳母常氏は、もと遼西の人である。太延中に、あることによって宮中に入り、世祖〔太武帝〕は選抜して高宗の乳母をさせた。慈愛があって温和、礼儀にしたがっており、労苦して保護する功績があった。高宗が即位すると、尊ばれて保太后となり、ついで皇太后となった」という。『北史』外戚伝によれば、常太后の祖父常亥、父常澄は前秦において郡太守をつとめ、当然彼らが同様に（あるいは主として）後燕や北燕でも官をつとめていた可能性もある。いわゆる「太延中に、あることによって宮中に入り」とは、太延二年（四三六）に太武帝が北燕を滅ぼしたことを指す。もし常氏が北魏軍のこのたびの略奪にあったのであれば、彼女が宮中に入った三～四年後に

図23　常季繁墓誌

文成帝が生まれたことになる。彼女は太武帝に選ばれて文成帝の乳母となるが、これは彼女がちょうど育児中であることを物語っているが、史料には彼女の子女についての記述がない。李憑氏の見方[6]に基づくならば、文成帝は生まれるとその生母郁久閭氏から引き離され、彼女は文成帝の養育に参与できず、母として養育する責任は宮女である常氏が担ったことになる。

常氏が文成帝の乳児期を過ごした後にも、依然として保母の身分で彼と親密な関係を保持していた可能性は高い。同様の状況は文成帝の祖父である太武帝の身の上にも起こっていた。太武帝は保母竇氏《とうし》に対して破格の待遇を与え、「その恩訓に感謝し、奉養すること実子と異ならなかった」というが、これは彼の実の母親と同様の待遇であったことを示す。文成帝が即位したとき一三歳であり、身の回りで最も信用できるのは常氏であった。文成帝の生母郁久閭氏は彼が即位した一か月以上後に死去したが（文成帝は四五二年一〇月三一日に即位し、郁久閭氏は四五二年一二月六日に死亡した）、李憑氏は常氏が「子貴母死」にかこつけて郁久閭氏を殺害したと見ており、これを郁久閭氏とともに文成帝を分かち合うことを望まなかったためとしている。しかしそのとき常氏は宮廷事務をコントロールしていたとは到底いえず、彼女が影響を及ぼしうる人物は文成帝だけであり、文成帝の生母を殺害したことは文成帝を通じて実現させうるものではなかったようである。より可能性がある状況としては、政変を成功させて文成帝を擁立した大臣たちが、たとえ常氏とことをともにしても、その他の危険を冒すことを願わず、そのまま「子貴母死」の「故事」をもって郁久閭氏を殺害したというものである。当然、こうした所業は常氏の利益に符合していたが、これが常氏の主導した結果であると見なせるものではない。

『魏書』高宗紀によれば、文成帝興安元年一一月壬寅（四五二年一二月二四日）に、「景穆太子を追尊して景穆皇帝とし、皇妣《こうひ》を恭皇后とし、保母常氏を尊んで保太后とした」という。また興安二年「三月壬午（四五三年四月三日）、保太后を尊んで皇太后とした」。これによって常太后は実質的に、かつ名義上も北魏後宮における最高権威となったのである。まさしく斉郡王元祐妃常季繁墓誌のいう通り、常太后の地位が固まるにしたがい、常氏の一門もその地位を高めていき、「王爵を父兄に加え、世禄を子侄に与えた。丁姫・傅昭儀が盛漢に輝き、羊氏・庾氏が有晋に盛んとなったとはいえ、これを凌駕するものではなかったであろう」。『北史』外戚伝も、「諸々の常氏の者たちは、興安年間からここに至るまでに、皆親疏にかかわらず爵をうけ田宅を賜り、ときに隆盛となった」といっている。常氏一族は一時に隆盛となったが、それは常太后が偶然の機会をもって文成帝との母子の情を作り出したために他ならない。こうした母子の情は制度的な保障があったわけではなく、ときが移ろい世が変わると、全てが迅速に変化していく。この点常太后ははっきりしていた。彼女が行いえたのは彼女自身が権力を掌握するモデルを、一世代下の自身の代理人に継承することであった。

あたかもこのときに初の皇子が誕生したのである。『北史』后妃伝によれば、文成帝が即位して一年ほど、一三～四歳にすぎないときに、平城宮殿の西側の白楼と名づけられた高台で眺望していると、美しい宮女を見かけ、心を奪われ、高台を降り、この宮女を斎庫に連れ込むと、「そのまま妊娠した」という。この宮女の姓は李といい、王鍾児と同じくもとは南朝劉宋の人であり、実家は梁国蒙県（河南省商丘市）にあり、元嘉二七年（四五〇）の戦争において北魏の永昌王拓跋仁によって北方に連行されたのである。(7) 文成帝興安二年に拓跋仁が殺害されると、その家の中の女婢は資産として皇宮に送り込まれ、李氏は宮女となり、間もなくして文成帝に見そめられるのである。宮女は妊娠し、当然脅されて内宮に入り、加えて彼女が宮に入ってから間もなくして〔妊娠の〕嫌疑が生じたのである。ここにおいて常太后は仔細にわたり尋問し、状況を理解している皇帝の侍衛を探し出したのであり、一説によれば当初斎庫の看守をつとめていた人物が壁の上にて記録にとどめており、これによって確認がとれたという。興光元年（四五四）七月、文成帝の長子顕文帝拓跋弘は誕生した。李氏は皇子を産んだ功により貴人を拝したが、皇子が李貴人の手によって養育されたか否か、非常に疑わしく、この子供は出生するとすぐに彼女の身辺から引き離された可能性が高い。

常太后の権力掌握のモデルは、皇位継承者を養育し、次の皇帝に感情の上での母子関係を打ち立てるというものであった。しかしこのとき常太后自身は若年ではなく、おおよそ自ら皇子を養育することはできず、代理人を探し出し、尽力して養育させ、いずれ常氏一族の利益を保護するのを期待することしかできなかった。そして彼女が決定した代理人こそが、後に文明太皇太后となる宮女馮氏であった。文成帝の長子が既に誕生した状況のもとでは、常太后は養育の代理人を把握しておかなければならなかった。『北史』后妃伝は、「（馮氏が）一四歳のとき、文成帝が即位し、選ばれて貴人となり、後に皇后に冊立された」という。馮氏が一四歳のときは、文成帝太安元年（四五五）、文成帝が即位して四年目であり、ときに文成帝は一六歳、建文帝は一～二歳であった。常太后はまず馮氏を宮女から選んで貴人とし、彼女に皇后の候補者としての資格を備えさせ、その後に間髪容れず彼女を皇后の上位に押し込んだのである。

二歳半の献文帝が皇太子に冊立されたのは太安二年二月丁巳（四五六年二月二二日）であり、二日前の正月乙卯（四五六年二月二〇日）、一五歳の馮氏は皇后に冊立された。この二つのことは相互に関連し、ある者は、同一のことの二つの異なる段階であったという。常太后は幕の後ろで全てを手配していた。この三日のうちに（あるいはやや早くに）、李貴人は常太后より死を賜り、その根拠となったのはまさしく「子貴母死」の「故事」であった。『北史』后妃伝は、「太安二年、太后〔常太后〕は故事にしたがうことにし、后〔李貴人〕は箇条書きの記載を南にいた兄弟に備えまた結んでいた宗兄の洪之を引き、尽く後事を頼んだ。自決に臨み、一人ずつ兄弟の名を呼び、胸をなでて慟哭し、そのまま薨去した」という。

皇后は貴人の中から生まれるのであるが、貴人が皇后になりうるか否かは、天意によって決定されるのであり、それこそが拓跋可敦の伝統的な手続きである、「手ずから金人を鋳る」テストである。『北史』后妃伝は、「魏の故事では、皇后を立てるとき、必ず手ずから金人を鋳造させ、成功すれば吉とし、成功しなければ立つことはできない」と述べる。道武帝の皇后慕容氏は、「金人を鋳て成功し」たことにより「これを〔皇后に〕立てた」。道武帝の宣穆皇后劉氏は「特に寵愛されたが、金人を鋳て成功しなかったために、皇后の位にのぼることができなかった」。明元帝の昭哀皇后姚《よう》氏《し》は「金人を鋳造したが成功せず、尊位にのぼらなかった」。「手ずから金人を鋳る」ことで吉凶を占うのは、拓跋のみが行っていたことではなく、実に中古内陸アジア文化に共通する伝統であった[8]。少なくとも形式的には、馮貴人は「手ずから金人を鋳る」テストを経験しまた成功させているのであり、馮貴人は飛躍して馮皇后となった。当然ながら、これは常太后が影ではかりごとをめぐらした結果として「手ずから金人を鋳る」ことに成功したに違いないのである。

おおよそこの通りで、太安二年正月末から二月初めに至るまでに、常太后は代理人育成の最後の段階を締めくくることとなり、三つの行動に移った。第一に馮貴人の皇后冊立であり、第二に献文帝の生母李氏の殺害であり、第三の最後の段階は献文帝の皇太子冊立であった。このように、献文帝と馮皇后の間の母子関係を確定し、馮皇后も名分を整えつつ幼い皇太子を養育したのであり、名分に釣り合う感情の関係をも樹立したのである。

なぜ常太后は馮氏を選んだのであろうか。彼らが北燕から北魏に入った人々であり、かつ馮氏は北燕の君主馮弘の孫娘であるという特殊な身分があったためであろう。北燕から北魏に入った人物たちの間では、相当密接な婚姻の紐帯があった。このことは北魏に入ったばかりのときには既に形成されていたのであろうか、それとも常太后と馮太后の時代にことさらに樹立されたものであったのであろうか。両方が正しい可能性が高い。常太后が勢力をえる前、馮・常の両家はほとんど同一の婚姻集団の中にいた。『北史』外戚伝は常太后には三人の妹がおり、彼女の母親である宋氏が最も好んでいた女婿は王睹であったと伝える。(9) 王睹は楽浪王氏であると思われ、彼は後に平州刺史に任命され、遼東公に封ぜられたが、常太后は彼の官爵が「本州・郡公」であったといっている。馮氏の母親と祖母はまさしく楽浪王氏であった。おおよそ平城宮の年若い女性の中でも、馮氏よりも常太后の好みに合った人物はいなかったのであろう。

注

(1)『北史』巻一 魏本紀(二六頁)参照。

(2)『南斉書』巻五七 魏虜伝に、「初め、仏狸〔太武帝〕の母は漢人であり、木末〔明元帝〕に殺害され、仏狸は乳母を皇太后とし、これ以後、皇太子が立つと、その母を誅殺することになった」（一〇九二頁）とある。

（3）李憑『北魏平城時代（修訂本）』（上海古籍出版社、二〇一一年）一三四～二六三頁〔劉可維・小尾孝夫・小野響訳『北魏平城時代』、京都大学学術出版会、二〇二一年、一七九～三五〇頁〕、田余慶『拓跋史探（修訂本）』（生活・読書・新知三聯書店、二〇一九年）一～五一頁〔田中一輝・王鏗訳『北魏道武帝の憂鬱――皇后・外戚・部族』、京都大学学術出版会、二〇一八年、一～八九頁〕参照。

（4）十六国時代後期以来関中東部に東秦州が設置され、常に雍州刺史に東秦州刺史を兼任させていたという状況に関して、私は「新見北西薛豊洛墓誌考釈」（羅新『王化与山険――中古辺裔論集』、北京大学出版社、二〇一九年、三八一～三八四頁）にて説明している。

（5）李風暴「北魏「馮熙墓誌」考評」（『中国書法』二〇一〇年第六期）参照。

（6）李憑『北魏平城時代』一五七～一五九頁〔前掲劉可維・小尾孝夫・小野響訳『北魏平城時代』二〇八～二一二頁〕参照。

（7）永昌王拓跋仁の鮮卑語の本名について、『宋書』巻九五 索虜伝は庫仁真に作っており、姚薇元「宋書索虜伝南斉書魏虜伝北人姓名考証」（『北朝胡姓考（修訂本）』、中華書局、二〇〇七年、四七〇～四七二頁）にて既に指摘されている。于子軒氏に教示されたところでは、「庫仁真」という単語は復原すると*koñinčin となり、前半部分は羊を意味し、古突厥語の koñ、契丹語の koñ、中古モンゴル語の konin に対応し、全体の意味は羊飼いであるという。私は氏が将来これについて具体的に論証をした論文を執筆されることを期待している。

（8）趙翼『廿二史箚記』「後魏以鋳造卜休咎（後魏は鋳造を以て休咎《きゅうきゅう》を卜《うらな》う）」条に、「後魏〔北魏〕では像を鋳込むことで占った。……恐らく当時の国の習俗がこうであったのだろう。……これは元魏〔北魏〕以前に既にあり、北魏において始まったのではない。恐らくもとは北俗の故事であり、拓跋に至ってますますこれを尊んだのであろう」とある。王樹民『廿二史箚記校証』（中華書局、一九八四年）三〇一頁参照。

（9）王暏について、『魏書』外戚伝は睹に作っており、どちらが正しいか分からないが、ここでは『北史』にしたがっておく。

第11章　祖孫政治

事実は馮氏が常太后の期待と厚遇に必ずしも釣り合わなかったことを証明することになる。『魏書』高宗紀によれば、馮氏が皇后となったことを保証してからたった四年後、すなわち和平元年四月戊戌（四六〇年五月二二日）に、常太后が「寿安宮にて崩御し」、五月癸酉（六月一六日）に広寧鳴鶏山に葬られたという。[1] そのとき常氏一族は栄華富貴の中にあり、よきところを取り尽くし、文成帝も常家に対して当然はかるところもなかったであろう。しかし文成帝は二六歳で死去してしまった。既に述べたように、献文帝は早くから馮太后に対する多くの不満をあらわしており、李敷兄弟を殺害したのはその一端にすぎず、常家に対する処罰もその発散であったようである。『北史』外戚伝によれば、最初に常家第一の人物であり、常太后の長兄である常英を「濁貨」の罪で敦煌に流し、続けて常太后の甥である常伯夫が洛州刺史在任中に「賄賂を行って欺いた」ことによって平城に送られ斬殺された。馮太后が献文帝を毒殺し再び「聴政」を行うようになった後、常英はようやくもとの官職に復したが、間もなくして世を去った。

太和年間（四七七〜四九九）の前期、常英より世代が下の常家の人間である、常伯夫の子常禽可と叔父の常員が「ともに飛書を作り、朝政を誹謗した」。「飛書を作り」とは匿名の書簡を書くことであり、いわゆる「朝政を誹謗した」とは馮太后が重用した王叡らのような恩倖を攻撃したことを指すのであろう（常伯夫が不平を鳴らしていたのかもしれない）。[2] こうした行為は当然厳しい処罰を招来することとなる。

「ことが発覚すると、有司は法令を執行し、刑は五族に及んだ」。刑五族は最も厳しい刑罰であり、常家はこれによって族滅することもありえた。幸いにも「孝文帝は昭太后〔常太后〕のゆえをもって、罪を一門にとどめた」といい、これは常訢とその子孫が罪にあてられるだけであったことを指すが、常訢は老年のため死を免れ、平民に落とされて家に帰り、彼の孫を赦免し、いくらかの財産を与えて彼を養わせ、その他の子孫はみな処刑され、婦女は奚官に入った。そして全ての家の一〇〇人にものぼる奴婢は官府に没収され、巨額の金銀布帛は内侍・将官に賞賜された。常英・常喜兄弟らの各門は族誅こそ免れたが、「皆免官されて本郷に帰った」。史書は孝文帝がこの決定を行ったというが、これは馮太后の「聴政」時代のことであり、実際には馮太后によって決定されたものである。馮太后が「聴政」を終え、孝文帝が親政を開始した後になり、孝文帝はようやく馮太后の名義をもって常太后の旧恩に感じ入り、「尽くその家の前後没入された婦女を出し」、また慰めるかのように常喜の子である常振を官にとり立てた。常振の死後は、一時は隆盛を極めた常氏一族も遂に滅亡したのである。

馮太后は常太后の立身出世のモデルを模倣したのであり、権力掌握の期間や勢力の巨大さは、常太后をはるかに超越していた。したがって馮氏一族の名声や威勢の隆盛は、常家とは比較すべきものではなかった。モデルが同一であったにすぎないのであれば、その運用の軌跡もそれほど異なるものにはなりえないであろう。

そのモデルの核心は「子貴母死」の旧制の利用であり、皇位継承者の生母を排除し、これに取って代わり、将来皇太后の身分で皇帝権力を操るのである。常太后は馮太后を支援したが、後に馮太后は皇太后の身分で内官を、また同様の手段で献文帝の継承者を掌握し、かつはるか先にまで走り抜き、自ら孝文帝を養育した。このようにして事実上二代の君主を押さえ、ひいてはさらに次の代のコントロールをも画策していたのである。馮太后は皿の食べ物を食べながら鍋の食べ物をも狙っており、貪欲なことこの上なく、このようにして初めて献文帝を殺害した後に、太皇太后の身分で再度「聴政」を行う条件を手にすることができたのである。

皇興元年八月戊申（四六七年一〇月一三日）、献文帝の長子孝文帝拓跋宏が誕生し、このとき献文帝は一三〜四歳（現在の年齢の数え方であれば満一三歳）であった。孝文帝の生母李氏は貴族家庭の出身であり、一八歳のときに「選ばれて東宮に入り」、献文帝よりも四〜五歳ないしは五〜六歳年上であった。献文帝が即位すると、李氏は夫人となった。二年後に孝文帝が生まれたが、過去の皇帝の長子と同じく、すぐに生母から引き離されたであろう。『北史』后妃伝は「孝文帝が生まれるに及び、太后〔馮氏〕は自ら養育した」というが、これは孝文帝を乳児のときから自身の身辺に置いて管理していたことを指す。孝文帝が生まれたとき、馮太后はまさに二六〜七歳であり、いわゆる「自ら養育した」とは、実のところ監視・管理と養育であった。孝文帝はこのようにして馮太后の身辺にて成長し、この名義上の祖母と感情面での母子関係を形成することになった。後に孝文帝が往事を回顧するとき、常に母子という単語で二人の関係が描写されるのは、こうしたことが原因である。

『北史』后妃伝は馮太后の生前に孝文帝が自身の生母について一切知らず、「太后が崩御するまで、孝文帝は自身を産んだのが誰か知らなかった」といっている。孝文帝は生まれてから馮太后によって生母から引き離され、母子の二人は完全に隔離され、孝文帝に彼の生母に関する事情をあえて説明する人もなく、孝文帝自身もあえて聞くことをしなかった。李氏は管理されるべきと考えられており、彼女の顕貴な家族的背景すらも彼女を助けることはできなかったことが想像される。李氏の祖父李蓋は太武帝の妹である武威長公主を娶ったが、この李蓋とは太武帝東巡碑の碑文に言及される射撃をよくする「次（佽）飛督安熹子李蓋」であり[3]、死後に中山王を贈られた。李氏の父親である李恵は文成帝時代に重用され、襄城公韓頹の娘を娶り、二人の娘を産み、うち長女が選ばれて東宮に入ったのであり、すなわち

図 24　太武帝東巡碑

孝文帝の母である。

李氏が自身の産んだ子の世界から隔離されただけではなく、献文帝自身（『魏書』高祖紀は献文帝が「最もこれ〔孝文帝〕を愛した」という）までもが自身の子と接触することは容易ではなかった。献文帝はこれについて当然不満を抱き、不満をあらわす方法として舅である李恵を重用し、彼に加官し爵位を進めた――『魏書』顕祖紀によれば、皇興二年四月辛丑（四六八年六月二日）に「南郡公李恵を征南大将軍・儀同三司・都督関右諸軍事・雍州刺史に任命し、爵位を進めて王とした」という。しかしどうあっても、献文帝には馮太后の孝文帝に対する管理を阻止する方法はなかったのであり、馮太后の李氏に対する殺害を回避することもできなかったのである。

皇興三年六月辛未（四六九年六月二七日）、孝文帝は皇太子に冊立された。『北史』后妃伝は孝文帝の生母である思皇后李氏が「皇興三年に薨去した」というだけで、具体的な月日を記していないが、立太子の一～二日前のことと思われる。献文帝がどのように反応したかについて、史書には記載がない。しかし『魏書』顕祖紀はこの年一一月に「襄城公韓頽《かんたい》の爵位を進めて王とした」という。韓頽は思皇后李氏の外祖父であり、彼は王爵をえたが、献文帝の思皇后李氏に対する感謝の思いと見なすべきであろう。当然、馮太后は献文帝を毒殺した後、李恵と韓頽を見逃すはずもなかった。『北史』外戚伝は、「恵はもとより文明太后に忌避されており、恵が叛いて南に逃れようとしていると誣告し、これを誅殺した。恵の二人の弟である初・楽は恵の諸子とともに殺害され、後妻の梁氏も青州にて死去し、尽くその家財を没収した。恵はもとより罪はなかったために、天下はこれを冤罪として惜しんだ」と述べる。『魏書』高祖紀によれば、李恵の一族の災難は太和二年一二月癸巳（四七九年一月二八日）のことであるという。しかし『魏書』高祖紀はさらに太和四年正月戊午（四八〇年二月一七日）に「襄城公韓頽に罪があり、爵位を剥奪して辺境への徙遷刑とした」という。馮太后は残酷な手段で李訢を誅戮したが、明らかにこれは李敷兄弟のための復讐であった。しかし彼女は思皇后李氏の家族にも同様に対処したのであり、狭い視野や器量からこのようなことを行ったとは見なせない。彼女がこのようなことを行ったのは孝文帝の生母の家族の一切の痕跡を抹消し、孝文帝に馮氏の存在のみを知らしめ、李氏について隠しておくためであったろう。

かくも断固として、そしてかくも徹底してことを行ったにもかかわらず、馮太后は孝文帝に対してなおも安心はしなかった。史書は馮太后が孝文帝に対し厳しいしつけを行い、ともすれば鞭をもって譴責したという[4]。『魏書』高祖紀には、「宦官がまず帝〔孝文帝〕について太后〔馮氏〕に中傷すると、太后は大いに怒り、鞭杖で帝を数十回打ちつけたが、帝は黙然としてこれをうけ、釈明することはなかった」という。馮太后に孝文帝の長所・短所について報告したのは決して宦官だけではなく、さらに孝文帝の身辺に密接につきしたがっていた侍従の官僚（中散、すなわち内行内小、及び内給事など）がいた。楊播《ようは》・楊椿《ようちん》兄弟の母親は楽浪王氏であり、したがって楊家と常太后・馮太后は北燕から北魏に入った同一の姻戚集団に属していた。楊椿は晩年に太和初年のことを回顧しており、楊家の兄弟は平城宮にて前後中散・内給事となり、孝文帝につきしたがう内侍をつとめ、「当時口勅があれば、諸々の内官を責め、一〇日に一回密書を提出させ、それを行わなければたいそう不機嫌になられた[5]」たという。馮太后は孝文帝の身辺にいる内侍の人員に彼の問題を密かに報告するよう命令していたのであり、一〇日ごとに必ず一回報告せねばならず、報告しなかった者は叱責されたのである。楊椿の記録によれば、孝文帝は太和二一年に洛陽において平城の往事を回顧したとき、自ら「北京〔平城〕の日々は、太后が厳しく、私が鞭杖をうけるごとに、左右の者はそれが妥当なのかそうでないのか話し合っていた」と述べたという。

しかし、馮太后の孝文帝に対する厳しさは杖罰で責めるだけにはとどまらず、両人の関係も母子の深い愛情などというロマンのある優しさなどでは決してなかった。事実上、一五歳以前の孝文帝にとっては、状況は極めて危険であり恐るべきものであった。『魏書』天象志は太和三年から六年にかけて（四七九～四八二）、月が斗魁（北斗七星のますがた部分の四つの星）と心星（北極星）を犯すという異常天象が多発したとし、これを「このとき、馮太后は数回少主を危うくしようとしたが、帝の年齢が一定程度に達し、ことをうけるのに孝敬であり、動きにも礼に背くことがなかったことから、遂に咎《とが》なきをえた」(6)と説明している。この数年間において、馮太后は何度も（決して一回だけではない）皇帝を代えることを考慮した。『魏書』穆泰伝には「初め、文明太后は高祖（孝文帝）を別室に幽閉し、廃黜《はいちゅつ》しようとしたが、穆泰が必死に諫めて沙汰止みとなった」とある。馮太后が孝文帝を廃そうとしたことの細部は、『魏書』高祖紀にあらわれている。「文明太后は帝（孝文帝）が聡明であり、後にあるいは馮氏に不利をもたらすかもしれないと思い、帝を廃そうと企んだ。寒月の時季に至り、単衣で部屋に閉じ込め、三日間絶食させ、咸陽王禧《き》を召し、これを皇帝に立てようとした。元丕・穆泰・李沖《りちゅう》が固く諫めたため、取り止めとなった」(7)。しつけが厳しく、杖罰を施したのも問題であるが、厳寒の時季に単衣で監禁し、三日も食事を許さなかったのは、別の意味の問題である。馮太后は孝文帝を廃そうとしていたが、その食を絶ち、その身を凍えさせたのは、決して一般的な懲罰のしつけなどではなく、実に殺害の意図があったのである。

太和三年から六年にかけて、具体的にどのような原因があって馮太后の、皇帝を代えるという考えを促進させたのか、今は判断する材料がない。あるいは孝文帝が思春期に入り、たまたま反抗（adolescent rebellion）的な言動があり、馮太后の恐れを引き起こしたのかもしれない。彼女が孝文帝を廃する（または殺害する）か否かをためらっていたとき、彼女も確かに拓跋禧（咸陽王元禧）を呼んであらかじめ準備を進めていたのである。我々が直面しなければならない問題は、このとき拓跋禧の生母である封昭儀がまだ存命であったかどうかということである。もし封昭儀がなおも生きていたならば、さきに彼女を殺してその後に拓跋禧を召喚してこれを皇帝に立てるべきではなかったか。もし封昭儀が存命であれば、彼女はずっと拓跋禧と一緒の生活していたのであろうか。もし彼ら母子が一緒に生活していたのであれば、既に一〇歳を超えていた拓跋禧は自身の母親が馮太后に殺害されるのを座して待つことがどうしてありえたであろうか。馮太后があえてそのように大きな危険を冒すとは考えがたい。

可能性が極めて大きいのは、封昭儀が既にこの世になかったということである。続く問題は、封昭儀がいつ死去したか、急死であったかどうかということである。さらに一歩進んだ問題は、封昭儀は馮太后に殺害されたかどうかということである。この推測に基づくならば、孝文帝は生まれるとすぐに生母の身辺から引き離され、三歳になる前に生母が殺害されたが、これは彼のみの特例ではなく、献文帝の二人の子供が共通する経歴を有していたことになる。もしこのようであったならば、この前に献文帝と馮太后とが衝突したことには、いっそう強烈で、かつ深刻な理由があったことになる。献文帝はまず叔父に譲位しようとしたが、阻止された後に幼い太子に皇位を譲ったのであり、彼がこうした尋常ならざる行動をとったことについて、動機（ある人は史学上の解釈と呼ぶ）は当然多方面にあり(8)、恐らくは馮太后が極端なまでに「子貴母死」の制を濫用し、将来のために選択の余地をあらかじめ残しておいた可能性のある挙動も、献文帝の異常な反応が引き起こした原因の一つであったろう。

『北史』后妃伝は列伝の末尾に「論に曰く」といい、「子貴母死」の制に対して「矯枉の義も、行きすぎがあったのではないか」と批判し、「孝文帝がこの悪習を改めたのも、まことに理由があったのである(9)」と指摘している。研究者は史事にこだわり、孝文帝の長子の母が孝文帝の時代に殺害されたことは、彼が決して「子貴母死」の制を排除したわけではなく、宣武帝の時代になってようやくこの制度は正式に終結したと認識する(10)。しかし、献文帝の次子の経歴と比べるならば、孝文帝の次子宣武帝元恪《げんかく》は生母の身辺にあって成人にまでなったのであり、既に大きな違いがあるといえよう。馮太后は自身の家族の利益のために極端なまでに「子貴母死」の制を濫用したが、それは孝文帝時代に終わったのである。この意義からは、「孝文帝がこの悪習を改めた」とあるのは、妥当であったということになる。

確かに、孝文帝には馮太后が「子貴母死」の故事を自身の長子に施すことを阻止するほどの力はなかった。『魏書』高祖紀は太和七年閏四月癸丑（四八三年五月二七日）に「皇子が生まれ、天下に大赦し」、三年後の太和一〇年六月癸卯（四八六年八月五日）に「（馮太后は自ら）皇子に恂《じゅん》と名づけ、天下に大赦した」という。拓跋（元）恂が生まれたとき、孝文帝は既に一七歳となっており、平城時代の基準からいえば遅い誕生であった。拓跋恂の生母は後に貞皇后と諡される林氏である。『北史』后妃伝の孝文貞皇后林氏伝によれば、林氏の父である林勝は、文成帝時代に故郷の平涼郡の太守をつとめていたという。彼がこの顕職をえたのは、弟である林金閭が平城宮にて宦官となり、寵愛をうけて勢力をえていたことによる。『魏書』皇后伝は孝文貞皇后林氏の「叔父金閭は、宦官出身であり、常太后から寵愛され、官は尚書・平涼公にまで至った」と伝える。文成帝南巡碑の碑陰題名に「中常侍・寧南将軍・太子少傅・尚書・平涼公林金閭」とあるのが、すなわちこの人物である。

文成帝の後期において既に重要な人物となっていた林金閭は文成帝死後の宮廷の動乱に関与して排除され、最後には乙渾によって殺害されたのであり、「兄弟は皆死去した」。罪人の家族として、「（林）勝に息子はなかったが、二人の娘はおり、掖庭に入った」。林氏が宮中に入ったのは「選ばれて」のことではなく、「奚官に没した」ことによる。しかし乙渾を排除した後において、馮太后は常太后の旧人を大切にしなければならず、林金閭の家族で宮中に配された者に対しても面倒を見たに違いない。これはなぜ彼女が「孝文帝より寵愛された」かの理由を示すかもしれず、それはむろん彼女が史書に伝えられるような「容色美麗」であったため、などというようなものではなかったであろう。しかし、彼女が孝文帝のためにその長子を産んだならば、彼女は滅びなければならなくなるのである。孝文帝の生母李氏に対する処遇と異なるのは、このときの馮太后の行動は果断にして迅速を極め、拓跋恂が誕生すると、林氏がすぐに死を賜ったことである。『北史』后妃伝には、「恂が儲弐〔皇太子〕となろうとすると、太和七年、后〔林氏〕は旧制によって薨去した」とある。『魏書』孝文五王伝には、元恂が「生まれると母が死去し、文明太后がこれを養育し、常に左右に置いた」という。馮太后が使い古された手口を繰り返し、皇長子を管理して自己の身辺に置いたことを物語っている。彼女はこのように「子貴母死」の制を利用し、一度のみならず二度、二度のみならず三度も未来の皇位継承者を押さえたのである。

孝文帝は「子貴母死」の制を激しく憎んでいたに違いなく、彼の本意は当然林氏を保護することにあったろう。『北史』后妃伝は、「帝は仁恕にして前事を襲おうとしなかったが、文明太后の意をうけたために、果たして行われてしまった」という。彼は反抗を試みたが、失敗してしまったのである。しかし彼は徹底的に失敗したというわけではなく、まさしくこのときの反抗において、彼は馮太后と妥協し、「子貴母死」を皇長子に限定し、その他の皇子の生母には害を加えないだけではなく、彼女らがそれぞれの子供を養育できるようにしたのである。どうあっても、人間性への回帰という意味では、これは決して小さくはない成功であったのである。

まさしくこの成功により、我々は主人公王鍾児の平城宮における物語を続けることができたのであるが、彼女はどうしても、自身の運命がこともあろうに「子貴母死」制度の発生と関連することを想像できなかったに違いない。

注

（1）『北史』后妃伝に、「（常太后は）和平元年に崩じ、天下に詔して三日間大いに哭させ、諡を昭といい、広寧磨笄山《まけいざん》に葬り、俗にこれを鳴鶏山というのは、太后の意思である。恵太后の故事により、別に寝廟を立て、墓守二〇〇家を置き、碑を立てて徳を頌した」とある。鳴鶏山は、すなわち現在の張家口市下花園区の鶏鳴山である。鳴鶏山は本来磨笄山といい、俗音は訛して鳴鶏山といい、後世さらに鶏鳴山と改めた。常太后は平城より遠く離れ、金陵方向とは相反する広寧鳴鶏山に葬られたのは、太武帝の保太后竇氏が崞山《かくざん》を選んで陵墓を築いたのに似ており、その原因は自らが太后と称しても、もとの皇帝と婚姻の事実がなく、金陵に陪葬することができなかったことにある。しかし常太后が東方の鳴鶏山を選択したのは、彼女が故国（故園）を懐かしんでいたためのかもしれない。

（2）『北史』后妃伝に、「（馮太后は）また自らが過失があると思い、人が自身について議論することを恐れ、わずかながら疑うところがあれば、そのまま誅殺した」とある。馮太后が他人が議論するのを恐れていたのは自身の異性関係における「過失」であり、常員と常禽は書をばらまいて「朝政を誹謗」し、馮太后の男女問題における失徳を諷刺することができ、この原因があって彼女の雷のような怒りを引き起こした可能性がある。

（3）羅新・李泉彙「北魏太武帝東巡碑的新発現」（『中国国家博物館館刊』二〇一一年第九期、羅新『王化与山険——中古辺裔論集』、二九七～三一二頁）参照。

（4）当然馮太后の厳しい杖罰は孝文帝に対してのみ振るわれたのではない。『北史』后妃伝には、「（馮）太后は知力に恵まれていたが猜疑心が強く残忍で、大事を行うことができ、殺戮・賞罰は、すぐにこれを決定し、多くは帝に関わりのないものであった。こういうわけで威福兼ねており、内外を震動した。……（馮太）后の性格は厳正・公明であり、仮に寵愛することがあっても、放縦《ほうしょう》を許さなかった。左右の微細な罪は、鞭で打ち付け、多くは一〇〇回余りにも及び、少ないものでも数十回であった。しかし性格として恨みを抱き続けるということはなく、しばらくするともとの通り接するようになり、あるいはこれによってさらに富貴を致し、こういうわけで人々は利欲を思い、死に至っても退くことを考えなくなった」とある。

（5）『魏書』巻五八 楊椿伝（一四一〇頁）参照。

（6）『魏書』巻一〇五の三 天象志三（二六三六頁）参照。

（7）『魏書』巻二七 穆崇伝附穆泰伝（七四三頁）参照。

（8）献文帝の異常な挙動についても、権謀術数の角度から理解することができる。皇帝の位を譲ることは、彼が後でよりうまく支配するためにわざと当面自由にしたにすぎず、あらかじめ策略をはかろうとしたと見なしうる。王夫之『読通鑑論』巻一五「魏顕祖授位于子自称太上皇（魏顕祖 位を子に授け太上皇を自称す）」条に、「拓跋弘はその地位を子に譲り、太上皇帝を自称したが、これは子が幼く他人に簒奪されることを恐れたためである。……弘は二〇歳にすぎず、急いで（孝文帝拓跋）宏を皇帝の位に据え、白衣をもって臣民を統治し、自身がこれを鎮撫したのである。なおも人心が離反し裏切ることを恐れたため、まず位を（拓跋）子推に譲り、群臣にこの件を争議させ、またわざと怒りこれを試したのであり、そのため子推の弟の子である（拓跋）雲は全力で子推が辞したとし、陸馥・源賀・高允は皆恐れることなく諫めてその怒りを避けなかったが、怒りを発するのは、深い喜びであった。隠居して仏教・道教を信仰したが、皆趙の武霊王が自ら征伐しようとした故事に擬えた。子に譲った意義を明示することを欲せず、これを辞としたのである」とある。舒士彦点校『読通鑑論』（中華書局、一九七五年）四五〇頁参照。アメリカのアイゼンバーグ（Audrew Eisenberg）は中古時代の帝権移譲論からこれを解釈しており、彼も献文帝の譲位という行動は、孝文帝への皇位継承を確たるものにするためであったと主張している。Audrew Eisenberg, *Kingship in Early Medieval China*, Brill, 2008, pp.23-60 参照。

（9）『北史』巻一四 后妃伝（五三七頁）参照。

（10）李憑『北魏平城時代』一六三～一六六頁〔前掲劉可維・小尾孝夫・小野響訳『北魏平城時代』二一五～二一九頁〕参照。

第12章　文昭高氏

慈慶（王鍾児）墓誌によれば、王鍾児が平城宮に入った後、最初の仕事は景穆帝拓跋晃の妻である斛律氏に仕えることであり、その後（斛律氏が死去したためかもしれない）「文昭皇太后とは姉妹のようであった」。「文昭皇太后」は宣武帝元恪の生母高氏を指し、『北史』巻一三 后妃伝に伝がある。高氏は生前に皇子を産んだことから貴人となり、後にその子である宣武帝元恪が皇太子に冊立されたことから昭儀の号を加えられ、文昭貴人と追謚されることとなった。宣武帝の即位後は文昭皇后、孝明帝時代に文昭皇太后と追尊された。幸運なことに、高氏の墓誌が一九四六年に洛陽から出土しており、出土地は洛陽城北の官荘村であって[1]、誌石は現在洛陽王城公園碑林にあり、その真偽についても問題はない。墓誌は欠損が多いが大部分は解読することができる[2]。墓誌は「皇太后高氏、諱は照容」といっており、これによって宣武帝の生母が高照容であったことが分かる。

　高照容は一三歳のときに「徳色が婉艶」であったことから馮太后より直接選ばれて宮中に入ったが、その目的は孝文帝に娶せるためであった。『北史』后妃伝は「孝文帝の文昭皇后高氏……父は颺《よう》、母は蓋《こう》氏《し》であり、全部で四男三女、皆東裔に生まれた。孝文帝の初期に、一家をあげて西に帰順した」という。高颺の七人の子女は皆「東裔」にて生まれたのであるが、これはすなわち高句麗である。『北史』外戚伝によれば、高颺の高祖である高顧は西晋末年に乱を避けて高句麗に入り、孝文帝の初年に、高颺

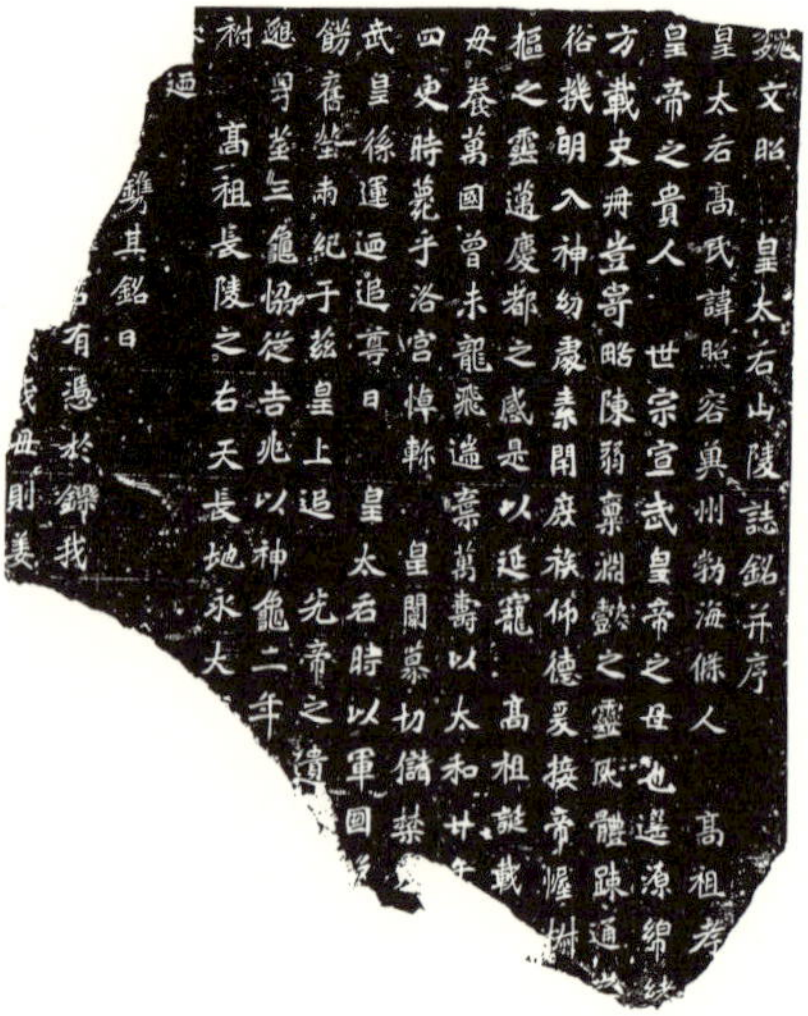

図25　高照容墓誌

と弟、郷里の人間らが一家をあげて西に帰順し、北魏より「全員が客礼で待遇され」、高颺自身は厲威将軍・河間子を拝した。北魏が客礼で待遇するのは全て異国からの投降者であり、状況を見て上・中・下などの等級に区分される。高颺の娘は選ばれて掖庭に入る資格を有し、このことは彼が上客の待遇をうけていたことを物語っている。高颺の長子である高琨の墓誌によれば、高颺の妻の姓は袁であるというが、史書では誤って蓋氏に作っており、袁・蓋の二字の形が近いことによる訛誤かもしれない。(3)『北史』后妃伝は、高照容が龍城鎮より推薦されて平城宮に至った後に、馮太后が「自ら北部曹に行幸したときに后を見、これを優れた者と見なし、掖庭に入れた」といっている。高照容はかくも重視されたのであるが、馮太后の龍城に対する望郷の念と関係があるのかもしれない。

　幸運の星は高照容を輝かせ、彼女は早くも懐妊し子供を産んだだけではなく、生育の時期も恐らくは孝文帝の貞皇后林氏よりもやや遅かった。既に述べたように、林氏が元恂を産んだのは太和七年閏四月五日（四八三年五月二七日）であり、『魏書』世宗紀は「太和七年閏四月、（高照容は）帝を平城宮にて産んだ」といっている。元恂・元恪兄弟が同月に生まれたことが分かる。もし出生の時期が逆であったならば、高照容が何に遭遇したかは容易に想像できよう。皇長子でなかったために、元恪の誕生日が政府の文書にあらわれないのであり、後に魏収が『魏書』を撰写したときには、宣武帝の誕生日が正確にいつであったのかが分からなくなっており、曖昧に閏四月と書くより他になかったのである。

元恪が生まれたとき、王鍾児は既に宮中に入って一五年が経っていた。このとき斛律氏は既にこの世にいなかった可能性が高く、四五歳の王鍾児はベテランの宮人と見なされ、おおよそ高貴人が懐妊したときには彼女に仕えていたのであろう。慈慶墓誌は王鍾児と高貴人とが「姉妹のようであった」というが、当然これは長年の後に追想された話であり、実のところ二人には三〇歳以上の年齢差があり、かつ主従の身分の大きな溝は、どうあっても「姉妹のようで」はありえなかった。しかし王鍾児が高貴人に仕えていたのは少なくとも一三～四年間にわたったのであり、もし双方に深く厚い主従の情が形成されていたのであれば、それも理解しがたいことではない。

図26　高琨墓誌

王鍾児の同僚――ともに高照容に仕えていた宮女の中には、さきに言及した楊姓の宮女がおり、王鍾児よりも一四～五歳若く、ともに劉宋が淮北四州を失った大動乱で南朝のエリート家庭から北魏軍の捕虜となり、平城宮の宮女となった。彼女の墓誌（題記は「大魏宮内宰高唐県君楊氏墓誌」[4]）は彼女の祖父と父とがともに劉宋の青斉地域の中上層官僚であり（祖父楊屈は北済州刺史、父楊景は平原太守であり、当然州郡の名と官職を信用することはできず、例えば劉宋には北済州はなかった）、家は清河郡（劉宋が現在の山東省淄博市に設置した冀州清河郡であり、北魏時代には斉州東清河郡に属した）にあったという。墓誌はさらに、「皇始（皇興に作るべきと思われる）の初め、南北に二分し、その地は皇帝の恩沢をうけながらも、裏切りや帰順がたびたび起こり、ときが経てばまた反対のことが起こり、歴城が北魏に帰順すると、そのまま宮中に入った」ともいう。楊氏が歴城陥落の後に捕虜となって北魏に入ったことが分かり、そのとき彼女は「方笄の年齢」、すなわち一五～六歳であったのである。墓誌は彼女が「流離の憂き目を見たが、純白な性格で賞賛され、初めて後宮に入り、その美しさを称えられた」と賞賛し、当然これは常套句であるが、そうであっても我々が昔日を想像する根拠にはなろう。

楊氏墓誌は彼女が高照容に仕えていたときの経歴について記しているが、簡単な内容ではある。「文昭太皇太后は才人を選び、官女にあてた」。これにより、一三歳の高照容が馮太后に見込まれて掖庭に入ったとき、二七～八歳の楊氏は高照容のために配された宮女たちの中にいたことが分かるが、彼女の職階は才人であり、奚官の奴よりは一等級高くはあった。墓誌は彼女が高照容の身辺で長くつとめたことには触れず、彼女が後に一歩一歩昇進し、宣武帝のときに官女として最高の職位である宮内司となったことのみを記す。間違いなく高照容に仕え、宣武帝を養育したという経歴が彼女が後に重用されたことの主たる原因であったろう。楊氏が高照容の身辺にいたとき、かなり年長の王鍾児は職階がさらに高かった可能性があり、それは高照容との関係がさらに親密であった可能性を示しているともいえよう。慈慶墓誌は王鍾児が「文昭皇太后とは姉妹のようであった」といい、後の真実を誇張しているが、彼女は高照容に仕えていた官女たちの中でも地位が比較的高かったのかもしれない。

宮女としての王鍾児や楊氏のような后妃に仕え子女を養育する者には、当時専門の称呼があり、すなわち育母・保母あるいは傅母である。孝文帝の諸子のうち、元恪のすぐ下の弟は元愉である（彼の生年は『北史』が記すよりも数年早く、その論証については本書第22章〔注（4）〕を参照されたい）。元愉の育母である王曇慈の墓誌は、二〇一八年に洛陽にて出土し、別の研究のサンプルを提供してくれる。[5]「予《わたし》は鞠養の恩をもって……」などの文言があることから、墓誌が元愉本人によって撰写されたものであることが分かる。墓誌によれば、王曇慈は王鍾児・楊内司と同じく、官僚の家庭出身であり（祖父は平州刺史であり、父は長楽太守であった）、「家の災難により、そのまま紫庭に歩いた」という。注目に値するのは、王曇慈がずっと元愉と一緒であり、最後に元愉の京兆王府にて死去していることである。墓誌は「正始元年一二月癸酉朔二二日甲午（五〇五年一月一二日）に、五九歳で病により国第にて薨去した」という。元愉が生まれたとき、王曇慈は既に四〇歳を超えており、この点は王鍾児の状況と近いものではある。もし元恪が後に皇太子に冊立されず、親王の地位でその身を終えたのでなければ、彼の母親高照容はずっと彼と一緒に生活できたであろうし、したがって王鍾児も元恪の王府でずっと生活したであろう。

図 27　王曇慈墓誌

孝文帝は明らかに高照容を好んでいた。元恪を産んだ後、高照容はさらに一男一女、すなわち広平王元懐と長楽公主元瑛を産み、二人の墓誌もそれぞれ出土している。(6) 元懐墓誌によれば、元懐は熙平二年（五一七）、三〇歳で死去したといっており、その生年は太和一二年（四八八）となる。元瑛墓誌によれば、元瑛は孝昌元年（五二五）に三七歳で死去したというから、太和一三年（四八九）に生まれたことになろう。元懐墓誌は元懐が「高祖孝文皇帝の第四子、世宗宣武皇帝の同母弟」

であるとし、元瑛墓誌は元瑛が「高祖孝文皇帝の末娘、世宗宣武皇帝の同母妹」であったというが、彼らの母親については一字も記していない。

慈慶墓誌は王鍾児が「先帝を幼年のときより養育し」たというが、これは宣武帝が生まれると王鍾児がすぐに養育に参与し、その身辺につきしたがう、責任の比較的大きな宮人であったことを示している。太和七年に元恪が生まれたとき、王鍾児は四五歳であり、太和一二年に元懐が生まれたときには、王鍾児は五〇歳、太和一三年に元瑛が生まれたときには、王鍾児は既に五一歳になっていた。高照容と一定の主従の感情を形成していた王鍾児は、おおよそ一貫して高照容の身辺にいたのであり、彼女がさらに

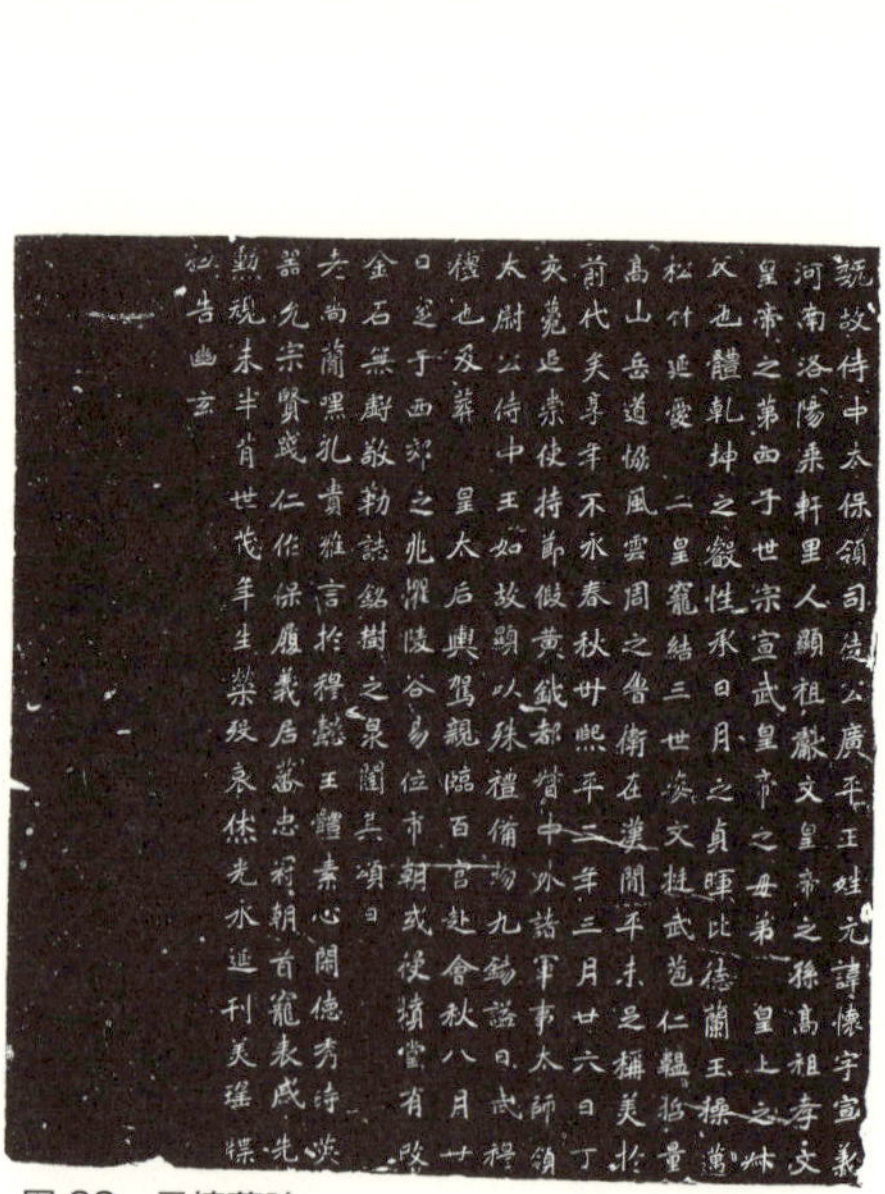

図 28　元懐墓誌

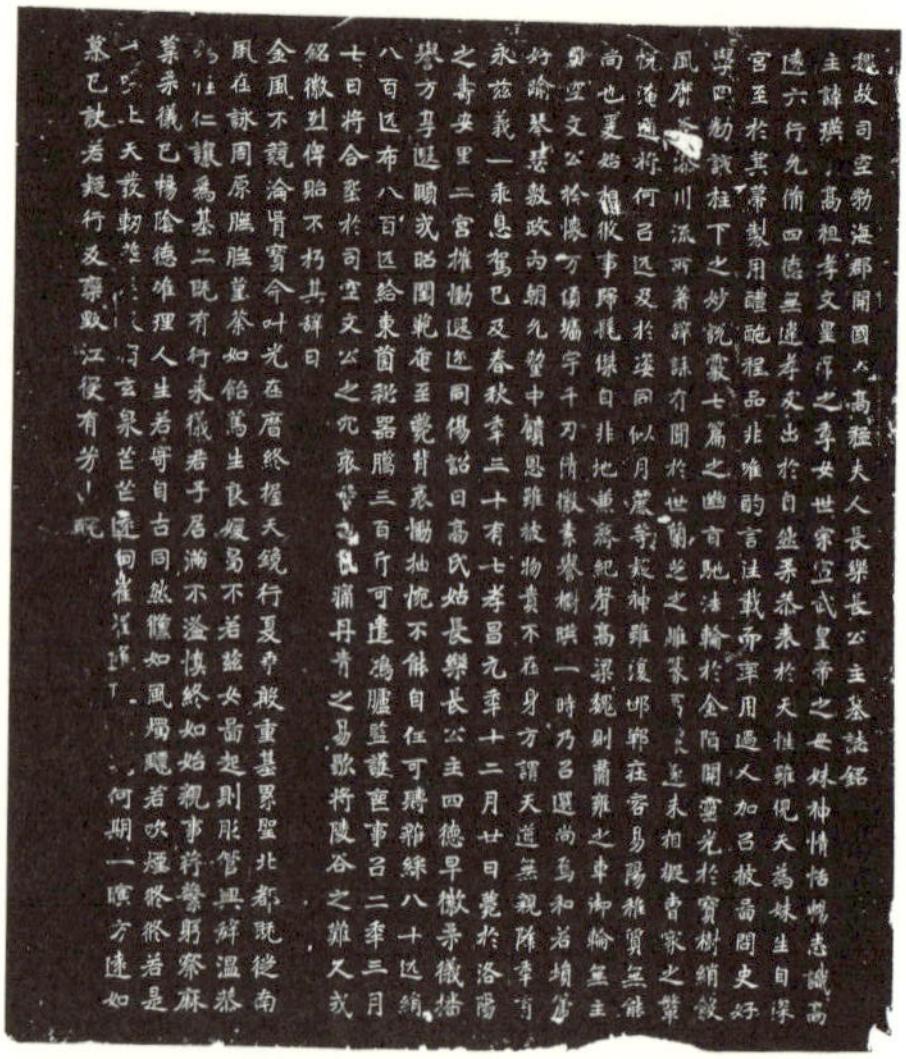

図 29　元瑛墓誌

元懐や元瑛の養育にも参与していたともいえるのである。元恪が生まれてから太和二〇年（四九六）に至るまで、王氏はずっと高照容と彼女の子供たちの世話をしていたのである。この十数年において国家には事件が多く、宮中も平和ではなかったが、太和一四年における馮太后の死は平城宮にとって大地震となり、その後すぐに孝文帝が推し進めた多くの制度改革も宮中生活の各方面に影響したが（例えば新名号や新礼制など）、高照容やその子供たちにとって、また同じく王鍾児にとっては、太平の年月と呼べるものであった。

少なくとも高照容個人の体験からいえば、このような太平の年月は太和二〇年に彼女が新都洛陽に旅立つまでずっと続いていた。遷都の議は正式には太和一七年（四九三）九月に確定し、当時大軍を洛陽に集結させた孝文帝は南斉への進攻を停止して御前会議を開き遷都に同意したのである。一か月後、孝文帝は鄴城から大叔父の安定王拓跋休を派遣し、「官をしたがえて家を代京に迎えさせ、車駕〔孝文帝〕は漳水にて送った」。拓跋休が「家を代京に迎え」たことについて、もし孝文帝の後宮と関係するのであれば、対象となったのは地位が最も高い昭儀馮氏ら少数の人間に限定され、高照容のような一般の貴人は含まれなかったであろう。(7) 太和一八年二月甲辰（四九四年三月二一日）、孝文帝はようやく正式に「天下に詔を下し、遷都の意を述べ」たのであるが、これは正式に外部に向けて遷都の決定を公布したことを意味する。一か月後、孝文帝は平城に帰り、「朝堂に臨み、移る者ととどまる者を処置し」たというが、これこそが正式な大引越しの処置である。年末に孝文帝が洛陽に到着したとき、平城の官署機構とその属官の雑役や百工は既にここに移っていたが、大多数の官僚はまだ出発していなかった。一二月戊申（四九五年一月一九日）、孝文帝は詔を下し「代遷の戸の租賦三年分を免除した」が、これはおおよそ突然の南への引越しに迫られ、多くの損失を被った普通の民衆に対するわずかばかりの補償であろう。

太和一九年八月、「金墉宮が完成した」。金墉宮が竣工した以上、洛陽宮も大体完成していたであろう。このため、『魏書』高祖紀は太和一九年九月庚午（四九五年一〇月八日）に「六宮〔後宮〕及び文武の諸官が尽く洛陽に移った」とする。しかし、これは平城の「六宮及び文武の諸官」が洛陽に到着した時期ではなく、孝文帝が詔書を発布した時期にすぎない。詔書が平城に到着するのを待って、関連する官民は準備を開始し、間もなくして冬季に入り、平城の上下少なくとも一〇万人以上の大引越しが正式に展開されたのである。しかし想像できるのは、たとえ慌ただしく、厳格かつ迅速であったとしても、厳冬の寒さの中で、旅行には都合が悪いことであり、まして老いも若きも財産が巻き添えに遭っていてはなおさらであろう。この中の幾人かが早くに道を通っていたが、六宮は二年目の春を待って出発した可能性が高く、高照容は六宮の一隊とともに行動したに違いない。まさしくこれにより、彼女が黄河以北の汲郡共県（現在の河南省新郷市衛輝県）に到着したのは[8]、太和二〇年のこととなるのである。

『北史』后妃伝は高照容の死について、「后は代から洛陽に行き、汲郡の共県にて暴薨〔急死〕した」という。高照容の墓誌は、「太和二〇年……四更の時刻に、洛宮にて薨去した」という。『北史』は年時を記さず、墓誌によって太和二〇年のことと知ることができるが、遺憾ながら月日の情報は墓誌の残欠によって分からなくなっている。これら二つの最大の差異は死亡した場所についてであり、『北史』は汲郡共県とし、墓誌は洛陽宮としている。墓誌が製作されたのが孝明帝神亀二年（五一九）であり、高照容の死から既に二三～四年経っているため（墓誌は「ここに〔至るまで〕両紀」といっている）、いささか間違っているのは理解できることではあろう。私は高照容の死亡した場所は『北史』にしたがって汲郡共県と見るべきであると考えており、その地は洛陽からは徒歩数日分しか離れていなかったが、高照容には生きて洛陽宮に入る機会はなかったと見ている。墓誌は彼女が死亡した具体的な時間についても記しており、すなわち「四更の時刻」であるが、この情報は重要であり[9]、彼女に対する謀殺が人の寝静まった深夜に発生したことを物語っている。謀殺を実行した人物は洛陽から来たのであり（少なくとも彼の使命は洛陽から発された）、彼は共県にて平城宮の壮大な人馬の隊列を待ち、その後に人々が熟睡していた四更の時刻に野営地に入り、彼の密命を完遂したのである。

このとき元恪は一四歳であり、既に洛陽に到着しており、自身の突然の優待に理解に苦しみつつ、喜んでいた可能性もあるが、一方で自身が宮廷における陰謀の重要な駒となったこと、また自身の母親がこの陰謀における最も主要でありかつ無辜の被害者であることを知らなかった。元恪の弟の元懐はこのときまだ八〜九歳であり、妹の元瑛は七〜八歳であって、ともに母親と一緒にいたであろう。それには信ずるに足る理由があり、それは王鍾児が高照容やその子供たちと一緒に南に移っており、このときまさに汲郡共県の野営地にいたことである。高照容が殺害された後において、王鍾児は最も早く不幸な現場を目撃した人物の一人であったに違いない。彼女が平城宮にて奴隷となってより二七年近くが経ち、幾多の手に汗を握らせるほどのことを経験してきたが、高照容の悲惨な死は彼女にとってうけ入れがたく、また理解しがたいことであったに違いなく、元恪と同じく、彼女もこれが大いなる陰謀の第一歩であることを知らなかったためである。

このとき王鍾児は既に五七歳であり、高照容の死のために悲しんでいたときにあって、彼女は思いつかなかったに違いない、高照容を死に至らしめた陰謀が彼女をも巻き込み、自身を出家に追い込むであろうことを。

注

（1）郭玉堂『洛陽出土石刻時地記』二一一頁参照。

（2）墓誌の拓本図版は洛陽文物工作隊『洛陽出土歴代墓誌輯縄』（中国社会科学出版社、一九九一年）二八頁参照。墓誌釈文や簡単な考証は羅新・葉煒『新出魏晋南北朝墓誌疏証（修訂本）』（中華書局、二〇一六年）八六～八七頁参照。

（3）高琨墓誌の出土状況、墓誌釈文や基本的な研究については、羅新・葉煒『新出魏晋南北朝墓誌疏証（修訂本）』七一～七三頁参照。

（4）楊氏墓誌の釈文については、趙超『漢魏南北朝墓誌彙編（修訂本）』一六九～一七〇頁参照。

（5）陳花容「新見《北魏王曇慈墓誌》考釈」（『書法研究』二〇二〇年第四期、一二四～一三一頁）参照。

（6）元懐墓誌は趙超『漢魏南北朝墓誌彙編（修訂本）』一二七～一二八頁、元瑛墓誌は羅新・葉煒『新出魏晋南北朝墓誌疏証（修訂本）』一一四～一一五頁参照。

（7）『魏書』巻七下 高祖紀下は太和一七年八月に孝文帝が平城から「南伐」に出発したときに、太尉拓跋丕は「上奏して宮人をしたがわせることを要請し」たが、孝文帝により「軍に臨んでは内事を語らない」ことを理由に拒絶されたと述べている。拓跋丕のいう宮人とは、既に冊立されていた皇后馮氏（馮太后の姪）を指すのであろう。孝文帝が彼女の同行を拒絶したのは、複数の要因を考慮したためであり（後述）、その一つが彼女が遷都の議においてマイナス面の役割を演じることを予防するというものである。遷都の議が定まるに及び、孝文帝はようやく人を平城に派遣して彼女を迎え南に連れてきたのである。

（8）平城宮から人員が南に赴く際に汲郡共県を経由したが、南に行く際のルートは霊丘道を経て定州・鄴城に到達して洛陽に方向を転じるというものであり、晋陽を経て南のかた洛陽を目指すというルートではない。

（9）後世民間に一種の謡言があり、「一更人、二更鑼、三更鬼、四更賊、五更鶏」といっている。四更は夜が明ける前、人間の睡眠が最も深いときであり、いわゆる「窃かに狐裘を得て四更に転ず」である。『綴白裘』巻三 雁翎甲の「盗甲」にこのような台詞がある。「しまった、聞いたか、もう四更だ、ここで手を動かさないで、いつやるんだ」。王協如点校『綴白裘』（中華書局、二〇〇五年）一五二頁参照。

第13章　馮家に女《むすめ》有り

馮太后が常太后により抜擢されて文成帝の皇后となったことで、兄の馮熙はすぐに在野の落ちこぼれから雄飛して外家の貴戚となった。当時のような男権の時代においては、常・馮の両家が後宮の女子の立場から興起して権力を掌握したとしても、家族の栄誉については結局男性の構成員に頼らなければならなかった。常氏の盛衰が常英に、馮氏の盛衰が馮熙に見られるように、結局は彼らの子女にあらわれるのである。常英と比べるならば、馮熙の最大の長所は子女が多かったことである。『北史』外戚伝によれば、馮熙は前後定州刺史と洛州刺史に就任し、「他人の子女をとっては奴碑とし、容色の優れた者は寵愛して妾とし、数十人の子女があり、貪縦と呼ばれた」という。馮熙にいったい何人の子供がいたか、今に至るまで正確な数字は出しにくい。研究者は史書や墓誌から八男一女と見たが[1]、当然多くの遺漏はあろうし、新出の墓誌が日に日に増えているのにしたがい、判明する馮熙の子供の数も増加することであろう。

家門の繁栄はもとより男子が多いことによるが、女子が多いことも同じく重要である。馮太后自身の手配のもとで、馮熙の子供たちの婚姻は馮氏一族を北魏の権貴社会に編み込んでいったのであろう。当然最も重要なのは皇室との婚姻であり、男は公主を娶り、女は后妃となるのである。我々はここで馮熙の后妃となった娘に注目したいと思うが——信じがたいことに、彼はなんと四人もの娘を孝文帝の後宮に入れているのである。『北史』外戚伝は、「孝文帝は前後馮熙の三人の娘を後宮に入れており、うち二人は皇后となり、一人は左昭儀となった」という。ここでは馮熙が三人の娘を後宮に入れていることが言及されているが、馮熙の八女である馮季華の墓誌（題記は「魏故楽安王妃馮氏墓誌銘」）は、「長姉は南平王妃となり、二番目・三番目の姉は孝文皇帝の皇后となり、四番目・五番目の姉は孝文皇帝の昭儀となった[2]」といっている。明らかに墓誌の方が信用できるであろう。長女が年齢的にふさわしくないことを除く他は、馮熙の続く四人の娘は皆孝文帝の後宮に入れられているのであり、この事実は、馮太后が固い決心のもとに、次の代における後宮の支配権が馮氏一族の手中から離れるのを許さなかったことを物語っている。

図30　馮季華墓誌

　馮熙の四女と五女は昭儀にまでのぼったが、史書には一切あらわれておらず、その始末や事跡については全く分からなくなっている。皇后となった次女と三女はそれぞれ大いに活躍しており、大きな動静を形作り、ひいては上は皇帝や皇太子に至るまで、下は老いたる宮女王鍾児に至るまでの人物たちの運

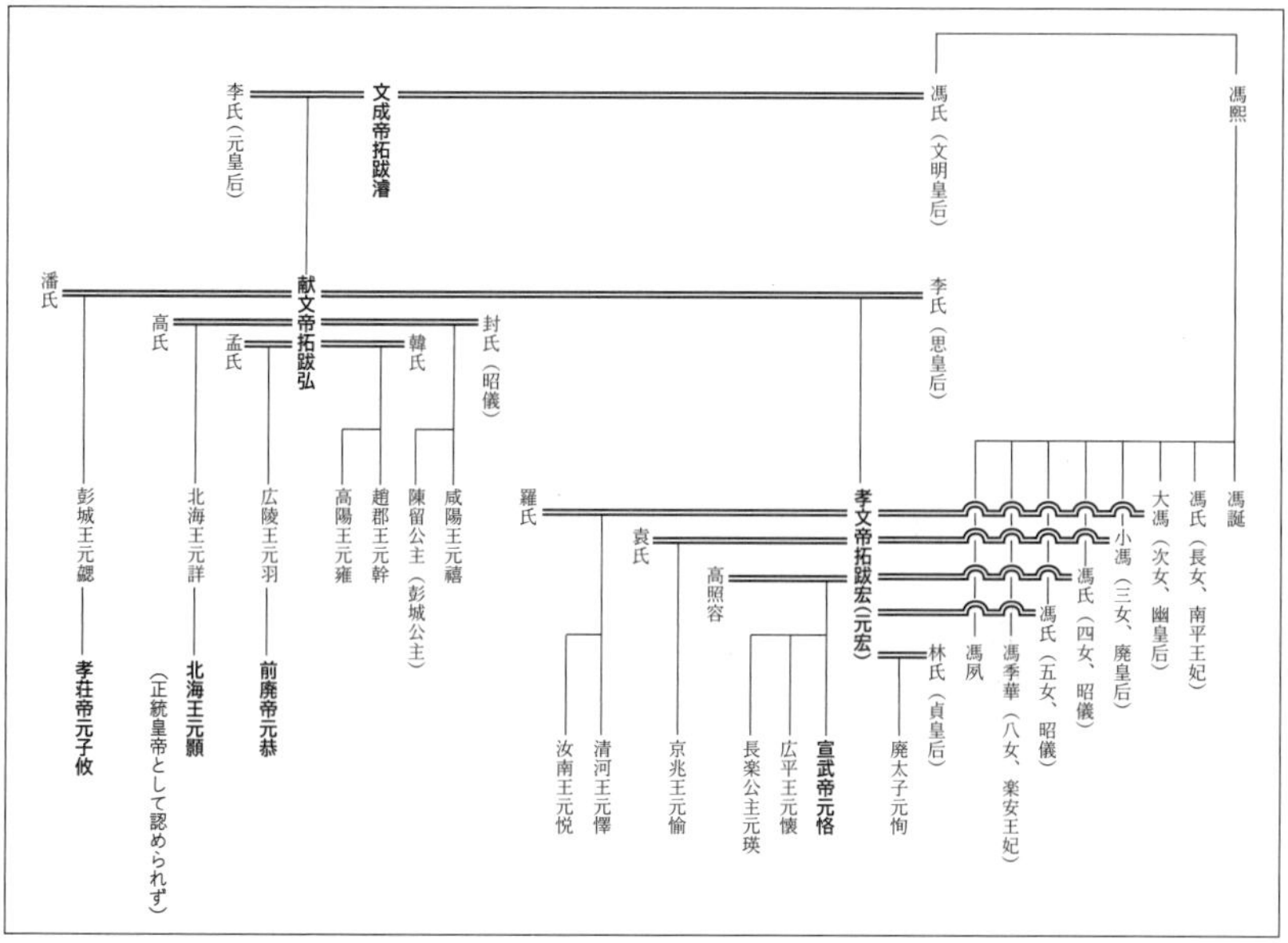

図31　北魏中期皇室系図（ゴシックは皇帝）

命を変えたのである。『南斉書』魏虜伝は、やがて皇后になる馮熙の二人の娘を年齢に基づいてそれぞれ大馮・小馮と呼んでいるが、叙述に非常に便利であるため、我々も以下では同じ称呼を使用しておこう。

大馮・小馮がいつ後宮に入ったか、正確なことは分かりにくい。『北史』后妃伝は、「文明太皇太后は自らの家が代々顕貴で寵信をうけられるようにと思い、馮熙の二人の娘を選び、ともに掖庭に入れ、〔うち一人は〕当時一四歳であった。そのうちの一人は早くに死去した」という。ここにいう「二人の娘」のうち、一人は大馮（一四歳）であるが、もう一人は「早くに死去し」ており、明らかに小馮ではなく、馮季華墓誌に言及される四番目・五番目の姉のうちのどちらかであると思われる。大馮・小馮は母親が異なり、これは馮太后が同時に二人を選び出さなかったことの原因であるかもしれない。私は大馮が後宮に入った時期は太和七年以後であると推測する。その理由は前述の通りであり、孝文帝が結婚適齢期に入った後の太和三年から太和六年にかけて（四七九〜四八二）の時期において、馮太后は突然彼に対して嫌疑・憤怒の感情を生み、一貫して廃黜するか否か躊躇していたのである。この期間においては、馮太后が馮家の娘を彼にあてることはありえないのみならず、彼が他の宮人に近寄ることも許さなかったであろう。孝文帝が一五歳となるに至って、馮太后の心境は初めて定まったのである。まさしくこのために、孝文帝はかつての拓跋君主と比較して、発育が遅れていたのであり、元恂・元恪はともに太和七年に生まれているのである。

孝文帝の長子が生まれるとすぐに、養育権の争奪が宮中における第一の大事となった。馮太后は当然その生母を殺害し、かつ赤子を自身の身辺に置かなければならなかった。このとき馮太后は既に四〇歳を超えており、彼女の計画は自らその曾孫を養うことではなく、「自らの家が代々顕貴で寵信をうけられる」ことを確保し、皇位継承者を馮家の手によって掌握しておくことであった。そのため、元恂が誕生した後に、馮熙の娘を皇宮に入れることは、必要でありかつ切迫したものであったのである。これがすなわち大馮とその妹が宮中に入った背景である。大馮は「なまめかしさがあり、ひとえに愛幸された」が、間もなくして彼女は病にかかり、これは一種の伝染病であったらしく、彼女と一緒に宮中に入った妹もまた病にかかって死亡している。このときの防疫の伝統に基づき、伝染病にかかった者は全て宮中から出し、「太后は家に遣わして尼とし」、太后によって平城宮より速やかに出され、命令によって出家し尼とすることとなったのかもしれない。

二人の娘のうち一人は病に陥りもう一人は死亡し、このことは馮太后の遠大な計画に対して大打撃となったが、しかし彼女は決して気落ちすることがないどころか、かえってすぐに進展させ、馮熙の別の二人の、やや年長の娘を皇宮に招き入れた。なぜ毎回二人ずつの娘を入れているのであろうか。明らかに二人というのは保険の意味を含んでおり、おおよそいずれかが孝文帝の寵愛をうければよいというものであろう。小馮と一緒に宮中に入った妹（馮熙の四番目・五番目の娘のいずれか）が恐らく後に生き残って成長し、すなわち『北史』にいう大馮・小馮以外の昭儀であろう。小馮は年齢の優勢によって、元恂を養育することができ、次第に後宮の新たな主人としての地位を確立していった。小馮は元恂を養育し、母子の名分は既に定まり、外からは二人の実際の状況について理解されておらず、小馮が元恂の生母とまで思われていた。南朝の政府が獲得した情報はまさしくこういっている。「初め、偽太后馮氏の兄である昌黎王馮莎（熙）の二女のうち、大馮は美しいが病にかかって尼となり、小馮は宏の皇后となり、偽太子詢（恂）を産んだ」(3)（『南斉書』魏虜伝）。

　馮太后の晩年において、宮中で最も緊要なことは馮家の娘を皇后に冊立することであったが、大馮が病によって廃され、新たに小馮を定めたため、歳月を長引かせたのである。皇后が定められなければ、元恂も皇太子となることはできない。常太后が権力を掌握して以来、立太子は非常に早くに行われたが、元恂の場合は一一歳になるまで引き延ばされており、その原因は非常に簡単なことで、まず皇后を確立しなければならなかったためである。しかし、馮太后は自ら小馮を皇后に立てるには間に合わず、自身がその前に死去してしまった。太和一四年「九月癸丑（四九〇年一〇月一七日）、太皇太后馮氏は崩じた」(4)。孝文帝は馮太后のために三年の喪に服し、もともと予定されていた皇后・皇太子の冊立などの諸事は、当然ながら中止されることとなり、太和一七年（四九三）の春まで状況はこのままであった。

　孝文帝にせよ、最も影響力を有した朝臣にせよ、皆馮太后に何らかの未完の志があったことを理解していた。『北史』后妃伝は、「太和一七年、孝文帝は喪を終え、太尉元丕らは長秋〔皇后〕がいまだ立てられておらず、六宮に主がいないことから、内位を正す〔皇后を立てる〕ことを要請した。孝文帝はこれにしたがい、后〔小馮〕を皇后に冊立し、恩遇は甚だ厚かった」といい、『魏書』高祖紀は、「（太和一七年）夏四月戊戌（四九三年五月一九日）、皇后馮氏を冊立した」という。小馮が皇后に冊立されてから二か月して、元恂も順調に皇太子に立てられた。全ては馮太后の生前の計画に基づいて進められたのである。注目に値するのは先頭に立って皇后冊立を要請した元丕が、まさに朝廷の重臣の中でも馮太后の意志を代表する人物の一人であることであり、彼は当時禁衛武官の身分で馮太后が発動した反乙渾の政変に関与し、これによってトントン拍子に出世し、馮太后の最も信任厚い朝臣の一人となったのである。馮太后が世を去って後、元丕は進んで馮氏一族の利益を守る責任を負ったようであり、皇后冊立をうながしたのもその一つのあらわれであろう。元丕らが行いたがったのは、孝文帝を監督し、全てを馮太后の生前の設計から逸脱させないことであった。

しかし二つの要素の変化が、馮太后の設計した路線図に対する重大な挑戦となった。一つ目の要素は大馮である。彼女が病によって出家し尼となって以降も、孝文帝は彼女を忘れることはなかった。『北史』后妃伝は、「帝はなおも彼女について懐かしく思っていた」という。馮太后が世を去ったのにしたがい、長らく孝文帝の頭上に覆い被さっていた暗雲は次第に消え去っていき、既に全快した大馮と孝文帝との間には新たな関係が構築された。孝文帝はかつての感情が再び燃え上がり、「しきりにこれを訪問した」のであり、連絡の責任を負ったのは宦官の双三念である。小馮が皇后に、元恂が皇太子にそれぞれ冊立されたとき、大馮も再び孝文帝の身辺に戻ったようである。

もう一つの要素とは孝文帝自身である。孝文帝は親征を開始して以来、多くの制度改革を推し進め、平城において大土木工事を行い、すこしも遷都の願望をあらわさなかった。たとえ馮太后が世を去った後であっても、彼の平城における建設プロジェクトは増えることはあっても減ることはなく、明らかに遷都など考えてはいなかった。太和一七年八月、すなわち小馮が皇后に冊立されてから四か月の後に、孝文帝は突然遷都を思い立ったのであり、このことは研究者が注目してきた事実である。[5]平城における反改革の保守勢力が孝文帝に突然遷都を決定させたというよりは、むしろ孝文帝が平城を遠く離れることでしか、長年にわたって自身の頭上に覆い被さっていた馮太后の影が希薄化することはないと意識したためであろうと思われる。

　これら二つの要素は太和一七年における適切な条件のもとで結合することになり、あわせて相互に刺激し合って、迅速な変化をうながした。太和一七年八月己丑（四九三年九月七日）、孝文帝は「歩騎一〇〇万余り」を率いて平城を離れ、恒山以南の肆州に向かい、いわゆる「并州大道」を通って洛陽に向かった。大軍が平城を離れる前、「太尉丕は宮人をしたがえることを要請した」が、孝文帝は「軍事においては内事を語らない」ためにこれを拒絶した。元丕が要請した「宮人をしたがえる」とは、皇后小馮を伴うことを指し、普通の宮人のことを指したわけではないであろう。元丕のこの要請は、大馮のことを既に聞いており、また小馮の存在をもって孝文帝の遷都を阻ませたがったためであろう。孝文帝は洛陽到着後すぐに双三念を平城に派遣し、大馮を洛陽に向かわせ、一夜を共にした。平城宮にあった制度的な拘束は、かくもたやすく脱することができたのである。『北史』后妃伝によれば、大馮は到着するとすぐに、「以前よりも寵愛され、その夜は他の宮人が呼び出されることはまれであった」といい、完全に孝文帝を我が物としたのである。「後宮にて皇后とな」って半年しか経っていない小馮は、冷遇や屈辱を味わい始めていた。

　二つの要素の結合は、歴史の発展を大きく異なる方向に赴かせ、馮太后の想像の及ぶところではなくなっていた。当然、孝文帝にとっても、馮太后が一心に擁護していた馮氏一族にとっても、この方向は多少なりとも悲劇性を含んでいたのである。

注

（1）盧才全「長楽馮氏与元魏宗室婚姻関係考――以墓誌為中心」（武漢大学中国三至九世紀研究所『魏晋南北朝隋唐史資料』第一四輯、一九九六年、六八～七九頁）参照。

（2）趙超『漢魏南北朝墓誌彙編（修訂本）』二〇六～二〇八頁参照。

（3）『南斉書』巻五七　魏虜伝（一一〇二頁）参照。

（4）『魏書』巻七下　高祖紀下（一九七頁）参照。

（5）大澤陽典「馮后とその時代」（『立命館文学』第一九二号、一九六一年）五四頁、鄭欽仁「北魏中給事（中）稿」（『食貨』第三巻第一期、一九七三年）三〇～三一頁、逯耀東『従平城到洛陽――拓跋魏文化転変的歴程』（東大図書股份有限公司、二〇〇一年、もと聯経出版事業公司、一九七九年）一四九～一五一頁、何徳章「論北魏孝文帝遷都事件」（武漢大学中国三至九世紀研究所『魏晋南北朝隋唐史資料』第一五輯、一九九七年、七二～八三頁、何徳章『魏晋南北朝史叢稿』、商務印書館、二〇一〇年、一～二五頁）参照。

第14章　宮を奪い儲を廃す

孝文帝はおおよそ太和一七年末から一八年初の頃に、再び小馮に会った。太和一七年九月丁丑（四九三年一〇月二五年）に洛陽にて群臣に遷都への同意を迫った後に、孝文帝はしばらく鄴城に駐留し、一〇月乙巳（四九三年一一月二二日）に「安定王休に詔して官をしたがえて家を代京に迎えさせ、車駕〔孝文帝〕は漳水にて送った」。安定王拓跋休らが平城に赴いて「家を代京に迎え」たとは、皇后馮氏の南への移動の迎えを指すであろう。小馮と孝文帝の再会を待っていたときには、大馮はとっくに左昭儀の身分を回復しており、かつ後宮にて寵愛を独占していた。「他の宮人が呼び出されることはまれ」であり、当然これには皇后も含まれていた。『北史』后妃伝は、「昭儀は年長であり、かつ早く宮掖に入っており、もとより厚遇をうけていたことから、后を軽んじて妾の礼にしたがわなかった」と伝える。大馮にとっては、小馮の皇后の位は本来自分のものであると考えていた。彼女は年長でしかも姉であり、後宮に入ったのも先で、皇帝の愛情もより深く、なぜ妾の身分に甘んじなければならないのか、というのが本音であったろう。

太和一八年二月壬寅（四九四年三月一九日）、孝文帝は洛陽を出発して平城に向かった。翌日黄河を渡り、三日目に詔書を発布し、正式に遷都を宣言した。一年前に南に向かった路線と同じく、このときも并州大道を通り、太行陘《たいこうけい》・上党・太原・肆州《ししゅう》を経て、最後には恒山を越え、桑乾河《そうけんが》に入った。閏二月癸亥（四九四年四月九日）に至り、孝文帝一行は恒山の句注陘（雁門関）の南に到着し、そこに皇太子元恂が平城から迎えに来た。元恂の到来や彼の皇帝・皇后に対する朝見は、あるいは大馮に、小馮によって占められた皇后の地位を奪回することについて注意を促したかもしれないが、これに取って代わることはそれほど簡単ではなかった。馮太后が確立した権力掌握モデルに基づくならば、皇后の地位を奪取することは必要なワンステップであるにすぎず、皇位継承者の養育権を壟断し、皇后と皇太后の間に母子関係を樹立するというステップも別に必要となる。このようにして初めて、次代皇帝が即位した後に、皇太后は真に母后としての立場を享受し、あわせてさらに次の皇后と皇位継承者に関与し、また彼らを押さえることができるのである。大馮にとっては、小馮の皇后の地位に取って代わることはそれほど困難ではなかったかもしれないが、真の難題は、彼女が皇太子を養育することの口実を取り逃がしてしまったことである。この時点で皇太子元恂は既に一二歳となっていたが、彼と小馮が母子関係を形成するには少なくとも六〜七年が必要だった。この関係は大馮としてはどうしても取って代わりがたかったのである。

もし取って代わることができなければ、無理矢理押し通すしかない。

続く二年間は、大馮にとっては、「無理矢理押し通す」ことを実施する計画の最も鍵となる時期であった。皇后の地位に取って代わることは、皇帝に皇太子を嫌わせることになり、計画には二つの、関連するものの異なりもする方向があった。宮禁のことは秘密とされ、はかりごとが広くめぐらされ、権力の頂点にいる孝文帝すらその間に陥りながら気づかず、一般の官僚は当然知るはずもなく、陰謀と関係する史料は後世に伝わらないだけではなく、当時においても存在してはいなかったであろう。史書を読む者はたとえ疑問があったとしても、どうしたものかといたずらに叫ぶばかりであった。馮氏が権力を掌握して四〇年、扱ってきた利益集団と権力の網とは内宮・朝堂や都畿・州鎮に浸透していた。しかし、この権力の網は主として現有の局面を維持するものであったが、大馮の目的は現有の局面を改変することにあり、したがって彼女の敵（あるいは障碍といってもよい）は盟友よりもはるかに多かった。ただし、彼女の多くはない盟友の中には最も重要な人物が一人おり、それこそが孝文帝である。孝文帝の目的も馮太后の敷いた権力の網を打破することにあったのであり、この意義において、大馮と孝文帝とは真の盟友であった。この強大で匹敵する者のいない盟友をえて、大馮は後宮を奪い皇太子を廃する計画を順調に実施することができたのである。その細かいことについては正確に知ることは難しいが、結果は逆に明確であった――太和二〇年（四九六）七月（具体的な日付は不詳）に小馮は廃され、一か月後に皇太子元恂は逮捕され、さらに四か月が過ぎた太和二〇年一二月丙寅（四九七年一月二六日）、元恂は正式に廃太子となったのである。

孝文帝にとっては、皇后と皇太子を廃することはともに人倫の巨大な変化であったが、決して等価のことではなく、比較していうならば、皇后を廃することは簡単であったが、皇太子を廃することは困難であった。皇后を廃することは彼女が徳を失ったという輿論と証拠をでっち上げればよかったが、皇太子の場合は皇帝に背反と脅威を感じさせる必要があった。北魏史を研究する者は、多くは正史を信じ、元恂を反改革者と見なし、ひいては保守派の反改革の反乱の陰謀に巻き込まれた（あるいは反改革勢力に利用された）とまで疑っている。元恂が政治的に孝文帝との一致を保つことができず、孝文帝の推し進める様々な、そして激烈な変革に対して感情に抵触することがあり、ひいては密かに平城に出奔することを企図した以上、史書を研究する者が孝文帝の、元恂を廃し最終的にはこれを誅殺するという決定を理解し、あるいは支持するのも無理はなかろう。こうした理解は後に歴史を研究する者の思考回路に符合し、また自然に当時のロジックにも合致するのであり、その設計の優秀さ、実施の正確さがうかがえよう。孝文帝を信じさせ、また後世の研究者も平然と信じたがったのである。

元恂の廃太子と関連する史料は主として『北史』孝文六王伝廃太子庶人恂条である。

〔元〕恂は書学を好まず、体は肥えて大きく、黄河・洛水の暑さを嫌い、常に北方に楽しみを追うことを考えていた。中庶子高道悦はしばしば苦言を呈して諫め、恂は甚だこれを恨み、孝文帝が嵩岳に行幸すると、恂が金墉宮に留守し、牧馬を召し出そうとはかり、軽騎をもって代に出奔し、その手で道悦を禁中にて斬殺した。領軍の元徽は門をおさえて防ぎ、夜は静けさをえた。帝はこれを聞いて驚き、行幸を中止し、汴口に至ったが引き返し、恂を引き立てて罪を数え、咸陽王禧らと自ら杖で恂を打ちつけ、また禧らにさらに一〇〇回以上打たせ、身柄を外に出し、〔恂は〕一か月以上起きなかった。〔恂を〕城西の別館に拘束した。〔孝文帝は〕群臣を清徽堂に引見し、これを廃するか否かを議した。司空・太子太傅穆亮、尚書僕射・少保李沖は、冠を脱ぎ稽首して詫びた。帝は、「古人にこのような言がある、大義 親を滅すと〔大義のために肉親をも犠牲にする、『左伝』隠公四年〕。この小童《こわっぱ》が今日滅びなければ、国家の大禍となるであろう。私がいなくなった後に、永嘉の乱が起こってしまうことが恐ろしい」といった。そこで〔恂を〕廃して庶人とし、これを河陽に置き、衣服や食事を供与したが、飢えや寒さをしのぐ程度のものであった。

「書学を好まず」が既に大いに忌諱を犯しており、さらに「黄河・洛水の暑さを嫌い、常に北方に楽しみを追うことを考えていた」のであるが、一四歳の元恂は遷都に反対する（ついでに孝文帝の一連の変革に反対する）者の中でも最も孝文帝政治の相手となる潜在能力を有する人物であった。さきに引用した『北史』によれば、元恂は高道悦を殺害し平城に逃亡することを計画したが、それは「嵩岳に行幸」していたときであったという。『魏書』高祖紀は孝文帝の嵩高（嵩山）への行幸を太和二〇念八月戊戌（四

図 32　高道悦墓誌

九六年八月三一日）のこととし、半月後の甲寅（九月一六日）に洛陽宮に帰還したとする。高道悦墓誌は、元恂が高道悦を殺害したのは太和二〇年八月一二日（九月五日）とする。

〔高道悦は〕太子中庶子に任命された。儲闈《ちょい》〔皇太子〕を正し、徽音は独り美しかった。しかし河陽が正気を失い、密かに謀反を企て、かつての楚商を継ごうとし、宋劭にならい、剣を抜いて心を吐き、梟鏡《きょうきょう》〔父を食らう獣〕のようになろうとした。君は声を荒げて色をなし、その凶計に抗ったところ、楚の潘崇が羊〔江羋《こうび》〕を宴会でもてなしたはかりごと〔商臣が潘崇の進言にしたがい、宴会の席上で叔母の江羋に失礼な振る舞いをして江羋を激怒させ、これによって追い詰められた商臣に潘崇が王位簒奪を決意させた故事、『左伝』文公元年〕とは異なりながらも、陽原〔源〕頭風の災難〔劉劭を諫めた袁淑が殺害されたことを指す、『宋書』袁淑伝〕と同様のことが起こってしまった。魏の太和二〇年秋八月一二日、三五歳で金墉宮にて暴喪〔突然死去〕した[1]。

墓誌にいう「河陽が正気を失い、密かに謀反を企て」とは、皇太子元恂を指し、彼が「かつての楚商を継ごうとし、宋劭にならい」とあるのは、彼を春秋時代の楚において父〔成王〕を弑した商臣〔穆王〕と劉宋において父〔文帝劉義隆〕を弑した劉劭に擬えたものである。墓誌はまた高道悦が「声を荒げて色をなし、その凶計に抗」ったとするが、高道悦が死んだ原因は彼が元恂の「凶計」を阻止しようとしたためであるとし、いわゆる「凶計」とは、元恂が洛陽を脱出し、「牧馬」を利用して軽騎として平城への逃亡をはかったことである。小馮が廃されて一か月後、孝文帝が洛陽を離れて六日後に、何かが発生し、元恂に、行動しなければならない、洛陽から逃れなければならないという気にさせたに違いない。後掲の『南斉書』魏虜伝からも分かるように、大馮はこのとき孝文帝の行幸に同行しておらず、明らかに彼女にとって洛陽においていっそう重要なことがあったのであり、それは彼女が皇太子を捕らえたことである。

『南斉書』魏虜伝の元恂の廃太子と死亡に関連する記録は、南朝の情報と分析を反映している。

初め、偽太后馮氏の兄である昌黎王馮莎〔熙〕の二女のうち、大馮は美しいが病にかかって尼となり、小馮は宏の皇后となり、偽太子詢〔恂〕を産んだ。后の大馮は病が治り、宏は〔これを〕昭儀とした。宏は初め遷都し、詢はこれに楽しまず、桑乾に帰ろうとした。宏は衣冠を整えてこれに与えたが、詢は密かにこれを裂き、髪をほどいて編み、左衽《さじん》の服〔夷狄の服〕を着た。大馮は寵愛され、日夜詢を誹謗した。宏は鄴城に出て騎射を行い、詢はこれによって叛いて北に帰ろうとし、密かに宮中の御馬三〇〇〇頭を選び、河陰の渚に置いた。皇后はこれを聞き、召して詢を捕らえ、使者を馳せて宏に報告させ、宏は詢を無鼻城に移し、河橋の北二里のところで、ついでこれを殺害し、庶人の礼で葬った。大馮を皇后に冊立し、そのまま偽太子恪を冊立したが、この年は偽の太和二〇年であった。

南朝が獲得した情報は混乱を免れず、時間の筋道もはっきりしておらず、例えばここで元恂を捕縛したとされる皇后は、小馮を指しているようであるが、このとき小馮は既に廃されており、大馮はまだ皇后に冊立されてはいなかった。しかし、「大馮は寵愛され、日夜詢を誹謗した」といっているのは、正確であろう。元恂の捕縛と皇后（大馮）の連絡を一緒にしているのも、正確と見るべきであろう。元恂が孝文帝より賜与された衣冠を「裂」き、「髪をほどいて編み（辮髪に編んだ）」、「左衽の服を着た」とあるのは、ともに北方でえた伝聞であろう（ここは『資治通鑑』が採用している）。しかしこれも北方の皇太子に対する陰謀がいかにして一歩一歩進展し、彼の名誉を破壊するという目的を達したかを反映している。

田余慶氏は馮太后と大馮による「子貴母死」の旧制の利用を考察したときに、元恂の廃太子が遷都や漢化政策に反対するなどといった単純なものではなく、大馮の小馮を廃するための陰謀と関係することを発見しており、「この推測が正しければ、太子恂の廃立事件は早くに目論まれていたことになろう[2]」と述べた。これは鋭い観察である。大馮の陰謀は太和一七年には既に計画が始まっており、太和二〇年にそれが花開き、一つの成果は小馮が廃されたことであり、もう一つの成果は元恂が捕まり、殺害もしくは圧迫されたことであり、孝文帝に彼が一大脅威であると認識させ、孝文帝に自身の長子を廃黜・殺害するよう迫らせたのである。

元恂が殺害された過程には注目に値することが一つあり、それは重要な変化が生ずるごとに、孝文帝と元恂の分離の期間が発生していることである。元恂が洛陽にて高道悦を殺害しかつ北への逃亡をはかったのは、孝文帝の東巡のときのことであり、元恂が河陽にて死を賜ったのは、孝文帝が平城に行幸し、後に長安に西巡するときのことであった。これら全てはこれ以前の二つの時期に目論まれたようである。『北史』は「帝は毎年巡幸し、恂は常に留守を行い、廟祀を取り仕切っていた」というが、ここで「毎年」とあるのは、実のところ一年半だけであった。『魏書』高祖紀によれば、元恂が孝文帝の洛陽行きにしたがったのは、太和一八年一一月己丑（四九四年一二月三一日）である。二二日後、すなわち一二月辛亥（四九五年一月二二日）に、孝文帝は軍を率いて洛陽を離れ、南のかた南斉を攻撃し、半月後（戊辰、二月八日）に懸瓠に到着した。そう、王鍾児が平城に連行される前に生活していたあの懸瓠であり、このときは北魏の南朝に対する用兵の前線基地となっていた。

分離は、太和一八年一二月に孝文帝が洛陽を出発し、二年目の五月庚辰（四九五年六月二〇日）になり「皇太子が平桃城にて朝見（平桃城とは滎陽猇亭《けいようこうてい》である）」するまでのことであり、半年間もの長きにわたった。この半年間に、馮氏一族では二人のキーパーソンが死去している。一人目は馮熙の長子馮誕であり、二人目は馮熙その人である。馮誕は司徒・太子太師として孝文帝の南征に従軍したが、最初から健康問題を抱えていたらしい。北魏軍が懸瓠から南のかた淮河を渡り、淮河に沿って東に向かい、南斉の鍾離城を包囲し、城の外で野営地を設営したが、長らく攻撃しても下せなかった。そこで馮誕の病は重くなり、行軍を継続できなくなった。太和一九年二月辛酉（四九五年四月二日）、孝文帝は馮誕と別れることになり、軍を率いて鍾離から離れ、長江に向かって進軍を続け、五〇里を行ったところで、馮誕が病死したとの知らせをうけ、ここで孝文帝は連日連夜鍾離の野営地に帰り、翌日に軍事行動の終結を宣言し、北へ帰還したのである。『北史』外戚伝によれば、馮誕と孝文帝は同い年であり、幼少期から孝文帝とともに宮中にて成長したのであり、馮熙の子供たちの中でも孝文帝と最も親密で話の合う人物の一人であった。

明らかに、馮誕は大馮が後宮を奪取し皇太子を廃する計画の重大な障碍であったのであり、そのため孝文帝がここにいるときに馮誕の影響力を破壊しておく必要があったのである。

『北史』外戚伝には「一八年、帝は〔皇太子の〕師傅の勧め導く風がないと見なし、誕は自ら悔いて責めた」とある。この記述は、皇太子に不利な輿論が早くとも太和一八年に既に市井に存在していたことを明らかに示しており、太子太師馮誕ですらも孝文帝の譴責を被っていたのであり、馮誕が「自ら悔いて責めた」とあるから、まだかばう力を残していたようである。(3) 馮誕が年末に病がありながら従軍していたとき、大馮はずっと孝文帝の身辺にいて管理し、帷幄の中ではかりごとをめぐらしていた可能性もある。当然、我々は史料に基づくしかないが、馮誕がまさしく病によって死亡したと仮定しても、彼の死亡によって最大の利益を獲得したのは、間違いなく彼自身の妹である左昭儀大馮である。『北史』は馮誕が死去する前、孝文帝と別れたときに、「誕は既に呼吸が短くなり、強いて坐して帝を見、悲しんだが涙が流れず、「夢で太后が来て臣《わたし》を呼びました」といった。帝は嗚咽し、手を取って出、そのまま行った」と伝える。馮誕が馮太后に言及したのは、ある問題について孝文帝に気づかせるためではなかったか。

『魏書』高祖紀は太和一九年三月「戊子〔四九五年四月二九日〕、太師馮熙が薨去した」と記す。二〇〇七年に出土した、孝文帝自ら撰写した馮熙墓誌は、馮熙は太和一九年正月二四日甲午〔四九五年三月六日）に死去したとする。馮煕の訃報はまず平城から洛陽に報告され、続いて洛陽から淮南の前線に伝えられたのであり、三月戊子は孝文帝が洛陽での報告をうけた時期であろう。『北史』外戚伝は、「車駕〔孝文帝〕は淮南におり、留台が上表し、帰還して徐州に至り、そこで哀をあげ、緦服《しふく》〔喪服〕を着用した」という。「留台」とは平城の留守機構であるが、平城の留台の報告はまず洛陽に向かって行われ、ついで洛陽から淮南に伝えられたのである。洛陽の責任者は皇后小馮である。『魏書』皇后伝は孝文帝が手紙を書いて小馮に送り、彼女が父と兄を失ったことに慰めの意をあらわしていたと伝え、「后の父煕、兄誕が薨去し、高祖は書を作って慰め、哀悼の情を述べた」という。これは小馮が皇后の身分でさきに孝文帝に死亡を通知したことによるのであり、孝文帝は返信で慰めたのである。

このとき平城の留台を仕切っていたのは元丕である。『北史』は元丕が「（馮）煕が代都にて薨去したことから、上表によって鑾駕《らんが》〔孝文帝〕に親臨するよう求めた」と述べており、孝文帝が自ら平城に赴き、馮煕の葬儀に参加するよう要求したのである。この背後にどのような政治的情報が暗に含まれているかは明確ではないが、しかし孝文帝の反応から見れば、元丕の要求はある意味罠であったようである。孝文帝は激怒して詔を下して元丕を譴責し、「今洛邑〔洛陽〕は建設が始まり、見れば疲労している人間もいる。建国してから今に及ぶまで、天子の重責を持ちながら伯父の葬式に赴くなどということがあっただろうか。天子は至重、君臣の道は隔たっており、どうして相互に誘引し、君主を不徳に陥れるべきことがあろうか。尚書令・僕以下、これを法官に付して降格させよ(4)」といった。この後に元丕を降格して并州刺史とし、彼を平城という日増しに複雑化する政治環境から引き離したのである。

馮煕は博陵長公主を娶っており、公主はすなわち文成帝の妹であったが、彼よりも早くに死去しており、平城にて葬られた。孝文帝は命令を下して公主の墓を開け、公主と馮煕それぞれの棺を一緒に洛陽に送って葬らせた。このため、彼は皇后と皇太子に平城に向かわせてこの大事を取り仕切らせた。『魏書』高祖紀は孝文帝が平桃城にて皇太子元恂に会い、三日後〔五月癸未、六月二三日〕にともに洛陽に帰還したと伝える。洛陽に帰ってから一一日目〔五月甲午、七月四日〕、孝文帝は太廟にて皇太子のために荘重な冠礼〔元服の儀〕を挙行した。さらに九日が過ぎ〔六月癸卯、七月一三日〕、「皇太子に詔して平城宮に赴かせた」。『北史』外戚伝は、「皇后は代都に至って泣き、太子恂も代に赴いて泣いて弔った」という。二人は同時に北に向かったのであろうか。皇后が先で、太子は後であったのだろうか。

元恂が平城に至ったのは、馮熙の葬儀に赴き、その後に棺を洛陽に持ち帰るためであった。皇后小馮が平城に至ったのも、同じ任務であった。わずかに異なるのは、皇后はさらに「六宮を率いて洛陽に帰る」必要があったことである。当然ながら、皇后と皇太子の二人は必ずしも六宮と同行していたわけではなく、それはそのようにするとかなり遅くなるためである〔貴人高照容と彼女の子供たちの宮人が六宮南遷の隊列の中にいた〕。孝文帝が自ら撰写した馮熙墓誌によれば、馮熙は太和一九年一二月庚申〔四九六年一月二六日〕に「河南洛陽の北芒に葬った」という。『北史』外戚伝によれば、「棺は洛陽の七里澗に至り、帝は縗服《さいふく》を着用してこれを迎え、嘆き悲しんで遺体を拝した。葬儀の日、遺体を送って墓所に臨み、自ら墓誌銘を撰写した」という。洛陽に到着した日と葬儀の日の間にどれほどの間隔があったのかは分からないが、大体のことは確定でき、馮熙と公主の棺が洛陽に到着したのは一二月のうちのことであろう。

このとき孝文帝は元恂を北に派遣し半年間をそこで過ごさせている。この半年間に大馮が何をしていたのか、また小馮と元恂が平城やそこに赴く途上で何に遭遇したかを明らかに示す証拠は何もないが、この半年間は大馮の後宮奪取と廃太子の計画にとっては、十分に鍵となる時期であったに違いない。明らかに彼女は既に手配を済ませていた。史書は孝文帝のこれらの言行に帰しており、多少は大馮の意志によるものもあったろうが、当然既に分からなくなっている。しかしながら、情勢の変化という方向から判断するならば、全ての背後には大馮の影があったと見られる。またこのことは、後世の史家が孝文帝の漢化政策というくつかの激烈な措置と見なされていたことに、大馮の支持があったことを意味している。これらの措置をめぐって発生した政治上の変化が、彼女の後宮奪取と廃太子の計画に有利にはたらいたためである。

どうあっても、太和二〇年春に至り、大馮の計画は最終段階に入ったのであり、障碍は全て取り除かれ、結末が生き生きと描写された。見て分かるレベルの変化としては、第一に小馮が廃されたことであり、第二に（一か月の間隔しかないが）元恂が迫られて出奔したことである。これらはともに重大な政治事件に属し、朝堂の内外で知らない者はなかった。しかしいくつかの同様に重大な変化はそれほど容易には分からなかったのであり、事情を知る者は非常に限られていたのであるが、それこそが第12章末尾で扱った高照容の死である。大馮は人を派遣して元恪の母親高照容を謀殺したのであり、その目的は非常に明確で、元恂廃太子の前に、自身と元恂の後任の間に母子関係を樹立することである。常太后・馮太后以来のこのモデルと、今回のケースで異なるのは元恪が既に一四歳であり、物心つく前の幼児ではなかったということである。大馮にとっては、元恪の年齢はもとより理想的ではないが、それほど多くを顧みている暇もなかったのである。

元恂が捕まってから廃されるまで、四か月以上の間隔があった。ここまで長く引き延ばされたのは、明らかに孝文帝の怒りが抑えがたいものであっても、結局は父子の情があり、かつ影響が大きすぎるために、ずっと躊躇していたためである。なぜ最終的には決心を下したのであろうか。これには平城の反乱未遂と関係がありそうである。

注

（1）趙超『漢魏南北朝墓誌彙編（修訂本）』一四二～一四四頁参照。

（2）田余慶『拓跋史探（修訂本）』四六～四七頁〔前掲田中一輝・王鏗訳『北魏道武帝の憂鬱』八二頁〕参照。

（3）馮誕が責められたことと関連するのが、太和一八年に孝文帝が推進した考課であり、「各々当曹にその優劣を考査し、三等に分けさせた」といい、九月壬午（四九四年一〇月二五日）に「帝は朝堂に臨み、自ら黜陟《ちゅっちょく》〔官僚の成績評定とそれに基づく人事異動〕を加えた」といい、『魏書』高祖紀に見られる。孝文帝による黜陟の具体的な内容は、『魏書』献文六王 広陵王羽伝に部分的に残っている。この黜陟が及ぶ範囲は広く、本書と関係するのは東宮官の大幅な処理であり、例えば任城王澄は太子少保の職を解かれ、太子中庶子游肇と太子中舎人李平はともに中等をえたのみで、その他の東宮官は例えば楽安王詮・馮夙・閭賢保らは、皆職務を解除された。東宮官の大規模な変動は、大馮の皇太子に対する陰謀の一部であったかどうか、なお断言はむずかしい。

（4）『北史』巻一五 魏諸宗室伝（五五五頁）参照。

第15章　元恂の死

『北史』孝文六王伝によれば、太和一九年（四九五）六月に元恂が洛陽から平城に赴く前に、孝文帝は戒めて、「今汝《おまえ》は代に向かうべきではないが、しかし太師が恒山で薨去し、朕《わたし》は皇極の重きにいる以上、軽々しく伯父の葬式に赴くわけにもいかず、汝に伯父のために哀悼し、お前の母の墓を祭拝させるのは、ひとえに子に対する情を写すためである」といったという。孝文帝はことさらに元恂が平城に到着した後に生母である貞皇后林氏を祭拝させたのは、「ひとえに子に対する情を写すため」であることを述べたのである。母后と向かい合い生母を祭拝し、公然と母子の情を表明させたのであるが、これは平城時代の皇帝たちの通例ではなかった。馮太后の生前において孝文帝は「自身を産んだのが誰か知らなかった」というが、馮太后の死後にも孝文帝は依然として「馮氏を奉ること厚きにすぎたが、李氏に対しては薄きにすぎ、その兄弟たちは官として登用されず、朝野の人士はそのために密かに〔これについて〕話題にしていた[1]」。それならば、元恂と皇后が平城に至り馮熙の棺を迎えたとき、なぜ孝文帝は元恂に生母の墓を祭拝し、母子の情を荘重に表明することを求めたのであろうか。考えられるのは、これが元恂に対するある種のヒントであり、彼が自身と皇后の母子関係の他の一面を理解するよう仕向けたということである。もし本当にこうした動機があったならば、孝文帝が早くも太和一九年夏に既に皇后を廃する考えを有していたが、皇太子に対してはもとの通り信任しており、皇后と皇太子の間にある種の断絶を生じるよう期待していたことを物語るであろう。

馮煕が死去したとき、平城の留台における最高の官僚は元丕であり、その次には陸叡《りくえい》がいた。陸叡の姓名を『南斉書』は伏鹿孤賀鹿渾と記す(2)。伏鹿孤は歩六孤《ほりくこ》であり、後に改姓したときに中間の音節〔六〕をとり、陸氏としたのである。賀鹿渾は代人によく見られる名で、高歓の本名の賀六渾も同じ名前であり、異なるのは高歓の歓が賀鹿渾の最後の音節〔渾〕をとったものである一方、陸叡の叡は別からとった雅名であり、本名の賀鹿渾とは無関係であることである。陸叡は若い頃に華北の名族である博陵崔氏から妻を娶り、舅の崔鑒《さいかん》は「親族にこういった」という。「平原王〔陸叡は父陸麗の平原王の爵位を継承していた〕は才能・器量ともに悪くないが、姓名がやたらと長いのは残念だね」。『魏書』陸叡伝は崔鑒のこの台詞の後に、「当時高祖〔孝文帝〕はまだその姓を改めていなかった〔まだ鮮卑姓の漢人風の一字姓への改定命令を下していなかった〕」と説明している。陸氏が歩六孤氏から改めたことは、『魏書』官氏志に見られるが、崔鑒が「残念」に思ったのは陸叡の一族の姓氏だけではなく、彼本人の名前に対してもそうであった。幸いに『南斉書』の記録があり、我々は陸叡の本名が賀鹿渾であったことが確認できるのである。

元丕の官職は太傅・録尚書事であり、陸叡の官職は都督恒肆朔三州諸軍事・恒州刺史・行尚書令であった。馮煕が死去し、元丕と陸叡はともに上奏によって孝文帝に葬儀に赴くよう要請したが、孝文帝の怒りを招いてしまい、元丕は并州刺史となり、太原に転出し、陸叡は恒州刺史に留任したものの、都督恒肆朔三州諸軍事という大軍区の指揮権は解かれたのである。陸叡が都督していた恒・肆・朔の三州は、遷都以前の京畿地区を含んでおり、平城〔恒州〕を中心として、西は旧都盛楽〔朔州〕まで、南は恒山南麓〔肆州〕までであり、政治・軍事両面の重要性は誰の目にも明らかである。孝文帝がこの葬儀参加についての奏請の借りを元丕に返したとはいえ、陸叡に対しては結局疑心があったのであり、間もなくして陸叡が軍権を回復したときも、都督恒朔二州にとどまり、戦略的意義の極めて高い肆州（恒州と并州の間に位置する）は含められなかったのである。平城の主将に平城の南大門を管理させなかったのであり、これは当然意義の深い変化の一つで、後に洛陽の朝廷が苦心して恒州をその他の北辺の州と同等の地位にまで下げたのは（その結果の一つが六鎮の乱であり、恒州は鎮撫や妨害の役割を果たすことができなかった）、陸叡が肆州の軍事指揮権を喪失したことから始まるのである。

しかし注目に値するのは、少なくとも太和二〇年（四九六）以前に、孝文帝が平城の代北におけるある種の中心的地位をなおも保とうとしていたことであり、陸叡が恒・朔二州を都督したのは、彼が平城の駐留軍を指揮したのみならず、少なくとも名義上は盛楽地区の守備軍をも指揮しえたことを意味する。

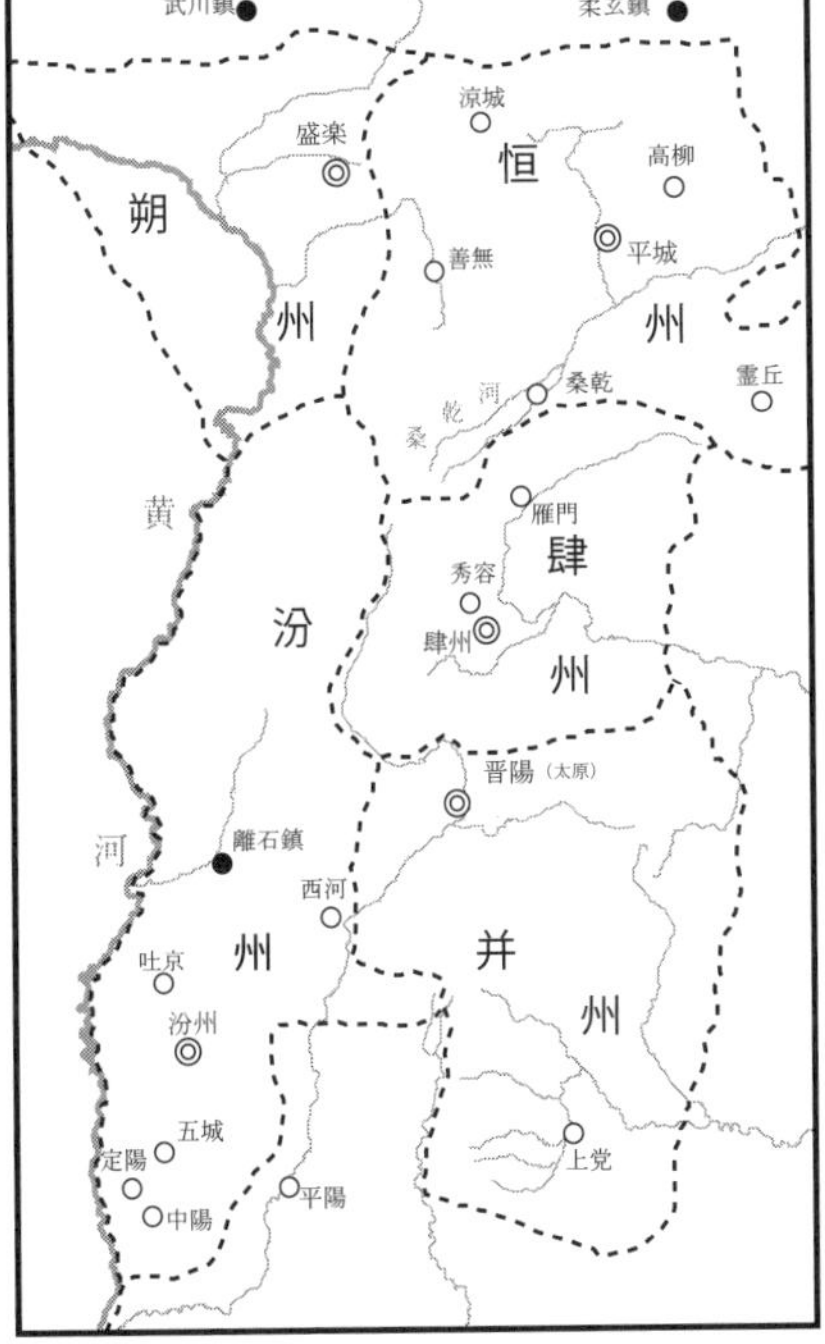

図33　北魏山西地図

このとき盛楽の主官であった朔州刺史陽平王元頤《げんい》（拓跋安寿）は、文成帝の長弟拓跋新成の長子であり、孝文帝の従叔父である。元頤が懐朔鎮の主官をつとめていたとき、孝文帝時代の最も重要な対柔然戦争に従事していた。『魏書』高祖紀は太和一六年八月乙未（四九二年九月一八日）に、「陽平王頤・左僕射陸叡に詔して一二将・七万騎を都督して北のかた蠕蠕を攻撃させた」という。『魏書』陸叡伝は、「陽平王頤とともに都督となり、領軍将軍斛律桓ら北のかた三道の諸軍事を督し、歩騎一〇万で蠕蠕を討伐した」と述べる。北魏軍の北征は柔然の内部に分裂と動乱を引き起こし、江左政権〔南朝〕と比較しても、柔然は二度と大きな国防上の脅威となることはないだろうと孝文帝に信じさせることとなり、これは彼が翌年に遷都を敢行する前提条件となった。この対柔然戦争の規模は巨大であり、三道から並進し、元頤と陸叡は東西二道の主将となり、中道の主将は楊播であった(3)。元頤と陸叡はともに北辺にて軍事に携わった経歴があり、それぞれ旧都に拠り、唇歯の関係に近く、当然特殊な関係であった。

おおよそ元恂が平城から南に帰る前後から間もなく、定州刺史穆泰が孝文帝に報告し、自身は長らく病を抱えており、「土地の温度が高く」、すなわち夏に炎天下となる平原地帯で病が重くなり、そのために平城に帰って恒州刺史を務めることを要請したという。穆泰はかつて馮太后が孝文帝の廃黜を考えていたときに諫言したことがあり、孝文帝も彼に対しては一貫して感激しており、ゆえに穆泰が遷都などの措置に対して満足していなかったことも知っており、また寛容に取り扱い、彼を陸叡と配置換えさせることにも同意したのである。穆泰については『南斉書』の中で「偽の定州刺史馮翊公目隣」と記されているが、目隣は丘目隣の訛誤であり、丘目隣は『魏書』官氏志の丘穆陵（私はアルタイ語によく見られる、鉄の意味の Temür ではないかと推測する）(4)である。穆泰の鮮卑語の姓・名が合わさると、丘穆陵石洛となる。元恂が平城にいたとき、穆泰は既に着任していたに違いないが、陸叡の方はまだ定州に出発してはいなかった。『魏書』穆泰伝は、「(穆) 泰は遷都を願わず、(陸) 叡はまだ出発していないが泰は既に到着しており、そのまま密かに誘惑し合い、反乱を企図した」という。『魏書』陸叡伝は、「叡はまだ出発せず、そのまま泰らとともに反逆をはかった」という。穆泰が着任すると、平城の内外の資源は穆泰でなければ動かすことができなくなっており、そのため彼は自然の成り行きとしてこの「反乱」の首謀者となった。

『北史』景穆十二王伝 陽平王新成附陽平王頤条は、「（元頤は）後に朔州刺史に任命された。恒州刺史穆泰が反乱を企図し、使者を派遣して頤を主に推戴しようとすると、頤は密かに状によって〔孝文帝に〕伝え、泰らは誅殺され、帝はこれを嘉《よみ》した」という。これにより、穆泰は陸叡と謀議し、盛楽の元頤を主に推戴して別に朝廷を立てようとしていたことが分かる。『魏書』穆泰伝は、「……朔州刺史陽平王頤を主に推戴しようとはかったが、頤はしたがわず、ひそかにこのことを上表した」という。『魏書』陸叡伝は孝文帝が李沖と于烈に与えた詔書を掲載しているが、元頤が穆泰からの手紙を洛陽に転送し、「陽平王の忠義が奮って発し、泰の言をえて、かえってすぐに上表し、王人が邪悪を膺懲〔征伐〕し、恒岳の塵をなくすことに成功した」と述べている。孝文帝はさらに数名の謀反人に言及し、「朝廷を誹謗しており、書信の内容は明らかだ」というが、ここでいう朝廷とは、孝文帝自身を指し、「書信の内容は明らかだ」とは、穆泰が元頤に与えた手紙を指すと思われ、その理由はその他の参加者が全員平城におり、諸事の連絡には手紙を通じて行う必要がないことである。

しかし孝文帝の詔書に基づくならば、元頤は穆泰と陸叡にとって第一候補というわけではなかったらしく、孝文帝は穆泰らが「初めは故《もと》の南安王を、次に陽平王を推戴しようとしたが、もし承諾しなければ、楽陵王を推戴するつもりであった」と述べている。故の南安王とは南安王元楨《げんてい》（拓跋乙若伏）(5)を指し、景穆帝の第一一子、文成帝の弟であり、景穆帝の子孫の中で輩行が最も高く、最長老格の一人であった。『魏書』高祖紀によれば、太和一三年（四八九）に元楨は「賄賂に坐して免官されて庶人となった」という。『北史』景穆十二王伝 南安王楨条によれば、元楨は「ほしいままに財貨を貪った」ことにより、「封爵を削除され、庶人の身分で第《やしき》に帰し、修身禁錮〔任官停止〕とした」という。太和一八年（四九四）に孝文帝が平城にて官僚たちと遷都について討論していたとき、元楨は多くの遷都を望まない人々と同様に、遷都への賛成を表明しつつ、この功を借りて、太和一九年末に「本封を復す」ることができた。実際の状況は、太和一九年末は、元楨は皇后小馮や皇太子元恂とともに、洛陽に引越しをして、実際の行動をもって孝文帝を支持しており、孝文帝はこれによってその封爵を復し、数か月後にさらに彼を相州刺史に任命したのである。

孝文帝が元恂を平城に派遣したとき、元楨はまさに庶人の身分で平城に住んでいた。孝文帝はことさらに元恂に平城にて大事を済ませることを命じ、「汝の族祖の南安には、一度聞いておくべきであろう」といった。元恂は平城において、孝文帝の指示通りに元楨を訪問したであろうし、元楨の方もこの訪問から孝文帝の意思を読み取り、自発的に皇后と皇太子の洛陽行きに随行することを求めた可能性もある。しかしながら、穆泰らの謀反が失敗した後の取り調べの結論は、元楨は謀反について知っていたということであった。元楨墓誌によれば、元楨は相州刺史在任中に死去したが、それは太和二〇年八月二日（四九六年八月二六日）のことであり、同年一一月二六日（一二月一六日）に北邙山にて葬られたという。『北史』は元楨の死後に再度爵位を剥奪し、「恒州刺史穆泰の謀反に際し、楨はこれを知っていたが報告せず、薨去したものの、追って封爵を剥奪した」と述べる。これにより、穆泰の謀反発覚は、太和二〇年秋から冬にかけてのことであり、元恂が平城に向かったのとはほぼ一年の差があったことがおおよそ推測される。元楨は穆泰・陸叡らの計画には参与せず、たとえ平城にいたときに穆泰と面会したとしても、それは時間的にごく短かったということになろう。

穆泰・陸叡らが元楨の擁立を選択したことには、おおよそ三つの条件に基づいている。第一に元楨は宗室のキャリアが最も高く（景穆帝諸子の中で唯一の生存者であった）、呼びかけの力が一定程度あったこと、第二に彼が孝文帝より爵位を剥奪され禁錮処分をうけており、恨みの感情があったこと、第三に彼が平城に居住しており、諸事について便利であったことである。元楨が太和一九年初冬にすぐに皇后と皇太子の南遷に随行することを考慮した場合、この前に穆泰は平城に到着し、会見・相談する機会をえる必要があった。元楨は一方では参加を拒絶し、迅速に南遷しながら、一方では孝文帝にそれを告発しなかったのである。彼は穆泰らの計画に反対ではなかったが、自身が危険を冒すことを望まなかっただけなのかもしれない。元楨が平城から洛陽に赴いた後、穆泰・陸叡らは別に陽平王元頤を探し出すしかなくなったが、元頤が密かに彼らについて告発するとは思いもよらなかったであろう。後に孝文帝は任城王元澄を平城に向かわせ、元澄は雁門関に到着した後に治書侍御史李煥に単騎で先発させ、李煥は平城に突入し、迅速に計画中の政変を平定したのである。穆泰は反抗を試みたが、すぐに潰えてしまい、参加者は尽く捕らえられてしまった。

『魏書』と『北史』によれば、穆泰と陸叡が謀反の首謀者であり、積極的に参加したのは宗室の疎属であって、例えば元丕の弟一人と息子二人が重要なメンバーであったという。彼らはなぜかくも危険なことに参加しようとしたのであろうか。基本的には孝文帝の改革、特に爵制改革と遷都に対する不満からであった。『魏書』高祖紀によれば、太和一六年正月乙丑（四九二年二月二一日）、「諸々の遠属の太祖〔道武帝〕の子孫でない者及び異姓で王となっている者を皆公に降格し、公であった者は侯に、侯であった者は伯にそれぞれ降格し、子・男はもとの通りにするが、皆将軍の号を剥奪した」という。例をあげれば、元丕は東陽王から公に降格し、陸叡は平原王から巨鹿郡開国公となり、穆泰は馮翊公から馮翊侯に降格となった。太和一七年（四九三）に遷都の議が洛陽で定まり、翌年に平城にて大議が挙行され、反対する者は多数ではあったが、圧力によって支持を表明せざるをえなくなった。彼らの内心の憤懣は推して知るべきであろう。しかし、統治集団中の多数の人々にとっては、遷都であろうと改革であろうと、利益が明らかに傷つけられる者は結局少数であったのである。よってここからなぜ宗室の近属が公然と反対することがあまりなかったかを説明することができるかもしれない。また、なぜ穆泰らの謀反が李煥の単騎による一撃に耐えられなかったかを説明することも可能である。

反乱をはかった者に対する取り調べは、皇太子元恂はこれを知っていたか、というキーポイントに関係することになろう。もし元楨が平城を離れる前に穆泰らに会っていたならば、元恂も同様に彼らと接触する機会を有していたことになる。『魏書』元丕伝は、「丕父子はおおよそ洛陽遷都を楽しまなかった。高祖が平城に出発すると、太子恂は旧京にとどまり、洛陽に帰還しようとするに及び、隆は超らと密かに恂をとどめ、挙兵して関を断ち、陘北に割拠することをはかった。ときに丕は老齢を理由に并州におり、その初めの計略に関与しなかったが、隆・超はともに丕に告げた。丕は外向きでは成功しないであろうことを考慮し、口ではなしがたいといいながらも、心の中では非常にこれを肯定していた」という。ここでは元丕の息子である元隆・元超が密かに元恂を平城にとどめ、同時に兵を発して雁門関を制圧しようとしていたことが述べられているが、これは太和一九年秋~冬のことであろう。もしこれが穆泰らの計画の中の選択肢の一つであったとするならば、非常に困難な一歩となるのは、孝文帝が肆州を恒・朔軍区から外したことを踏まえても、雁門関の管理権の奪取である。孝文帝が李沖・于烈に与えた詔書は陸叡らが「朕が洛陽に遷都したことから、内心それを不可と考えており、諸王を擁立し、子の恂を誘引したのであり、もしこの通りであれば、これだけではなかっただろう」と言及している。ここでいう「子の恂を誘引した」とは、孝文帝が既に陸叡らが元恂を擁立して自身に対抗する計画を理解していたということである。これは太和二〇年八月に元恂が恒・代に出奔することを計画したことに関係するのであり、少なくとも、元恂と平城はかつて、あるいは一貫して互いに連絡を取り合っていたことがうかがえよう。

依然として元恂本人が平城の謀略について知っていたか否か、あるいは同意していたか否かをこのことが説明できないにもかかわらず、調査結果は孝文帝を深く震撼させたに違いない。元楨墓誌の伝える時間の手がかりから見れば、陸叡・穆泰らの失敗は太和二〇年一一月前後のこととなる。孝文帝が皇太子元恂を廃することを決意したのは太和二〇年一二月丙寅（四九七年一月二六日）であり、この二つの事件は関係するといわざるをえないであろう。一か月後、すなわち太和二一年正月丙申（四九七年二月二五日）に、孝文帝は「皇子恪を皇太子に立てた」[6]。さらに九日が過ぎ、すなわち正月乙巳（四九七年三月六日）に、「車駕は北巡し」、孝文帝は自ら平城に向かい、穆泰らの謀反の後のいくつかの残された問題（主として判決である）を処理したのである。

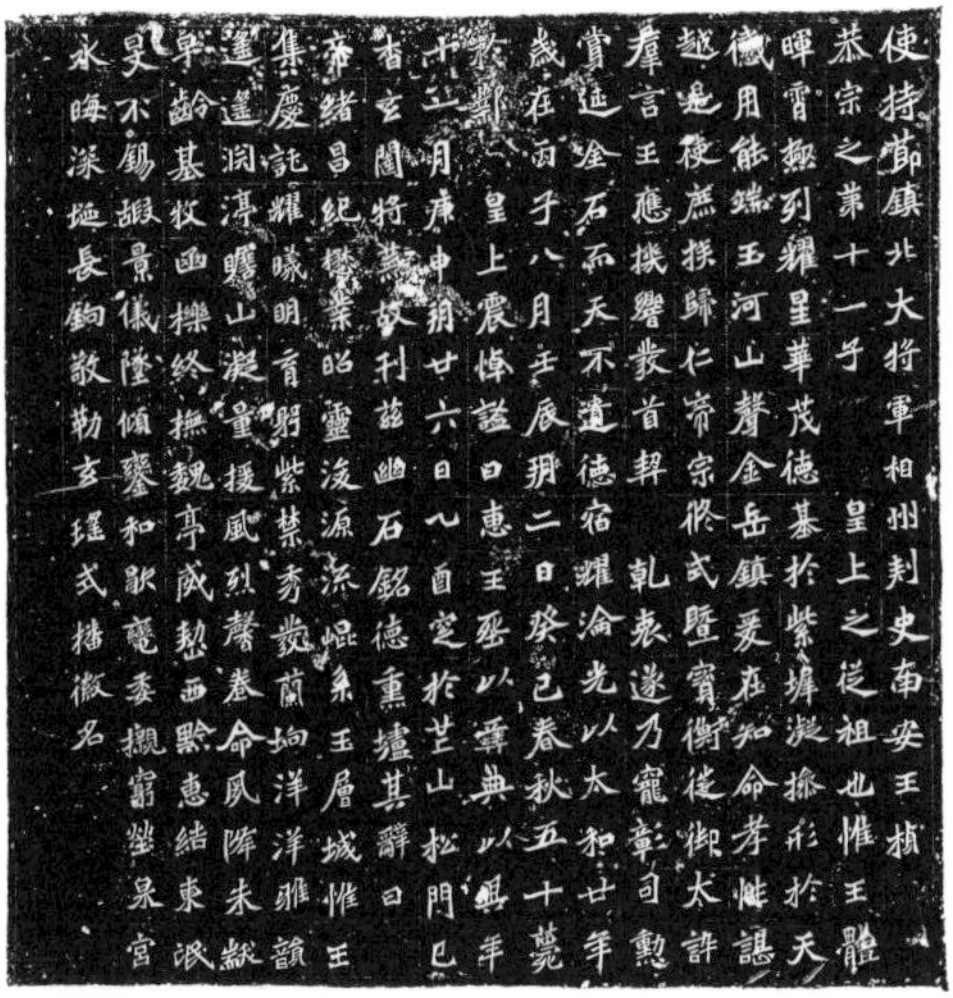

図 34　元楨墓誌

この北巡には半年を費やした。太原を通過したとき、孝文帝は元丕を伴い、彼に平城にて彼の弟と数人の息子に対する取り調べを傍聴させた。平城・雲中（朔州の中心都市である盛楽城）・離石・平陽等の地を巡幸した後、孝文帝は四月に長安に到着した。計画に基づいて、孝文帝は速やかに長安から東に向かい、洛陽に帰還した。しかしまさしく長安にいたときに、孝文帝は御史中尉李彪の密表をうけたのであり、元恂に対する最終的な処理を触発した。

帝は代に行幸し、そのまま長安に行き、中尉李彪は機会をえて密表を行い、恂が再び左右の者と反逆をはかっていると報告した。帝は長安におり、中書侍郎邢巒《けいらん》に咸陽王禧と詔を奉り椒酒をもって河陽に至らせ、恂に死を賜った。ときに一五歳すぎのことであった。粗末な棺と常服で河陽城に葬った。(7)

李彪の密報は明らかにある種の指図から出ており、指図したのは二人と考える他なく、一人は大馮であり、一人は孝文帝本人である。元恂の死は当然大馮の利益に合致していたが、しかしこの肝心なところで孝文帝を欺くのはそれほど容易ではなかった。孝文帝が既に元恂が穆泰らの政変の陰謀に参加していると深く信じていたかもしれず、また彼は廃太子が再び陰謀者の武器となることを望まなかっただけであるかもしれない。またまさしくこのために、一年半後に御史台の属官が、元恂が拘禁されたときに孝文帝に向け「手書で自ら告訴し」たが、中尉李彪と侍御史賈尚は「握りつぶして奏聞しなかった」と告発し、李彪と賈尚が故意に元恂の書信を孝文帝に報告しなかったことを非難したのである。これは当然重罪であったが、孝文手は李彪に対しては深く追究することなくこれを許し、一方で賈尚は「急病により数日して死去した」のであり、これはほとんど口封じのようであった。

孝文帝は平城から南に帰るときには、事件の内容について全面的に把握しており、既に元恂を排除することを決定していた、と考えることはできないであろうか。そのため、長安から洛陽に帰る前に、李彪の密報を通じて、彼は自身の長子を殺害する理由を探し当てていたのである。これは当然ながら孝文帝が社稷の恒久的な利益のために下した痛ましい決定であった。しかし、現在の人間が歴史を読むと、元恂を安易に反改革の保守派と見なしてしまうのであるが、事実上我々は当時そのような政治的派閥が存在していたと見なすことはできないのであり、またさらに重要なのは、元恂がいかなる理由から自身の利益とは明らかに関係のない政治的な反対派に与せねばならなかったのかが説明できないことである。穆泰・陸叡らの政変はたとえ実際に仕組まれていたと信じることができても、陰謀に関与した全ての人物が政治上において完全に一致した立場を有していたと説明することはできないのである。むしろ、こうした謀反集団は失意の貴人たちが不満を漏らし、当時の政治を恨むクラブのようであったといった方がよく、クラブに入る人物は遷都などの変化に満足しなかったが、いかに苦境から脱するかについても一致した意見がなく、そもそも行動をするかどうか、どのように行動するかについてもそれぞれ主張が異なっていた。元恂は小馮が皇后の地位を廃された後に北に出奔することを決意したが、それは「恒・朔に割拠」することを計画したというよりは、洛陽宮の各種の勢力に迫られ、命を守るために逃走したと見た方がよかろう。当然ながら、孝文帝は以後この点を見出すことになるのである。

太和二一年六月庚申（四九七年七月一九日）、孝文帝は洛陽に帰還した。七月甲午（八月二二日）、「昭儀馮氏を立てて皇后とした」。四年近い努力を経て、高照容が殺され、馮熙・馮誕父子があたかもときを同じくするかのように死去した後に、大馮は全面的に皇后・皇太子の廃黜と、新たに皇太子を立て後宮を奪うという、全ての目標を達成したのである。これは彼女の人生における絶頂期であった。

注

（1）『北史』巻八〇 外戚伝（二六八三頁）参照。

（2）『南斉書』巻五七 魏虜伝（一一〇二頁）参照。

（3）楊播墓誌には、「（太和）一六年にまた征虜将軍を加え、北蕃三鎮を都督し、地豆于賊を討伐した。その年の秋、武衛将軍・中道都督を加え、騎兵三万を率い、北のかた鶏鹿塞を出ること五〇〇〇里余り、茹茹〔柔然〕を駆逐して帰還した」とある。趙超『漢魏南北朝墓誌彙編（修訂本）』一一九〜一二一頁参照。

（4）しかし于子軒氏は明確に丘穆陵をTemürとするのには賛同せず、この語はクルムQumulという語と関係があると主張する。

（5）元楨の鮮卑語の本名は乙若伏であり、元挙墓誌に、「曾祖父安恵王楨、字は乙若伏」とある。趙超『漢魏南北朝墓誌彙編（修訂本）』二七八～二七九頁参照。
（6）元恪が皇太子に冊立させた時期について、『魏書』高祖紀は正月丙申とし、『魏書』世宗紀は正月甲午（二月二三日）とする。後の史書は多く高祖紀にしたがっている。
（7）『北史』巻一九 孝文六王伝（七一四頁）参照。

第16章　懸瓠の長夏

大馮の成功は、王鍾児にとって何を意味していたのであろうか。彼女の墓誌は、「太和年間に、出家することを強く求め、そこで宮中に入った」という。ここでいう「太和年間」とは、高照容の死後の太和二〇年（四九六）かあるいは二一年（四九七）であろうが、王鍾児は既に五七～八歳になっていた。大馮が元恪の養育権を接収し、母親の役割を演じていたとき、元恪の生母である高照容はもちろん消えなければならなかったが、長期にわたり高照容に仕え、彼女の子供の養育を助けていた王鍾児も、二度と元恪の世界にとどまることはできなくなった。墓誌は王鍾児が「出家することを強く求め」たというが、実際には、出家を強制された可能性が高い。しかし、彼女が出家したとしても、洛陽宮から離れることはなく、墓誌は「そこで宮中に入った」といっており、依然として宮内で生活していたのである。墓誌は後に彼女が病に陥ったときに「外寺」に移ったというが、それならば皇宮内の尼寺はおよそ「内寺」ともいうべきであろう。比丘尼として、彼女は新たな身分をえたのであり、法名を慈慶とした。我々は以後彼女を慈慶と呼ぶこととしよう。

慈慶がなじみのない比丘尼としての生涯を始めたとき、諸事が思い通りに運んだ皇后大馮はまさしく彼女の絶頂期を享受していた。しかし大馮はきっと予想していなかったに違いない、彼女の輝けるときは自身が望むほど長くは続かず、前後合わせて事実上一年にも満たないということを。

孝文帝の遷都と改革に賛成しなかった人々は多かったであろうが、彼らの中の絶対多数は消極的に抵抗するより他に方法がなく、少数は勇敢にも極端な手段に走ったが、穆泰・陸叡のようにほとんど失敗する運命であった。大馮は皇太子を廃して後宮を奪取する道を歩み、罪をえた人は孝文帝ほど多くはなかったが、彼女は明らかに孝文帝よりもいっそう狙われやすいターゲットであり、かつ彼女が引き起こし、招き寄せ凝集した敵意はいっそう具体的であり、鮮明で切迫していた。個人的な憤懣や敵意はふさわしい時期に社会の網に転化し、ひいては目標がさらに明確な計画的行動に転化した。当然、当時か後世かにかかわらず、巨大な宮廷の陰謀が文書の形で残る可能性は低く、その圏内にいた人物はことの真相を隠し、圏外にいた人物はさっぱり内容を理解できず、史書を書く者は分からないのに筆を進め、史書を読む者は根拠もないのに秘密をうかがい知ろうとするのである。まさしく元恂が孝文帝の信任を失いのちに廃され殺されたという真の過程が既に復元できなくなっているように、大馮の人生の最後の二年をめぐる顛末も相当に奇怪であった。

孝文帝にとって、大馮が皇后に立てられた後は、一年以上の強い緊張状態にあった洛陽宮が遂に安定したのであり、彼は南斉に対する戦争に専念することができるようになった。一か月半の後、すなわち太和二一年八月庚辰（四九七年一〇月七日）に、「車駕（孝文帝）は南討した」。送別のときに、大馮はこれが致命的な別れであることを予想できず、まさしく頂点にいる気分であった彼女は、皇帝と長期間にわたり離れることが陰の敵対者に最大の機会を与えるということに思い当たってはいなかった。一年半後に彼女は再び、そして最後となる皇帝との面会を行ったが、そのときには彼女の悲惨な結末は既に挽回することができなくなっていたのである。

孝文帝は在位の最後の五年間において、その半分以上を南斉との戦争に費やし、南征軍の中に身を置くか、南征の計画を行うかのどちらかであった。彼の目標は非常にはっきりしており、北魏の南部辺境

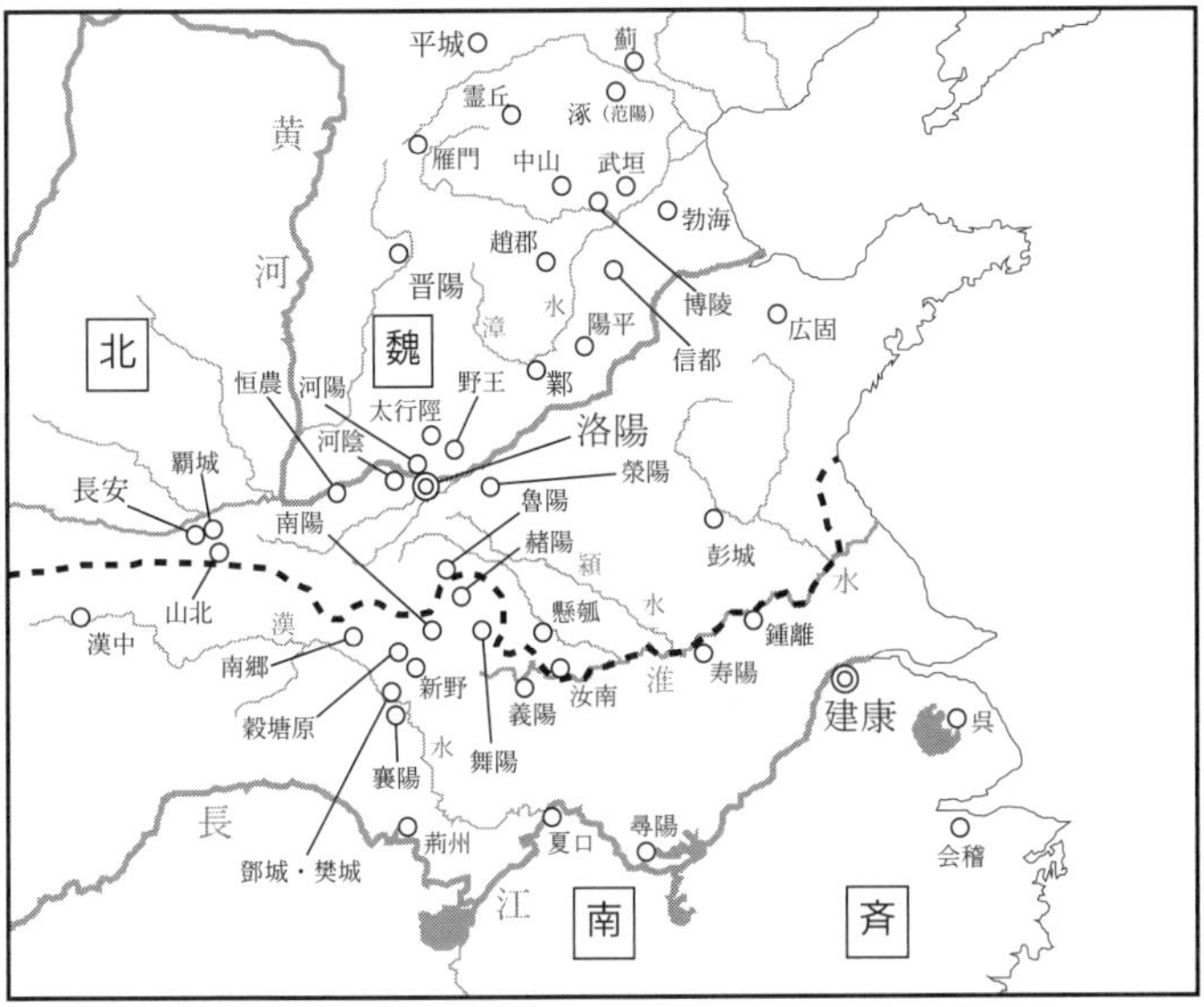

図35　北魏・南斉地図

の大幅な推進であり、南斉の北方辺境を圧迫して南に縮小させ、首都洛陽のためにより安全な戦略的空間を作り出すことにあった。孝文帝の軍事的配置から見れば、彼には三つの主要目標があったようである。第一に、最も近く、洛陽の正南方にあり、南斉に相対していた雍州（襄陽）の重鎮である、南斉の漢水（沔水《べんすい》）以北の南陽盆地の奪取であり、南斉と漢水を隔てて国境としなければならなかった。第二に、北魏の国境を南方の淮河上流の桐柏山・大別山の北麓に推進し、南斉のこの地域における主要な軍鎮である義陽（現在の河南省信陽市）を奪取することである。第三に、南東方向に攻撃して南斉の淮南地域を占領し、南朝の防衛ラインを長江の南岸にまで押し出し、南朝との長江を隔てた対峙を実現することである。これら三つの目標は、三つの戦役を個別に達成しなければならなかった。三つの戦役はそれぞれ沔北戦役・義陽戦役・

淮南戦役と呼んでおこう。歴史の経過から見れば、孝文帝は半年以上を費やして第一の目標を達成し、続いて義陽戦役を発動し、速やかな第二目標の達成を望んでいた。しかし内部対立があり、洛陽宮の動揺が彼に緊急の撤退を迫ったのである。このようにして彼は永遠に第二及び第三目標を達成する機会を失った。

太和二一年九月から二二年（四九八）三月にかけて、北魏の大軍は絶対的な兵力の優勢をもって[1]、南陽盆地のいくつかの南斉の郡県戍城を分割・遮断し、包囲網を築いて攻撃し、新野・赭陽《しゃよう》・舞陽・南郷・南陽（宛城）と鄧城を攻め取り、南斉の沔北五郡は尽く北魏に組み込まれ、南斉軍の守る軍城の中では、漢水にある樊城《はんじょう》だけがじっと残っていた。樊城は漢水により、南は襄陽と連なり、北魏軍にとっては、攻めにくく、また守りにくくもあった。孝文帝は潮時を見て切り上げ、洛陽に距離的に最も近い南斉勢力が基本的に取り除かれたことで満足し、三月庚寅（四九八年四月一五日）に樊城の城下に至り、「襄・沔にて閲兵し、武を輝かせて帰還した」。この後孝文帝は休む間もなく淮水の源に向かい、彼の第二目標を達成させようとした。

注目に値するのは、孝文帝が自ら新野の城下に臨み、大軍を指揮して「長い包囲網を築いてこれを守り」、兵や馬が慌ただしいときに、逆に時間を抽出して大馮がいて初めて関心を持ったであろう事務を処理していることである。太和二一年一〇月乙亥（四九七年一一月一日）、「追って貞皇后を廃して庶人とした」。貞皇后林氏はすなわち元恂の生母であり、馮太后に殺害されてから既に一四年が経っており、四年前に元恂が皇太子に冊立されたことにより皇后と追尊された。元恂が廃され殺されたときには、この空しい名号を備えた皇后について思いを致す人はほぼいなかったであろう。孝文帝は突然この決定を下しており、表面上は「有司」により上報されるという形をとったが、実際には洛陽にいた大馮がこのことを思い出し、あるいは気づかされ、皇后の名号を他人と分かつことを容認できず、そうしてこの報告が孝文帝の面前に出現したのである。孝文帝は追って林氏を廃することを認めたのであり、これにはもちろん礼法上の根拠はあったものの、彼の大馮に対する情義がこのようであったと見て取ることもできよう。しかしその半年後に大きな変化が発生してしまうのである。

沔北戦役がまだ終結していなかったとき、孝文帝は征南将軍王粛に義陽城の包囲攻撃を命じているが、これは第二戦役の開始を示している。孝文帝は樊城の城下で兵を沔上に輝かせ、南に襄陽を望んだ後、すぐに軍を指揮して東進し、王粛が発動したばかりの義陽戦役に参加した。この行軍は異常に速く、半月後、すなわち太和二二年三月癸亥（四九八年五月六日）に、孝文帝は義陽戦役の中で北魏軍の大本営となる懸瓠城に到達した。この懸瓠城は、王鍾児（慈慶）が捕虜となり平城宮に入る前に生活していた、あの汝水上流の軍事的要衝である。

南斉の援軍が次第に到着したことにより、速やかに勝利する機会は既に失われ、孝文帝は懸瓠城に入って二〇日後、四月甲午（五月二五日）に詔を下して「州郡の兵二〇万人を徴発し、八月中旬を期限として懸瓠に集めさせた」。これはおおよそ、北魏軍が相当の兵力を沔北にとどめざるをえず、この他に兵力を動員して義陽戦役に投入するしかなかったためであろう。この動員の各地における人力・物力は、北鎮の高車の部族までも含んでいた。この手配により、各州郡から来た増援軍は八月中旬にようやく懸瓠に到着し、したがって義陽に対する総攻撃は八月末以後になってようやく展開が可能となったが、であれば九月前の四か月は、戦役の計画準備以外にとりたてて大事もなく、孝文帝本人は懸瓠にとどまる必要がなかったのである。しかしながら、孝文帝は三月末から懸瓠に進駐し、諸軍が集まる九月末に突然義陽戦役を停止することを宣言したのであり、彼は意外にも懸瓠城にてまる五か月とどまることになったのである。これは極めて異常である。

一つの可能性として孝文帝の病が突然悪化したことがある。『北史』后妃伝は大馮と宦官高菩薩が姦通し、「帝が汝南において不予となるに及び、后はすなわち公然と醜態をさらしほしいままに振る舞」ったという。これにより、孝文帝の重体化が前にあり、大馮が徳を失う振る舞いをしたことが後にあることがうかがえる。『魏書』術芸伝 徐謇《じょけん》条に、「(太和)二二年、高祖が懸瓠に行幸したところ、その病が重篤化し、そこで早馬で謇を召し、水路で行在所《あんざいしょ》に赴かせ、一日一夜で数百里を行った。到着すると、診察して治療し、果たして大いに効果があった」とある。孝文帝は確かに懸瓠にて病が重くなり、その原因は長期にわたり五石散や各種の丹薬を服用したことであろうが(さらにいえば、北魏皇帝には壮年の病死者が多く、その原因も主としてこれらの服用である)、これにより金丹の調合に長けた侍医(侍御師)徐謇を急いで懸瓠に招いたのである。この混乱は、皇后たる大馮に皇帝の病のことを知らしめたであろう。そのため『北史』后妃伝の叙事の順序は道理があると思われる。しかし、術芸伝 徐謇条は孝文帝が九月に汝水の岸で徐謇に対する感謝の宴において下した詔書を掲載しており、明確に自身が病に陥った時期について述べている。「仲秋に病が生じ、心が苦しんで尽き、精神と体は痩せて弱り、遺詔を作ることも考えた」。孝文帝の病は八月に生じ、三月末に懸瓠に到着してから既に四か月以上が経っていた。このため、孝文帝が長く懸瓠に駐留することとなったのには、別に原因があったことが分かる。

皇帝の不在がかくも長くなったことで、洛陽では騒乱が発生し、表面的に最も深刻であったのは高級官僚の間で発生した衝突である。孝文帝が洛陽にとどめ政務を処理させた(「留台」という)のは主として尚書僕射李沖・任城王元澄と御史中尉李彪の三人の官僚であったが、衝突は李沖と李彪の間で発生した。キャリアや地位からいえば、李彪は李沖に遠く及ばず、また李沖は李彪の最も主要な提携者でもあった。『魏書』李沖伝は、「李彪が入京すると、孤立して支援も少なかったが、自立して群れず、沖が士を好んでいたことから、心を傾けこれに宗付した。沖はまたその器量や学問を重んじ、礼をもってこれを納れ、常にこれを高祖にいい、公私にわたって助け合った」という。李彪は頓丘李氏、李沖は隴西李氏であり、もとより親戚関係にはなかったが、李彪は李沖に対し、「心を傾けこれに宗付し」、すなわち同じ李姓として宗を結して敬ったのである。後に李彪が孝文帝に重用されると、おおよそ李沖に対する「宗敬」は当初のそれに及ぶものではなくなっていた。「彪が中尉・兼尚書となり、高祖の知遇をえると、沖の力に頼ることはないと思い、相互に軽んじ背くようになり、公の場で礼を示すだけで、宗敬の意を示すことは二度となくなった」。『魏書』李彪伝は、「彪はもとより性格が豪快で、沖らとは意見が合わず、声や顔色にあらわしてしまい、へりくだる心はなかった」という。『魏書』のこうした記述に基づくならば、李沖の李彪に対する打撃は個人的な原因によるものであり、国事との関係は大きくはなかったであろう。しかし『魏書』はまた李沖の態度が尋常ではない憤怒であったと伝え、「沖はときに激怒し、しばしば彪の前後の過ちや背信を責め、目をいからせて大声でいい、机を投げて折った。ことごとく御史を逮捕すると、皆頓首して両手を後ろで縛り、恐れることとなく侮辱・痛罵した」という。李沖は一貫して慎重・温和であり、どうして突然性格が変わってしまったのであろうか。実態を見てみると長く蓄積されたものの大爆発であったようである。

私は、李沖のこの大爆発は洛陽において大馮に対してとった一連の行動の一部であり、当然非常に重要な一部であったと考えている。李彪は洛陽における最高司法官であり、洛陽城内外の治安警備の大権を掌握し、宮の内外の各種の秘密活動も彼の視線から免れることは困難であった。まさしくこのために、大馮に対する大規模な行動が起こされるときにおいて、李彪は真っ先に排除されるべきであったのである。かくも要職におり、皇帝の信任を深くうけた人物を、どうすれば排除できるであろうか。唯一の道は留台における三台の馬車に殺し合いを演じさせることである。このときにおいてのみ、李沖と李彪の隠れた矛盾は利用され、増幅され、引火されえたのである。

また忘れてはならないのは、李彪がまさに皇太子元恂が最終的に殺害されるという事態を引き起こした通報者であることであり、彼は「中尉李彪は機会をえて密表を行い、恂が再び左右の者と反逆をはかっていると報告した」のである。李彪の通報が孝文帝の指図によったか否かにかかわらず、彼の行為は彼が大馮の一党であるという印象を決定づけたであろう。またこちらも忘れてはならないが、元恂が皇太子に冊立された後、李沖は一貫して太子少傅をつとめており、ゆえに皇太子が廃されると、李沖は一度ならず二度、二度ならず三度と孝文帝に謝罪せざるをえなかったのである。李沖は元恂が謀殺されたことに察するところがあったに違いないが、しかしどうすることもできず、彼が提携してきた李彪が直接的に元恂の死に加担したことは、当然彼に抑えがたい憤懣を抱かせたことであろう。皇帝不在の洛陽において、李彪の排除を目論む人々は、これらの状況について理解していたに違いない。我々は当然ながら彼らが何者であったかを知ることはできないが、彼らは確かに存在したのであり、また歴史的に見れば、彼らは至るところにおり、非常に強大であったのである。彼らがすべきことは、わずかばかりではあるが李沖と李彪の間隙を拡大し、李沖の烈火の如き怒りに油を注ぎ、彼の爆発を促すことであった。

李沖は元澄と手を結んで李彪に対応し、「その前後の罪過を積み、尚書省にて拘禁し」、孝文帝に上書し、激しく李彪を攻撃し、ひいては自身がこれまで貯めてきた政治的資本を賭けたのである。李沖は上書において暗に「昔は河陰のこと（元恂を誣告したこと）で」と言及しており、結局あえて皇帝を攻撃しなかったのであるが、最後には「もし臣《わたし》が列挙したことが事実であったならば、彪を北方に放逐し、邪《よこしま》で狡猾な人物の乱政を除くのがよいでしょう。もし臣の話に証拠がないのであれば、臣を四方の果てに投じ、青蠅の白黒〔君主に讒言する奸臣のたとえ、『毛詩』小雅青蠅〕を止めるのがよいでしょう」といった。明らかに不倶戴天の決別である。孝文帝は上書を読んで大いに驚き、「留京〔留台〕はどうなっているのか」といった。李沖の面子のために李彪を処罰しなければならないにもかかわらず、なおも余地を残していた。「有司は大辟〔死刑〕に処しようとしたが、高祖〔孝文帝〕はこれに同情し、除名にとどめた」。また、孝文帝は不機嫌に「道固は度を超したというべきだ。僕射もこれで十分だろう」といった。道固は李彪の字であり、僕射は李沖を指し、その意味は両人が慎みを知らず、この混乱を致したというものである。孝文帝のこの不徹底な喧嘩両成敗からは、この事件の重大な政治的意味合いを完全に読み取ることはできない。

李沖と李彪のこの衝突がいつ発生したか、史書には明文がないが、『資治通鑑』は太和二二年三月末と四月初めの間に繋《か》け、二人の衝突の顛末についてはこれによって李沖が病を発して死んだとして叙述しており、衝突は三月末の前に発生したと見ているようである。この見方はあっているであろう。どうあっても、この事件は相当に深刻であり、かつ後に李沖が死去しているにもかかわらず、孝文帝の義陽戦役成就の決心に影響を与えてはいなかった。しかし李彪が除名されたのにしたがい、洛陽宮内外の大馮に対する行動は加速し始めるのである。おおよそ五月〜七月のある日に、ある招かれざる客の到来が、徹底的に孝文帝の計画を改変し、五年来の宮廷政治の方向を逆転させたのである。

具体的な時期は不明であるが[2]、恐らくは夏の、ある雨が降る日のことであった。孝文帝の六妹は、かつての彭城公主であり、このときは陳留公主と改称していたが、官僚の陪席や兵士の警護、車隊の随行もなく、ただ彼女自身の侍婢や家僮総計十数人を伴うだけで、「軽車に乗り、長雨をものともせず」、狼狽しきった様子で、突然懸瓠城下にあらわれた。恐らくは公主の求めによるのであろうが、孝文帝と談話したときには、他人の陪席もなかったという（『魏書』皇后伝によれば、彭城王元勰《げんきょう》は侍医により知ることができたという）。公主が皇帝である兄に報告した内容について、史書は皇后が後宮を汚し乱し、例えば「后は遂に中官の高菩薩と姦通した」、「后はすなわち公然と醜態をさらしほしいままに振る舞い、中常侍双蒙らがその腹心となっていた」などとしか述べていない。当然内容は必ずしもこれらに限らないが、孝文帝を驚かすに十分足るものであった。『北史』后妃伝は、「帝は聞くと驚愕したが、信じることはなく、これを秘匿した」という。孝文帝は聡明さや敏感さ、そして経験の豊富さのため、ことの重大さを理解していた。もし皇后大馮がずっと彼の背後で別の手口を持っていたならば、各数年間にわたり自身が多くの事情から下した判断や措置は、全て間違いであったことになってしまう。その中には自身の長子である元恂も含まれており、父親として顔を向けられることではなかった。続く一定の時間、恐らくは数か月にわたり、孝文帝は懸瓠にいたが、心は洛陽にあり、秘密調査がこれによって行われた。懸瓠にとどまったまま動かなかったのは、調査結果が出る前に、軽挙妄動はできなかったためである。

なぜ陳留公主は大馮に対する行動に参加したのであろうか。

大馮の生母の姓は常といい、常氏は馮熙の二人の子、すなわち大馮とその弟の馮夙《ふうしゅく》を産んだ。大馮は馮夙のために婚姻を画策し、彼に「尚主」、すなわち公主を娶らせることを決意した。このときの孝文帝の妹の中では、陳留公主がそれにうってつけの年頃であった。『北史』后妃伝は、「このとき彭城公主は、宋王劉昶の息子の妻であったが、年少のため独り暮らしであった。北平公馮夙は、后の同母弟であり、后は婚姻を孝文帝に求め、孝文帝はこれを許可した」と述べる。大馮は弟に代わって孝文帝に婚姻を求め、孝文帝はこれを許したのであり、孝文帝が大馮に対して依然として信任しかつ寵愛していたことを物語っている。ところがこの婚姻の当事者である陳留公主（彭城公主）は全く喜んではおらず、

「公主は内心これを願っては」おらず、馮夙その人を気に入ってはいなかったのである。しかし孝文帝が既に婚姻を許可している以上、後宮の主である馮皇后は強制的に実行することができるのであり、公主の抵抗には限界があったのである。まさしく絶体絶命の境地に入るよう迫られたのであり、かつ一刻の猶予も許さない情勢は、陳留公主を皇后大馮との対立局面に向かわせることとなり、速やかに発展する謀略の網の中に入らせたのである。

公主志不願、后欲強之婚、有日矣。公主密与侍婢及僮従十余人、乗軽車、冒霖雨、赴懸瓠、奉謁孝文、自陳本意、因言后与菩薩乱状。帝聞、因駭愕、未之信、而秘匿之。

公主は内心これを願ってはいなかったが、后は無理矢理結婚させようとし、数日が経った。公主は密かに侍婢及び僮従一〇人余りとともに、軽車に乗り、長雨をものともせず、懸瓠に赴き、孝文帝に謁見し、自ら本意を述べ、后と菩薩の乱れた状態についていい立てた。帝は聞くと驚愕したが、信じることはなく、これを秘匿した。(『北史』后妃伝)

前近代の史料にはいかに解読するかという問題が存在しており、句読点のつけ方も難点の一つである。中華書局標点本『魏書』と『北史』はさきに引用した文章の区切りについて、「婚」字の下に続く文章を繋げ、「婚有日矣」としているが、これだと既に成婚し一定期間経っていることになる。もしそうであったとすれば、陳留公主の反抗に何の意味があるというのか。実際には皇后大馮が公主に馮夙と結婚を済ませるよう迫ったのであり、それがすなわち「欲強之婚〔無理矢理結婚させようとし〕」であり、結婚を引き延ばすことができず、公主は深い考えのないまま危険を冒し、ひそかに懸瓠に赴いたのである。

続く陳留公主の婚姻の歴史に関する叙述は、全て最初に劉昶の子である劉承緒に嫁いだこと、後に王粛に嫁いだことをいうのみで、彼女が馮夙に嫁いだことには言及していない。もし公主と馮夙が成婚して数日経った〔有日〕のであれば、たとえ後に離婚しても、彼女が馮家に嫁いだことを婚姻回数のうちに数えておく必要があろう(3)。

陳留公主が懸瓠に来てから、こなさなければならない政務の中でも、優先すべきはもはや義陽戦役の準備ではなく、洛陽宮における秘め事の調査となった。当然ながら、非常に可能性の高い状況としては、彼がこの調査で全てを明らかにするのを人々が希望していたことであろう。

注

（1）『南斉書』魏虜伝には、「(元)宏は当時大挙南進し、偽の咸陽王元禧・彭城王元勰・常侍王元嵩・宝掌王元麗・広陵王元燮・都督大将軍劉昶・王粛・楊大眼・奚康生・長孫稚ら三六軍は、前後相次ぎ、衆は一〇〇万と号した。その諸王の軍は赤い鼓、公侯は緑の鼓、伯子男は黒い鼓であり、皆鼙鼓と号角を有し、笛を吹いて地を沸き立たせた〔吹唇沸地〕」とある。『資治通鑑』はこの文章を簡略化して「衆は一〇〇万と号し、笛を吹いて地を沸き立たせた〔吹唇沸地〕」と記し、このうちの「笛を吹いて地を沸き立たせた〔吹唇沸地〕」は後世詩詞によく用いられるようになった。清末の黄遵憲が八か国連合軍に北京が攻められたとき〔義和団事件〕に作った詩に、「城を圧する雲黒く飢えし鴟《とび》鳴き、皆な唇を吹きて地に声を沸かす」の句がある。『入境廬詩草』巻一〇「七月二十一日外国聯軍入犯京師〔七月二十一日外国聯軍入りて京師を犯す〕」（『黄遵憲集』、中華書局、二〇一九年、二六三頁）参照。

（2）『資治通鑑』はこのことを太和二三年二月に繋《か》け、孝文帝が大馮を最終審査するための原因としたようであるが、時系列の根拠とはできない。陳留公主が懸瓠に至って孝文帝に向けて皇后を密告したのは、前年の夏に発生したと見なければならず、五、六月の間のことであった可能性が高い。

（3）陳留公主に関しては、筆者が以前著した「陳留公主」（『読書』二〇〇五年第二期、羅新『殺人石猜想』、中華書局、二〇一〇年）を参照。

第17章　大馮 夢破る

懸瓠の夏は気温が高い上に雨が大量に降るが、洛陽の情報を集め分析していた孝文帝にとって、常に感じていたのは身にしみるほどの冷たさであったかもしれない。孝文帝が情報を集めたルートは多かったに違いなく、その中には洛陽から来た様々な人物たちとの談話が含まれていた。『魏書』閹官伝劉騰条によれば、太和二二年夏、宦官劉騰はときに中黄門をつとめており、「高祖〔孝文帝〕が懸瓠に滞在すると、騰の使者が行在所に向かい、高祖は宮中のことを問い、騰は具体的に幽皇后の私事をいい、〔それは〕陳留公主の報告した内容と符合した」という。劉騰は大馮を転覆することに関与し、後の出世のために資本を蓄積していた。今回は孝文帝に「幽皇后の私事」を報告したのであり、鍵となる一歩というべきであろう。

『魏書』高祖紀は孝文帝が太和二二年七月壬午（四九八年八月五日）に詔書を発布したと記述する。「朕《わたし》は徳が少ないが、たまたまこの乱の平定に従事し、実に群英に頼り、南夏を清めたのであり、自ら報奨を与えることを約し、偉大な功績を勧める方がよかろう。皇后の私府は、これを半減しよう。六宮の嬪御・五服の男女は、常に供出されるのを憐れみ、これも半減する。軍人の親族は、三分の一を減らすこととする」。詔書の内容は皇室内外の南方の戦争のために「自ら報奨を与えることを約し」、経費節減を行い、その中でも「皇后の私府は、これを半減しよう」とあるのは、明らかに皇后の予算を大々的に削減したことを指している。この措置は表向きは皇后に対するものとはなっていないが、孝文帝の大馮に対する全面的な調査によって結論が出されたという背景からは、一定の狙いがあったといわざるをえない。

『北史』后妃伝に記されている大馮の諸般の悪行は、小さな範囲ではあるがおおよそ孝文帝が継続した調査結果において公にされた内容であろう。

この後（陳留公主の孝文帝との会見の後を指す）后は次第に恐れ、母の常氏とともに巫女を求め、祈祷により孝文帝が病によって復帰できなくなるよう願い、文明太后が幼少の君主を輔政しつつ命令を下したようにし、〔その〕報奨は計り知れないほどであった。また三種の犠牲をとり、宮中にて祆祠を行い、福を求めるといいながら、専ら左道をなした。母の常氏は自ら宮中に入るか、あるいは侍婢を遣わして相互に報答させた。

これらの非難において、孝文帝を恐れ不安にさせたのは、大馮が馮太后の後塵を拝し「幼少の君主を輔政しつつ命令を下」すことであったかもしれない。この非難を生み出した人物は明らかに孝文帝の精神世界における最も暗い部分を理解し、馮太后が孝文帝に残した悪夢の記憶を知っていた。当然、歴史に対する理解と現実に対する観察に符合するため、こうした非難も孝文帝に迅速に把握されえたのである。孝文帝の調査結果からはこれらが大馮のプライベートに関係するだけにとどまらず、過去数年間の大馮が小馮と元恂を倒すために使った諸般の手段にまで関係したことがうかがえるのである。しかし後者の手段に関しては、孝文帝自身が責任を負うか、いたずらに傷心を増やしたといえるかは、史書からは完全に分からなくなっている。全ての調査が再三の陳留公主と劉騰の密告に合致し、ひいてはさらに多くの、焦燥感に苛まれる過去と現在を掲示していたとき、孝文帝の身心は巨大な苦痛をうけた。最終的には、四月に命令を下した二〇万の各地の援軍が続々と懸瓠に到着していたとき、三三歳の孝文帝は遂に病に倒れた。一か月余りの後に彼はこの病について回顧し、次のように描写している。

いったい精神の出所には範囲がなく、天与の姿形には限りがあり、憂愁と歓喜とが適切さから遠ざかれば、理として必ず傷が生まれよう。朕は万機を総覧し、長鍾国運を改め、思考はぼんやりとしつつも怠ることなく、身体を顧みることなく疲労を起こしてしまった。仲秋に病が生じ、心が苦しんで尽き、精神と体は痩せて弱り、遺詔を作ることも考えた。

孝文帝が病に罹った具体的な時期は、既に知る術がないが、八月（仲秋）であるということは分かる。しかし八月辛亥（八月二日、四九八年九月三日）に懸瓠で大事件が発生しており、それは「皇太子が京師〔洛陽〕から来朝した」ことである。皇太子が懸瓠に到着したのは、当然皇帝の呼びつけに応じたためである。洛陽と懸瓠の間に六〇〇里の距離があることから見ると、皇太子元恪を召喚した詔命は、七月に到達したことになり、八月の孝文帝の発病以後より遅いことはありえない。孝文帝は七月の中〜下旬の二か月近くにわたる調査で既に基本的な結論をえており、その後に皇太子と皇后を離れればなれにさせ、さらに皇太子を自身の身辺に置いたのであり、それは非常に優先した措置であった可能性がある。孝文帝が元恪の生母高照容の奇怪な死亡について全く知るところがなかったはずはないが、たとえ大馮の不祥事にとまどっていたとしても、見て見ぬふりをするしかなかったであろう。かつ、大馮は母として元恪を養育したのであるが、これも彼が支持し勧めたことだろう。これはまさに彼の助言によるものであり、元恪は几帳面に大馮に母として接したのであり、大馮は全力で母親の慈愛をあらわしたのである。

『北史』后妃伝は元恪と大馮の関係をこのように描写する。

> 宣武帝が皇太子となると、二日に一回は幽皇后〔大馮〕に朝見し、皇后は慈愛を加えた。孝文帝が出征すると、宣武帝は入朝し、必ず長らく後宮にとどまり、自ら髪を梳《くしけず》り湯浴みするのを見、母道は高く備わっていた。

孝文帝と彼の父親献文帝もともに馮太后とこのような関係にあったが、彼らは乳幼児の時期からこのような関係を開始したのであり、元恪が思春期になって突然母親を失い別の女性に母親として接しなければならなくなったのとは異なる。いったん大馮の別の一面を理解したならば、孝文帝はすぐにこの関係の危険性を意識するようになり、過去について、父親の死と自身がほとんど廃されかけた記憶について、悪夢がよみがえったかのようであった。元恪が懸瓠に召喚されたことは、おおよそこのように理解すべきであろう。このロジックの自然な展開は、孝文帝によって元恂が廃され死亡したことの背後に、かくも多い神秘的な外部の力と入念な根回しがあったことを悟らせたのである。これが巨大な悔恨と苦痛を引き起こさないはずはなかった。孝文帝が抱負を自ら期しまた広く大志を抱いたことで、自身がずっと他人の計画や管理のもとで生活していたことを突然発見したのであり、「人生を疑う」ほどの絶望を引き起こさないことがあるだろうか。「仲秋に病が生じ、心が苦しんで尽き、精神と体は痩せて弱り、遺詔を作ることも考えた」とあるのはこうした背景のもとでのことである。

皇帝の出征には、侍医の随行があるもので、かつ当時の侍医の中で地位が最も高い太医令李脩も孝文帝と一緒にいた可能性がある。李脩と徐謇はともに献文帝が劉宋の淮北四州を奪取したときにおける南方の医学の人材であり、二人とも馮太后が実権を掌握していた時期の平城宮で働き名医となったが、李脩のキャリアは徐謇よりも高く、また馮太后にいっそう信任されていた。『魏書』術芸伝 徐謇条は、「文明太后はときに治療法を問うたが、〔徐謇は〕李脩ほどは信任されなかった。謇は薬剤を調合し、その効き目は李脩よりも精妙であった」という。孝文帝は馮太后の死後にようやく徐謇に注目し、「高祖は後にその能力を知り、洛陽遷都に及び、次第に重用されるようになった。身体は小さく弱かったが、寵愛する馮昭儀に病が生じると、全て〔徐謇に〕治療させた」。本伝のいい方に基づくならば、徐謇がもっとも得意としたのは寿命を延ばす金丹の製造であり、ゆえに孝文帝の彼に対する重用は、主として五石散や金丹の服用の方面であったようである。「謇は高祖のために金丹を調合し、寿命延長の法を致そうとし、そこで嵩山に入って、薬剤を採取したが、長年成功せず、そのままやめてしまった」。孝文帝が重病に陥ったとき、徐謇は嵩山で金丹調合の材料を採取したのであり、そのため後に孝文帝は彼が「太室〔嵩山〕に車で向かい、汝水で治療した」といったのである。

懸瓠の行在所には医術の達人がいるのに、なぜ「そこで早馬で謇を召し、水路で行在所に赴かせ、一日一夜で数百里を行」かなければならなかったのであろうか。当然行在所の医者たちが手をつかねて策がなく、あるいは治療しても効果がなかった可能性はある。しかし弓の音におびえる鳥となっていた孝文帝があえて身近のこうした侍医を信用しなかったのは、李脩も含め、重要な侍医は全て平城時代に馮太后の恩恵を被っていた者たちであり、馮家と様々な形で関係を有していたためという別の可能性もある。徐謇はかつて馮太后に仕えてはいたが、個性的な性格の人物であり、「性格は甚だ奇異で嫉妬心が強く、その意をえない者に仕える場合、王公であっても、治療をしなかった」。このような人物は、主流からは外れがちなものである。まして間近の時期に徐謇はずっと嵩山で薬を採取しており、洛陽宮の各勢力には染まっていなかった。これこそが孝文帝が徐謇を水陸の各路を使って「一日一夜で数百里を行」くほど急いで徐謇を召喚した主たる原因であろう。

徐謇は懸瓠に到着し、「診察して治療すると、果たして大いに効果があり」、孝文帝の病状は好転した。しかし、八月と九月の大部分の時間はこうして過ぎてしまった。孝文帝は身体が弱く、また洛陽宮の大事について気にかけており、どうして戦争を継続しようと考えるであろうか。そこで九月己亥（四九八年一〇月二一日）に詔によって軍を撤退させた。七日後、「車駕（孝文帝）は懸瓠を発し」、大軍が北に向かった。『南斉書』によれば、南斉の明帝蕭鸞《しょうらん》（南斉明帝）が死去し、礼では（敵国の）喪中に攻め込まないことから、孝文帝は五〇日を過ごしてからようやく「礼では喪中に攻め込まない」といったが、これはこの時期に彼自身の病が重くなっていたことによろう。身体が回復して行動できるようになったため、孝文帝は直ちに「礼では喪中に攻め込まない」を口実として軍を撤退させ北に帰還したのである。『南斉書』によれば、南斉の明帝蕭鸞の死は七月己酉（七月三〇日、四九八年九月一日）のことであるという。

孝文帝は義陽戦役のために軍隊を動員したが、沔北の戦場から呼び寄せた数十万の禁軍の精鋭（主力）を除けば、さらに各地から特別に徴発した二〇万人（気勢が盛んなものの弾よけ用の軍隊）がおり、このような局面で、もし解散だといって解散しても、ほとんどうまくいかないであろう。もとより徴発前より懸瓠に来ていた高車の部族兵などは戦争を嫌がっており、袁紇《えんこつ》（韋紇、すなわち唐代の回紇・回鶻《かいこつ》）の部族酋長樹者の指揮によって北に逃げ、北魏のもとの首都である朔州・恒州などの地を脅かした(1)。このとき平城に鎮守していたのは江陽王元継であり、彼は孝文帝に上表し、「高車の頑党は、威憲を知らず、軽々しく集まり、兵役から逃れて帰ってしまいます。その凶悪さをはかりますと、究極のものであり、もし尽く追って殺戮すれば、そのまま擾乱となってしまうことを恐れております」といった。いわゆる高車の反乱とは、実のところ兵役からの逃避にすぎず、緊張というには値しない。しかしこれは孝文帝にとってよい機会を与えることとなり、彼に懸瓠から撤退するときに大軍を一緒に集めておく口実――「北のかた叛虜を伐《う》つ」――を持たせたのである。事実上、孝文帝は従来南征・北征あるいは巡幸の旗印を立てつつ、最も重要な軍事力を自身の身辺に集めた。諸般の不確定な時期においては、このようにして初めて彼に安心感をもたらしたのかもしれない。

「北のかた叛虜を伐つ」以上、孝文帝の行軍ルートは懸瓠からまっすぐ北に向かうものになるはずである。しかしこの行軍はかなり遅く、少しも北伐の様子はなかった。九月丙午（四九八年一〇月二八日）に懸瓠を離れ、一一月辛巳（四九八年一二月二日）に鄴城に到達し、たった九〇〇里を、三五日もかけて進んだのである。この期間に、孝文帝は一貫して病に伏しており、おおよそこれが行軍が遅れた原因の一つであろう。しかしさらに主要な原因は孝文帝が時間をつぶす必要があったことである。彼に北伐の意図はなく、同時にすぐに洛陽に帰還するつもりもなかったが、それは洛陽に帰れば案件を解決しなければならず、その決心を下すのは明らかに容易なことではなかったためである。まさしくこのために、鄴城において孝文帝は徐行を継続し、北進もせず、また戒厳を解くこともせず、数十万人の大軍がこのようにして鄴城の内外に集められたのである。

鄴城で一か月を費やすと、江陽王元継が平城から発した報告をうけ、そこでは高車は既に平定されたと述べられていた。これで時間を無駄に費やす理由もなくなり、一二月甲寅（四九九年一月四日）に、孝文帝は「詔によって軍を撤退させ」、正式に北伐を取り消したのであり、おおよそ各州郡から来た軍隊も解散したのであろう。しかし、孝文帝は依然として洛陽への帰還を急いではおらず、鄴城にてまる一か月もとどまっていた。孝文帝がなおも病を抱えており、身体が全然回復していなかった（事実彼はずっと回復せず、そのまま世を去ることとなる）ことも考えられ、加えて、彼はずっと洛陽宮内外の人事の手配に忙しかったのであるが、他方で決心を下すことにためらっていたのが長く鄴城に駐留していた主要因であろう。

少なくとも、孝文帝は洛陽に帰らないまま新年を迎えることとなり、太和二三年の元旦（四九九年一月二八日）、彼は鄴城にて群臣とともに新年を祝い、病の回復を理由として群臣に「大いに澄鸞殿《ちょうらんでん》にて宴会を」挙行させた。五日（四九九年二月一日）、孝文帝は従容として「西門豹祠に行幸し、そのまま漳水を経て帰還した」。こともあろうにこのとき、沔北の前線からの報告が届き、南斉の大将陳顕達の軍が襄陽に到達し、沔北五郡奪回の戦闘が引き起こされたという。この報告によらずとも、孝文帝は鄴城でいつまで時間をつぶせるかは分からなかったであろうが、沔北をとったことは彼の一生において最大の軍事的勝利であり、この歴史的な栄光は失うべきではなかった。そこで孝文帝は突然進度を早め、正月乙酉（四九九年二月四日）に鄴城を離れ、戊戌（四九九年二月一七日）に洛陽に帰還し、一三日で七〇〇里ほどを進んだのである。

大馮はとっくに皇帝が自身に対して疑念を抱いていることを悟っており、とりわけ皇帝が鄴城に滞在していたとき、彼女の不安と恐れはピークに達した。『魏書』皇后伝は、「高祖は予州から北のかた鄴に行幸し、后は取り調べられると思い、いよいよ恐怖心を抱き、速やかに宦官に〔皇帝の〕起居に参入させ、皆衣裳を賜り、礼儀正しく接し、〔はかりごとを〕漏洩させなかった」という。大馮は繰り返し宦官を鄴城に派遣し皇帝を訪問させ、彼女はこれらの宦官と結託し、彼らが自身の悪口をいわないよう期待したのである。また、彼女は自信と関係のよい宦官である双蒙をさらに派遣して皇帝の態度を観測させたのであり、「双蒙に〔孝文帝の〕心の奥底を見、信じられるか否かを判断させた」という。これらの多数の使命を負った洛陽宮からの使者に対して、孝文帝は接見したが、言葉には真偽の入り交じりが避けられず、相互に手探りをしていた。大馮が派遣したこれらの宦官は使命を汚さず、（たとえ皇帝がそこで暗示し導いたとしても）大馮の悪口をいわなかったが、一つだけ例外があった。「しかし小黄門の蘇興寿だけが密かに含むところを述べ、高祖はその顛末を問い、漏らさないように命じた」。孝文帝が蘇興寿に対して「漏らさないように命じた」ことから見ると、孝文帝の調査は一貫して秘密裡に進行していたようである。

汚北における戦争の影響をうけ、孝文帝は洛陽には一か月半しかとどまらなかった。この一か月半においては多くの政務を処理し、また多くの重要な儀礼に出席してこれを仕切らなければならず、これらは公開の場で挙行され、記録されたであろう。当然ながら、最も重要なことは絶対に公開されず、ひいては記録されなかったであろうが（史書が記すのは往々にして参与した者が事後に回顧するものか社会における伝聞であり、必ずしも信用できない）、それは大馮の罪過を生産し、明確な「判決」を下すことであった。『魏書』皇后伝は、「洛陽に至り、菩薩・双蒙ら六人を捕らえて取り調べ、相互に証言し、情状は備わった」という。最後の時期が到来したのであり（具体的なタイミングは考察できない）、これは一昨年の秋に送別して以降、大馮にとって初めてであり、そして最後となる皇帝との面会であった。なおも病を抱えている孝文帝は、含温室の病床に横たわりながら、捕らえられた高菩薩ら六人が門外に立ち、室の内外には厳重な警備が敷かれ、その後に皇后が呼び寄せられたのである。『北史』后妃伝は「后が入る前に、宦官に着衣を探らせると、斬るための寸刃が少しあった」といい、『魏書』皇后伝は「后が入る前に、着衣を探ると、斬るための寸刃があったと称した」という。文章にやや違いがあるものの、孝文帝の緊張と恐怖はかえってこの文章や行間にあらわれているであろう。こうした緊張と恐怖は、孝文帝の二三～四歳以来のものであり、今またよみがえったのである。

明らかに大馮はいかなる武器も携帯しておらず、そのため室内に入ることを許されたのであるが、孝文帝は依然として彼女に対して極めて警戒しており、彼女を自身から遠く離れたところに座らせた。「后は頓首して泣きながら謝り、そこで坐を東の楹《はしら》に賜与されたが、御筵（天子の御座）から二丈余り離されていた」という。続いて、孝文帝は門外の高菩薩らにすでに自白させた罪状を再び読み上げさせ、その後に大馮を叱責した。『北史』后妃伝は孝文帝の台詞を載せており、「汝《おまえ》は妖術をなしたため、これを告訴する」といったというが、『魏書』皇后伝はこれについて「汝の母が妖術をなしたため、これを告訴する」と記す。大馮はどのように反応したであろうか。彼女は傍らの人々に全員退出させるよう求[2]め、秘密の話を皇帝としたいと述べた（「后は左右をしりぞけるよう乞い、密かに啓《もう》すところがあるといった」）。皇帝は身辺の侍衛を全員退出させたが、最高位の宦官である大長秋卿の白整のみを残し、白整は「直刀を取衛してこれに柱し」、すなわち衛士用の長柄大刀をとり、刀をもって傍らに立っていたという。大馮は白整がいるのを見、あえて話そうとしなかった。孝文帝は細布で白整の耳を塞ぎ、さらに低い声で白整の名を呼び、三回呼んだが、白整は反応せず、彼は本当に聞こえていないと説明した。ここでようやく大馮は話したというが、当然、「ことは隠されていたため、人々は話の中身を知ることはなかった」。

　この神秘的な談話の後、孝文帝は彼の弟である彭城王元勰《げんきょう》と北海王元詳を招き入れた。二人は孝文帝が最も信任し、そして最も能力のある親王であった。前者は一貫して孝文帝に随行しており、軍国の大務の処理を助け、孝文帝の病が重くなったときには日夜病床を離れなかった。後者は洛陽に留守し、孝文帝によって懸瓠に召され、機密を託された後に洛陽に戻っており、孝文帝の洛陽における代理人ともいうべき存在であった。しかし彼ら二人はともに後宮の深い陰険さを知っており、ゆえに「固辞し」、あえて含温室に入ろうとしなかった。孝文帝は彼らに、「以前は汝たちの嫂《あによめ》であったが、今は他人である。嫌がらずに入れ」といった。二人が入ると、孝文帝はすかさず、「この老嫗〔老女〕は白刃をもって私の脇腹を刺そうとした。困難と思うことなく尋問せよ」といった。二人の弟の面前にて（あるいは想像できるのはさらに多くの面前にて）、孝文帝が発した羞恥は怒りとほとんど一様に強烈であり、あるいはそれをさらに超えるほど強烈であった。『魏書』皇后伝は「高祖は深く自ら過失を認め、恥の感情を二王に吐露した」と伝える。

最終的にはどのように処理されたのであろうか。孝文帝はまず一つの原則を定めた。「馮家の娘を二度は廃黜・放逐できない」と。小馮が廃されたことにより、孝文帝は既にその清徳を損なったという自覚があり、一回でも甚だしいというべきことで、二度もあってよいこととは思っていなかった。たとえ自身の名誉のためにはかっただけであるとしても、二度も皇后を廃することはできなかった。さらに前太子元恂をめぐる諸般の冤罪の状況もあり、それを触れて回るのは有害無益であった。孝文帝は二人の弟に向かい、「もし宮中の空しき玉座にあっても、その気があれば自ら死ぬこともできよう。汝たちは私がなおも〔彼女に〕感情を抱いているといってはならぬ」といった。名義上はいかなる処置もなされてはいないか、実際には既に囚人と見なされており、表面上わずかに彼女の皇后としての格式が保たれていただけであった。史書は孝文帝がなぜ大馮を廃さなかったかという問題について次のように説明している。「高祖はもとより至孝であり、なおも文明太后のゆえをもって、廃することをしなかった」。孝文帝の寛大な処置の原因を彼の馮太后に対する「至孝」に帰するのは、恐らくその表を見るだけでその裏を見ていないのであろう。私は、孝文帝は馮太后とその家族に対しては、感謝よりも恐怖が多く、礼にしたがうことが誠意よりも多かったと理解している。大馮を廃さなかったのは、孝文帝が馮太后に対してなおも孝行の心を残していたというよりも、彼が清議〔世論〕に阻まれて、自身の名声を惜しんだためとする方がよかろう。

元勰・元詳が離れた後、孝文帝は「皇后に別れの文言を賜い」、すなわち死して二度と面会することはないことを宣言した。「再拝頓首して、涙を流して泣いた」大馮は宮中に帰った後も、なおも問題の深刻さをはっきり理解していなかったようであり、遂に孝文帝が話を伝えるために派遣してきた宦官に対して怒りをあらわし、「私は天子の婦《つま》であり、対面すべきであろう。なぜ汝がことさらに伝言する必要があるのか」といってしまった。そこで孝文帝は大馮の母親である常氏を宮中に入らせ、木杖をとり

「これを鞭打つこと一〇〇回余りで止めた」。とうとう彼女も情勢がはっきりと理解できるようになり、現実を直視し、二度と皇后としての振る舞いをひけらかすことはなくなった。しかし、皇后に対する処置は公開されてはおらず、これを知る者は限られており、彼女の必要な威儀はなおも維持されなければならず、史書に「〔皇后大馮は〕罪をもって寵愛を失ったが、その他の夫人・嬪妾は彼女にもとのように〔皇后として〕奉侍した」とある通りであった。表面上はなおも皇后であり、基本的な面子も保たれてはいたが、実際には既に監視され始めていた。

　これらの処置が済まないうちに、沔北の戦場から悪い知らせが届いてきた。二月「癸酉〔四九九年三月二四日〕、〔陳〕顕達は馬圏戍を攻め落とした」。『南斉書』陳顕達伝によれば、陳顕達が率いる四万の南斉軍は、馬圏を四〇日間包囲し、城を守る北魏軍は「食糧が尽き、死人の肉や樹皮を喰らい」、城を捨てて逃げるしかなくなっていたという。状況は急を告げており、北魏軍として即座に馬圏を奪回しなければ、沔北の各戍〔砦〕は連鎖的に総崩れになる可能性があった。孝文帝は病を押して再度親征せざるをえなくなり、三月庚辰〔四九九年三月三一日〕に洛陽を出発した。彼が離れたときの手配に基づくと、大馮はなおも皇后としての表面上の威儀を保ってはいたものの、皇太子元恪はかえって大馮との間に完全な断絶を生じており、「世宗〔元恪〕を東宮におき、朝謁のことをなくした」という。元恪はもはや「一日に一回は幽皇后に朝見」することを願わなくなり、彼と大馮の母子関係は正式に終了した。間違いなく元恪にとって、これは洛陽遷都以来初の真にリラックスできる時期であった。

　孝文帝の軍は洛陽から南に向かい、一七日後の三月丁酉〔四月一七日〕に馬圏城下に到着した。しかし、馬圏に到達する一一日前に、「帝は不予に陥り」、孝文帝の病状は突然悪化した。彭城王元勰は懸瓠のときと同様に「内は医薬を準備し、外は軍国のつとめを総べた」。『魏書』献文六王伝　彭城王条によれば、孝文帝は元勰に対して、「病もこの通りだ、私はよくはならないことを深く憂慮している」といい、また「私の病が悪化した、汝はいっそう努力せよ」といったという。今回の親征の開始時には、孝文帝は自身の健康に対して自信がなくなっていた可能性がある。『魏書』景穆十二王伝 任城王条によれば、孝文帝は出征前に元澄に、「朕の疾患は多年にわたり、気力は衰え、もし非常のことがあれば、任城〔元澄〕に大事を託したいと思う。任城は必ず朕にしたがえ」といったという。

北魏軍が南斉軍に大敗したのとほとんど同時に、孝文帝の病状は重くなり、重篤な状態にまで進行した。庚子（四月二〇日）に「車駕は北のかた穀塘原に駐屯し」（穀塘原は現在の河南省鄧州市付近にある）、六日後の四月丙午（四月二六日）、孝文帝は世を去った。『魏書』高祖紀によれば、死の二日前（三月甲辰、四月二四日）に、孝文帝は一連の重大な決定を下した。第一に「詔により皇后馮氏に死を賜る」ことであり、第二に「詔により司徒勰に皇太子を魯陽に徴《め》して践祚《せんそ》〔天子の位を継ぐ〕させる」こと、第三に六大臣を新皇帝の輔政グループとして確立することである。実際には、これはおおよそ御医徐謇らが皇帝が間もなく不治になるであろうと診断した後に元勰らが打ち出した対策であり、臨終の際の孝文帝に認めさせたもので、当然孝文帝がこの処置に同意したか否かを必ずしも意味するものではない。

『北史』后妃伝は上述の第一の決定について詳細に描写しており、孝文帝は元勰に、「後宮は久しく陰徳に乖《そむ》き、自ら天から絶たれたのであり、私の死後に別宮にて自尽させ、后礼で葬り、馮門の大罪を隠せ」といったと記している。臨終の際にどうしてかくもややこしいいい回しをするであろうか。むしろ元勰が事後において説明・隠蔽したといった方がよさそうである。孝文帝は穀塘原にて没したが、敵軍があまり遠く離れていないこともあり、元勰と元澄は喪を発しないことを決め、儀仗・軍容は変えず、孝文帝がなおも生きているかのように見せかけ、北進を続行した。南陽の宛城に到着し、ひっそりと孝文帝の遺体を棺桶に入れ、大車の中におくことで、彼がなおも闘病しているように偽装した。一路北に向かい、一〇日間を進み、遂には魯陽に到達し、洛陽から来奔した皇太子元恪、孝文帝の弟である咸陽王元禧と遭遇した。四月丁巳〔五月七日〕に正式に皇帝の崩御を宣告し、同日元恪が即位した。

孝文帝が死んだばかりで、北魏軍がなおも穀塘原にいたとき、元勰は使者を洛陽に派遣し手紙を皇太子に送り、同時に元禧・元詳らに訃報を知らせた可能性が高い。作業を分担し、元禧は皇太子に同行して南に奔走し、元詳は洛陽に鎮座した。元詳がまずしなければならなかったのは、すなわち孝文帝の遺詔を執行して大馮を死なせることであった。『北史』后妃伝には次のようにある。

北海王詳は遺旨を奉り、長秋卿白整らは入って后に薬を授けた。后は走って叫び、自殺を肯んぜず、「このようなことがあるものか。これは王たちが私を殺そうとしているだけだ」といった。整らは身柄を押さえ、強制的に椒を含ませて死なせた。梓宮〔皇帝の棺〕は洛陽の南にとどまり、咸陽王禧らは死去したことを確認し、互いに見合って「仮に遺詔がなかったとしても、我々兄弟は計略で彼女を排除しただろう。素行不良の婦人に天下を支配させたとして、〔結局〕我々を殺したのではないか」といった。幽皇后と諡《おくりな》し、長陵に葬った。

大馮が皇后となってから「椒を含ませて死」ぬに至るまでは、一年八か月にも満たず、そのうちの半分以上の時間は恐怖の中に身をおいていた。『文選』李善注に引く『文子』には「栄華を有《たも》つ者は、必ず愁悴〔苦悩〕有り」とある。愁悴はかくも迅速に到来し、また想像するのは困難であった。あたかも班固のいう「朝《あした》に栄華となり、夕《ゆうべ》に憔悴し、福《さいわい》は眦《まなじり》に盈《み》たず、禍《わざわい》は世に溢《あふ》る」〔「答賓戯」〕のようである。

注

（1）『北史』高車伝には、「後に孝文は高車の衆を召集し車駕の南伐にしたがわせたが、高車は南伐を願わず、そのまま袁紇樹なる者を推戴し、相率いて北にて反乱を起こし、金陵にて遊撃し、都督宇文福が追討したが、大敗して帰還した」とある。これにより、高車の部族兵は南に向かうルート上で逃亡を決意し、彼らが召集に応じた後はおおよそ朔州（盛楽）以南に行き、そのため逃亡の途上でようやく「金陵にて遊撃」ができたことが分かる。

（2）これらの含温室に守衛していた人物について、『北史』后妃伝は「中常侍」、すなわち宦官としている。『魏書』皇后伝は「中侍」、すなわち内侍とし、その中には宦官や衛士が含まれていた。筆者は『魏書』にしたがうべきであると考えている。

第18章　迹を四禅に投ず

常景は旨を奉じて慈慶（王鍾児）のために墓誌を撰写したが、銘辞の中に「迹を四禅に投じ、誠を六渡に邀《むか》う」という一句があり、これは序文中の「太和年間に、出家することを強く求め、そこで宮中に入った」に対応している。四禅とは、仏教の修行の四禅定《ぜんじょう》・四禅天を指す。六渡はすなわち六度であり、大乗仏法の菩薩行を指し、布施・持戒・忍辱・精進・禅定と般若を含む。王鍾児が出家して尼となったのは太和二〇年（四九六）の、高照容が殺された後のことであったろう。大馮は元恪の感情の帰するところを奪取・壟断しなければならず、彼の生母を殺害するのみならず、さらに彼の感情のよるその人物たちを排除しなければならなかった。このため、高照容との関係が親密であり、元恪の少年時代と比較的多く関係したこれらの人物、特に彼の乳母あるいは保母が、皆彼の新生活に出現しては不都合であった。王鍾児はすなわちこうした背景の中で尼姑となったのであり、法号を慈慶といった。

墓誌によれば、慈慶は出家後に洛陽宮を離れたのではなく、いわゆる「そこで宮中に入った」がそれを示している。このような事例は彼女だけというわけではなく、『洛陽伽藍記』は彼女が最終的に病により移動した昭儀寺を「外寺」と呼んでいるので、これは宮中に別の「内寺」があったことを示している。この内寺は宮中にあったが、宮外の瑶光寺との関係は密接であったに違いない。現存する史料は洛陽宮における出家女性の中の上層の人物が多く瑶光寺にいたことを顕示している。『北史』后妃伝は孝文帝が皇后馮氏（小馮）を廃し、宣武皇后高氏と孝明皇后胡氏が皆瑶光寺で出家したと伝える。しかし『洛陽伽藍記』によれば、瑶光寺は宣武帝時代に建設されたものであるといい、時期は不明であるが、寺院建設の目的は孝文帝の残した宮人の中でも出家を願った者、特に廃皇后小馮のような特殊な貴人を安置するためであったのかもしれない。瑶光寺が落成する前においては、小馮のような出家者は皆洛陽宮の内寺で生活していたはずである。このため、王鍾児の出家が自ら願ったものであるか、それとも強制的に迫られたものであるかにかかわらず、なおも洛陽宮にいた以上、彼女はもと通り比較的慣れた環境の中で過ごしていたことになろう。

しかし出家者となると、理屈の上では二度ともとの世俗社会の一部分となることはできず、生活方式も大きく変化することになる。幾人かの上層の人物にとっては、生活は相対的に苦しいものに変わっていたようである。『魏書』閹官伝は馮翊郡李潤鎮羌出身の王遇（本姓は鉗耳《けんじ》）の故事について語るときに、出家して尼となった小馮について言及している。

廃后馮氏が尼となると、公私にわたり供恤《きょうじゅつ》されることはめったになく、遇は常に奉接しようと思い、往来にはうやうやしく接し、もとの敬いの態度を変えず、衣食や雑物は、常に薦奉した。后は全て受けて謙遜しなかった。また〔后が〕その館に至ると、遇の夫妻は送り迎えを行い、伏してその身辺におり、臣妾の礼をとった。[(1)]

ここにいう小馮が出家後に「公私にわたり供恤されることはめったになく」とは、彼女が適切な配慮をうけられておらず、宮廷方面や彼女自身の親族からの援助がともに限定的であったことを指す。小馮とかつて深い関係を有していた王遇は彼女の身分の変化によって態度を改めることはなく、なおも皇后の礼をもって仕え、もとの如く奉侍し、小馮もまた平然とこれをうけていた。遷都の前後に、王遇は大馮の悪口をいったことにより厳しく処罰され、官を免じ爵を奪われ、「衣冠を没収され、民の身分で私第に帰された」。間違いなく彼はその後洛陽宮内外の大馮に対する一連の動きに関与しており、これにより宣武帝が即位した後において重用されることとなり、「将作大匠を兼任した」。もしかしたら、これは彼が後にも小馮と関係を保っていたことの重要な理由であるかもしれない。

しかしながら、小馮の生活水準が顕著に下降していたとしても、それは彼女が出家して尼になったことではなく、彼女が皇后であったときに廃黜されたことによる。この点を理解することには、角度を変えて思考することが求められる。廃黜された皇后は、もし出家しなければ、彼女の境遇はいくらかよくなっていたであろうか。当然そうはならない。さらにいえば、まさしく出家こそが彼女をしてさらに多くの猜疑や障碍にあうことから免れされつつ、冷たい宮殿にぽつんと座り、基本的な自由すらも失うという事態にまではさせなかったのである。さきの王遇のエピソードからは、小馮が王遇一家と関係を保ち、さらに常々彼の家に訪問できていたことが分かり、彼女が相当の自由を享受していたことを物語っている。本書はさきに「北魏が洛陽に遷都して以降、廃されるかあるいは勢いを失った后妃たちの中には出家して尼になった者が少なからずおり、自ら望んでそうなったか否かはおくとして、仏教が伝播する以前における同様の宮廷女性と比較すると、比丘尼の身分は彼女たちにある程度の自由と生まれ変わりを与えたのであり、少なくともある種の相対的に独立した社会生活を保持することはできた」と述べた。この意味からいえば、中古前期における仏教の東アジア大陸の広汎な伝播は、確かに多くの女性――全ての女性というわけではなく、また当然ながら女性のみにとどまらないにせよ――全く新しい機会と可能性とをもたらしたのである。

たとえ慈慶のような人物でも――あるいは特に慈慶のような人物こそというべきかもしれないが――、

図36　元純陀墓誌

仏教信仰や比丘尼としての生活を一定程度は歓迎したのであり、それらは光や空間・自由をもたらしたのである。仏教はもとより権力に屈服し、権力のために支配の道具を提供するという一面があったが、反面信者のために新たな精神生活と社会生活を提供してもいた。たとえ最も粗いレイヤーにおいてさえも、仏教の教義は慈慶のような信仰者が生命の意義を再考するのを助けることができ、人生の苦難に対してある種の説明を提供し、彼女が受けそして証言してきたこれほど多くの苦難が、彼女が何かを誤ったのではなく、眼前の時間や空間を超越し、深遠かつ神秘的な理由によるものであったと理解させたのである。これは当然ただの精神的な慰めにとどまるものではない。まして、信仰者の社会生活ももとの社会生活の世界やもとの社会関係に対する一種の突破口となっており、その突破は一定程度の自由（あるいは解放ともいう）をもたらしたのである。

以上の主要な観点を説明するために、続いて一つの例をあげておこう。これもまた女性であり、かつ我々が既に見てきた重要人物の妹である。孝文帝が自身の興起に最も頼りとしていた宗室諸王は、彼の弟（特に彭城王元勰）を除けば、彼の叔祖父任城王拓跋雲の長子任城王元澄であった。『魏書』と『北史』にはともに記録されていないが、元澄には元純陀《げんじゅんた》という妹がおり、墓誌が出土したことで初めて現在に知れ渡るようになった。[2] 以下では元純陀のエピソードについて見てみよう。

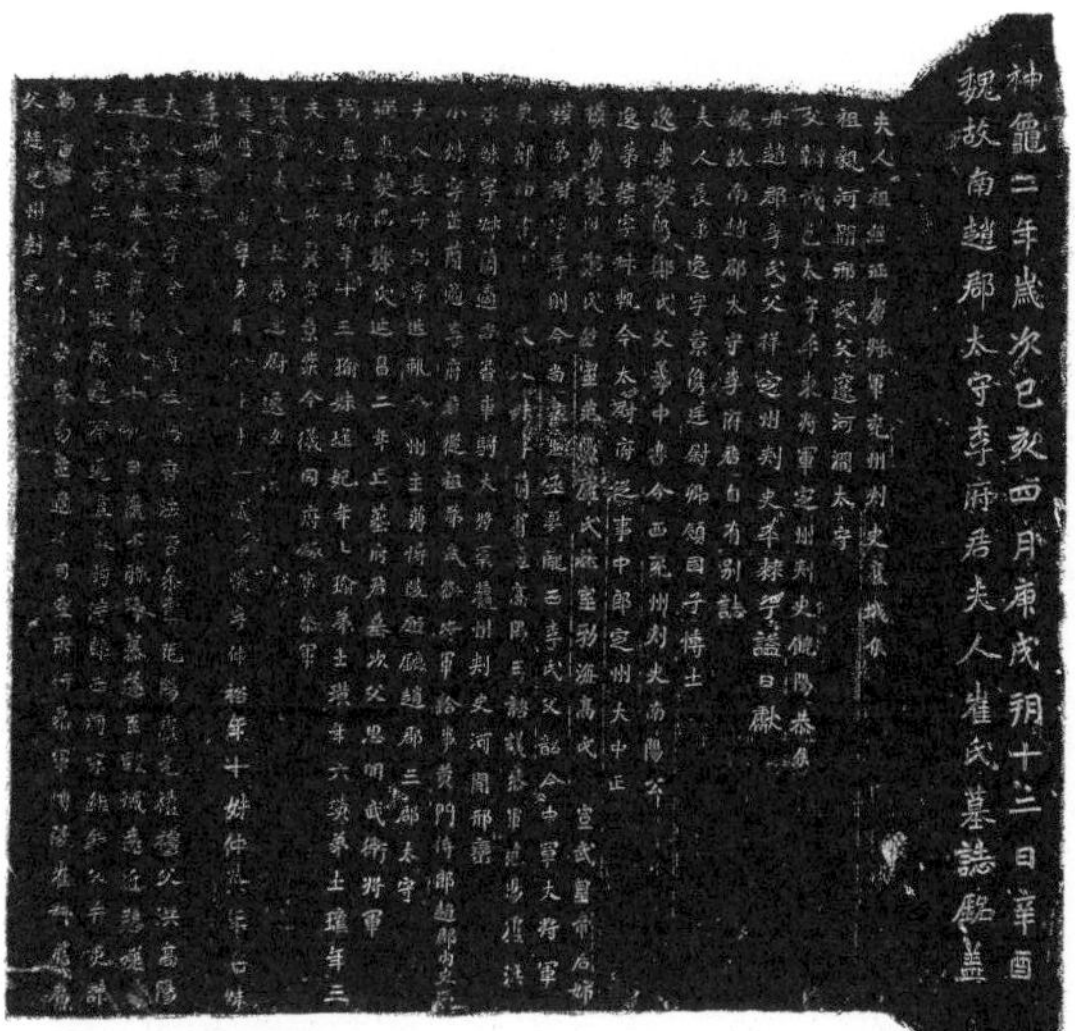

図37　崔賓媛墓誌蓋

元純陀墓誌によれば、彼女は拓跋雲（墓誌は岱雲に作る）の五女であったという。誌題には「魏故車騎大将軍平舒文定邢公継夫人大覚寺比丘元尼墓誌銘并序」とあり、「車騎大将軍平舒文定邢公」は邢巒《けいらん》を指す。墓誌によれば、拓跋雲が死去したとき純陀は七歳であったといい、するとその生年は孝文帝の延興五年（四七五）となる。墓誌には「初笄の年（一五歳）、穆氏に嫁ぐ」とあり、ならば彼女の初婚は太和一三年（四八九）となる。夫が死去した後、「兄の太傅文宣王（元澄）は義に違《たが》い情を奪い」、邢巒と再婚させた。純陀の最初の婚姻は一女をもうけただけで、子息はいなかったようであり、ゆえに元澄は彼女のために二度目の婚姻を手配したのである。

元純陀は邢巒の第二夫人であり（誌題にいう「継夫人」）、邢巒も元純陀にとっては第二の夫であった。邢巒はまず博陵の崔辯の三女崔淑蘭を娶って

図 38　崔賓媛墓誌

おり、それは崔賓媛墓誌の誌蓋から分かる[3]。崔淑蘭は邢巒のために一子邢遜を産んだが、生まれて間もなく彼女は亡くなってしまった。邢巒はすぐに続いて任城王元澄の妹元純陀を娶ったが、この婚姻関係は史籍にはあらわれず、邢巒と元純陀の二人それぞれの墓誌にのみ見られる[4]。孝文帝と宣武帝の時代において元澄の名は高く権は重く、これは邢巒が一人で仕事をうけもつにあたって大きな援助となる可能性が高かった。邢巒は『魏書』に長編の伝記があるが、邢巒の妻元純陀の事跡は墓誌に依拠しなければほとんどうかがい知ることはできない。

『魏書』によれば、邢巒（四六四〜五一四）の字は洪賓、[5]河間鄚県《ばくけん》の人であり、純陀よりも一一歳年長であった。邢巒はまず博陵の崔辯の三女崔淑蘭、すなわち崔賓媛の二妹を娶った。崔淑蘭は邢遜を産んだが間もなくして世を去り、元純陀はすぐに邢巒と結婚した。元純陀墓誌には「（邢遜は）幼いときから強く、母徳をもって与えられ、慈恩をもって養育され、母からの教えは厚く備わり、大義や深い恵みは、自身に由来するものよりも盛んであった」とあり、純陀が邢遜の養育に関与していたことが強調されている。邢遜は「武定四年（五四六）に卒し、年五六であった」というから、その生年は孝文帝の太和一五年（四九一）となる。このときは純陀が穆氏と最初に結婚してから二年ばかりであり、彼女の最初の夫である穆氏は結婚後間もなくして死去したことがうかがえる。純陀が再婚するとき、幼少の子女を穆家にとどめ、自身は邢家に行って同様に幼かった邢遜を育てたのである。

邢巒と元純陀は平城で結婚し、洛陽遷都後は洛陽城東壁内の永和里に新居を建設し、それは相当に華美であり壮観であったという。『洛陽伽藍記』巻一城内修梵寺条には次のように書かれている。

寺の北には永和里があり、漢の太師董卓の邸宅である。里の南北にはともに池があり、これらは卓が作ったもので、今も水をたたえており、冬も夏も尽きることはない。里の中には太傅録尚書事長孫稚《ちょうそんち》・尚書右僕射郭祚《かくそ》・吏部尚書邢巒・廷尉卿元洪超・衛尉卿許伯桃・涼州刺史尉成興《うつせいきょう》らの六つの邸宅があり、全て門が高く家屋は豪華、斎館は壮麗で、楸《ひさぎ》や槐《えんじゅ》は道を覆い、桐や楊《やなぎ》は交じって植えられ、当世ではこれを貴里と名づけた。[6]

孝文帝さえもが邢巒の池の特殊な風格には注目していた。『魏書』は孝文帝が薬を服用し（孝文帝は長期にわたり散薬を服用しており、彼の死因であった可能性が高い）、朝早くに洛陽城里に出かけ、司空府の南に到着し、邢巒の邸宅を見た。彼は特に人を派遣して邢巒にこういわせた。「朝に薬を服用してここに至り、卿の邸宅を見て住み、東に徳館を望めば、昔を懐かしむ感情が起こってこよう」。邢巒は次のように答えた。「陛下は中京に遷都し、無窮の業を打ち立てられましたが、臣《わたし》の意は魏王朝と浮沈することにあり、永年の邸宅の所有をつとめとすることではありません」(7)。明らかに邢巒は自身の邸宅がなぜかくも豪華であるかを説明しているが、しかし私は邢巒が豪華な邸宅を建設した富の中には、元純陀がもたらした婚資が一定程度含まれていたと考えている。

永和里は後漢末の董卓邸の所在地と伝えられ（もし董卓がかつてここに住んでいたならば、その期間はごく短かったはずである）、これはこの里に特殊な伝奇的色彩をもたらし、さらに邢巒と関係を引き裂くことにもなった。『太平寰宇記』に引く『郡国志』には次のようにある。

（董卓邸は）永和里にあり、地面を掘ると金玉宝玩が出、北魏の邢巒が掘ると丹砂と銭がえられ、そこには「董太師のもの」という銘があった。後に夢に卓が出てきてこれらを求めたが、巒はケチであるため返さず、数年後、病でもないのに亡くなった(8)。

実はこのエピソードは『洛陽伽藍記』に最も早くあらわれている。

この地を掘る者は、金玉宝玩をえた。邢巒の家ではかつて掘ったところ丹砂と銭数十万がえられ、そこには「董太師のもの」という銘があった。後に（夢に出た）卓が夜中にこれらを求めたが、巒は与えず、数年後、巒はそのまま亡くなった(9)。

洛陽永和里の董卓故居の地下には珍宝が蓄えられており、このようなエピソードは魏晋時代に既に流伝していた可能性が高いが、当然ながら真の証拠などはなく、董卓が西〔長安〕に遷都したときには慌ただしさのために財宝を携える余裕などはなかったであろう。

図39　邢巒墓誌

北魏の伝承においては董卓の遺宝と邢巒の死がつなげられているが、これには二つの原因があったと思われ、一つは邢巒が長らく財宝をむさぼるという評判があったことであり[10]、もう一つは邢巒の死が突然起こったことである。

元純陀の二回目の結婚は最初のそれよりもはるかに長く続き、約二二年にもなっていたが、邢巒が五一歳のときに突然病気を患ったことで終わった。邢巒墓誌によれば、邢巒は宣武帝延昌三年三月九日丁巳（五一四年四月一八日）に死去したという。『魏書』は彼が「暴疾〔急病〕で卒した」ことを記した後に、直接に「巒は文武の才能があり、朝野ともに尊敬の目で見ており、上下なくこれを悼み惜しんだ」というだけで、彼が何の「暴疾」にかかったのか説明していない。邢巒墓誌も「天は遺すことなく、病気が急に重くなった」といっている。注目に値するのは、邢巒の弟である邢偉は当時も洛陽におり、官は尚書南主客郎中であり、邢巒とともに永和里に住み、また「暴疾」に感染して死去したことである。邢偉墓誌は「春秋四五、延昌三年七月二六日壬申（五一四年八月三一日）、突然洛陽にて病死した[11]」と記す。兄弟二人は前後して脚に発生した「突然」の「病」によって亡くなり、ある種の急性伝染病に違いなかろう。永和里の邢家は同一の伝染病にみまわれ、死者はこの二人にとどまらなかったろうが、我々には知る術はない。

邢巒が死去したとき、元純陀は四〇歳になったばかりであった。元純陀と邢巒は子女を養育しておらず、まさしくこの理由により、邢巒の死後に彼女は出家して尼となったのであろう。墓誌はいう。

車騎〔邢巒〕が世を去るに及び、夫の徳をなすことを思い、夜は忍び泣くことなく、朝に泣いて悲しんだ。そして嘆じてこういった。「私は二度もつらい別れを経験し、二心なき節操と移ろわない精神を慚愧したが、徳を失って嫁に入っても、夫の一族を振興することには繋がらない。楽は苦より生まれ、果は因より起こるもので、俗世より捨身し、この身を法門に託し、愛する川を捨て、正しき水にて休むこととしよう」。

墓誌は純陀について「法字は智首である」と記すが、これは彼女の出家後の法号が智首であったことを示す。墓誌の誌第は元純陀が「大覚寺比丘元尼」であったといっているが、彼女が剃髪して籍をおいた尼寺が洛陽城西宜年里の大覚寺であったことがうかがえる。

『洛陽伽藍記』巻四城西大覚寺条には次のようにある。

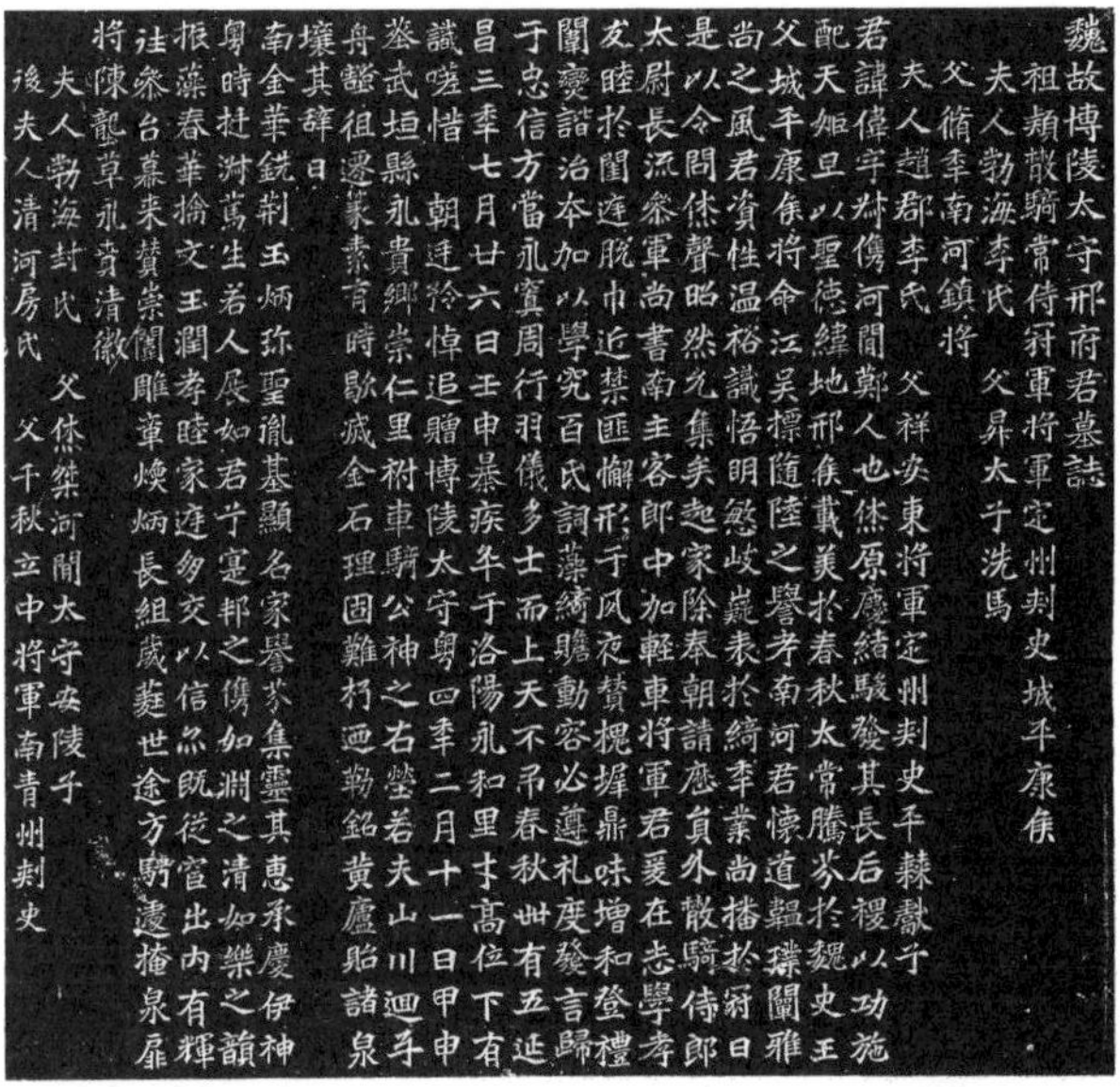

図40　邢偉墓誌

大覚寺は、広平王懐の寄進により建てたものであり、融覚寺の西一里ばかりのところにある。北は芒山を見、南は洛水を眺め、東は宮闕〔官城〕を望み、西は旗亭〔酒楼〕を顧みる。神聖な土地は高くて見晴らしがよく、実に景勝というべきである。こういうわけで温子昇の碑に「山に面し水を背にし、朝を左にし市を右にす」とある。そこにある堂をめぐって、上に七仏が置かれた。林池飛閣は、景明寺に匹敵する。春風が木を動かせば、蘭は紫葉を開き、秋霜が草を降ろせば、菊が黄花を吐く。名徳の大僧は、ひっそりと俗世を避けていた。永熙年間、平陽王〔孝武帝元脩〕が即位した後に、レンガ造りの仏塔一本を建て、土石の作りは精緻・壮麗を極めた。中書舎人温子昇に詔して文を作らせた。(12)

温子昇が孝武帝元脩（広平王元懐の子）の命を奉じて大覚寺のために撰した碑文は、『芸文類聚』巻七七に見られるが[13]、当然これは抜粋であり、さきの「山に面し水を背にし、朝を左にし市を右にす」の語はここに収録されていない。趙明誠『金石録』によれば、温子昇のこの碑は諸法の名家である韓毅の筆によるという[14]。しかし、『洛陽伽藍記』であるか温子昇の碑文であるかにかかわらず、大覚寺が尼寺であったとはいっていない。元純陀墓誌のおかげで、我々は大覚寺がもとは尼寺であったことを知ることができるのである。墓誌は純陀が「経藏を総覧し、広く戒律に通じ、六度を財宝と思い、千金を塵や芥のようなものと見ていた」というが、これはすなわち大覚寺にて修行し仏を奉っていたことを指す。

しかしながら、元純陀の続く一五年の人生は、必ずしも大覚寺に限定されるものではなかった。彼女が出家して尼となったのは、「楽は苦より生まれ、果は因より起こる」という考えが浸透したためというわけではなく、別に考えるところがあった可能性もある。彼女と邢巒は子女を養育せず、邢巒が死去したとき、邢巒と前夫人崔淑蘭が産んだ邢遜は既に二四歳となり、一家を構えて独立していた。崔楷墓誌蓋題銘によれば、崔楷の長女崔衰猗が邢遜に嫁ぎ、「六男五女」を産んだという[15]。換言すれば、邢遜は自身の生母の姪、生母の兄弟の娘を娶ったことになり、これは当然ながら彼と母親一家との関係をさらに強化することにもなったのである。同時に、元純陀と前夫穆氏の産んだ娘もほとんどこの世代であり、既に世帯を有して独立していたであろう。娘の生活世界に参加するということは、このときの女性にとっては自然な衝動であったともいえる。

しかし彼女が邢氏の寡婦の身分で、前夫の子女の生活に参加した場合、ある種の直接あるいは間接、顕著あるいは隠微な障碍を残したに違いない。中古時代のいくつかの女性は少なくとも比較的幸運であったが、それは仏教がこの種の障碍を取り除くために出家して尼となるという方便を提供したためである。出家した後、元純陀は一定程度は邢家における法律・道徳や社会生活方面の義務から解放され、同時に異なる家庭、異なる社会団体、異なる空間を行き来する自由を獲得した。この意義において、仏教は信仰・理念を提供しただけではなく、社会生活上の新たな可能性をも提供したのである。当然ながら、これは仏教が中古の女性のために以前に比べてさらに大きな空間、さらに多くの自由を提供したことの例証の一つにすぎない。

図41　崔楷墓誌蓋

元純陀が最初に結婚した夫である穆氏は名が伝わらず確認もできないが、彼らが産んだ娘も墓誌の中では単に「穆氏」とのみ呼ばれている。この穆氏は北魏の宗室元昂《げんぼう》に嫁いだ。ここには邢巒と崔淑蘭の子が崔淑蘭の姪を娶り、元純陀と穆氏の産んだ娘が元純陀の父の兄弟の孫に嫁いでおり、母親の家庭の結婚相手の選択条件において占める割合が甚だ高いという、特徴をおおよそ備える小さな規模の婚姻ネットワークモデルがあらわれている。当然、既に邢家に嫁いだ元純陀が穆家の娘の婚姻の決定に関与したか否かは確認できなくなっている。元昂は西河王元太興の長子で、太興の父親は京兆王拓跋子推であり、子推は元純陀の父親拓跋雲（拓跋岱雲）の兄であった。元太興は仏教を信仰し、病が重くなったときには、もし病気が治ったら官爵を捨てて出家し沙門になると願った。これにより彼は病気が回復した後にただちに嵩山にて出家し、孝文帝は特に皇太子（後の宣武帝）に命じて四月八日に彼のために剃髪させた。この後、元太興の西河王の爵位は元昂により継承された。穆氏が元昂に嫁いだのは宣武帝の初年のことと思われ、そのとき彼は既に西河王の爵位を継承していた。

『芸文類聚』[16]巻四六 職官部二 太尉条に、温子昇「西河王謝太尉表（西河王の太尉を謝するの表）」が引かれており、これは東魏の西河王元悰のために起草した謝表である。東魏孝静帝天平二年二月壬午（五三五年三月二四日）「太尉咸陽王坦を太傅とし、司州牧西河王悰を太尉とし」[17]、謝表はこのときにつくられたものであろう。『北史』によれば、元悰の字は魏慶、曾祖父は北魏景穆帝の子京兆王拓跋子推であり、祖父は西河王元太興、父は西河王元昂であるという[18]。元悰は元純陀の娘穆氏と元昂の産んだ子であったことがうかがえる。元純陀墓誌はまた、「西河王魏慶（元悰の字）は、穆氏の出であり、すなわち夫人の外孫である」ともいっている。

元純陀は永安二年一〇月一三日（五二九年一一月二九日）に死去し、ときに五五歳だった。墓誌は彼女が「滎陽郡解（廨）の別館」にて死去したといい、そのとき彼女の外孫西河王元悰は滎陽太守の任にあり、そして恐らく元悰は母を携えて赴任し（穆氏は高く見積もっても三九歳であった）、元純陀は滎陽に至り娘や外孫といっしょに住んでいたのであろう。墓誌には、「西河王魏慶は、穆氏の出であり、すなわち夫人の外孫である。宗室の才英にして、声は芳しく籍は甚だしく、近畿の守となり、帝城にて恩恵を被った。夫人はここに行き、病を生じて久しくとどまった」という。元純陀は人生の最後の段階において、明らかに最初に結婚した家庭と比較的親密といえる関係を保持していたのであるが、原因は単純である。彼女の唯一の子女がいたためである。

元純陀は元悰のところで死去したが、後事の処理はかえって邢家によって担われ、邢遜は当然喪主となった。元純陀墓誌の文章や語気を細かく見ると、たとえ邢遜の手によらなくとも、この墓誌は邢遜が人に頼んで書かせたものであることが間違いないものと考えられる。墓誌は純陀の死後に「子孫は泣き慕い、僧侶も俗人も嘆き悲しんだ」といい、純陀の邢家の嫁という属性を強調するとともに、その尼としての身分にも配慮していたのである。子孫とは、邢遜とその子女を指すとともに、元悰と彼の母親をも指している。

一般的には、後に死去した妻は先に死去した夫と合葬される。では、元純陀は邢巒と合葬されたのであろうか。

邢巒墓誌によると、邢巒は延昌三年三月に死去し、翌年「二月一一日、移葬して先塋《せんえい》に祔《ふ》した」という。邢巒の「先塋」はどこにあったのだろうか。既に言及したように、邢巒の弟である邢偉はそのとき邢巒とともに洛陽永和里に居住しており、邢巒と同様に「暴疾」に感染して死去した。邢偉の墓は一九五六年に河北省河間県南冬村の東半里のところで発見され、墓誌が一点出土し、もとは墓誌蓋があったが、既になくなっている[19]。邢偉墓誌には、「四年二月一一日甲申、武垣県永貴郷崇仁里に葬り、車騎公神の右塋に祔した」とある。邢偉の病死は邢巒よりも四か月半遅れてのことであったが、葬られたのは邢巒と同日であり（五一五年三月一一日）、その墳塋はまさしく邢巒（車騎公）墓の右手に位置し、葬られた場所は「武垣県永貴郷崇仁里」であった。邢巒墓誌は一説によると一九七二年に同一墓誌から出土したという[20]。遅くとも北宋後期までには、邢巒墓の地表には完全な形の墓碑が存在しており、北宋黄伯思『東観余論』巻上「記与劉無言論書〔記して劉無言に与うる論書〕」条には、「劉は瀛洲《えいしゅう》に邢巒碑があり、完全に整っているといっている[21]」とある。

邢氏の旧籍は鄚県にあったが、邢巒の家族の墓地は鄚県南辺の武垣県にあり、このとき武垣は邢氏の

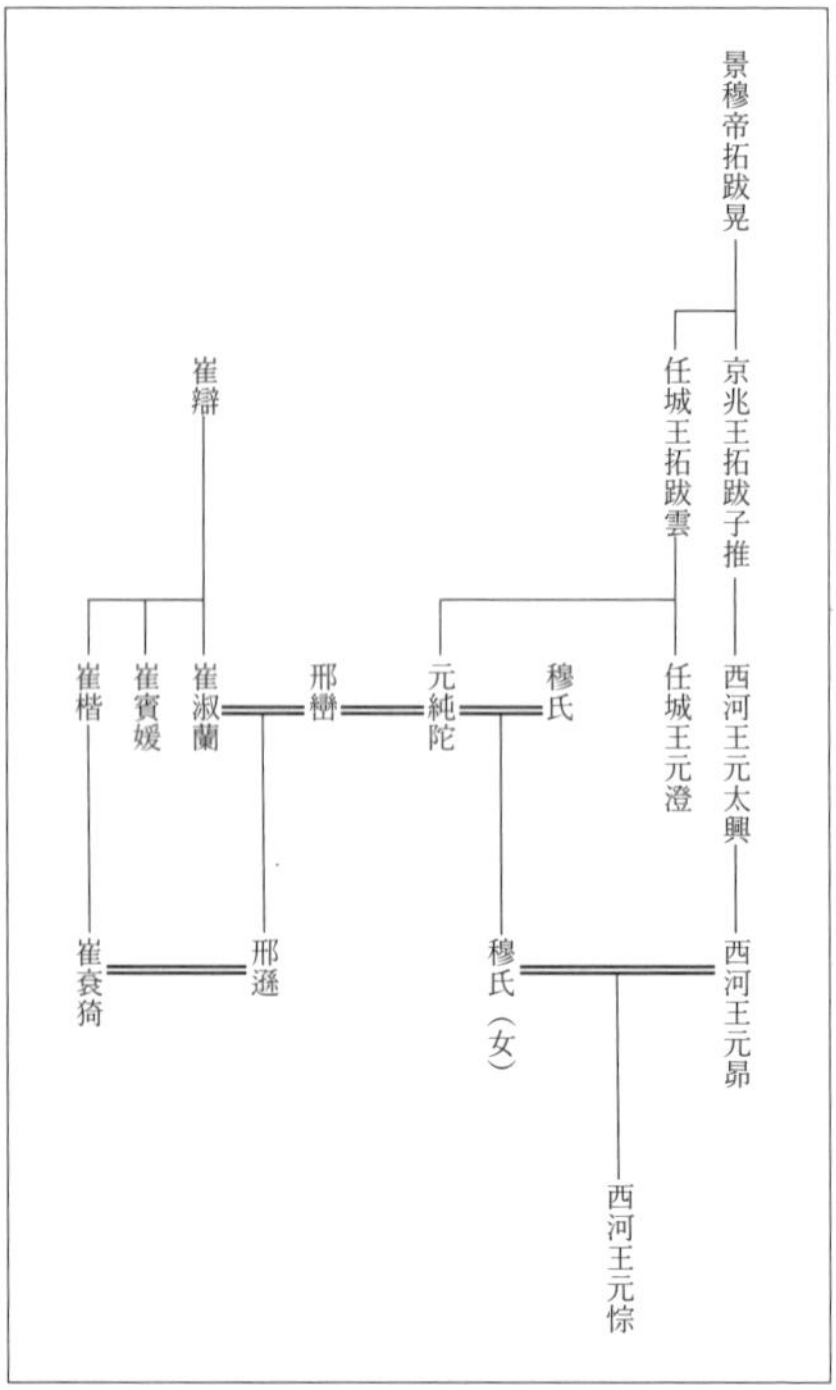

図 42　北魏皇室・邢氏・崔氏略系図

居住地であったことを物語っている。もし元純陀と邢巒とが合葬したならば、武垣県永貴郷崇仁里の邢氏家族墓地に葬られたはずである。

元純陀は自分で邢巒と合葬しないことを決めたようである。墓誌には次のようにある。

臨終の際に目覚め、後事を託し、他の場所に葬り、修道の心を遂げんとした。子女たちはしたがい、あえてその旨に逆らわなかった。

純陀は臨終の際に邢巒と合葬しないよう申しつけたが、これが修道のための考慮によるのかそれとも自身と娘一家の関係に顧慮したことによるのか、当然ながら知る術はない。かつ、彼女が滎陽で死去したとき、邢遜はここに赴いてその最期を見届けたのであろうか。当然大いに疑問はある。もし邢遜あるいは邢家のその他の人間がその場になければ、元純陀が本当にこの遺言を残したかどうか、これも知ることはできなくなっている。ただし次のような可能性はあるのではないか。元純陀の娘である穆氏と外孫である元悰とは、元純陀を邢巒と合葬させたがらなかった。合葬しなければ、純陀が単独で洛陽北邙山に葬られることを意味し、これは少なくとも彼女の後裔が墓を祭るのに非常に便利となる。墓誌にいう「子女たちはしたがい」の子女は、明らかにそれぞれ邢遜と穆氏を指し、穆氏は後事を処理するにあたり一定の役割を果たしていたことになる。もし元純陀が出家しなければ、彼女の娘にはおおよそ合葬しない理由を思いつくことはなく、邢遜もあえて合葬して処理しないわけはなかったであろう。人生の終点において、元純陀の比丘尼の身分は再び彼女にこの種の選択の自由をもたらしたのである。

＊＊＊

宗教社会史研究者は既に、女性は新興宗教の発展と伝播において特に活躍し、例えば、初期キリスト教の信者は男性よりも女性が多く、上層階級の信者は女性の比率がいっそう高かったことを発見している。[22] 初期キリスト教は女性信者を吸引する方面ではさらに成功をおさめており、上層社会の男性信者は往々にして彼らに先んじて信教する母親や妻の影響をうけていた。[23] 研究によれば、キリスト教が西洋において支配的地位を備える世界宗教になりえたことについて、女性は極めて重要な役割を果たしていたが、歴史的にはゆるがせにされていたという。[24] 新宗教が少なくともある時期において既に組織だったものに対抗する思想資源や組織力を提供することはありえ、女性はこれについて敏感であり、また積極的に行動をとったのである。

この意義において、慈慶墓誌が以下の文章で彼女を賛美するとき、我々はそれが必ずしも単なる常套句ではなかったと信じたくなるのである。

尼としての素行は、上下に対してともにうまく合い、純真であることを守り、いよいよ終始を貫いた。これによって忍辱精進し、徳は法流を尊び、仁愛に満ち温和にして恭しくかつ麗しく、行いはあまたの宮女の中でも冠たるものであった。

注

（1）『魏書』巻九四 閹官王遇伝（二〇一九五頁）参照。

（2）元純陀墓誌は洛陽北邙山より出土し、出土時期は分からないが、于右任により収蔵され、一九三五年に碑林博物館に寄贈された。拓本図版は超万里『漢魏南北朝墓誌集釈』図版一三一にある。墓誌釈文は趙超『漢魏南北朝墓誌彙編（修訂本）』三三四～三三六頁参照。

（3）崔賓媛墓誌の誌蓋題銘に、「次妹字は淑蘭、尚書・車騎大将軍・瀛洲刺史河間の邢巒に嫁ぐ」とある。陶鈞「北魏崔賓媛墓誌考釈」（『収蔵家』二〇一二年第六期、二五～三四頁）参照。

（4）邢巒墓誌は一九七二年に河間南冬村の邢巒墓より出土したといわれ、誌石は現在河北省文物考古研究院に所蔵されている。墓誌拓本の図版及び釈文は田国福主編『河間金石遺録』（河北教育出版社、二〇〇八年）一八六～一八七頁参照。邢巒墓誌の末尾には「夫人博陵崔氏、父の辯は定州刺史。後夫人は河南元氏、父の岱雲は、使持節・都督中外諸軍事・開府・征討大将軍・冀雍徐三州刺史・任城康王」とある。拓跋雲の名は岱雲に作られており、岱雲とは拓跋雲の鮮卑語の本名であったことが疑われる。孝文帝が代人の姓氏を改める前に、大々的に代人の多音節の本名を華夏の伝統的な単音節の単名に改めたことがある（いわゆる賜名）。拓跋雲は孝文帝の賜名の前に死去しており、岱雲を簡略化して雲としたのは、後に追記したときに発生したものであった可能性が高い。

（5）邢巒墓誌は邢巒の字は山賓であったと述べる。趙明誠『金石録』巻二一「後魏車騎大将軍邢巒碑」条も、碑が「巒字は山賓」といっていると記し、墓誌と墓碑は合している。『太平御覧』巻七一〇所引『談藪』は「後魏河間邢巒、字は山賓」云々といっているが（『太平御覧』、中華書局、宋本影印、一九六〇年、三一六六頁参照）、洪賓は実のところ山賓の訛誤であったことがうかがえる。

（6）『洛陽伽藍記』巻一 城内修梵寺条（范祥雍『洛陽伽藍記校注』六〇頁）参照。

（7）『魏書』巻六五 邢巒伝（一五六四頁）参照。

(8) 楽史『太平寰宇記』巻三 河南道西京河南府洛陽県（五四頁）参照。
(9) 范祥雍『洛陽伽藍記校注』六〇頁参照。
(10)『魏書』巻六五 邢巒伝は、邢巒が漢中にて「商売に従事し重税を課し、清議はこれを賤しんだ」とし、後に予州及び懸瓠にて「賄賂を懐かしむことはなくなった」といい、またその子の邢遜は「財利に鋭く、議者はこれを賤しんだ」という（一五六九、一五七四頁）。
(11) 邢偉墓誌は一九五六年に河間南冬村の邢偉墓において出土した。孟昭林「記後魏邢偉墓出土物及邢蛮墓的発現」（『考古』一九五九年第四期、二〇九～二一〇頁）参照。蛮〔蠻〕は巒に作るべきであろう。墓誌の拓本図版及び釈文については、田国福主編『河間金石遺録』一八八～一八九頁参照。
(12)『洛陽伽藍記』巻四、范祥雍『洛陽伽藍記校注』二三四頁参照。
(13) 欧陽詢『芸文類聚』巻七七（上海古籍出版社、一九八二年、一三一二～一三一三頁）参照。
(14) 趙明誠『金石録』巻二一「東魏大覚寺碑」条参照。
(15) 田韶品「曲陽北魏崔楷墓」（『文物春秋』二〇〇九年第六期）参照。
(16) 欧陽詢『芸文類聚』巻四六（八二三頁）参照。文中に「於焉承之〔ここにおいてこれを継承しました〕」とあるのは、「於焉承乏〔ここにおいて人員がないためにこの官を継承しました〕」の誤りであると思われる。
(17)『北史』巻五 東魏孝静帝本紀（一八五頁）参照。
(18)『北史』巻一七 景穆十二王伝上（六三二～六三三頁）参照。
(19) 孟昭林「記後魏邢偉墓出土物及邢蛮墓的発現」（二〇九～二一〇頁）参照。
(20) この情報については田国福主編『河間金石遺録』一八六頁に見られる。
(21) 黄伯思『東観余論』巻の上、明汲古閣本、四一葉参照。
(22) Adolf von Harnack, *The Mission and Expansion of Christianity in the First Thre Centuries*, translated by James Moffatt, vol. 2, New York: G.P. Putnam's Sons, 1908, p. 73.
(23) Henry Chadwick, *The Early Church*, Penguin Books, 1967, p. 56.
(24) Rodney Stark, *The Rise of Christianity: How the Obscure, Marginal Jesus Movement Became the Dominant Religious Force in the Western World in a Few Centuries*, Harper Collins, 1997, pp. 95-128.〔ロドニー・スターク著、穐田信子訳『キリスト教とローマ帝国——小さなメシア運動が帝国に広がった理由』、新教出版社、二〇一四年〕

第19章　宣武皇帝

太和二三年四月丁巳（四九九年五月七日）に元恪は魯陽（現在の河南魯山）にて即位したのであるが、彼こそが北魏世宗宣武帝である。宣武帝の在位期間は一六年にわたり（古代の数え方に基づけば、彼の在位期間は一七年にまたがることになり、太和二三年四月から延昌四年正月、四九九～五一五となる）、四つの元号を使用し（景明・正始・永平・延昌）、それぞれの元号は全て四年間であった。『魏書』世宗紀は彼が幼少時に「大度があり、喜怒を表に出すことはなく、雅性にして質素であり」、皇帝となった後は、「行儀がよく、容貌は美しく、朝廷に臨めば寡黙で、威厳は神のようであり、人君の度量があった」という。これは彼個人の品性や風格についての描写であり、歴史書の体裁に阻まれ、当然ながらできるだけよい話に仕上がっている。しかし彼の統治時代の朝政の状況について、『魏書』の評価は高くはない。「無為の統治を行い、辺境は拝服した。しかし部下を統べるのが寛容にすぎ、従容として決断力がなく、太和の風は替わってしまった。彼を漢の世に比べれば、元帝・成帝・安帝・順帝らに相当しようか(1)」。前漢の元帝・成帝、後漢の安帝・順帝をもって彼に比しているのであり、また後の北魏の衰退・混乱の責任を部分的ながら彼に帰している。

『魏書』は宣武帝が「無為の統治を行い、辺境は拝服した」といっているが、これは非常に興味深い総括的評価であり、いわれているのは宣武帝本人が彼の父である孝文帝のような鋭意な政策を行わず、各方面に改革・刷新の努力がなかったものの、かえって意外にも南北の軍事的な対抗の方面では巨大な成功をえていたというものである。これらの成功の中でも最も重要なものとして二つあり、すなわち南朝の漢中と寿春〔寿陽〕の奪取であるが、北魏が積極的に進取した結果ではなく、献文帝時代に劉宋の淮北・淮西の広い土地を獲得したのと同様に、南方の内政が破裂したことの副産物であった。義陽の奪取だけが、北魏軍による主体的進攻の最大の成果であった。しかし、具体的な過程はともかくとして、辺境を南方に押し広げたその範囲について、宣武帝時代の成果は孝文帝時代のそれをはるかに上回っており、かつこれらの重要な戦略要地の獲得は、南北の軍事上の強弱・攻守の態勢が二度と覆ることがないことを決定づけた。

あるいはこれらの軍事的な成果はかえって北魏政治が久しく抱えている内部の危機を深めたのかもしれない。一貫して戦時であったにせよ、戦闘の規模は大きくはなく、かつ全て南方で発生しており、北方と北西は、伝統的に軍鎮が密集しており職業軍人が最も多い地域であるが、太平の盛世として戦争もない平和な時期を迎えていた。北魏は征服をもって立国し、軍隊は体制内において最も尊崇され、とりわけ軍事力の集中する北方の辺鎮は、朝廷の財政支出における優先的地位を享受していた。他方で孝文帝が遷都したことにより、六鎮をはじめとする北方の辺鎮の地位は下降しはじめた。高級将校にとって、戦争がないことは功績を立てることができず昇進速度が緩慢となっていくことを意味し、辺鎮官職の魅力が低下していくという事態を招いた。中下級軍官にとって、戦争がないことは正常の財政支出の外の後方勤務の補充がえられないことを意味し、また経済的利益の小さくはない損失をも意味していた。

朝廷からのうまみが大幅に低下した後、軍鎮における各級の官僚勢は自らが担当する鎮戍の軍民に対する搾取を強めることとなり、底辺の軍民の生活は次第に貧しくなり、戦争がもたらしてきた階層流動性は固定化に向かっていった。加えて宣武帝時代には北方で連年のように干魃が発生し、辺鎮各戍の

農耕・牧畜による自給能力を深刻に弱めていった。この他、王朝が大いに文治主義をとったことにより、次第に多くの官職が華夏士人に開放され、洛陽に移った代人に提供しうる相応の官職は少なくなっていった。『魏書』山偉伝には、「当時天下に大事はなく、進士の道はむずかしくなり、代遷の人の多くはこれにあずかれなかった(2)」とある。ここでいわれているのは孝明帝時代のことではあるものの、実際には宣武帝時代には発生していた。

しかし、以上は伝統的な政治史において関心が注がれることであり、我々が王鍾児／慈慶をめぐって述べてきたエピソードと関係はあるものの、それほど直接的ではない。直接的に関係するのは宣武帝の権力・宮廷・身辺の各種の人間たちに対する見方や処理の方式である。

元恪が皇帝となったことは、六〇歳を過ぎた慈慶にとって疑いなく喜ばしいことであった。後に宣武帝は慈慶を宮内にとどめ、最も緊急のときにはこの老婦人を参与させることも考えており、彼らが一貫して関係を有していたことがうかがえる。北魏のこれ以前の歴代皇帝と比べると、宣武帝の仏教崇拝は最も甚だしかった。『魏書』世宗紀は彼が「経史を雅愛し、最も釈氏の義に長じ、講論に至るごとに、連夜疲れを忘れるほどであった」といい、あわせて永平二年一一月己丑（五〇九年一二月一二日）に「帝は式《しき》乾殿《けんでん》にて諸僧・朝臣のために『維《ゆい》摩《ま》詰経《きっきょう》』を講じた(3)」ことも伝えている。宣武帝が皇宮において衆を集め経を講じたのはこの一回にとどまらなかった。『魏書』釈老志は、「世宗は仏理を好み、毎年常に禁中において自ら経論を講じ、広く名僧を集め、義旨を明らかにし、沙門はこれを記録して『内起居』とした(4)」といっている。慈慶がこの種の講経活動に参加したであろうことが想像できよう。かつて有した感情が凝結した他に、老尼慈慶は宣武帝と新たな精神的関係をも有するようになったのである。

しかし、宣武帝にとっては、魯陽で即位してから自由に洛陽宮に安座するまでに、理の当然というわけではないが、艱難辛苦を経ていたのである。

孝文帝が南陽で容態が悪化し、自ら死期が迫っていることを悟り、慌ただしく継承者のために輔政グループの手配を行っていたとき、彭城王元勰は孝文帝に自身を選ばないことや、新君即位後の引退を懇願し、さらに孝文帝に証文を書くように要求した。孝文帝には全部で六人の弟がおり、彼が以前から重用していたのは最年少の彭城王元勰と北海王元詳であり、とりわけ元勰は、洛陽遷都後にいっそう重用され、軍国の大務を兼ね、声望・実力ともに高かった。正反対なのが長弟である咸陽王元禧であり、軍事・政治の事務において重要ではなかった。元勰はおおよそ、孝文帝が生きている間は問題ないが、孝文帝がいなくなれば、自身の立場が非常に危うくなるということを理解していたようであり（「君主を畏怖させるほどの声望は、必ず忌避されるであろう」）、ゆえに彼は孝文帝に自身が「貂蝉冠《ちょうぜんかん》をやめて冕冠《べんかん》を捨てる〔宰相級の官を辞める〕」ことを許し、「その寛大さを遂げる」ことを求めたのである。孝文帝は当然この要求の合理性を理解しており、彼にこたえたのみならず、さらに皇太子元恪にも手詔を送り、彼に元勰の立場を尊重することを求め、「汝《おまえ》は孝子である、私の勅に背いてはならない(5)」と述べたのである。

元勰が引退したことにより、孝文帝が元恪のために用意した輔政大臣は全部で六人となり、「六輔」と称された。六輔のうち、咸陽王元禧と北海王元詳はそれぞれ孝文帝の長弟と幼弟であり、皇室を代表していた。任城王元澄と広陽王元嘉は太和後期において孝文帝に重用され、宗室を代表していた。尚書令王粛と吏部尚書宋弁は太和後期における諸般の改革のブレーンであり、朝臣を代表し、とりわけその中でもますます重要になっていた文士であった。六人の軽重は異なっており、元禧・元詳はそれぞれ太尉・司空に任じられ、地位は最も高かったが、宋弁は吏部尚書にすぎず、名位は最も軽く、かつ孝文帝が崩ずる前に死去していた。残る三人は全員尚書省の長官クラスであり、王粛は尚書令、元澄・元嘉はそれぞれ左右僕射に任じられていた。王粛は南斉からの亡命者であり、孝文帝に寵愛されたとはいえ、朝廷において地盤がなかったために、彼の地位が最も高いことに元澄らは不服に思っていたであろう。

ちょうど南斉から降伏してきた人間により王粛が南辺と結託し謀反を企てていると通報され、元澄は直ちに王粛を捕らえ、同時に朝廷に報告した。取り調べの結果は作り話という判断となり、きっかけを作った元澄としては厄介なこととなった。彼は太和後期に孝文帝の信任をうけていたが、これに対し元禧は早くに反感を抱き、ここで機に乗じて元詳と連名で上奏し、元澄が「ほしいままに輔政の宰相を監禁した」ことを責め、「免官して第《やしき》に帰す」ことを迫った。[6] 王粛は冤罪を晴らすことができたとはいえ、心はくじけてしまっていた。元澄は間もなくして再度任用されるようになったが、中枢からは遠く離れることとなった。[7] この事件は宣武帝が即位したばかりのときに発生してい

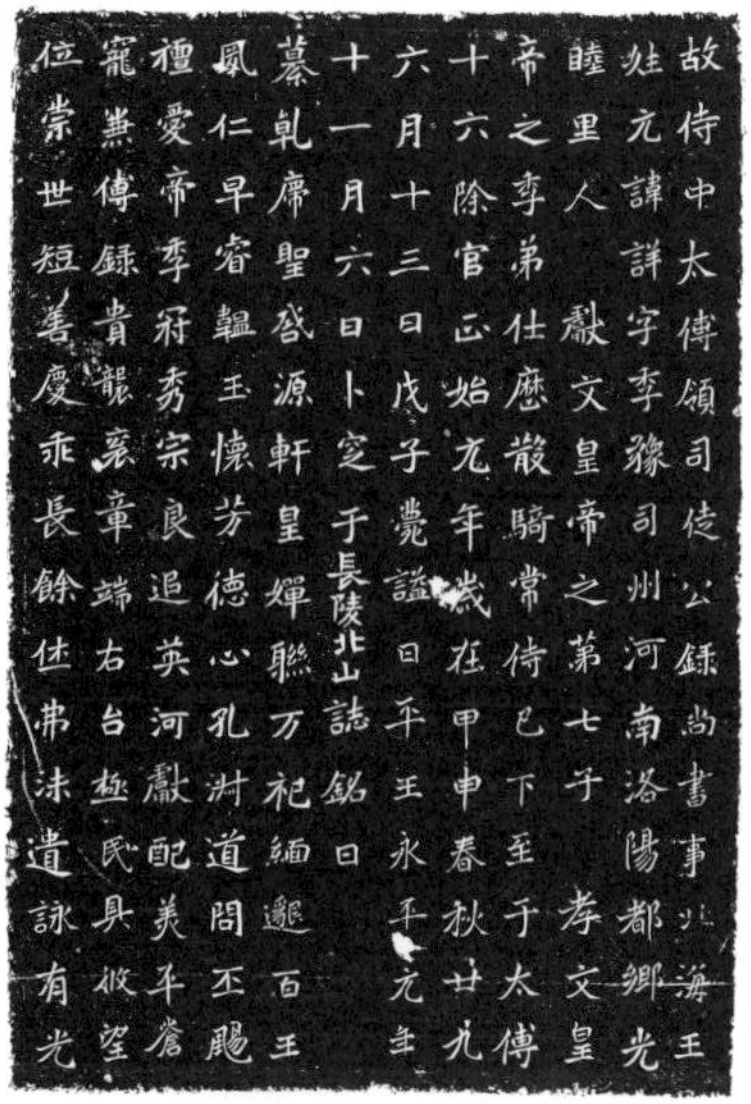

図 43　元詳墓誌

る。六輔の構成がまだはじまっていない段階で一人が死去し、開始したばかりのときに二人が排除され、「六輔」なるものが、実際には存在していなかったことをこれらは意味している。

六輔のうち、真に権威を有していたといえるのは元禧と元詳の二人だけであった。宋弁が早速死去し、王粛・元澄がフェードアウトした後に、広陽王元嘉は疏属（太武帝の子孫）でありかつ老齢で、「飲酒を好み、あるいは泥酔し」ており、本来ならばお飾りの意味合いがあり、輔臣としての実態はなかったであろう。つまり真に輔政大臣としての作用を発揮していたのは元禧と元詳しかおらず、元禧は孝文帝の長弟として最も崇重された。即位したばかりの宣武帝は、喪に服して孝を守っていたことから（いわゆる「諒闇」）、理論上は政治を行わないのであり、事実皇帝権力を行使することを許されてはおらず、軍国の万機は元禧・元詳の二人によって決定された。北魏には道武帝以来兄が死去して弟が継承する事例はなかったが、可汗の諸弟が順次上位を占めるという古い内陸アジアの伝統が完全に消失したわけではない。アメリカのアイゼンバーグは、北魏前期における多くの皇弟は理由がはっきりしないまま死去しているが、これは計画的に殺害されたようであり、その目的はおおよそ彼らが皇帝の死後に後継争いに参加することを避けるためであったと指摘する(8)。この角度からは、宣武帝元恪の権力をめぐる潜在的な競争者がまず彼の六人の叔父であったことがうかがえる。

六人の叔父の中の趙郡王元幹は、孝文帝よりも前に死去した。残る五人の叔父のうち、名声が最大であった彭城王元勰は魯陽にいたときに孝文帝の手詔を元恪にわたし、権力から離れる決意をあらわしていた。元恪の南行につきしたがった元禧は、元恪の東宮諸臣と同様に、はじめから元勰を信任していなかったため、入城を肯んぜず、城外にとどまって形勢をうかがっていた。おおよそ全ての人間は、もし元勰に地位を奪い自立する野心があれば、これは彼が行動に移る最もよい時機であり、ひいては唯一の時機ですらあることを理解していた。元勰は軍隊の指揮権を元恪の東宮官属と共有し、孝文帝の御前の侍衛に元恪のために尽力するよう仕向け、元澄とともに最初のタイミングで元恪の即位を助けたが、これは基本的には嫌疑を避けるためであり、元禧もようやく安心して入城した。兄弟は対面し、元禧は元勰に、「汝《おまえ》は苦労してつとめただけではなく、極めて危ういことをも行った」といった。元勰は彼がなぜ遅々として入城しなかったかを知っており、心の中では怒りを抱き、かえって「兄者は識見が高く年長のため、治乱をご存じでしょうが、彦和《わたし》（元勰の字）は蛇を握って虎に乗ることを、艱難《かんなん》と見なしてはおりません」といった。元禧は魯陽から皇帝に代わり軍国の大権を行使しはじめ、洛陽に戻り、元詳も加入したが、彼は幼弟であるため、元禧と完全に並び立つことはできなかった。このようにして、元禧は自身を新君が最も畏怖する対象という地位にまで押し上げることになったのである。

　このとき宣武帝は既に一七歳であり、他人に生殺与奪の権利を握られている少年ではなくなっていたが、彼は監国〔皇帝の代理で政治を行うこと〕や帯兵〔軍の統率〕の経験がなく、朝臣とは個人的な関係が乏しく、したがって朝臣の中の誰に頼り、あるいは誰を利用して元禧と対抗させればよいかが分からなかった。彼の成長の過程、とりわけ四、五年来の目まぐるしく変化する洛陽宮での経験は、彼に強烈な不安感を植え付け、宮廷内外及び朝廷の上下に対しほとんど信頼を打ち立てることができなかった。このような状況のもと、彼は本能的に自身の身辺に支持を求めたのである。いわゆる身辺とは物理的に距離が最も近い人であり、侍衛の武官や宦官に他ならなかった。『魏書』には恩倖伝があるが、いずれも出身が恵まれず、近侍の身分で皇帝（あるいは皇太后）の信頼をえて急速に台頭した人物について記している。『魏書』恩倖伝は全部で九人を立伝しており、うち六人は世宗〔宣武帝〕朝で活躍し、近侍によって寵愛をえた現象が宣武帝時代に最も多かったことがうかがえる。

　魯陽にて即位してより、宣武帝が最も多く接触したのは身辺の侍衛武士であり、これらの侍衛武士は二つの部分により構成されていた。一つはもと太子宮の侍衛であり、もう一つはもと孝文帝の御前侍衛

である。宣武帝は彼らといつも一緒におり、一定の信任や親密な関係を樹立し、その中でも賢い者は自然に皇帝の心中を察知し、自発的に皇帝のために画策し、心配を除去して困難を解決することもありえた。『魏書』恩倖伝に記される王仲興はもと孝文帝の側近の侍衛であり、宣武帝が即位した後に近侍武官を引き続き担当し、斎帥〔衛兵の長〕の職にあり、深く宣武帝の信任を得、後に武衛将軍に昇進し、宮内の禁衛軍を統轄した。もう一人の「恩倖」寇猛は、孝文帝の時代に禁軍の下級軍官にあたる羽林中郎に任じられた。宣武帝は「その膂力を愛し、これを左右に置き、千牛備身とし」、手に大刀をもち皇帝の身辺につく御前の侍衛となり、後に彼も武衛将軍となった。

　しかし宣武帝が即位したばかりのときに、最も親密で信任をえていたのは依然として太子宮の旧人であり、中でも代表的なのは趙脩であった。『魏書』恩倖伝によれば、趙脩は「賤伍より起ち」、「もと東宮に給事し、白衣の左右となった」といい、召使いの小人として太子宮にて雑用係をつとめ、「左右」の名があるものの、「白衣」ともあり、正式の編制のうちにあるものではなく、官としての身分をもってはいなかったことになる。すぐに年若い太子は拳法に長じ、騎馬や射撃をよくする衛士を好むようになり、「すこぶる膂力があった」趙脩は間もなくして腹心となった。宣武帝が即位した後、趙脩は禁中の侍衛に転じ、引き続き宣武帝の近侍をつとめ、「日ごとにますます寵愛されるようになった」。趙脩は宣武帝が即位した当初における最も重要な耳目や爪牙であった。彼が後に于烈兄弟と特に親しくなることから見れば、宣武帝が于烈と結んで親王の輔政を終結させるに際し、間に立って連絡をとっていた人物として、于烈の子の于忠、東宮御医の王顕以外に、趙脩も大きな役割を担っていたであろうと思われる。

しかし王顕であれ趙脩であれ、朝廷の政務についてはともに全く理解がなく、政治面では少しも経験がなかった。親王の宰相に対抗するためには、深く朝政に通じた謀略の士をえておかなければならなかった。年若い宣武帝が身辺における数名の腹心とともに恨みを抱きながらもどうすることもできなかったとき、真に謀略を出しうる人物が出現した。彼こそは遠い流刑地から秘密裏に京城に潜入した高聡である。『魏書』高聡伝によれば、高聡は勃海高氏の中でも南燕にしたがって黄河を渡り青州に移住した一族の出身であり、平斉民〔北魏の侵攻により、青斉地方から平城へと徙《うつ》された人々〕として雲中鎮にまで連行され、兵戸となり（東魏・西魏の六鎮の人士の身分と変わらない）、同宗の高允と連携することとなり、ようやく北魏朝の官僚となった。高聡は経史に長じたのみならず、文才も突出しており、かつ「わずかながら弓馬を習得し」、孝文帝に向けて自薦し、戦争に従事することを願った。しかし淮水の前線に到達すると、二〇〇〇人の軍隊を率いた高聡は「臆病で威厳が少なく、途上では姦淫・略奪を行って礼節がなく、賊軍と遭遇すると、風を臨んで退散してしまい」、懸瓠（すなわち孝文帝がかつて長期にわたり駐留し病気となったあの南方の重鎮である）まで連行されたが、孝文帝が彼に与えた処分は、「死罪を赦し、平州に移して民とする」というものであった。平州はおよそ現在の河北省北東角の燕山山脈以南の灤河《らんが》流域（唐山と秦皇島の間）に位置しており、当時としては辺境に属していた。高聡は平州に到着したばかりのときに、孝文帝崩御の知らせを聞き、そこで禁令を顧みず、ひっそりと南に帰り、洛陽に戻った後に形勢をうかがい、機会を見つけた。

細かいことは知ることができなくなっているとはいえ、高聡が秘密裏に宣武帝に連絡し、最も重要な策略を献上したであろうことは推測できる。ゆえに『魏書』高聡伝は、「六輔が廃されたのは、聡の謀による」といっているのである。宣武帝が親政を開始すると、すぐに高聡を給事黄門侍郎に任じ、機密に参与させた。

高聡が六輔を廃するためにどのような謀略を立案したかについては、機密に関わり、当時においてそれを知る者は甚だ少なく、彼自身はことが決行された後はそれについて語ることもなく、外部の人間は知ることができなかった。私はここで、高聡が宣武帝のために于烈のような臣下を発見したと純粋に推測する。

『魏書』于烈伝によれば、于烈は孝文帝の末期に非常に信任された武将であり、彼は孝文帝の遷都・改革に賛成しなかったが、表だって自身の反対意見を述べることはしなかった。かつ穆泰・陸叡らは平城で孝文帝への反対を画策していたとき、「代郷の旧族は、ともにこれを憎む者が多かったが、烈の宗族だけは、彼らに染まらなかった」といい、これが孝文帝に深く賞賛され、彼を禁軍の総帥である領軍将軍という要職に抜擢した。太和二三年に孝文帝が最後の出征を行ったとき、その前の出征とは異なり于烈の従軍はなく、孝文帝は彼を洛陽にとどめ、手をとって別れを述べ、「都邑が空しくなれば〔自分が死去したら〕、守りだけは厳重にし、二宮を鎮衛し、遠近の望を集めよ」といった。当時孝文帝は自身の健康に対して自信を失っており、万事を長きにわたって考慮し、于烈を洛陽にとどめ、不測の事態の発生に備えたのである。孝文帝は荊・沔の前線にて死去し、于烈は洛陽城の中で少数の、元勰の通報をえた人物の一人となり、彼は「軍を指揮して留守を行い、神色〔態度〕は変わらず」、皇位の順調な継承に功績を立てた。しかし、于烈は間もなく実際に政治を動かしていた元禧と衝突することとなる。

発端は一件のつまらないことであった。『魏書』于烈伝には、「咸陽王禧は宰輔となり、当時その権力は重かった」とある。元禧は元勰の風格とは異なり、一方では居丈高な態度を取り続け、ましてこのとき権力の最高峰におり、文武の臣が眼中にあるはずもなかった。他方では一人の家僮を派遣して于烈に会わせ、于烈に禁衛軍から羽林・虎賁を選抜して自身に護衛としてつけ、「武器をとって出入りする」ことの便をはかることを求めた。羽林・虎賁は宿衛の職であり、皇帝にのみ従属するのに、一介の奴僮が随意に出入りすることがありえるであろうか。于烈は、私は領軍将軍として、皇帝と朝廷を保衛することだけを知り、私に羽林・虎賁を派遣することを要求するには、必ず詔書がなくてはならず、断じて私的に奉送する理などないと述べた。家僮は腹を立てて帰り、ひとしきり報告した。元禧は怒り、再び家僮を于烈に会わせた。

家僮は元禧の話を伝えてこういった。「私は天子の子であり、また天子の叔父でもある。元輔である私の命が、詔とどう異なるというのか」。

于烈は顔をこわばらせ、声を荒げて答えた。「先頃も王という者は天子の子でも叔父でもないといったではないか。もし詔であれば、官人が遣わされるべきであるが、私奴を派遣して官家の羽林を求めたところで、烈《おれ》の首をえることはできても、羽林をえることはできぬぞ」。

于烈伝のこのエピソードが信頼できるかどうかはともかくとして〔明らかに于烈を美化して元禧を悪く書いており、さらに宣武帝の後の行為のために合理性を含んでいる〕、于烈と元禧との間に大きな矛盾が生じたことは疑いない。実権を握る者と禁軍の総帥とが仲違いをすれば、当然これは極めて大きな問題となる。元禧は「そのままこれ〔于烈〕を地方に左遷することを議し」たとあるが、要するに于烈を洛陽から出し、彼を旧都平城に送り恒州刺史に任命することを指す。于烈はうけず、しばしば上表して洛陽にとどまることを求めたが、元禧によって発布された「詔書」によって全く拒絶された。于烈は周章狼狽し、彭城王元勰を探し出し、怒りながら「殿下は先帝の南陽の詔をお忘れか。老夫に〔よりによって〕ここに向かうよう迫るとは」といった。当時の元勰は名望は高かったが、輔政の地位になく、関与のしようがなかった。

興味深いのは、元禧は于烈が脅威であることを知り、また腹をくくって彼を追い出したが、先んじて彼の領軍の職務を解任しなかったことである。于烈はこの状況に至り、毒を食らわば皿までとして、密かに皇帝に連絡をとり、政変の発生を促すしかなくなった。元禧と于烈の衝突はこの間に挟まっていた多くの文武の官僚にとってはもとより災難であったが、しかし宣武帝と彼の身辺にいた幾人かの親信にとっては、天からふってきたよき知らせであった。宣武帝と于烈の間で連絡を通じていたのは、于烈の子である于忠を除けば、王顕・趙脩のようなもと東宮の親信であったろうことは想像できよう。于烈は于忠に秘密裏に宣武帝に向かい、「諸王の意図は測りがたく、彼らを廃し、速やかにご自身が政治をとるのがよろしいかと存じます」と伝言させ、この話はようやく宣武帝の心中に届いたのである。

ちょうどこのとき、元輔でありながら元禧によって押さえつけられていた元詳の我慢も限界に達した。元詳は幼弟であったが、孝文帝によって重用されていた。しかし太和末年に元勰に注目を奪われ、また新君が即位した後にも元禧に上位に立たれており、気が塞がるようになってしまった。彼は意図して宣武帝に、元禧はやりすぎであり、彼をこのままにさせておくわけにはいかないといった。明らかに元詳の目的は元禧を打倒することにあったが、しかし元禧を排除することは、宰輔の地位に自動的に元詳が復帰するに等しいことであった。そこで元詳はまた宣武帝に、元勰はその名望が高く、皇上に対しても脅威であり、宰輔を担当させるべきではないといった。元詳のこれらの発想は、宣武帝自身は政治をとることができず、親王の宰輔が必要であるということを前提としていた。元禧と元勰を排除しても、さらに二人の兄が存在していたが、彼らの名声・才器はともに突出しておらず、宰輔をつとめるのに最も適当なのは元詳しかいなかったのである。

しかし、宣武帝が考慮していたのは親王による輔政の終結であり、これは当然元詳にとって意外であった。

景明二年（五〇一）正月に至り、一九歳の宣武帝の服喪は理論的には既に三年にわたっており（実際には二〇か月にも満たなかった）、「諒闇」状態を終わらせることができた。『魏書』術芸伝には、「六輔をやめたばかりのとき、（王）顕は領軍于烈のために謀略を通じ、すこぶる密かな功績があった」という。王顕は御医の身分で、宮廷の内外を出入りするのに比較的便利であり、とりわけ宣武帝と于烈の間の連絡人をつとめるにはふさわしかった。これらの密謀に関与した一群の人間（特にその中でも最も頭のよかった高聡）が、選択した行動の時機は禴祭《やくさい》であった。正月において最大の国家祭典は禴祭であり、祭日には、三公・諸王は皆速やかに太廟付近にて斎戒し、廟に入り礼を行う準備を行った。『魏書』世宗紀によれば、宣武帝は親政を正月庚戌（五〇一年二月一八日）に宣布したといい、行動がこの日にとられたことをうかがわせる。『魏書』彭城王伝によれば、元禧・元勰と元詳（その他の王公大人もいたに違いない）は太廟東坊において斎戒していたときに、于烈は六〇名余りの「宿衛の壮士」を伴って闖入《ちんにゅう》したというが、おおよそ彼らは先んじて外で彼ら三人の親王の連れていた身辺の警護を押さえていたのであろう。

『魏書』于烈伝は事件について平易な描写を通じて、特に宣武帝と于烈父子の対話を記しているが、明らかに宣武帝の独自かつ一時的な決定であり、于忠は伝達者にすぎず、于烈は執行者にすぎなかった。例えば宣武帝は前の晩に于忠を通じて于烈に伝言し、「明日は早く入れ、軍務がある」といったという。翌日早くに于烈が謁見すると、宣武帝は「諸父《おじたち》は怠惰であり、だんだん任せることができないほどになってきている」と述べ、于烈はすぐさま「今日のことは、あえて辞することはいたしません」と表明したというが、非常に舞台上の効果があった。実際はこのように危険な行為は、宣武帝と于烈の間で早くから細かく計画されたもので、この日は計画にしたがって実行されたにすぎず、彼ら二人が緊迫した状況で理由を探し、決意を表明する必要がどこにあったであろうか。

『魏書』于烈伝によれば、于烈は「直閤以下六〇人余りを率い、咸陽王禧・彭城王勰・北海王詳に対して詔を読み上げ、帝の前に移送した」という。『魏書』咸陽王禧伝によれば、于烈は元禧・元勰と元詳の三人を光極殿に移送し、宣武帝に謁見したという。宣武帝は準備しておいた弁解を読み上げ、「恪《わたし》は愚昧でありながら、かたじけなくも宝暦をうけたが、近頃病にかかり、実に諸父に頼り、何とか生命を保ち、たちまち三年がたった。諸父は政権を返して礼節を守れ。今より〔私〕自らが百揆〔百官〕を統べることとする。しばらく府司に帰っておれ。追って処分があろう」といった。最後の一句は、彼らそれぞれを帰宅させるということではなく、また「しばらく府司に帰っておれ」とは、しばらく彼らをどこかにとどめ、権力の部署を接収管理しその手配が終わるのを待ち、彼らを帰宅させるという意味であろう。この情報が伝わると、朝廷の上下にて小さからざる震動が発生し、多くの人々が池の魚にまで及ぶほどの大規模な殺戮があるものと懸念し、そこである朝臣は逃亡して隠れ、またある者は洛陽から逃げ出しさえしたのである。『魏書』張彝伝は尚書をつとめていた張彝と邢巒が「処分が尋常でないものであると聞き、都を出て逃走した」ことを記している。

同じ日に、宣武帝は親政の詔書を頒布し（全ての文書が高聡によって早くに起草されたであろうことが容易に想像される）、北魏朝の上下に皇帝が自身で皇帝権力を行使したことを知らしめたのである。詔書は一方で幾人かの叔父に「王室に骨を折った」ことについての感謝を述べていたが、他方では「こうした欠員の多いときにこそ精励すべきであり、自ら機務を総覧する」ことを宣言し、同時に元禧・元詳に聞こえのよい官職を与えた。『魏書』彭城王伝によれば、宣武帝は元勰に、先帝の指示にしたがい、彼に「職を辞めて第《やしき》に帰る」ことを赦し、元勰は「悲喜こもごも深い」ことをあらわした。

宣武帝の親政の後、数名の叔父、特に元禧との関係は依然として緊張していた。『魏書』咸陽王禧伝によれば、元禧は権力と地位を失った後、宣武帝への謁見までもができなくなり、「趙脩が寵を独占すると、王公はめったに謁見できなくなった」という。咸陽王府の衛兵の首領（斎帥）劉小苟《りゅうしょうこう》は元禧に、皇帝の身辺にいる（趙脩のような）一群の近侍が大声で元禧を誅殺するよう求めたと報告した。元禧は驚き、「私には裏切りの心などなく、天家にどうしてこのようなことがありえるのでしょうか」といった。口ではこのようにいったものの、内心は不安で満ちており、「常に恐れを抱いていた」。四か月がたつと、暮らしが続かず、加えて身辺に人から煽動されているように感じ、元禧は遂に本気で反乱を考えるようになっていった。まさにこうした考えが次第に盛んになっていったとき、五月壬子（五〇一年六月二〇日）、元禧の弟である広陵王元羽が急死したのである。元羽の死には政治的背景はなく、純粋に不名誉な災難であった。『魏書』広陵王羽伝には、「（元）羽はさきに員外郎馮俊興の妻と姦淫し、夜に私事で遊び、俊興に殴られた。連日秘匿されたが、王府にて薨去し、享年は三二であった」とある。孝文帝はかつて厳しく元羽を批判し、彼が「出入に次序（手際の良さ）がなく、動きが礼の規則に背いている」といい、元羽が外で女漁りを行っていたことをとっくに知っていたようであるが、彼がこのようなことで死ぬとは予想していなかったであろう。元羽は不名誉な死を遂げたものの、結局は元禧の長弟であり、我々がつかめずにいるのは、元禧が決心を下すのを元羽の死が推進したか否かということである。

一〇日後、宣武帝は黄河南岸の小平津において猟を行い、元禧は洛陽城西の小宅にて親信を集めて相談し、「兵を率いて直接金墉城に入り」、（曹魏の高平陵の変のように）洛陽の城門を閉じることを計画した。元禧は早くからこの日に行動に移ることを決めていたようであり、既に禁衛軍において手配していた親信に通知し（後に宣武帝は「直閣の半分は逆党であった」ということになる）、彼らに北邙山にて機をうかがい宣武帝を刺殺し、同時に長子元通を派遣して黄河北岸の河内郡に赴き、そこで武装蜂起し洛陽に呼応させせようとしたのである。しかし不可解なことに、元禧は城西の小宅の会議において全く指導力はなく、参加者は「皆異なる意見を抱き」（すなわち元禧の計画に対して種々の疑義を呈し、元禧に使いこなせないことを意識させようとした）、会議は丸一日開かれたが、行動の計画を形作ることはできなかった。会議が結論を下すこともないままに、元禧自身も考えつつ語り、ようやく人を派遣して元通を追わせた（当然追いつけず、これも元通の生命を絶つこととなった）。会議では明確にはしなかったが、参加者全てに秘密を守るよう約束させ、その後に元禧自身は家人（「臣妾」）を伴って城東の洪池に建てた別荘に向かった。会議に参加した武興王楊集始は門を出るとすぐに馬に乗って北邙山に向かい、元禧の謀反のことを宣武帝に報告したのである。

『北史』咸陽王禧伝によれば、宣武帝は猟から帰る途上で北邙山を通り、仏塔の陰で昼寝し、侍衛たちは四方で獲物を追っており、身辺には元禧の手配した数名の武士しかいなかったが、彼らは皇帝を刺殺することが不祥を招くことを懸念し（「私は天子を殺した者は癩病（ハンセン病）にかかると聞いている」）、最終的にはあえて手を下さず、千載一遇の機会を逃してしまったのである。楊集始が来て変を告げたとき、宣武帝の身辺には侍衛が多くはなく、また洛陽で何が生じたか理解しておらず、一時は非常に狼狽し、于忠を派遣してさきに洛陽の状況を探るしかなかった。于忠は馬に乗って洛陽に向かい、自身の父親である于烈が既に安全・警戒のために衛兵を配置しており、これによってようやく北邙山から宣武帝が宮城に戻ったのである。この後、自ずから元禧とその党派に対する大捜索が行われることとなり、速やかに洛水南岸の柏谷塢にて元禧を捕らえた。元禧の人生の最後の一、二日の細部について、『魏書』・『北史』は詳しく記しているが、ここでは一律に省略したい。

宣武帝は自ら元禧に尋問し、結果は当然死を賜うこととなり、死後は秘密裏に北邙山に埋葬された。ときに景明二年五月壬戌（五〇一年六月三〇日）のことである。「謀略に与《くみ》し誅殺された者は数十人にのぼった」。元禧が残していた息子たちは（長子元通は河内で殺された）、一律に宗室から追い出され、いわゆる「その諸子の属籍〔宗室の戸籍〕を絶つ」であった。元禧の娘たちは、「わずかに資産・奴婢を与えた」。元禧が努力して少しずつ貯めた膨大な家産の、主要部分は宣武帝によって彼の最も寵愛する親信〔反元禧の事業において功労が最も大きい者〕の趙脩、及び母方の伯父の高肇《こうちょう》に賜与され、残りは内外の百官に山分けとなった。元禧の諸子の衣食は乏しくなり、叔父元勰がわずかに救済しただけであった。窮地に陥った元禧の子供たちは前後して梁に逃れた。

咸陽王府の音楽伎人〔いわゆる「宮人」〕は財産としてあらためて分配されることとなり、彼女たちは再び音楽伎人の売買市場に送り込まれ、流浪の際に、咸陽王府に在りし日を思い、このような歌を編んだ。

行く人はどうしてそこを渡れるかしら。
洛水は深くその岸は長いのに、
夜は霜と露とを踏んできたのに〔苦労したのに〕。
金の床に玉の机があるのに眠ることもままならず、
どうして馬鹿なことをしてしまったのかしら。
かわいそうな咸陽王様、

『魏書』咸陽王禧伝には、「その歌はそのまま江表にまで流れ、南にいた北人は、富貴であっても、弦・管でこれを演奏すると、涙を流さない者はなかった」とある。江南でこの歌を聞いて涙をとめどなく流した北人の中には、元禧の子供たちもいたに違いない。

元禧が死去してわずか二か月後の七月壬戌〔五〇一年八月二九日〕、もとの六輔の中でも地位が比較的高かった王粛が病死し、六輔はそのまま過去の存在となった。

元禧の死を目安として、宣武帝の奪権闘争は勝利をもって終わりを告げたが、しかしこれは必ずしも彼の叔父たちに対する猜疑が終わることを意味するものではなかった。北海王元詳は元禧の死後に宣武帝の近侍・恩倖にへつらい、これによって一度は宣武帝の信任をえることになったが、この近侍・恩倖集団の分裂にしたがい（正確にいえば、この集団内部で権勢の転移が発生した）、元詳はそれに巻き込まれ、忌諱（例えば特定の禁衛軍官との親密な関係など）に触れてしまったのである。正始元年五月丁未（五〇四年五月三〇日）に至り、宣武帝は詔を下して元詳を廃し庶人とした。墓誌によれば、元詳は正始元年六月一三日（五〇四年七月一〇日）に死去し(9)、その場所は彼が拘禁されていた太府寺であったという。

このように、宣武帝の六人の叔父は、彭城王元勰と高陽王元雍を残すのみとなり、その中でも元勰は名望が高く、もとより宣武帝やその親信より忌まれていた。宣武帝の数人の弟が成人となり、加えて宣武帝自身は一貫して子を産まず、彼は皇叔元勰と皇弟たちが近づきすぎることを非常に懸念していた。「宿衛の隊主に詔して羽林・虎賁を率い、諸王をそれぞれの第《やしき》に幽閉させた」とある。これは宣武帝の弟に対するものであるだけではなく、元勰も同様の待遇をうけることとなった。『北史』外戚伝は高肇が「宣武帝に諸王より防衛し、監禁と同様にするよういった」と伝える。『魏書』彭城王伝は元勰が「山水の楽しみもなければ、友人との遊びも絶え、ただ妻子とのみ付き合い、鬱々として楽しまなかった」という。永平元年三月戊子（五〇八年四月二〇日）、唯一の王子であり、三歳にも満たなかった元昌が突然夭折し、宣武帝にとって巨大な心理的衝撃となった。そしてこともあろうに同年の秋、彼の長弟である京兆王元愉が冀州において皇帝を自称して挙兵し、一か月のうちに軍は敗れて殺され、皇帝の心のうちを深く知っている親信たち（高肇を含む）はすぐに元勰を巻き込んだ。『魏書』世宗紀には、「（永平元年九月）戊戌、侍中・太師・彭城王勰を殺した」とある。これによれば元勰は戊戌（一八日）に死んだことになる。しかし元勰墓誌には「永平元年、歳は戊子にあり、春秋三六、九月一九日己亥に薨去した[10]」とあり、元勰の死んだ日は九月一九日（五〇八年一〇月二八日）とされている。『魏書』彭城王伝によれば、元勰は毒酒を飲むよう迫られて死去し、一八日深夜、一九日早朝に「褥《しきもの》で死体を包み、輿《くるま》は屏門から出、死体を乗せて第に帰った」といい、元勰の家族にとっては彼は酒と死とを飲んだことになるのであろう。

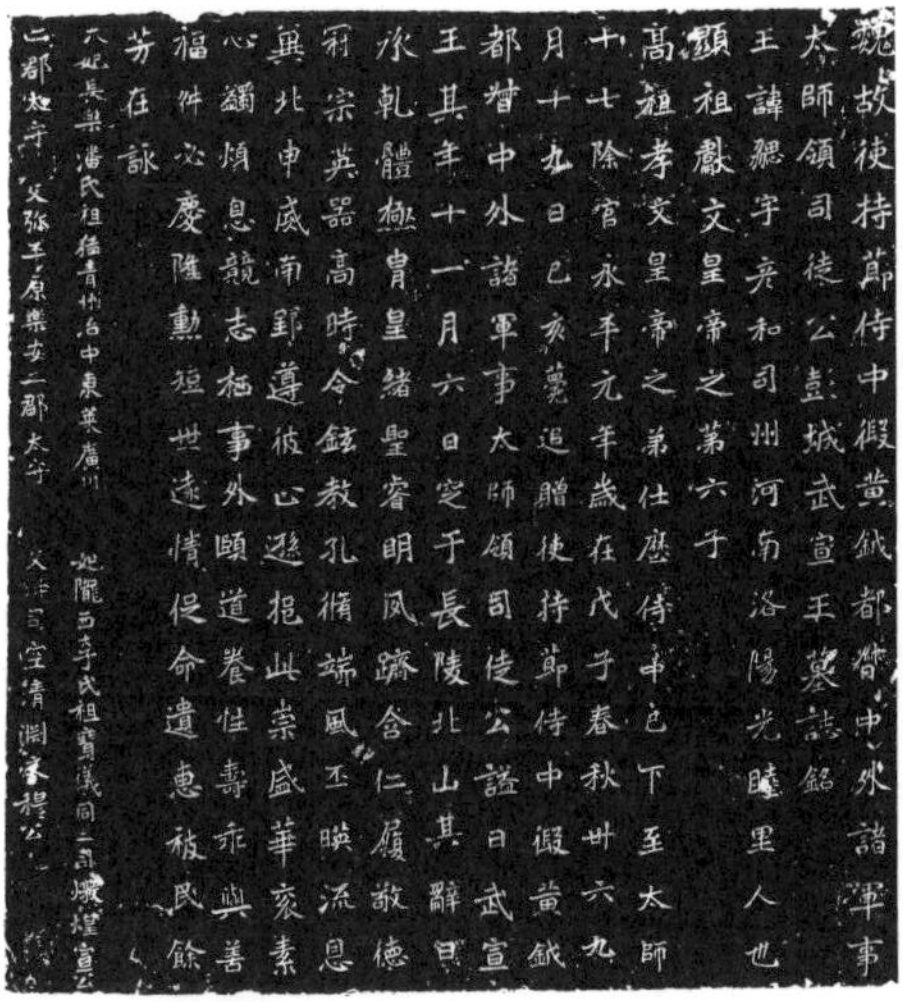
魏故使持節侍中假黄鉞都督中外諸軍事
太師領司徒公彭城武宣王墓誌銘
王諱勰字彦和司州河南洛陽光睦里人也
顯祖獻文皇帝之第六子
高祖孝文皇帝之弟仕歴侍中已下至太師
十七除官永平元年歳在戊子春秋卅六九
月十九日己亥薨追贈使持節侍中假黄鉞
都督中外諸軍事太師領司徒公諡曰武宣
王其年十一月六日窆于長陵北山其辭曰
承乾體極冑皇緒聖睿明夙蹛含仁履敬徳
冠宗英器高時令鉉教孔脩端風丕暎流恩
冀北申咸南郢遵彼心遊挹此崇盛華袞素
心纓煩息競志栖事外頤道養性壽恭與善
福仵必慶隆勳短世遠情促命遺恵被民餘
芳在詠

図 44　元勰墓誌

孝文帝の六人の弟については、宣武帝が即位して一〇年目に至り、残る一人である元雍も死去することとなった。かつそのとき宣武帝の四人の弟の中で、彼は既に一人を殺し、一人を軟禁したのであり、残る二人も厳しい監督のもとにおかれた。史書を読む者は、あるいは宣武帝元恪は刻薄で恩が少ないと称するに値するというであろう。しかし今の我々が元恪の成長の過程と彼が即位した後の権力構造を見ると、彼の所作は、かなりの部分において彼の内心に深く根ざした強烈な不安感のあらわれであったということができよう。彼がその中で成長した孝文帝時代において、彼の記憶に残っているのは、主として手に汗を握らせるほどの宮廷の軋轢や朝廷の闘争であり、数少なくひいては唯一であったかもしれない温かな記憶は、彼の母親や、母親をめぐる数人とのことであったろう。まさしくこうした心理的特質は、宣武帝の、朝臣とりわけ地位が高く権力が重い宗室諸王に対して信任を欠乏させ、彼の身辺に幾人かの寒賤出身の侍衛の者たちを無限に近づけることとなった。そしてこれらの侍衛の者たちに頼ることで、彼は初めて一時は名をとどろかせた王公たちの手中から権力を奪回することに成功したのである。

同時に、宣武帝元恪は母親に対する温かな記憶を、これらの母親と関係を有する人々との親近や信任に転嫁させた。この点が王鍾児／慈慶と関係することにより、本書では特に関心を注ぐこととなるのである。

注

（1）『魏書』巻八 世宗紀（二五七頁）参照。

（2）『魏書』巻八一 山偉伝（一九三五頁）参照。

（3）『魏書』巻八 世宗紀（二四九・二五七頁）参照。

（4）『魏書』巻一一四 釈老志（三〇四頁）参照。

（5）『魏書』巻二一下 彭城王伝（六四八～六四九頁）参照。

（6）『魏書』巻一九中 任城王伝（五四〇～五四一頁）参照。

（7）胡三省は『資治通鑑』に注し、元禧らは元澄を恐れ、機に乗じて彼を権力の中心から追放したとし、「史官は任城王澄の才略は、魏の宗室中でも優れているとしている。太和年間、朝廷に大議があれば、澄は常に発言し、気は万乗を加えその上に勝っている。孝文帝は外ではこれを容認していたが、内心これを憚っており、まして咸陽王禧はどうであろうか。王肅によってこれを排斥しただけである。人主が年若く国が疑っているとき、澄のようにその身を全うすることができた者は、幸運である」といっている。『資治通鑑』巻一四二 斉紀東昏侯永元元年五月条（四四四三頁）参照。

（8）Andrew Eisenberg, *Kingship in Early Medieval China*, Brill, 2008, pp.35-60.

（9）趙超『漢魏南北朝墓誌彙編（修訂本）』七九頁参照。

（10）趙超『漢魏南北朝墓誌彙編（修訂本）』八〇頁参照。

第20章　暉光の戚里

宣武帝が親政を開始して以降において、彼が権力を奪回し功績を樹立するのを助けた人物として、外には于烈・于忠のような禁軍の将帥がおり、内には趙脩・茹皓《じょこう》のような恩倖伝に立てられている左右の近侍がいた。身辺の人間を信任し、自身と比較的長く連絡をとっていた人を信任することは、宣武帝の大きな特徴であった。たとえ純粋な文臣儒生であっても、自身と「過去に交際していた」人物を重用した。例えば、太和末年に彼がまだ皇太子であったとき、孝文帝は東宮に派遣して彼の読書に付き合わせた「侍読」の臣の中に、孫恵蔚《そんけいうつ》がいた。『魏書』儒林伝によれば、孫恵蔚は二〇年以上にわたり「久しく小官にとどまっていた」が、宣武帝の親政期に至り、列伝には、「世宗が即位した後に、なおも左右にあって経典を読み、冗従僕射から秘書丞・武邑郡中正に移った」とある。この「即位」とは実のところ「親政開始」である。[1]宣武帝が孫恵蔚を抜擢するほどの権力を有するのは、彼の親政開始の後のこととなる。ここから孫恵蔚は台頭し、「才は文史には向かず、撰著することもなく、ただ自らその伝注数行を披露するだけであった」にもかかわらず、儒生文士で垂涎しない者はないであろう黄門侍郎・著作郎・国子祭酒・秘書監等の職を歴任した。『魏書』は非常に盛大に「北魏の初期以来、儒生は寒門の官吏であったが、恵蔚は最も栄達した」と結んでいる。

注目に値するのは、孫恵蔚が長期にわたり宣武帝の身辺にて「読」んだ「経典」は、その全てが儒教経典であったというわけではなく、宣武帝がより心を傾けていた仏教経典も含まれていたことである。列伝には、「もともと単に蔚という名であったが、正始年間に禁中にて侍講し、夜に仏経を論じ、帝の意向にかなない、詔により「恵」字を加えられ恵蔚法師と号した」とある。宣武帝は仏を崇拝し、身辺の様々な人物も必然的に仏教を信仰するようになり、代々の儒者も例外にはなりえなかった。しかし孫恵蔚は幼名を陀羅といい、仏教を信仰する家庭の出身であったことがうかがえ、彼は宣武帝とともに名目上は儒家の経典を読みつつも、実際には仏教の経論について討論し、あるいはずっと昔からそうだったのであろう。このような講経の場合は、宮内の老尼慈慶も参加した可能性がある。宣武帝にとっては、慈慶は母親と関係のある温かな記憶の一部であり、遥かなる故郷にも等しかった。しかし慈慶は年老いかつ出家しており、宣武帝は彼女に対して名声・地位の面において優遇することを好まなかったが、その他の背景が類似した人に対しては、彼の感謝の方法は自然と官職になっていた。

さきに北魏の宮内奚官奴や宮女の人生について触れたとき、「大魏宮内司高唐県君楊氏墓誌」に記されている内司楊氏について言及した。楊氏は劉宋の淮北四州が北魏に編入されたことにより奚官奴となったのであり、ときに「方笄の年齢」、すなわち一五、六歳であった。彼女が二七、八歳となったとき、「文明太皇太后は才人を選び、宮女にあて」、高照容の身辺の宮女の一人、王鍾児の同僚となり、高照容がその二男一女を養育するのをサポートしていた。高照容の死後、楊氏は宮内のその他の部署に転任して仕事していたようであるが、「選ばれて内宗七祏をつかさどった」のであり、そこで行われていたことは日常の祭祀と関連するものであった。宣武帝の即位後、楊氏はまず細謁小監となり、続いて文繍大監に昇進し、最後には「一宮を率い、仕事は要領をえており、上下は順厚にして」、「あらためて宮大内司を授けられ」、宮女の最高位である大内司にまで至ったのである。墓誌には、「宣武皇帝は楊氏が先后に仕え、その徳は誇るべきものであることから、県君の爵位を賜与し、その邑を高唐と号した」とあり、楊氏は生前に爵位をうけており〈高唐県君〉、もう一人の内司呉光はこの恩寵に浴することができなかった。これは当然宣武帝個人の感情と関係がある。すなわち彼が楊氏に恩寵を与えたのは、全てが報酬や感謝のためであったというわけではなく、一種の信任・依存・利用であり、ある側面では彼の内心の不安感を反映していた。

宣武帝の少年時代に彼の生活に進み入っていたもう一人の人物として、宮廷の御医王顕がいる。『魏書』術芸伝の王顕条によれば、王顕は早くも宣武帝が生まれる前に、彼と関係を有していたという。

文昭皇太后が世宗〈宣武帝〉を身ごもったばかりのとき、夢で太陽に追われ、龍となってめぐった後に、后は目が覚めて動悸がとまらず、そのまま心臓の病気を生じてしまった。文明太后は徐謇や顕らを召して后の脈を診させた。謇は微風が臓器に入り、湯液を飲ませ針を打つのがよいでしょうといった。顕は、「三部の脈を診てみると、これは心臓の病気ではなく、男児を身ごもり出産する兆《きざ》しです」。果たして顕のいう通りであった。

高照容が妊娠して動悸が生じ、孝文帝が晩年において最も信任していた名医徐謇は全く分からなかったが、王顕だけは奇妙にも正しく診断した〈彼は妊娠とみただけではなく、男児を産むことまで知っていた〉。高照容が見た夢〈夢で太陽に追われ、龍となってめぐった〉については、王顕は宣武帝が皇太子に立てられあるいは皇帝に即位した後に追加されたものであろう。同様のエピソードは『北史』后妃伝にも入れられており、高照容が幼年時代に太陽に追われる夢を見たといっており、これは平城宮に入る前のことであるから、当然病気になったことや王顕の診断のことには言及していない(2)。この診断の成功により、高照容は彼を信任し、以後何かがあれば彼を探したのであろう。伝文は彼が年少の元恪のために看病したことも伝えている。

> 世宗は幼き頃からわずかな病があり、長らく治癒することがなく、顕が治療したところ効果があり、これによって賞賛され目にかけられるようになった。

元恪に「賞賛され目にかけられ」たことになり、王顕は元恪の太子宮にて官職をえることとなった。『北史』魏諸宗室伝に常山王遵条があり、拓跋遵の曾孫元寿興[3]（元昞《げんへい》）は、太子中庶子を担当していたことがあり、「初め、寿興が中庶子であったとき、王顕は東宮にあり、賤しかったが、公事により、寿興は彼を四〇回鞭打った」[4]。後に元寿興は処刑されるが、彼が当時太子宮において王顕ともめていたことが少なくとも原因の一つであった。まさしく王顕が東宮官属であり、加えて宣武帝と長い関係を有していたことにより、彼は宣武帝が即位した後に親信中の親信となった。親王輔政を終わらせる闘争においても、彼は功労を立てた。御医（侍御師）の身分は彼が使者を担当し、宮廷内外を出入りし、すなわち伝文にいう「間で謀略を通じ」るのに有利にさせ、「また六輔が廃されたばかりのとき、顕は領軍于烈のために間で謀略を通じ、すこぶる密功があった」という。

宣武帝が親政すると、王顕に游撃将軍・廷尉少卿となるよう奨励したが、しかし「なおも侍御にあり、御薬を進め、禁内に出入し」、将官の職を有していたが、それは給料と外観を整えるためにのみ用いられ、実際に携わっていたのは侍御師の仕事であった。王顕は一貫して宣武帝に「本州に臨むことを乞い」、郷里の州の州刺史となることを希望した。王顕は陽平郡楽平県の人であり、陽平郡は相州に属し、相州は北魏第一の大州であって、州治鄴城は河北で最も繁栄した都市であり、王顕が求めたのはその相州の刺史であった。当時本州の刺史を担当することは非常に栄誉なことであり、まして彼は機に乗じて大々的に一族の勢力を地方に扶植することができたのである。宣武帝はこれを承諾したものの、彼を手放すには忍びなく、「積年授けなかった」。王顕自身は早くから外に情報をまき散らし、「情報は遠近に伝わり」、断固として変えられないことにしてしまったため、皇帝は決定するしかなかった。間もなくして、果たして「平北将軍・相州刺史に任命され」、王顕は意気揚々と赴任していった。しかし相州に到着して数日もしない間に、宣武帝は人を派遣して彼に急ぎ帰京するよう命じ、使者は理由として皇帝の身体に問題が生じ、彼の「医薬」が必要となったためといった。皇帝の病状がよくなると、鄴城に帰ることとなった。後に王顕は洛陽に戻り、太府卿・御史中尉となったが、侍御師の身分は一貫して変わらず、依然として皇帝（後に皇子も加わる）の医療を担当していた。(5) 皇帝の医者はもとより医術のレベルが高いものではあるが、最も重要なのは皇帝から信任されることである。宣武帝の性格や心理的な特徴からも、王顕を頼れる者と認めた以上は、離れることは困難であった。

宣武朝の朝政にはさらに重要な変化があり、宣武帝のこうした心理的特徴とも関わるが、それこそが外戚高肇の台頭である。

『魏書』世宗紀によれば、太和二三年四月丁巳（四九九年五月七日）宣武帝は魯陽にて即位したが、そのときは全てが粗雑であり、「政治は宰輔に委ねられていた」という。洛陽に戻った後、故事や礼典に基づいて必要な手配がなされはじめた。六月「戊辰（四九九年七月一七日）、皇妣を追尊して文昭皇后とした」。これ以前に「子貴母死」の制によって死去した幾人かの皇帝の生母は、例えば文成帝の母である郁久閭氏が恭皇后と追尊され、献文帝の母である李氏が元皇后と追尊され、孝文帝の母である李氏が思皇后と追尊されたように、皆産んだ皇子が即位した後に位号を追尊された。そのため元禧ら輔政大臣は高照容を文昭皇后として追尊したが、これは故事や旧制にしたがった結果である。文昭皇后として追尊した所以は、元恪を皇太子に冊立したときに、孝文帝が彼女に昭儀の号を追加し、文昭貴人と諡していたためである。ここで直接的に文昭貴人から文昭皇后に昇進させたのである。

しかし過去の状況と異なるのは、これ以前には皇帝の生母を大行皇帝の皇后として追尊するときには、後宮は最高権威を擁する女性を有しており、文成帝時代は常太后、献文帝と孝文帝の時代には馮太后がそれにあたった。宣武帝が即位したとき、孝文帝の皇后は一人が廃され一人が死去し、宣武帝自身はなおも正妻がなく、北魏で初めて宮中に皇后がいない局面があらわれた。皇后のいない時期の後宮は、多種の勢力が競争する土壌を育み、後における宮中の複雑な情勢はこれによって醸成されたのである。

『資治通鑑』南斉東昏侯永元元年（北魏孝文帝太和二三年）六月戊辰条は、「北魏は皇妣高氏を追尊して文昭皇后とし、高祖に配饗〔天子と併せ祭る〕し、旧墓を増修し、終寧陵と号した」と叙述した後に続けて次のように述べている。

> 后の父颺《よう》に爵勃海公に追賜し、諡を敬といい、その嫡孫猛に爵を襲《つ》がせた。后の兄肇を平原公、肇の弟顕を澄城公に封じ、三人は同日に封をうけた。魏主はもとより母方のおじたちを知らず、初めは衣幘を賜って引見したが、皆恐れてなすところを知らなかった。数日の間に、富貴となり盛んとなった。

『資治通鑑』の編年に基づくならば、輔政の諸王が高照容を追尊した後に、彼女の、既に死去していた父親高颺を勃海公に追封し、かつ高颺の嫡孫高猛に襲爵させ、高照容の兄弟の中で生存していた二人、すなわち高肇を平原公に、高顕を澄城公にそれぞれ封ずるなど、すぐに高照容の父兄を公爵に封じたのである。高肇・高顕と高猛の三人は同時に公に封ぜられ、封公の日には宣武帝に謁見することができた。三人は平民の身分で宮中に入り、公に封ぜられた後に宮中から爵位にふさわしい服装を賜り、着替えた後に宣武帝に謁見したのである。三人は急にかくも広大な局面に遭遇し、「皆恐れてなすところを知らなかった」（『北史』外戚伝は「皆甚だ恐れ、その挙動が礼儀を失していた」としている）のであり、当然ながら、同時にここから「富貴となり盛んとなった」のである。『通鑑』によれば、これらの宣武帝のおじたちに与えられた栄誉は元禧・元詳の執権時に手配されたものであるという。実のところ、『通鑑』はついでに高肇らに言及しただけで、有意に高肇らの封公のために時間を整理したのではなかったのかもしれない。

北魏政治史における高肇の出現は、彼が弟高顕、甥高猛と同日に公に封ぜられ、また宣武帝に謁見して肉親として認められたことによるが、これは宣武帝が親政を開始した後、元禧が殺害される前のことである。『北史』外戚伝は「宣武はおじたちを追思し、肇兄弟らを召した」ことを記しているが、その時期を「景明の初め」としている。しかしこの「景明の初め」とは景明元年（五〇〇）ではないようである。高氏諸人が封ぜられたことは、文書の順序としてまず臣下の上奏を経て、後に皇帝により「詔可」されるという形態をとったに違いない。『北史』外戚伝によれば、高氏諸人の封爵を奏請した人物として最初に名前があげられているのが、「録尚書事・北海王詳」であったという。元詳が録尚書事に任命されたのは、宣武帝の親政開始後である。『魏書』北海王詳伝には、「世宗が政治を総覧すると、〔元詳は〕侍中・大将軍・録尚書事に移った」とある。六輔時代の元詳は司空であり、宣武帝が政治を総覧した後しばらくして彼の三公の職位は解かれた。そのため高氏諸人が封ぜられたのが、宣武帝の親政開始後であったことがうかがえよう。『北史』外戚伝は高肇らが封爵された後に、「この年、咸陽王禧が誅され、財物珍宝・奴婢田宅はその多くが高氏に入った」と記している。これにより宣武帝がおじである高肇・高顕と会ったのは、景明二年正月庚戌（五〇一年二月一八日）以降、五月壬戌（六月三〇日）以前のこととなる。高氏は南遷の列には含まれず、依然として平城にとどまっていた。宣武帝は親政を

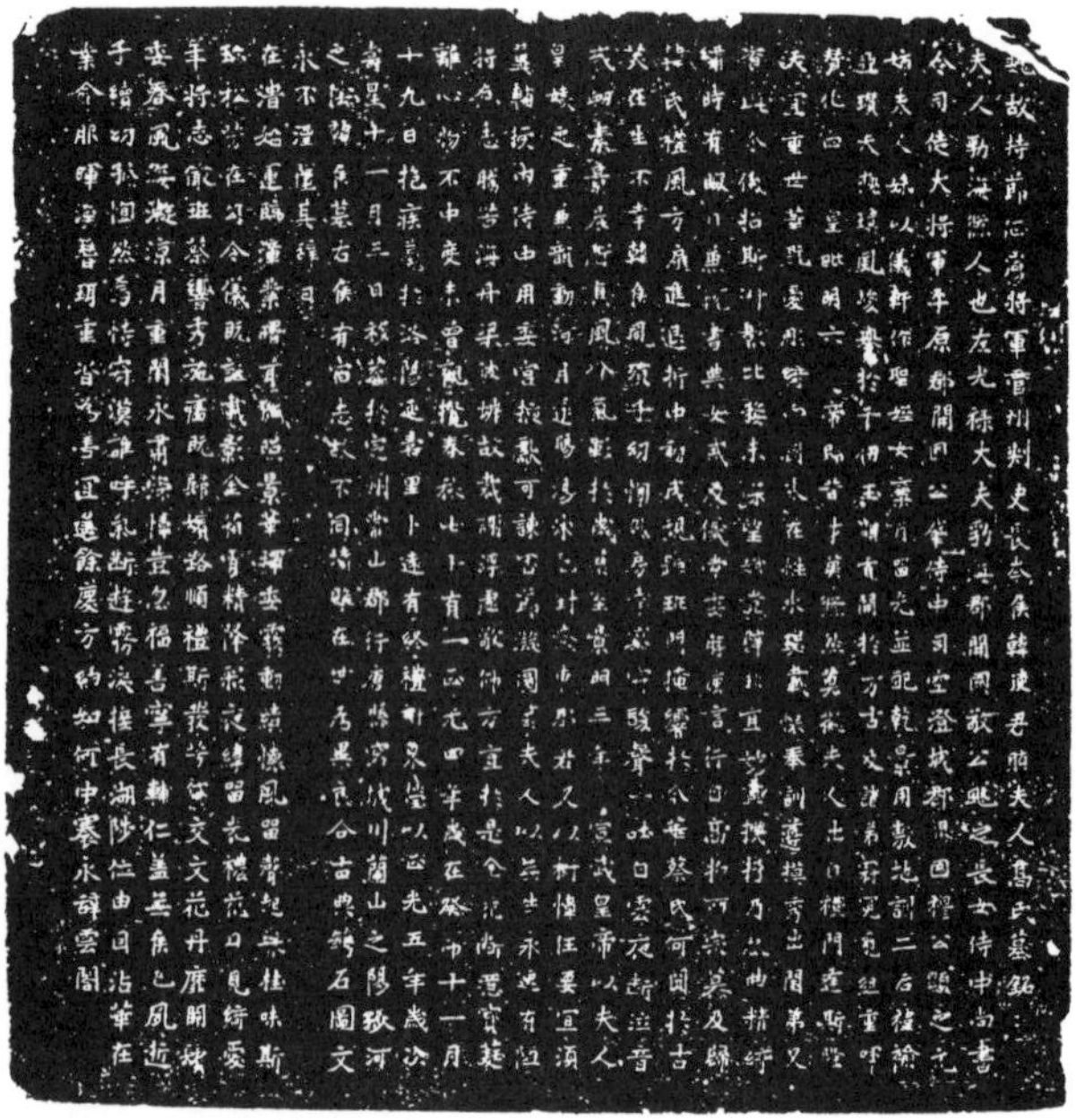
図45　高氏（韓賄妻）墓誌

開始した後に人を平城に派遣して彼らに南に来るように命じたが、行ったり来たりで一か月は要するため、会見は二〜三月の間であろう。

高照容の父親である高颺には全部で五男三女がおり、[6] その全員が高句麗で生まれ、うち長女はその墓誌によれば文成帝興安二年（四五三）に生まれたことが分かるが、それならば太和年間の初めに一家が平城に移ったときには、彼女は既に成年であり、既に嫁いでいた可能性もある。彼女の墓誌によれば、その夫は韓賄《かんわい》であったという。[7] 高颺が一家を挙げて「国〔北魏〕に入った」とき、同行者には「郷人韓内」がおり、この韓賄は韓内と同じ家の者であろう。高颺夫妻と彼らの比較的年長の子供たちである高琨・高偃・高寿は、宣武帝の親政開始以前に皆死去しており、平城に葬られた（唯一墓葬地がはっきりしないのが高寿であり、高寿は封贈や改葬にあずからず、これは彼が庶出であり、また「国に入」る前に死去したためであろう）。宣武帝が肉親を探していたときに、おじたちの中では高肇と高顕兄弟の二

図46　高猛墓誌

人だけが残り、ここで既に死去していた外祖父やなおも生存している二人のおじを開国公に封じ、外祖父高颺の公爵はその長子高琨により継承されるべきであったが、高琨は既に死去していたため、高琨の長子（いわゆる高颺の嫡孫）である高猛により継承された。高猛墓誌によれば、高猛は太和七年（四八三）に生まれたといい、宣武帝の年齢に相当し、勃海郡開国公を襲ったときには既に一八、九歳であった[8]。

宣武帝が外祖父に勃海公を贈ったのは、明らかに自身の外戚を著名な勃海高氏に繋げようとしており、これにより後に高肇は長きにわたって冀州大中正を担任することとなった。遷都の前後の数年は、まさしく権勢を有する者は本貫地を変更し、郡望を改めるための大いなる好機であった。(9)『魏書』恩倖伝を例とすれば次のような諸例がある。王叡は「家はもともと太原晋陽であったが、そのまま本貫を移した」。王仲興は「代々趙郡に住んでいたが、自らが寒微〔貧賤〕であると思い、もとは京兆覇城出身であるといい、ゆえに雍州大中正となった」。寇猛は「自らを上谷寇氏とし、燕州大中正となることができた」。茹皓は「自らはもと雁門出身であったといい、雁門人の追従者はしたがって皓を司徒に薦め、肆州大中正となることを要請し、府・省は上奏し、詔によって特に許された」。趙邕《ちょうよう》は「趙家は南陽出身であったために、移って荊州に属し」、前後して南陽中正・荊州大中正に任命された。侯剛は「上谷にさきに侯氏がいたことから、ここで初めてここを家とし」、また燕州大中正を担当した。郡望をでっちあげることに成功し、自身の一家と某地の古い名族と混同させるには、本貫の籍を移すだけでは不十分であり、家も引越す必要があり、当地の名実ともに大地主となるには、同時に外地に葬った父祖先人を「故郷」に戻す必要があった。例えば王叡の一家は本来平城に葬られていたが、「洛陽に遷都した後、太原晋陽に改葬した」。趙邕の祖父ももともと平城に葬られていたが、趙邕が籍を南陽に改めた後に「〔祖父の〕遺体を平城から南陽に改葬した」。この類いの新興勢力は財力があり権勢もあり、通常は「故郷」の太守ないしは刺史を担当し、田地を占用し、家宅を盛んに建てるのであり、彼らは自身をよそ者からその土地の大族に転化させるのに十分な資源を有していたのである。

家族の地位を決定するのは歴史的な名声だけではなく、それにふさわしい当世の官位や婚姻集団も必要となり、新興の家族も自己の権勢によってこうした婚姻ネットワークへの加入を強行することがありえた。さらに『魏書』恩倖伝に記される趙邕を例とすれば、彼は自身を南陽趙氏に格上げした後、さらに高位層の婚姻ネットワークへの参入を望んだ。幽州刺史であったときに、彼は機に乗じて著名な范陽

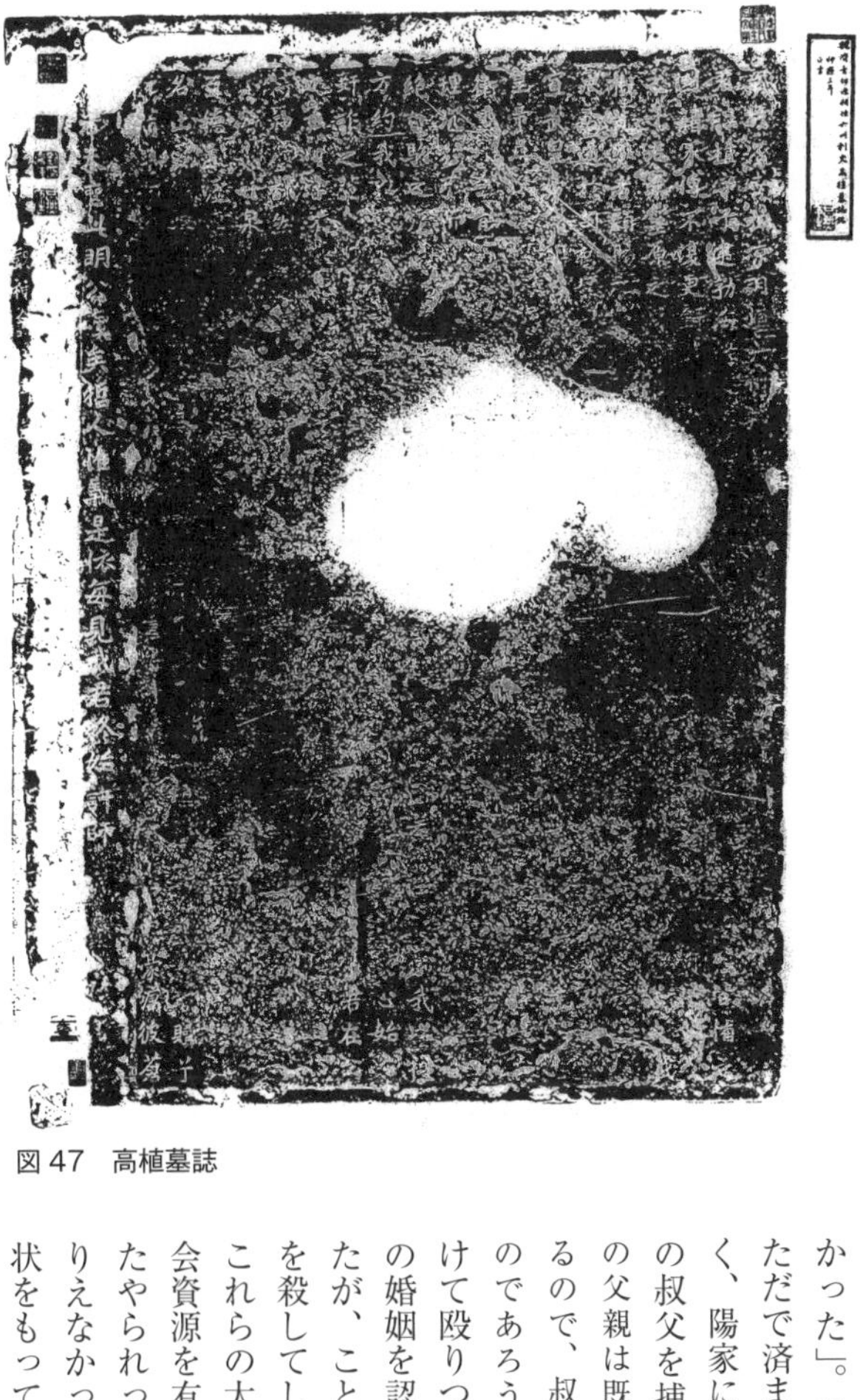

図 47　高植墓誌

盧氏と婚姻を結ぼうとした。彼が見て気に入った盧家の娘は、父親を早くに亡くし、叔父が彼女を支えており、彼はこの婚姻に同意した。しかし娘の母親は同意せず、この母親は別の名門である北平陽氏の出身であった。叔父の管理から抜け出すために、陽夫人は女児を伴って自分の娘の家に戻り「逃げ隠れて免れることをはかった」。趙邕としてはただで済ませるわけもなく、陽家に到着し陽夫人の叔父を捕らえ（陽夫人の父親は既に死去しているので、叔父が家にいたのであろう）、拷問にかけて殴りつけ、彼に今回の婚姻を認めるよう迫ったが、こともあろうに彼を殺してしまった。当然これらの大家族は各自社会資源を有しており、またやられっぱなしではありえなかった。陽夫人は状をもって洛陽に告訴し、

図48　高湛墓誌

朝廷は人員を派遣して調査し、実情を把握し、趙邕に死刑の判決を下した。大赦があり、死刑は免れたが、趙邕の「除名」は避けられず、これより二度と覆ることはなかった。

宣武帝のはからいにより、高肇兄弟もこのルートをたどることとなり、自身の家を輝かしい名門である勃海高氏と混同させたのである[10]。現在確認できる高肇一族の全ての墓誌〔や墓碑〕は、自身を勃海高氏出身といわないものはない。高肇の弟である高顕[11]、高肇の二人の子である高植・高湛、及び高肇本人[12]、高偃の子である高慶・高貞は、皆勃海（「徳州衛河第三屯」）に葬られており、彼らが確かにこの方

図 49　高慶碑

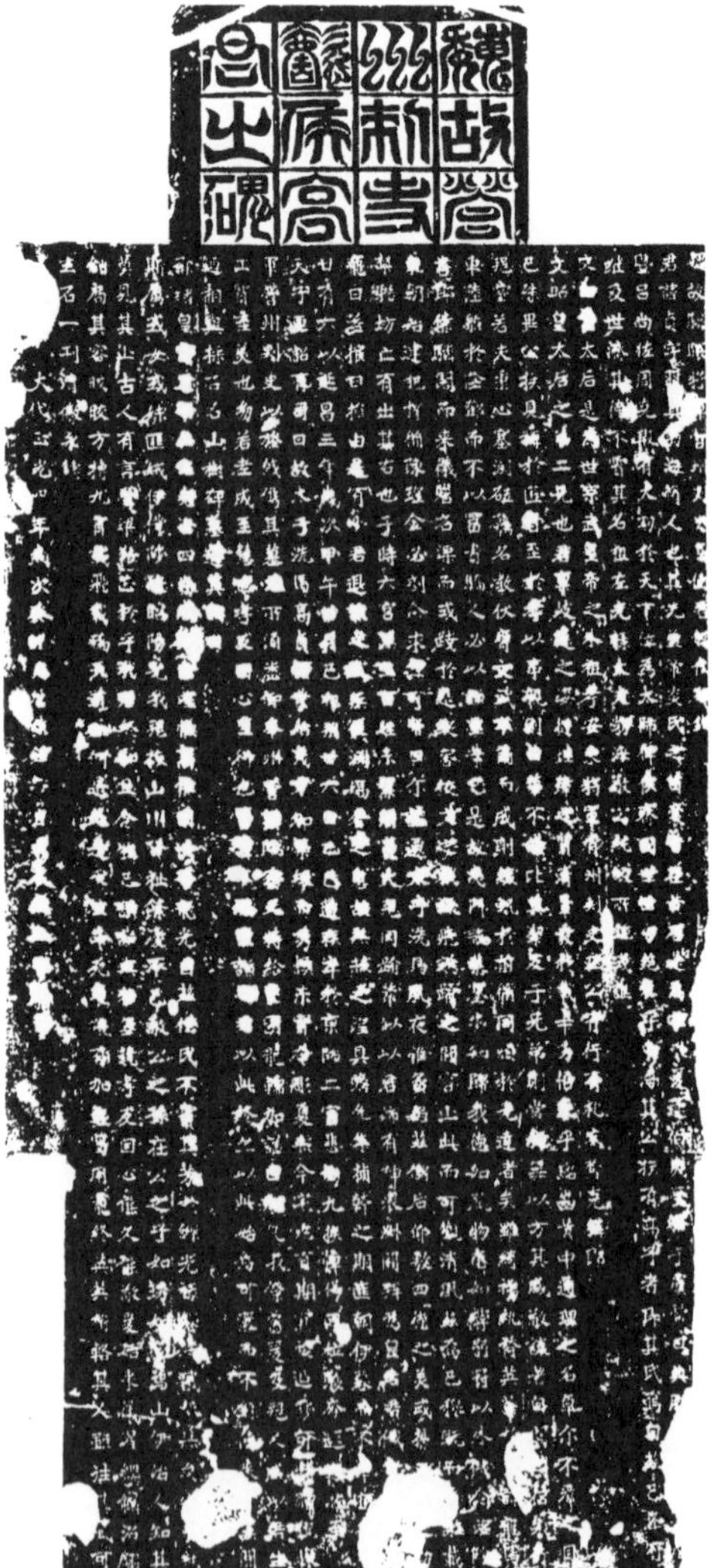

図 50　高貞碑

向に努力していたことがうかがえる。京兆王元愉が冀州刺史となったとき、恐らくは高肇の要請により、高偃の子であり一八歳の高慶を州主簿に辟召した。そのとき高慶の姉は皇后であり、彼は洛陽に居住しているべきであったが、勃海の郡望を打ち立てるため、むしろ冀州にてさほど重要ではない本州の属官となり、これをもって将来正式に出仕するための基礎としようとした。しかしながら、不幸なことに元愉は冀州にて皇帝を自称して造反し、そのときあげた旗印は高肇への対抗であり、年若い高慶は殺害されてしまうのである(13)。

しかし高肇は性格が粗雑で教養もなく、この種の家族の郡望建設についてあまり積極的ではなかったようであり、そのためいくつか行われなかったことがある。例えば、彼は父兄を勃海にて改葬することはできなかった。『北史』外戚伝は高肇の「父兄は封贈されてから既に久しかったが、遂に改葬されなかった」と記しており、宣武帝は彼に迫り、「詔により改葬させ」るしかなかった。皇帝の、かくも大きな圧力があったが、高肇はなおも自ら「臨んで赴く」ことを肯んぜず、延昌三年(五一四)に甥の高猛を派遣して平城に至り、「郷里に還葬」させた。このいい方に基づくならば、高肇は最終的に父兄を「郷里に改葬」したことになる。しかし事実としては高猛は平城で改葬を行ったにすぎず、墳丘を大きくし(高颺夫妻、高琨と高偃の三つの墳丘墓が並び立ち、地元の人間は三皇墓と呼んでいる(14))、新たな封爵を墓誌に書き記したという、これだけのことをしただけで、勃海に戻したわけではない(宣武帝が要求した「還葬」とは、勃海への還葬という意味である(15))。また、後の高猛も勃海に還葬されなかった。まさしくこれにより、高肇の一族の郡望改変の効果はあまりあらわれなかったのである。『魏書』北海王詳伝によれば、元詳は従叔安定王元燮《げんしょう》の妃の子である高氏と私通し、この高氏とはすなわち高肇の従姉妹である。元詳の母親高氏(彼女は本当に勃海高氏出身であったかもしれない)はこれを知った後に、「汝《おまえ》には妻妾侍婢がおり、若く盛んで花のようであるのに、どうして高麗(高句麗)の婢と姦通し、こんな罪を犯すのか。私が高麗の者どもをえたならば、その肉を喰らってやるわ」と罵った。彼女は高肇の家の女子を「高麗の婢」と呼んでおり、この偽物の一家を全く認めていなかったことがうかがえる(16)。

高肇一族が洛陽に到着した後の婚姻状況はどのようであったろうか。まず高肇本人である。年齢についていえば、高肇は平城にいたときに妻を娶っていたに違いないが、彼が洛陽に移ったときに独身に戻ったようであり（少なくとも正室はいなかった）、また妻を娶る必要に迫られた。彼がまず目をつけたのは王粛の死後寡婦として過ごしていた陳留公主（孝文帝の妹、宣武帝の父方の叔母）であったが、公主が気に入っていたのは名族出身の秦州刺史であった清河の張彝であり、文化力が低く家族の来歴も不明な高肇を好きにはなれなかった。『魏書』張彝伝は、「ときに陳留公主が寡婦であり、（張）彝は公主を尚《めと》ろうとし、公主もこれを許した。僕射の高肇も公主を尚ることを望んだが、公主は無理だと思っていた。肇は怒り、彝のことを世宗に譏《そし》った」という。高肇は孝文帝の別の妹である高平公主に求婚するしかなく、今回は順調にことが進み、遂には長公主を娶ることとなり、宣武帝の叔父となった。

次に高肇の甥の高猛である。高猛は勃海公の爵位を継承した後、おおよそ一、二年が経ち、間違いなく宣武帝本人の促進のもとで、高照容の産んだ長楽長公主元瑛を娶ることとなった(17)。墓誌によれば、元瑛は太和一三年（四八九）に生まれ、高猛よりも六歳年下であった。宣武帝やその弟元懐と同様に、元瑛も王鍾児により養育されたことがある。高照容が死去したとき、元瑛はまだ七、八歳であった。成長した後に高猛に嫁いだことを除いて、史書の彼女に関する記述は非常に少ないが、『魏書』皇后伝には彼女の為人《ひととなり》や風格をあらわす記述がある。おおよそ神亀年間に、胡太后は「王公・嬪・公主以下の従者一〇〇人余り」をしたがえて皇家の大庫の絹布が積まれているところ（左蔵）に行き、皆に自身の力を尽くし、つかめるだけつかませた（「皆力を尽くし絹布を負い、すぐにこれを賜与した」）。そのとき北魏の貨幣経済は発達しておらず、絹布は事実上の金銭であった。長楽公主元瑛は胡太后の夫の妹という身分からも、当然この列に含まれていた。全ての人が死に物狂いで多くとろうとしていたことが想像でき、「多い者は二〇〇匹を過ぎ、少ない者でも一〇〇匹であった」という。陳留公李崇・章武王元融という二人の王公・大人物までもが、多く背負ったが背負いきれず、二人とも地面に倒れた（「多く背負いすぎ、地に倒れてしまった」）。結果として二人は負傷してしまい、李崇は腰を、元融は脚を傷めてしまった。当時の人々はこれにより一つの謡言（流行歌）を唱えた。「陳留・章武は、腰を傷め脚を折った。悪人は善人を損ない、我が明主を穢した」。全ての人間の中で、長楽長公主元瑛だけが「手に絹布二〇匹を持って出」、普通とは異なることをあらわしたがらず、また多くもって行くことをも肯んぜず（「衆と異ならないことを示しまた絹とりにあくせくせず」）、当時の人々の好評をえることとなり、「世間はその清廉さを賞賛した」。

元瑛は高猛の男子を産むことはなく（女児を産んだか否かに関しては分からない）、当然これは家督継承の問題を生ずることとなったが、最初の一つの面倒は高猛が死去した後の葬式で起こり、孝行息子の喪主を欠いたことである。高猛は慈慶／王鍾児よりも一年早くに亡くなり、墓誌は正光四年四月一〇日（五二三年五月一〇日）に死去したと記している。『北史』外戚伝によれば、高猛は死に臨み、公主元瑛に向かって、彼には外に（少なくとも）一つ別の家があり、一子を育て、ずっと公主をだましていたと、秘密を白状したという。『北史』と『魏書』はともにこの子供が「年は三〇歳に近かった」と述べている。高猛が死んだとき元瑛は四一歳になっており、その子は二五、六歳ほどとなり、「年は三〇歳に近」いというのは、おおよそ彼が早くに成人となったことを強調するためであろう。もし彼が確かに二五歳よりも年少でなければ、それは高猛が平城にいたときに産み、公主と結婚する前のことであったことを物語るが、平城時代のことがなぜ隠されなければならなかったかは分からない。これを聞いた後の公主の心情が如何であったかにかかわらず、何とか目前の難題は解決した。ここで公主は地下に潜伏してい

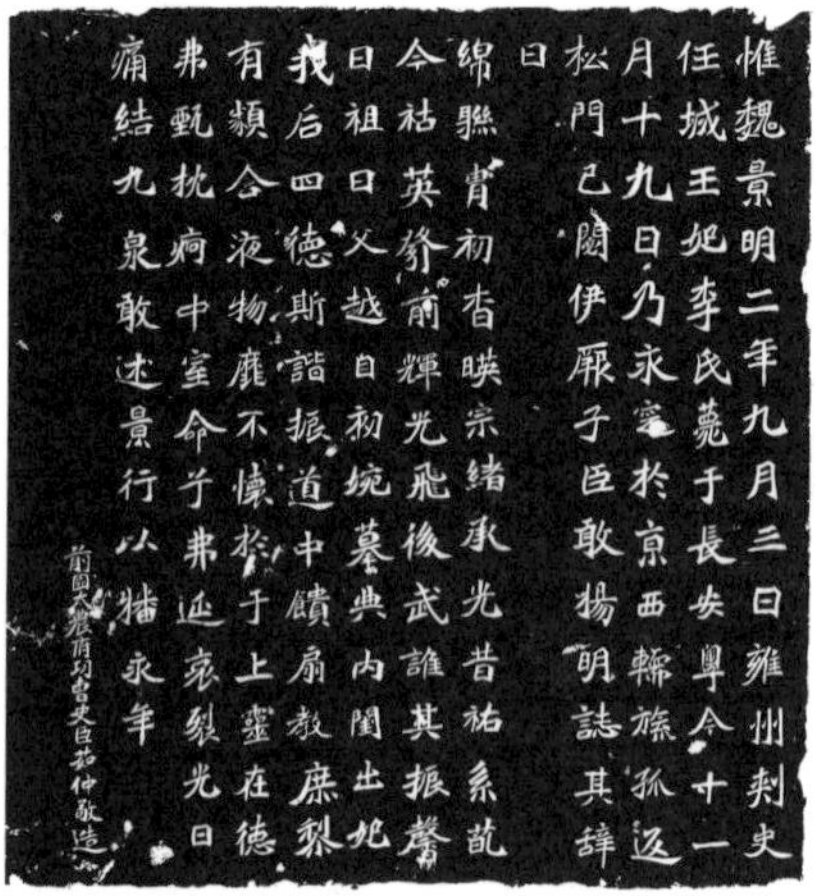
惟魏景明二年九月三日雍州刺史
任城王妃李氏薨于長安粵令十一
月十九日乃永窆於京西轜旐孫返
松門已闔伊扆子臣敢揚明誌其辭
曰
綿聯胄初杳暎宗緒承光昔祐系胤
令祜英猷前輝光飛後武誰其振馨
曰祖曰父越自初婉嬪典內閫出妃
我后四德斯諧振道中饋扇教庶黎
有類含液物靡不懷於于上靈在德
弗甄抗痾中室命子弗延哀裂光日
痛結九泉敢述景行以播永年
前國大農府功曹史臣茹仲敬造

図51　李氏（李令徽）墓誌

るような状態の子供を探し出し、彼に喪主を担当させた。また、二年余り後の孝昌元年一二月二〇日（五二六年一月一八日）に元瑛自身も死去し、この後に高猛の爵位継承問題に関心をもつ人々はいなくなった。元瑛の死は慈慶の後であり、もし当時病を生じたならば、彼女は老保母の葬式に参加したに違いない。元瑛墓誌の第一五行に、四字句があり、最初の「哀」字を除き、残り三字はかすれてはっきりしない。比較的よい拓本を詳細に読んでいくと、「哀」の後の二つの字は「子元」となっていることが分かる。哀子とは、すなわち高猛が臨終の際にいったあの既に成人していた子供であり、彼の名は元某となる。この子供は高猛の喪主となっただけではなく、さらに元瑛の喪主ともなったのである。しかし後に彼は爵位を継承することはなく、恐らくは早くに亡くなってしまったのであろう（「ついで卒した」）。

高猛には一人の姉もしくは妹がおり、趙郡の李子岳に嫁いでいた。李子雲墓誌には、「（子雲の）弟の子岳、字は鳳峙《ほうじ》、散騎侍郎、妻は勃海高氏、父の琨、左光禄大夫」とある。注目に値するのは、李子岳の姉の李令徽は、任城王元澄の夫人であったことである。李氏墓誌によれば、李令徽は景明二年九月三日（五〇一年九月三〇日）に長安にて死去したという[18]。高猛は元澄の年長の数名の嫡子の親戚であり、この点は李子雲墓誌の出土以前は知られなかったのである。

高肇の弟高顕は開国公に封ぜられ、彼は高麗国大中正に任じられたことがあるが、この事実は高肇一族が自身の高句麗人としての背景を隠していなかったことを物語る。高顕は前後侍中・護軍将軍等の重要な職務を担当したが、その事跡はわずかである。『魏書』高聡伝は宣武帝が河内懐県にて射的を行い、「一里五〇歩余り」の好成績を残したが、これは景明三年一〇月庚子（五〇二年一一月三〇日）に開催されたという。高聡伝は高顕らの上奏文を載せており、宣武帝が「自ら弓矢を御し、平原に臨んで遠方を射、弦は動き矢羽根は馳せ、鏃《やじり》の及ぶところは、三五〇歩であり」、皇帝の「聖武は天から下り、神芸は夙に茂り」、かくのごとき神威は「九区を厳しく懲らし、八宇を輝かしく服し」、「盛事・奇跡は、必ず伝えた方がよく、射宮に刻銘し、永遠に聖芸を表彰しましょう」といったという。その厚意はしりぞけがたく、宣武帝は同意した。「そのまま射所に刻銘し、聡はこの詞を作った」。この上奏は典雅清麗であり、間違いなく高顕自身が撰写したものではなく、当時高聡は給事黄門侍郎をつとめ、後に御射碑の碑文も高聡により執筆されており、そこから上奏文も高聡により撰写されたと推測される。

史書の中においては高顕についてその他の表現はなく、かつ彼は高肇のように悪名を残すこともなかったが、その主要な理由は早くに死去したことであろう。『魏書』常景伝はまず常景が勅命をうけて律令修訂に参加したことを記し、それを「正始の初め」のこととし、続いて「世宗の叔父護軍将軍高顕が卒し」、高肇は常景に「碑銘を作る」ことを要請したといい、このとき高肇の官は尚書右僕射であった。高肇は高顕のために碑を立て、当時文才をもって賞賛されていた「尚書邢巒・并州刺史高聡・通直郎徐紇」に要請し、太常博士常景を加え、彼ら四人が高顕のために碑銘を撰写することとなった。四人は各々草稿を作成し、宣武帝が崔光に四人の文章の高下優劣を評価させたところ、崔光は常景のものが最もよいと判断した。崔光は慨嘆し、「常景の名位は諸人の下にあるが、文章は諸人の上に出ている」といった。常景伝がこのエピソードを紹介するのは当然ながら常景の才気を顕示するためであるが、このエピソードは同時に宣武帝の二人の叔父に対する愛護を反映してもいる。高肇は朝中第一流の四人の

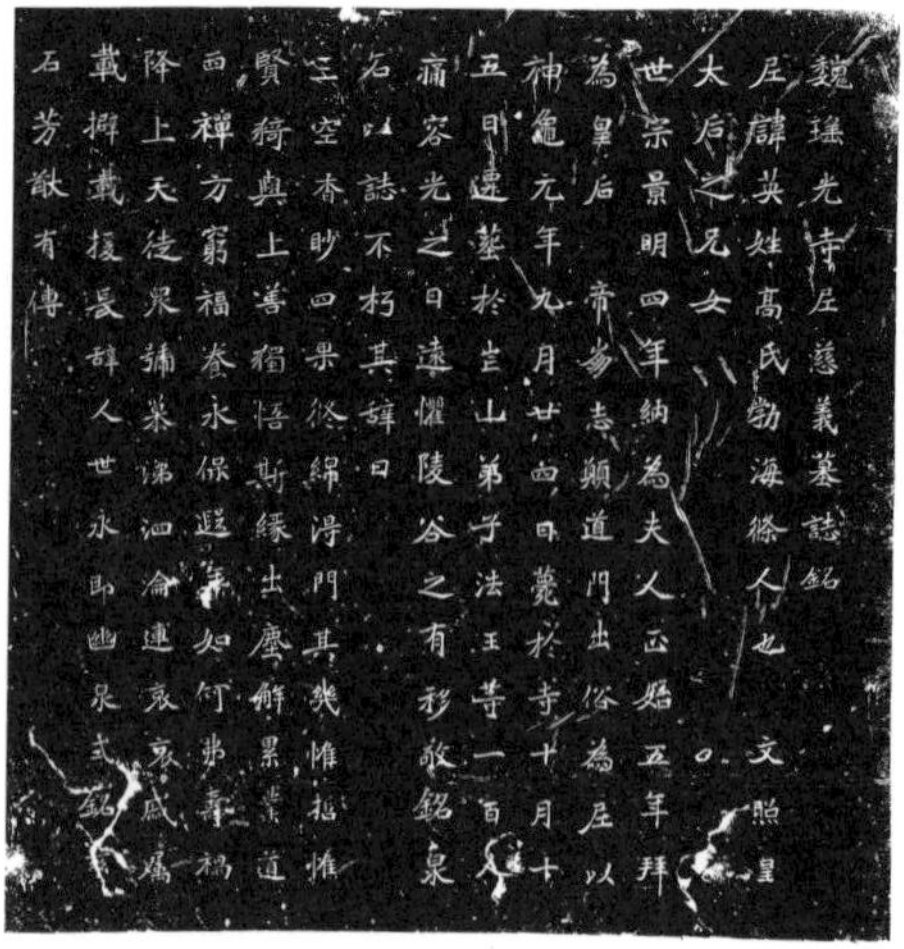
魏瑤光寺尼慈義墓誌銘
尼諱英姓高氏勃海條人也　文照皇
太后之兄女
世宗景明四年納為夫人正始五年拜
為皇后　帝崩志願道門出俗為尼以
神龜元年九月廿四日薨於寺十月十
五日遷葬於芒山弟子法王等一百
痛容光之日遠懼陵谷之有移敢銘泉
石以誌不朽其辭曰
三空杳眇四果悠綿浮門其幾惟拾惟
賢犄與上善獨悟斯緣出塵辭累業道
而禪方窮福眷永保遐年如何弗弔禍
降上天徒衆號慕涕泗漣哀哀戚屬
載撰載援長辭人世永即幽泉式銘
石芳猷有傳

図52　慈義（高英）墓誌

文士に高顕のためにそれぞれ碑銘を撰写することを要請し、うち一篇のみが用いられ、他の三篇はしりぞけられたが、この四人は意外にも喜んで命にしたがった。正始年間に邢巒は尚書となったというが、それはわずかに正始元年（五〇四）のみのことであり、この年閏一二月に漢中の前線に逃げたのである。このことから高顕の死は正始元年のことであり、彼が洛陽に来たばかりのときから二、三年しか経っていなかったことが分かる。

高肇の亡兄高偃には二男三女がいたことが現在は分かっているが、その中の高英は宣武帝の高皇后であり、墓誌が出土している。[19] 墓誌の誌題は「魏瑤光寺尼慈義墓誌銘」であり、彼女の出家後の法号が慈義であったことが分かる。墓誌には、「尼の諱は英、姓は高氏、勃海條〔蓨〕人であり、文昭皇太后の兄の娘である。世宗の景明四年に夫人となり、正始五年に皇后に拝された」とある。高英には一男一女がおり、皇子は夭折し、女児はすなわち建徳公主である。建徳公主は後に蕭宝夤《しょうほういん》の長子蕭烈に嫁ぎ、蕭烈の母親は宣武帝の妹の南陽長公主である。孝荘帝の永安三年（五三〇）、蕭宝夤は謀反により誅殺され、蕭烈も死去し、そのとき建徳公主はまだ二〇歳にも満たなかったはずである。

高英には一人の姉がおり、博陵の崔模に嫁いだ。崔模の姉は崔賓媛であり、崔賓媛墓誌の誌蓋は一族の情報を詳しく並べており、崔模の妻や側室については、「（崔）模の妻滎陽鄭氏。継室范陽盧氏。継室

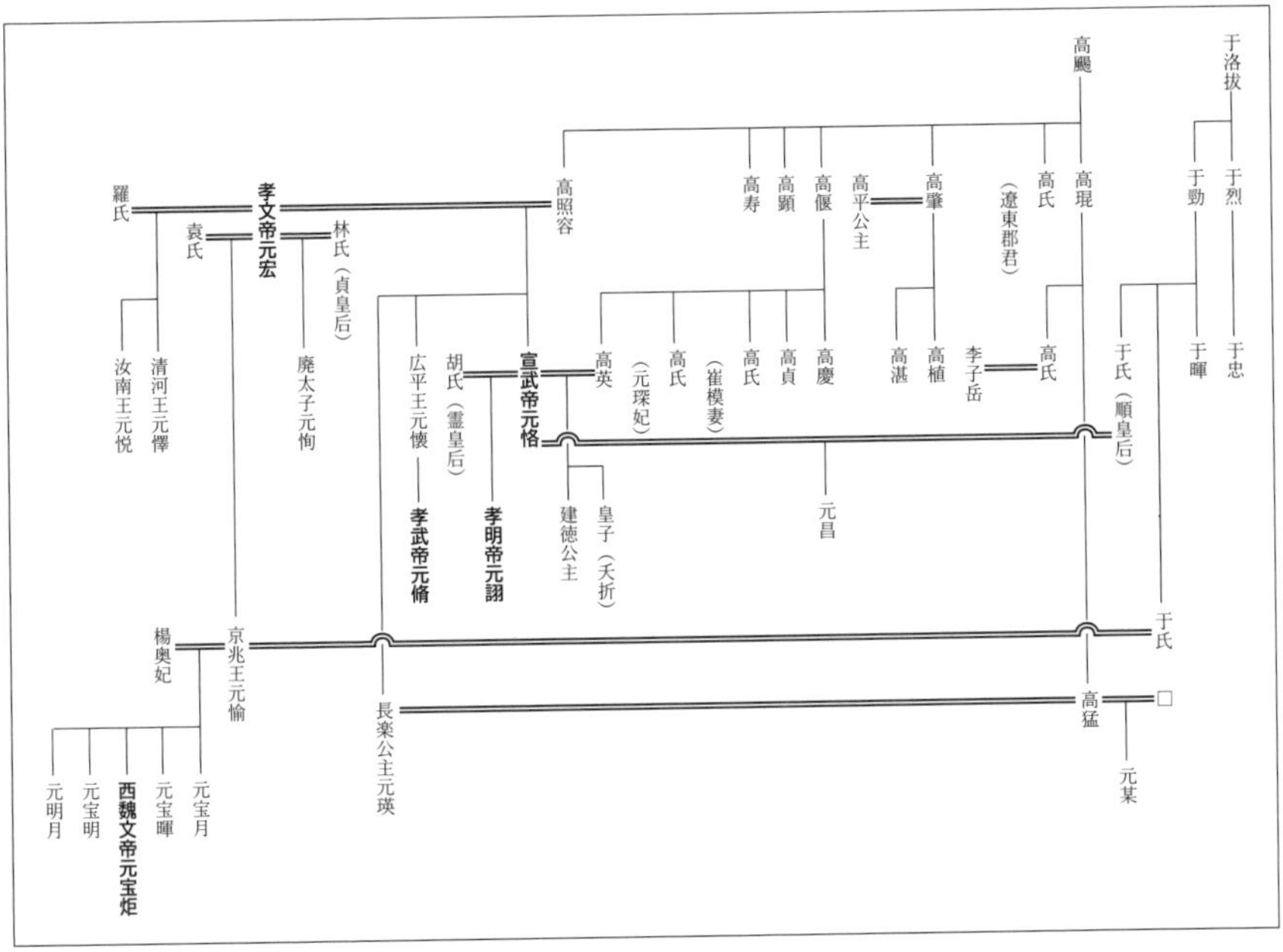

図53　北魏後期皇室系図（ゴシックは皇帝）

渤〔勃〕海高氏、彼女は宣武皇帝の皇后の姉である」と述べている[20]。元来崔模には三人の妻がおり、最初の二人である滎陽鄭氏と范陽盧氏は早くに死去した可能性が高く、続いて三番目の高氏を娶ったが、この高氏は高英の姉であった。高肇一族が河北の大族と婚姻を結んだのは、わずかに二例しかない。孝明帝の初期に、崔模と弟の崔楷は高肇の朋党として取り調べられたが、最も重要視されたのは婚姻関係であったろう。高英にはさらに一人の妹がおり、河間王元琛《げんちん》に嫁いだ。『北史』文成五王伝には、「(元)琛の妃は、宣武帝の母方の従姉妹であり、高皇后の妹である」とある。高偃の子であり、高英の弟である高貞は、延昌三年（五一四）七月に死去したが（『魏書』礼志に見られる）[21]、石碑が伝わっている。

史書に見られる高肇の家族は、この他高肇の二人の従妹がおり、二人は同腹の姉妹であり、その父は高颺の弟の高乗信である可能性が高く、彼と高颺はともに太和年間の初めに「国に入った」。この二人の姉妹が洛陽に入った後に、妹は内侍出身の茹皓に嫁ぎ、姉は安定王元燮に嫁いだ。元燮は孝文帝の従叔父であり、元燮に嫁いだこの姉は、既に述べた北海王元詳の母親に「高麗の婢」としてしりぞけられた彼女である。これは妹の家の中でのことであり、彼女は常にここに来ていた元詳と相思相愛であった可能性もある。茹皓は孝文帝時代に「白衣で左右におり」、宣武帝の即位後は「禁中に侍直し、次第に敬って接待され」、宣武帝が親政を開始した後には「賜与されること日ごとに多くなった」という。高肇は自身の従妹を茹皓に嫁がせたが、明らかにこれは彼と同盟関係を構築するためであった。権力掌握に熱中していた元詳は茹皓に取り入り、茹皓が結婚したときには「自らその家に至り、密接に往来していた」。高氏は元詳にとっては従叔母であるが、ことは乱倫〔不適切な男女関係〕に属し、そのため史書はそれを記す際に、「蒸〔母と同世代の女性と姦通する〕」の一字を用いるのであった。元詳は当然利害を知っており、ゆえに「左右に〔漏洩することを〕厳禁し、始末を徹底的に隠し」たが、この関係を保つことに気をつけていた。

高肇兄弟は当時における、その他の急に暴発した権力者たちと同様に、努力して自身の家族を旧族名門の列に繋げたが、高肇は還葬と婚姻の二方面にあまり積極的ではなかった。これは彼らの教育水準が低く、郡望建設の意義についても認識が不足していたことによる可能性が高く、むやみに眼前の権力を確保することにばかり熱をあげていた。あるいは歴史が彼らに与えた時間が長くなかったことによるだけかもしれない。

注

（1）『魏書』巻八四 儒林伝（二〇〇二頁）参照。「世宗が即位した後に、なおも左右にあって経典を読み」の前、「高祖が崩じた」後に、諸臣が昭穆を議し、邢巒が崔光を弾劾したことを記しており、明らかに魯陽から洛陽に帰還した後のこととなる。

（2）『北史』巻一三 后妃伝は孝文帝の文昭皇后高氏（すなわち高照容）について、「后は幼きときかつて夢の中で堂内に立ち、日光が窓の中からこれを照らし、明るく熱くなり、后の東西はこれを避け、光はなおも照らしてやまなかった。このようなことが数日続いたため、これを怪しみ、父の颺に伝えた」という。続いて高颺は遼東人閔宗《びんそう》に問い、閔宗は「奇徴」とし、「昔夢に月が懐に入り、天子を産んだということがあったため、まして日の場合はどうなりましょうか。この娘が帝命を被り、人君を産み育てることの徴《しるし》でありましょう」と推測したという（五〇一頁）。これは王顕のエピソードの上にさらに高められた。そして後宮に入った後に夢に病をえたエピソードを幼年のこととして言及しており、かつさらに高家の人物の口ぶりであるようであることから、高肇の口からなされた可能性が極めて高い。

（3）寿興の名は昞（あるいは昺）であるが、唐人が避諱のため〔高祖李淵の父李昞〕改めている。『魏書』巻一五 昭成子孫伝校勘記四（四四八～四四九頁）参照。

（4）『北史』巻一五 魏諸宗室伝（五六九頁）参照。

（5）胡三省は『資治通鑑』に注し、宣武帝の史事において、侍御師王顕に言及しつつ、また御史中尉王顕にも言及し、前者は微賤、後者は顕貴であり、これを二人・別人と見なした。「医師は左右に侍御し、したがって官の名とした。北魏の制では、太医令は太常に属し、医薬をつかさどった。しかし門下省には別に尚薬局侍御師があり、恐らく今の御医であろう。これは別の王顕であり、御史中尉の王顕ではない」といっているが、実際には同一人物である。『資治通鑑』巻一四七 梁紀天監七年三月（四五八一頁）参照。

（6）高颺と妻袁氏の子女の数の問題については、筆者の高琨墓誌の疏証にて検討している。羅新・葉煒『新出魏晋南北朝墓誌疏証（修訂本）』七一～七三頁参照。

（7）高肇・高照容の長姉高氏の墓誌の出土状況に関しては、「河北曲陽発現北魏墓」（『考古』一九七二年第五期）参照。高氏墓誌の釈文は趙超『漢魏南北朝墓誌彙編（修訂本）』二〇四～二〇五頁参照。

（8）羅新・葉煒『新出魏晋南北朝墓誌疏証（修訂本）』九七～九九頁参照。

（9）成功例は多く、最も典型的なのは楊播兄弟が華陰の故里に「再び帰り」正宗の弘農楊氏となった事例である。黄楨「制造郷里——北魏後期的弘農習仙里楊氏」（『国学研究』第三六巻、二〇一五年）参照。

（10）高肇の家の状況と近くまた勃海高氏に取り入ることをはかっていた事例としては、遼東出身の高道悦一族がある。『魏書』高道悦伝はこの一族がもと「遼東新昌の人」であり、道悦の父道玄が北魏に入った後に「そのまま勃海蓨県に居住した」という。高道悦墓誌は依然として遼東新昌の人といっており、趙超『漢魏南北朝墓誌彙編（修訂本）』一四二〜一四四頁参照。しかし高道悦の埋葬地はかえって「冀州勃海郡條（蓨）県」の「崇仁郷孝義里」にあったという、彼の家庭（あるいは一族）がまさに自身を勃海高氏とすることに努力していたことがうかがえる。

（11）清人呉式芬『金石彙目分編』巻三の二に、直隷河間府景州に「後魏護軍将軍高顕碑銘」があったといい、彼と高肇やその子姪がともに同じ墓地にいたに違いない。『石刻史料新編』第二七冊（新文豊出版公司、一九八二年）二〇六九四頁参照。

（12）高湛墓誌によれば、高湛は元象二年一〇月一七日（五三九年一一月一三日）に「故郷の司徒公の墓に移葬した」という。趙超『漢魏南北朝墓誌彙編（修訂本）』四二〇〜四二一頁参照。司徒公とは高肇であり、高肇も勃海に葬られていたことがうかがえる。

（13）高慶は元愉の乱において死去したが、高慶碑にしか見られない。碑に関しては『北京図書館蔵中国歴代石刻拓本彙編』第三冊（中州古籍出版社、一九八九年）一一四頁参照。

（14）王銀田「元淑墓誌考釈――附北魏高琨墓誌小考」（『文物』一九八九年第八期）参照。『山左碑目』は神亀三年高偃碑があったと記し、碑文は既に失われているが、高偃は神亀三年に勃海に移葬されたようである。

（15）羅新・葉煒『新出魏晋南北朝墓誌疏証（修訂本）』七一〜七三頁参照。

（16）北朝勃海高氏の郡望問題に関しては、仇鹿鳴「〝攀附先世〟与〝偽冒士籍〟――以渤海高氏為中心的研究」（『歴史研究』二〇〇八年第二期、六〇〜七四頁）参照。

（17）羅新・葉煒『新出魏晋南北朝墓誌疏証（修訂本）』一一四〜一一五頁参照。

（18）趙超『漢魏南北朝墓誌彙編（修訂本）』六一〜六二頁参照。

（19）趙超『漢魏南北朝墓誌彙編（修訂本）』一四〇〜一四一頁参照。

（20）陶鈞「北魏崔賓媛墓誌考釈」（『収蔵家』二〇一二年第六期、二一五〜三四頁）参照。

（21）高貞碑に関しては『北京図書館蔵中国歴代石刻拓本彙編』第四冊（一四三頁）参照。碑文によれば、高貞は延昌三年四月に死去したといい、『魏書』礼志が記す七月とは、儀礼のタイミングであった可能性がある。

第21章　帝舅の尊

『魏書』霊徴志に述べられている「霧」は、主として大規模で深刻な砂塵の暴風を指し、「土が降って霧のようにあがった」、「黄霧がおこり、土が降って地を覆った」、「土霧が四方を塞いだ」、「黄霧が覆い塞いだ」などがそれである。最も深刻なものは孝文帝太和一一年一二月に発生し、丙戌（四八九年一月二八日）に開始し、六日連続で「土霧が天に満ち」、「その盛んさは火煙のようであり、鼻に突き刺さるようなひどさであった」[1]。霊徴志は北魏のこうした大霧について九回記し、うち七回は宣武帝時代のもので、「ときに高肇は外戚として寵愛され、兄弟は爵位をえており、漢の五侯と同様であった」[2]と締めくくっている。『魏書』は宣武帝時代の砂塵の暴風の咎《とが》を高肇兄弟が寵愛されていることに帰しており、北魏後期の主たる流れ、すなわち高肇に対する批判や否定の立場を反映している。『魏書』はこうした立場を継承したのである。

高肇兄弟は景明二年（五〇一）の上半期に洛陽に呼び出され、にわかに寵愛されて台頭したが、それにはおおよそ適応のための時間が必要であったろう。しかし高肇本人は遅くとも景明三年秋に尚書右僕射という重要な官職に任命されている。『魏書』北海王詳伝は、「世宗が鄴にて講武し、詳は右僕射高肇・領軍于勁とともに京師に留守した」という。宣武帝の鄴城における閲兵・講武は、景明三年（五〇二）九月のことである。このとき高肇は尚書右僕射の身分で洛陽に留守し、高顕は侍中の身分で皇帝に同行し、兄弟二人は内外に配慮したが、これは宣武帝の特別な手配によるものであったように思われる。高肇はさらに昇進し、尚書令となった。『魏書』と『北史』はともに高肇が尚書令となった時期について記していないが、私は正始四年九月のことであったと推測する。高肇が尚書右僕射となったとき、尚書令は広陽王元嘉であった。『魏書』世宗紀が正始四年九月己未（五〇七年九月二四日）の詔書を載せており、「尚書令・広陽王嘉を司空とする」とある。元嘉が異動した後の尚書令の地位は、すぐさま高肇の占めるところとなり、任命の時期は同日かやや後であった可能性が高い。

高肇が尚書令であった時期はおおよそ四年半である。『魏書』世宗紀は延昌元年正月丙辰（五一二年二月二七日）に「車騎大将軍・尚書令高肇を司徒公とした」という。延昌三年（五一四）冬には高肇を主帥（総大将）として蜀征伐の軍をおこしており、大将軍号を加えられたが、なおも司徒の地位におり、翌年春には洛陽に戻って殺害され、司徒は最終の官職となった。『北史』外戚伝は高肇が司徒に昇任したとき、「貴く台鼎（三公の地位）にのぼるも、なお満足しなかったことから、人々は皆これを笑った」という。このとき司徒は最も栄誉とされる官であったが、高肇はなおも行政の実権を握る尚書令の職を重視しており、このことは彼の実質を重視し、現在に集中する性格を反映しており、官僚の文化に浸った人々には当然理解ができなかったのである。

史書は高肇が寵を恃み権力を握ったことを責め、細かく調べ記述しているが、常に虚が多く実は少ない。『魏書』裴粲《はいさん》伝は、「ときに僕射高肇は外戚の地位をもって、その権勢は一時を傾け、謁見する朝士は皆塵を望んで拝謁した」という。朝士たちは高肇に対しこのようにへつらい、あるいは恐れたが、これはもし「塵を望んで拝謁し」なければ、面倒なことが起こるのを意味するのではないか。列伝の文章は裴粲を賞賛するが、それは彼がそのように振る舞わず、高肇に面会したときには、通常の礼節に基づき「長揖するだけであった」ためである。家族はこれを責めたが、裴粲は「どうして進んで凡俗の者と同じにならなければならないのか」と答えた。しかしながら彼はこれによって不運な目にあうことはなく、高肇が彼に嫌がらせをはたらいたこともなかった。高肇が尚書令であったとき、御史中尉は游肇《ゆうちょう》であったが、二人は名が同じであった。高肇は彼に改名させようとしたが、游肇は自身の名前は孝文帝に賜与されたものであるといい、このため断固として改名を肯んじなかった。『魏書』游肇伝は、「高肇は甚だこれを恨んだが、世宗はその剛直さを賞賛した」という。高肇の不興を買ったとはいえ、かえって宣武帝の賞賛をえたのであり、高肇も彼をどうにもできなくなっていた。高肇が司徒であったとき、高肇が「威権をほしいままにしている」ことから儒生刁沖《ちょうちゅう》が上表によって彼を攻撃した。『北史』刁沖伝は刁沖が「抗表してそのことを極言し、その言葉は誠実で正しく、文義は忠義の心から憤っており、太傅清河王懌《えき》はこれを見て嘆息した」という。明らかに刁沖も高肇の攻撃・報復を被ってはいない。事実として、高肇の話は宣武帝も全てを聞いていたわけではなかった。『魏書』良吏伝は宋世景がとりわけ有能であり、「尚書台〔省〕の疑事については、右僕射高肇が常に彼に委ねており」、後に高肇が尚書令元嘉とともにかれを尚書右丞になるよう推薦すると、王顕が間で邪魔したことにより、「ゆえにことは沙汰止みとなって報ぜられず」、宣武帝は何と批准しなかったという。

　史書にあらわれる高肇の主たる罪状は全て、数名の親王の死と関係があったようである。北海王元詳が廃されたことについて、『魏書』北海王詳伝はこれを高肇の誣告によるものとし、「後に高肇により、詳は〔茹〕皓らと反逆を謀っているなどと誹謗された」という。元詳と茹皓は結託しており、前述の通り茹皓が敗れると、元詳も巻き添えを食らったが、元詳には確かに諸般の悪行があった。『魏書』彭城王伝は元勰の死を全て高肇のせいにし、「尚書令高肇はその性格が乱暴で頑固であり、賢俊を殺害した。また肇の兄の娘は、後宮に入って夫人となり、皇后が崩御すると、世宗は〔夫人を〕皇后にしようとしたが、勰は不可であると固く主張した。肇はそこでしばしば勰の悪口を世宗に述べ立てたが、世宗はこれを納れなかった」という。京兆王元愉は冀州にて反乱を起こし、元勰の母方のおじである潘僧固は「迫られてこれにしたがった」というが、換言すれば、潘僧固は元愉の反乱に加担したことになる。しかし、潘僧固が元愉の冀州赴任にしたがって自らも官をえたのは、まさしく元勰の推薦によるものであった。そこで、列伝の文章は元勰が「北は愉と通じ、南は蛮賊を招いた」と高肇が誣告したと伝えるのである。元勰の死後、その妻である李妃は号泣して声高に叫び、「高肇は理を枉《ま》げて人を殺しており、天道に霊があるならば、汝《おまえ》は死ぬに違いなかろう」といったという。宮中にて武士を率い元勰に毒酒を飲むよう迫った元珍は、『北史』魏諸宗室伝によれば、「意を曲げて高肇に仕え、そのまま皇帝に寵愛された」という。宣武帝は自身が寵愛する元珍を使って元勰を殺したのであり、恐らく高肇の意図によるものではなかったであろう。元愉は冀州にて皇帝を自称して反乱を起こしたが、『北史』孝文六王伝によれば、「高肇が主上を殺害しようと画策しているとする、清河王（元懌）の密書をえたと称し」、軍が敗れて捕縛され、野王にいたって「息を絶って死に」、「高肇が人に殺させたという者もいた」といっている。同伝はさらに、「司空高肇は帝の叔父であることから寵愛・信任され、もとより威権をほしいままにし、優れた宗室を排除しようとはかり、しばしば（元）懌や（元）愉らを誹謗し、愉は憤怒にたえず、そのまま冀州にて反乱を起こした」といっている。これは元愉が造反した責任を高肇に押しつけるものである。元懌は宣武帝に高肇を非難してうったえ、これを王莽《おうもう》に比し、「ことが大きくならないうちに災難の芽を摘み、互いに本分を超えて行動しない方がよいでしょう」といったが、「宣武帝は笑って応じなかった」。

史書は高肇が「賢俊を殺害し」、「優れた宗室を排除しようとはか」ったことに関連する数件の事例をあげているが、これらは全て宣武朝の権力闘争の核心問題と関係があり、宣武帝は幾人かの叔父たちに対して非常に警戒していた。一度は皇帝権に対する脅威となっていた元禧・元詳が死去した後においても、宣武帝は皇叔元勰が背後で数名の皇弟を支持していることを気にかけていたのであり、後に実際に皇弟が皇帝を自称して造反する大事件が起こっている。これら数名の親王の不幸のエピソードに、高肇は当然一定の役割を演じていたが、彼が諸悪の根源であるというよりは、宣武帝にとって便利な道具にすぎなかったといった方がよいようである。この道理で、当時の朝廷における諸権貴は、不幸に遭遇した親王も含めて、皆知っていたに違いないが、ズバリと指摘することができなかっただけだったのである。李妃は元勰の死体を見て、極度に悲しみ、そして憤怒したが、かえって高肇を罵るだけで、実のところは彼女も当然誰が真に意図したことなのかを知っていた。

つまり、高肇は宣武帝に代わって全ての汚名をかぶったのであるが、もとよりこれは皇帝制度の内在的な要求であった。『魏書』任城王伝には、「当時高肇は権力を掌握し、賢戚を猜疑した。澄は肇と隙を生じ、常に命を全うできないことを恐れ、終日昏睡するほど酒を飲み、すさんでいることを示した。その所作は奇怪で、当時の人々は狂ったといっていた」。元澄は孝文帝に信任され、六輔に列せられ、元禧・元詳も忌み憚り、宣武帝は彼に対して警戒しないわけにはいかなかった。元澄が「常に命を全うできないことを恐れ」たのは、決して高肇の「隙を生じ」る策略だけによるものではなかった。元禧・元詳・元愉・元勰の退場をその目で見て、元澄は自らを汚すような策略をとり、「終日昏睡するほど酒を飲み、すさんでいることを示した」のである。

当然ながら、宣武帝が最も寵愛する高肇も元澄の機嫌をあえて損ねることはしなかった。『魏書』任城王伝附元順伝は元澄の子である元順のことを記している（元順は李令徽《りれいき》の子である可能性があり、李令徽の弟である李子岳は高琨の娘、すなわち高猛の妹を娶ったため、元順と高肇は縁故関係があったことになる）。

当時尚書令高肇は、皇帝の叔父であることから権力は重く、天下の人士は、塵を望んで拝伏した。

（元）順はかつて名刺を持って肇の門に至り、門衛は彼が年少であることから、「坐に貴人の客がたくさんいる」と答え、通そうとしなかった。順は彼を叱り、「任城王の子が、賤人であるというのか」といった。高肇に見《まみ》えると、直ちに行って床に登り、拱手・抗礼し、王公・先達は、怪しみ恐れない者はなかったが、順の発言は傲然としており、眼中にないかのようであった。肇は賓客に、「この小童《こわっぱ》にしてかくのごとき豪気である、まして父親はどうであろうか」といった。退出するに及び、肇は敬礼を加えてこれを送った。澄はこれを聞き、大いに怒り、これを杖で数十回殴りつけた。

元澄は杖をもって元順を責めたが、恐らくは高肇のこの台詞を聞いていたのであろう。しかしながら、このエピソードからも、高肇が一定の度量を有していたことがうかがえる。元澄が恐れていたのは高肇ではなく、高肇の背後にいる宣武帝である。しかし宣武帝は高肇に対しても盲目的に信用していたわけではなかった。『魏書』楽志は公孫崇による音律考定を正始四年の上表によるものとし、〔公孫崇は〕金石音律の関わるところは非常に大きいと考え、「声望がある〔皇帝の〕親族で、度量が深遠で、博識洽聞の者でなくして、誰がその得失を知ることができましょうか」といい、皇帝に重臣を派遣して主催させるよう要求した。誰がそれに該当するのであろうか。公孫崇は上表して、「衛軍将軍・尚書右僕射高肇は、度量・才能ともに優れ、栄誉は細微なところにまで入り、清らかに治国の大道を讃え、名声は海内に輝いており、これに委ねて成就を促し、皇代典謨の美をなすのがよろしいでしょう」といった。かくも奇想天外な名誉を、高肇はそのとき多く享受していたに違いなく、現在史料に残っているものとしてはめったに見られないものである。しかし宣武帝はものが分からない人間ではなかった。『魏書』楽志は「世宗〔宣武帝〕は肇にその才能はないことを知っていた」といっており、一方では公孫崇の上表に同意していたが、他方では詔を下して「太常卿劉芳にもこれをつかさどらせ」、真の専門家を探して高肇とともにこの仕事を主催させたのである。

叙述と事実が分離することは常であるが、しかし高肇や、幸いに歴史に言及された数多くの人々にとっては（歴史に進み入ること自体がゆがみを意味するものであったとはいえ）、さらに大きな不公平や、不適切なことが死後に起こり、各種各様の歴史叙述にあらわれるのである。試みに一例をあげてみよう。『魏書』天象志に次のような一節がある。

世宗の景明元年四月壬辰、大きな流れ星が軒轅〔獅子座のアルファ星〕の左角にて発生し、南東に流れ、色は黄赤、破れて三段となり、形状は連珠のようであり、相互にしたがって翼に至った。左角は、后の宗である。占いでは「流れ星が軒轅に発生し、女主・後宮に譏言によって死ぬ者が多く出る」と出た。翼は天庭の羽儀・王室の蕃衛であり、彭城国である。また占いには「星が翼に流れ、貴人が憂いを有する」と出た。このとき、彭城王は忠にして賢、かつ宗室の身分で輔政しており、もし世宗が諒闇に服し、身を慎んで成王の功業を修めれば、高祖〔孝文帝〕の道も近くここに興るであろう。しかし母族におもねり、高肇の譏言を納れ、翌年には、彭城王は遂に廃された。

この叙述と分析の時間的な終点は景明元年（五〇〇）の「翌年」であり、事件の指標は彭城王が廃されたことである。既に述べたように、彭城王元勰は「悲喜こもごも深」くしつつ「職を辞めて第《やしき》に帰」ったが、これは景明二年正月庚戌（五〇一年二月一八日）のことである。そのとき高肇兄弟はなおも平城におり、宣武帝の輔政諸王からの権力奪回のための宮廷政変に関与しておらず、洛陽の権力闘争とも関係はなく、宣武帝のときに「母族におもねり、高肇の譏言を納れ」たという、この一件は真の歴史に符合しない。実際には、まさしく高肇が尚書右僕射に任命されて以降の景明四年（五〇三）七月に、廃された元勰がようやくあらためて起用され、太師を拝命したのである。さきに引用した星占いの歴史分析はさらに史実に背いており、「このとき、彭城王は忠にして賢、かつ宗室の身分で輔政しており」とあるのは、元勰が本来六輔の列になかったことをほとんど分かっておらず、「世宗が諒闇に服し、身を慎んで成王の功業を修めれば、高祖の道も近くここに興るであろう」などといっているのは、よりいっそうピントがずれている。

身分制と等級制の社会は出身と流動の限度に対して非常に敏感であり、寒賤出身者は限られた範囲内を流動するだけであり、もしある種の機縁により制度が設定した流動の極限を突破し、特定身分の等級社会の階層に進み入ったならば、その人物は通常歓迎されない特例となる。高い等級の政治的職務に対する壟断は、国家の高い等級の社会・経済・政治上の利益に対する制度的な保障を反映しており、これと相互に作用することで、一程の意識レベルの監視が生じ、その基本的な輿論は当時の政治における物差しとなるのみならず、またそれが歴史編纂の中にもあったことをも反映する。身分の制度的な極限を突破することは、必然的に社会の否定的な輿論に直面することを意味していた。清人の銭大昕は、「六朝人は門第を重んじたため、要路に登る寒族は、全て恩倖（皇帝のおべっか使い）と見られていた[3]」という。これを恩倖と見なすことはその権力や地位に対して倫理的な否定を与えることであった。

高肇の一族は拓跋部が勃興するときに頼みとした代人ではなく、また華北名族の社会的ネットワークとも関係がなく、突然権勢をえて、宗室や旧族を超えたのであるが、当然ながら権貴の社会からは異種の人間と見られており、恩倖伝に立てられている人物たちとあまり変わりはなかった。『北史』外戚伝には、「（高）肇は東夷の土地の出自であり、当時の輿論はこれを軽んじていた」とある。表面的には高肇の出自に対するものであるが、実際には彼が突然権勢の階層に闖入《ちんにゅう》したことに起因するものである。

権勢は供給量が限られた絶対的な奢侈品であり、高い等級の社会においても血と火を伴う競争が存在し、今一人の部外者が競争を経ずして軽々しくつかみ取ったならば、彼は高い等級の社会にとっての邪魔者となることは容易に想像できよう。

しかしながら、皇帝制度は法理の上では全ての政治権力が皇帝権の延長にすぎないことを決定するものであり、換言すれば、皇帝は全ての官爵の合法性の源泉であり、また全ての官爵の最終的な分配者であった。皇帝制度に内在する属性の一つとして、皇帝が既存の制度を突破しうることがあげられる。これにより官職競争には追い越す者や劇的に上昇する幹部が出現するのである。宣武帝のように内心の安心感が甚だ弱く、外界にたいして信任することが困難な皇帝が即位すると、いっそう容易に個人的な関係を有する人物を信任してしまうのである。そして自然に、彼は自身がまだ勢力の弱い地位にいたときに仲のよかった人物を信用するようになり、またそれは東宮時代や親政開始以前の侍衛・御医・宦官などであり、また宮女や外戚を含む、自身の母親と関係を有する者たちであった。高肇兄弟は「数日の間に、富貴となり盛んとなった」が、これはこうした背景のもとで理解しなければならないのである。

高肇は皇帝の伯父という立場から、宣武帝より深く信任され、高い爵位に封ぜられ、重い官職を授けられ、この信任が変わらなければ、朝野内外に彼にかなう人間はいなかったであろう。しかし官を加えられ爵を進められたのは事実としても、権力を振るうことはそれとは別の問題である。名があり位があることは、理論上は権があり勢があることにもなるが、実際には権勢を享受しつつ権勢に飲み込まれないように、一定の個人的な条件や努力を必要とする。『北史』外戚伝は高肇が「要職にあったとき、百官に気を配り、せっせと働いて倦むことなく、世人は皆彼は有能であるといった」と述べている。明らかに彼は一定の政務能力を備えており、かつ仕事を好んでいた。このような既得権益集団と全く関係がなく、政務の才能がありまた政務に精励する人物は、皇帝の伯父という縁から、尚書省長官〔尚書令〕

という地位に置かれたのであり、年若い宣武帝はこれにより朝政を舵取りする安心感をえたのである。高肇は最初尚書右僕射を担当したが、尚書令の元嘉は「飲酒を好み、あるいは泥酔しており」、仕事を好まず（あるいはあえて仕事せず）、高肇は事実上朝廷の政務を統制していたのである。また宣武帝の信任と支持をえたことにより、高肇が官僚体系において対抗や脅威に遭遇することに対して心配する必要がなくなったともいうことができる。

　しかしながら、それは高肇が真に一人の下、万人の上にいたことを意味するものではない。実際には、長い時間において、高肇は宣武帝の最も親しい人物というわけではなかった。ある人物は彼よりもいっそう皇帝に近く、どのようにして皇帝と付き合うかをいっそう理解しており、またいっそう皇帝の信任をえており、それはすなわち恩倖伝が重点的に伝えている趙脩や茹皓らの侍衛出身の親信である。彼らに比べると、高肇の特徴は、彼が宣武帝の自らに対する信任を一三、四年もの長期間にわたって保持したことであり、終始変化することはなかったといえよう。しかし趙脩・茹皓のような親信は、一時的に並ぶ者のないほどに寵愛されたが、彼らはともに長期にわたり宣武帝の寵愛の熱度を維持する能力を持たなかった。かつ六輔が消散し、権勢が宣武帝の親信たちに独占されていたときに、このグループ内部では必然的に権勢分配の競争が存在していたのである。高肇は出世に成功することができたが、それは彼が全ての競争において勝利したことによる。競争相手が一人一人打倒されることで、高肇の台頭は宣武朝におけるまばゆいほどの政治的現象となったのである。

　『魏書』恩倖伝は宣武帝が趙脩を排斥した際の詔書を掲載しており、趙脩の最終官職は散騎常侍・鎮東将軍・領扈《れいこ》左右《さゆう》であり、この三者の中でもっとも実際的な意義を有するのは領扈左右である。領扈左右とは、すなわち領左右であり、皇帝の禁衛系統の中で最も中核的で、皇帝に近い衛士長であった（北魏末年における爾朱栄のような権臣は皆自らこの低位の武官を兼任していた）。趙脩は東宮において「左右に白衣で仕えていた」だけであったが、宣武帝が即位した後には「よって禁侍にあてられ、日ごとに寵愛・厚遇されるようになり」、遅くとも宣武帝が親政を開始した後には領左右を担当しはじめていた。宣武帝のこの詔書は非常に凝っており、明らかに高聡・邢巒ら一級の文士の作品である。詔書によって宣武帝により免官され、趙脩は「昔東朝にあり、選ばれて尚書台の小役人にあてられた」といっており、これは趙脩が白衣左右の身分で太子宮での業務に従事していたことを指すが、その過程で宣武帝と個人的な感情を生じたのであり、「幼きときより常に会い、成長しても失うことに耐えられなかった」といっているのがそれである。詔書はこれをもってなぜ即位後に、彼が重用するに値しないにもかかわらず（「門地は低く器は小さく、とるべきものではなかった」）、彼を用いたのみならず（「ゆえに大業を継いだばかりのとき、よって西禁に抜擢した」とあり、東は太子宮を、西は皇宮をそれぞれ指す）、さらに彼を重用したか（「早くに知り合いともに生きることを思い立ち、そのまま昇進させた」）について説明している。

趙脩の輝かしい期間は長くはなく、二年にも満たなかった。彼の宣武朝における事跡の中で、長期にわたり最も大きい政治的影響を及ぼしたのは、宣武帝に于勁の娘を皇后に冊立するよう説得したことである。『魏書』世宗紀によれば、景明二年九月己亥（五〇一年一〇月五月）、すなわち元禧が処刑された三か月あまり後、「皇后于氏を立てた」。『北史』后妃伝は宣武帝の順皇后于氏が、「嬪御が未だ備わらず、左右が遠回しに諭《さと》し、后に容徳があると賞賛したことにより、帝は迎え入れて貴人とし、当時一四歳であり、甚だ寵愛され、皇后に立てられた」と記す。宣武帝に対して影響を及ぼしうるこの「左右」こそが、すなわち趙脩である。于勁は領軍将軍于烈の弟であり、于勁はその一族の多くと同様に、禁軍に役職を有していたはずである。彼らは宣武帝の奪権と元禧の謀反をくじくための闘争において大功を立てたことにより、宣武帝の身辺の親信侍衛と私的な関係を形成したのである。

『魏書』恩倖伝には、「初め、于皇后が〔後宮に〕入ったのは、（趙）脩の力による」とあり、一年余りの後に趙脩が逮捕されたとき、彼はまさしく于勁の家で遊戯（樗蒲《ちょぼ》）に興じていた。于勁が命をうけて彼を取り押さえるためにわざわざ彼を招いて遊戯を行ったものの（趙脩が逮捕された後に領軍府に連行し取り調べるためであったことが疑われる）、于勁と趙脩の関係が親密であったことは間違いない。『魏書』恩倖伝に、「（趙）脩が死んだ後、領軍于勁はなおも旧意を追想し、その家を援助し、その他の尊敬していた朝士は、尽く絶交し、自身が疎遠であることを示した」とある。史書は于勁が領軍であった時期について記していないが、私は景明三年八月のことであろうと推測する。『魏書』于烈伝には、「順皇后は既に冊立され、その大伯父であることの重きをもって、いよいよ優遇されるようになった。八月、突然の病で卒し、ときに六五歳であった」とある。于烈が死去した後、于勁は後任の領軍となった。

景明三年八月は趙脩が皇帝から寵愛された最後のときでもある。これ以前、趙脩が出世するごとに、彼は家において宴席を設け、宣武帝や王公百官を招いていた。『魏書』恩倖伝には、「任命されるごとに宴席を設け、世宗は自らその邸宅に行幸し、諸王・公卿・士・百僚は尽くしたがい、世宗はその母に面会した」とある。趙脩の酒量は非常に多く、宴席では自己の酒の強さに任せて客人に暴飲を勧め（「迫って觴爵《しょうしゃく》を勧めた」とあるのは、人に一杯勧めると同時に、自身も一杯飲むことを意味している）、たとえ北海王元詳・高陽王元嘉ほど地位が高かったとしても、皆彼に耐えられないほど痛めつけられた（「必ず酔い潰れた」）。宗廟の祭典時に、皇帝はいつも趙脩を自身の車に同乗させた。さらに、趙脩は皇帝家の北苑である華林園にて馬に乗る特権を獲得し、ここからずっと禁内にいることとなったのである。

『魏書』咸陽王禧伝も元禧の謀反の原因を「趙脩が寵愛を独占し、王公がめったに謁見できなくなった」ことに帰している。『魏書』恩倖伝には、「（趙）脩は賤しい地位から身を立て、瞬く間に富貴となり、傲慢にして礼節がなく、世間に憎まれた」とある。いわゆる賤しい地位とは、すなわち最低の等級である兵士（白衣左右）である。まして趙脩は教育をうけておらず、「書疏に精通せず」、「文墨に巧みではない」ために、内外の朝臣から敵視されることとなった。しかし趙脩が皇帝とともにいる以上は、他人が敵視したとしても仕方がなかった。景明三年の秋に至り、趙脩は故郷に帰って父を葬ったが、皇帝と短いながらも離れたことが、栄華の終焉のはじまりであったことを彼は知らなかった。

危険であると思い至れないばかりか、彼はこれが権勢を展開する大いなる好機となると誤認していた。趙脩の家は趙郡房子県（現在の河北省賛皇県）にあり、まず大量の洛陽で作成した碑銘・石獣や石柱等の物資を房子に送り届けた。趙脩が亡父のために作った碑銘は、高聡に撰写を頼んだものである。『魏書』高聡伝には、「趙脩は皇帝に寵愛され、聡は深くこれと結び、詔により脩の父に追贈するに及び、聡は碑文を作り、出入に際しては同じ車に乗り、碑石を見た」とある。趙脩が洛陽を出発したとき、一行の喪車は一〇〇両近くにも達した。路上の全ての経費は、全て政府の支出によるものであった。『魏書』恩倖伝には次のようにある。

（趙）脩が父を葬ると、百僚は王公以下弔わない者はなく、酒や犠牲用の牛、祭りの供え物は、門や通りを埋め尽くした。京師において碑銘・石獣・石柱を制作するために、民の車・牛を徴発し、本県に送らせた。その経費は、全て公家がうけ持った。吉凶の車両は一〇〇両近くにまで達し、道路の供給も、皆政府が支出した。

ちょうどこのとき宣武帝は鄴城にて閲兵・講武を行っていた。『魏書』世宗紀によれば、景明三年九月丁巳（五〇二年一〇月一八日）「車駕は鄴に行幸し」たというが、これは洛陽を出発してから二〇日後のことであり、宣武帝は鄴城の南において「閲兵・講武を行った」。趙脩はこの行程に参与していた。閲兵・講武が終わると、趙脩は皇帝に別れを告げ、北上して故郷に帰った。しかし宣武帝これとは別に神射実施の計画を有しており、彼は趙脩にともに御射が終わるまでともにいるよう要求し、趙脩の予定はこれによって一か月延期した。この御射は史書において「馬射」とも書かれており、御射の場所は「射宮」であった。一〇月庚子（五〇二年一一月三〇日）、趙脩と宣武帝は一輌の車に乗って射宮に進み入ったが、東門から進入したとき、車上の旗竿がぶつかって折れてしまい、後世これは趙脩の不祥の兆しと見なされるようになる。御射が終わると、趙脩は趙郡に帰還した。既に決まっていた葬儀の日程に間に合わなくなることを心配したために、宣武帝は彼に「駅を使って葬式の時期に赴く」、すなわち国家の高速駅伝制度を利用することを許可した。同時に「左右の随行を求め、また特に派遣された者は数十人」、すなわち宣武帝が派遣した者、及び自ら趙脩の帰郷への随行を志願した御前侍従は、さらに数十人がいた。一説によれば帰郷の路上で趙脩は多くの悪事をはたらき、父を葬ることに対する悲哀は全くなく、さらに群衆は婦女を略奪したという。しかし私は、これらの悪行が全て趙脩を打倒する際に臨時にかきあつめたもので、必ずしも事実に属しているわけではないと推測している。

前述の趙脩を失脚させた宣武帝の詔書は、趙脩の罪を列挙した後に、「法家・耳目は、皆憲網を求めている」といっているが、その意味は、趙脩の罪行を検挙・摘発する二人が、それぞれ上書して趙脩に対する処置を要請しているというものである。法家は御史中尉甄琛《しんちん》を指し、その職務は司法監察であり、耳目は王顕を指し、このときの官は廷尉少卿であったが、「なおも侍御にあり」、宮内第一の御医であって、宣武帝の目にはなおも耳目・左右として写っていた。『魏書』甄琛伝によれば、甄琛は朝廷の官僚の中でも趙脩にへつらい最も彼に貢献していた三人のうちの一人であり（残りの二人は李憑と高聡である）、「このとき趙脩は寵愛されて隆盛となり、琛は身を傾けてこれに仕えた。琛の父凝は中散大夫となり、弟僧林は本州別駕となって、皆脩と結託して栄達した」という。甄琛が趙脩にへつらう現実的な利益は、老父のために中散大夫を、弟のために本州別駕の職をえようとしたことにあるが、実際にはこれらはともに職権はなく、虚名にすぎない。甄琛が上表により趙脩を弾劾したのは、宣武帝が趙脩を引きずり下ろすことを決意した後のことであり、受動的かつ慌ただしい保身の行為であった。真に趙脩を陥れたのは王顕である。

王顕は趙脩とともに宣武帝の東宮の旧人であり、六輔に対する闘争においては多大な功労があり、かつ皇帝とは日常的に一緒におり、極めて親密であった。王顕と趙脩は本来関係は悪くはなく、どのようにして確執が発生したのかは分からないが、王顕は密かに敵愾心を抱くようになっていた。『魏書』恩倖伝には、「初め、王顕は脩にへつらっていたが、後に怒って確執を生じ、ひそかにそのあやまちをうかがい、これを殺害しようとはかった」とある。しかし趙脩自身は全く察することがないばかりか（「全く予防することはなく」）、実家に帰り孝行息子を演じることに忙しかった。すなわち趙脩が離れたこの時間において、王顕本人及び彼の指揮下にいる左右・侍従は、皇帝の耳に趙脩に関する種々の悪行を吹き込みはじめたのであり、いわゆる「外にいることを理由として、左右はその罪を諷喩・糾弾した」である。効果は抜群であり、たとえ宣武帝がなおも彼を見捨てる決心がなかったとしても、以前ほどには彼を好んでもおらず、すなわち「その父を葬ってから帰還すると、もとの寵愛は薄れていった」という。

こうした状況下で、恐らくは景明四年の春・夏の間に、王顕は最後の一撃を加え、密かに趙脩の罪を上表し、帰郷の途上で「淫乱さが度を超している」こと、民間が献上した玉印（玉印は人臣が所有するものではない）を秘匿したこと、規則に違反して私邸を建設したことなどを含めた。『魏書』恩倖伝は、「高肇・甄琛らはその罪をでっち上げた」というが、実際の過程は、宣武帝が真面目に王顕の告発を待った後に、尚書省長官の高肇と御史台長官の甄琛を呼び出し、あるいはその他の人間もいたかもしれないが、彼らに意見を問い、彼らが皆王顕を支持したというものであろう。このような次第で宣武帝は決心する他なく、それでようやく甄琛の正式な上表と、直後に宣武帝の詔書とが出されたのである。

高肇が趙脩の排除に喜んでいたのは容易に理解できるが、甄琛は本来趙脩との関係が甚だ良好であり、どうして積極的に「その罪をでっち上げた」のであろうか。『魏書』甄琛伝の解釈は保身のためであったというものである。宣武帝は親政開始後に甄琛を御史中尉に抜擢し、諸王の影響の粛清や官僚の秩序の整理といった方面に大功を立てたが、これにより互いに激しい恨みを抱くようになっていた。今趙脩が倒れることは、一面では自らの身を守るために殺し屋を始末せざるをえないというものであったが、他面ではやや痛ましく思い惜しんでもいた。宣武帝は趙脩について「一〇〇回鞭打ち、敦煌に移して兵士とする」という判決を下したが、宣武帝はなおもわずかながら旧情を残してもおり、彼は尚書右丞元紹に再びこの事件を審査させた。『北史』魏諸宗室伝によれば、元紹は常山王拓跋遵の曾孫であり、「決断力があり権勢のある人間を避けなかった」といい、宣武帝の詔命を奉じた後に、手順に基づき皇帝に報告することはしなかったが、その場ですぐに前詔の判決を執行すると宣言した。これも朝臣の間で一種の共通認識が存在していたことを明らかに示しており、彼を敦煌に流しただけでは、まだ戻る機会を有していることとなるので（年若い皇帝は彼に対してなおも未練があった）、できるだけ早く彼の生命を絶たねばならなかったのである。

甄琛と王顕は一緒に「その罰を決めるのを監督した」。『魏書』恩倖伝によれば、刑の執行官は「まず力のある者五人を探し、それぞれ鞭打ち、必ず死ぬように仕向けた」といい、初めから既にこの場で打ち殺す目標を定め、そこで力の強い刑の執行者を探して死ぬほど打ち付け、執行者の力が疲労するのを見込み、五人に代わる代わる打たせたのである。甄琛は刑の監督者として、その目で過去の親友がこのような形で罪を問われているのを見て、心中忍びない感情が生ずるのは避けがたかった。『魏書』甄琛伝には、「鞭打ちの監督を行うに及び、なおも哀れみの心があった」とある。甄琛のこうした矛盾する心情について、列伝の文には生き生きとした描写がある。ひとたび打ち付けるごとに趙脩の肌や肉が裂けるのを見て、甄琛はわざと落ち着いた態度をとり、他の官僚に対して笑いながら「趙脩は小人であるが、背中は土牛みたいなもので、鞭杖には耐えてしまうだろう」といった。この態度も傍らの人々の反感を引き起こし、「有識者はこれを理由に彼を非難した」という。御前侍衛出身の趙脩は肥満であり強壮なため、打撃に耐えていた。『魏書』恩倖伝は、「(趙)脩はもとより肥満して強壮であり、腰や背は幅広く、酷刑に耐え忍び、遂に身を動かさなかった」という。不思議なのは、一〇〇回鞭打ったのにもかかわらず、趙脩は死から遠ざかっていることである。ここで執行者・監督者はともに詔書が決めた明確な数字を無視し、無理矢理二〇〇回分を追加しており、「詔は一〇〇回と決めていたが、実際には三〇〇回鞭打った」という。三〇〇回鞭打ったが、趙脩は何とまだ死んではいなかった。そこで駅伝の早馬を呼びつけ彼を敦煌に送り、直ちに洛陽城の西門に赴いた。趙脩はこのとき既に馬にのぼれず、馬上でも座り続けることができず、そこで鞍の上にくくりつけられ、馬を鞭打って走らせた。趙脩の母親と妻はその後ろにいたが、一言も発しなかった。息も絶え絶えの趙脩はこのようにして八〇里を進んだところで、ようやくその命を失ったのである。

続いて繰り広げられたのは趙脩一派に対する取り調べである。甄琛は趙脩をつるし上げているときに積極的であったことをひけらかしていたが、取り調べられることも避けられなかった。後に彼を弾劾する上奏は、とりわけ彼と趙脩とが長らく結託していたことを指摘し、「生きてはその勢いにとり付き、死んではすぐにこれを排除し、天の功績を盗んで己の力とし、仰いでは朝廷を欺き、俯しては百官をだまし、その貪欲で詐欺をはたらくさまは、いよいよ甚だしくなっております」といっている。上奏を書いた人物は甄琛に対して私怨を抱いていた邢巒であった可能性が高く、彼は宣武帝の命をうけて甄琛に対する取り調べをつかさどり、また元詳とともにその結果を上奏した。一連の取り調べにより、「(趙脩の)一派で内部にいる者は尽く出入り禁止とし」、「左右の相互に連坐して処刑・排除された者は三〇人余りに及び」、甄琛・李憑は「免官されて本郡に帰され」、この他趙脩と親しかった朝臣の高聡は、高肇と遠縁（疏宗）であることを認め、換言すれば、一流の勃海高氏出身の高聡は高句麗人の高肇と宗親となることを願い、高肇が表に出て彼の苦境からの脱出を支援したため、高聡は結局運よく助かることとなった。

趙脩の敗北において、高肇はまた成り行きに任せてことを進める役割を演じていたかもしれないが、間違いなく首謀者ではなかった。このとき彼が洛陽に入ってまだ二年にもなっておらず、目もくらむような豪華絢爛さに適応するための時期であり、まだ危険を冒して出撃するまでには至っていなかった。しかし長い目で見るならば、趙脩の死は高肇にとっては後宮の勢力バランスを変えるための重大な好材料であった。于皇后の地位は、もとより彼女の伯父である于烈が多数の功績をあげていたことと関係しており、また趙脩の支持と切っても切れないものであった。今于烈・趙脩は二人とも死去しており、彼女の父親である于勁が後任の領軍となっていたとはいえ、結局于烈のような功労者の地位ではなく、この変化は宣武帝の後宮における後の一連の新たな局面のための条件を準備したのである。これと直接関連する変化が趙脩の死後に発生し、すなわち『北史』后妃伝にある宣武帝皇后高氏が貴嬪の身分をもって皇宮に入ったことがそれである。魏瑶光寺尼慈義墓誌銘(4)によれば、この宣武帝皇后高氏とは高英であり、高肇の亡兄高偃の娘であるという。墓誌は「世宗の景明四年に納れられて夫人となり、正始五年に皇后を拝した」といっている。この変化のさらなる展開は次章の主題であり、ここではしばらく触れないでおこう。

趙脩が司法官僚たちにより死に追いやられたと聞き、宣武帝はこれを喜ばなかった。彼はこの取り調べをつかさどった元紹を呼びつけ、烈火のごとく怒り、元紹は一通りいい逃れをし、最後にはうやむやのうちに終わった。宣武帝はそれほど追究しなかったが、それはこのときもともと趙脩がいた地位を、既に他人が占めていたことによる可能性が高い。その人物とは茹皓である。茹皓は宣武帝が即位したばかりのときに既に親信の中心圏に入っていたが、趙脩によりその潜在能力を見抜かれ、彼は排斥されてしまった。景明三年の初冬、趙脩は鄴城において宣武帝に帰郷して父親を葬るために別れを告げたとき、もと兗州陽平郡にて太守をつとめていた茹皓は鄴城に急いで赴き皇帝に謁見し、ここにとどまって、趙脩の役柄を代行した。茹皓は景明三年の年末に再び権力の中心に返り咲いたが、正始元年（五〇四）五月に死を賜った。彼が権力と寵愛を享受していたのは一年半にとどまり、趙脩と比較してもその時間はさらに短かった。『魏書』と『北史』は茹皓のことを記しているが、まとまりがなく混乱しており、おおよそ茹皓の敗北の原因を高肇の嫉妬に帰し、かつ主として北海王元詳に関わったためとしている。実際には元詳と関わった一大原動力は于氏一族に由来した可能性が高い。『魏書』于忠伝は元詳が于氏を恨み、かつて死をもって于忠を脅迫したことを伝えている。後に元顥《げんこう》が洛陽に入り、于勁の子である于暉を殺したのは、その父元詳の復讐であったはずであり、ことは『魏書』外戚伝に記されている。

　既に述べたように、当時であれ後世であれ宣武帝の問題を高肇に押しつける傾向があったが、茹皓の場合も同様である。高肇は従妹を茹皓に嫁がせており、これは明らかに朝廷内で盟友となるためであった。しかし茹皓と元詳が近づくと、宣武帝の警戒を引き起こした。高肇にとっては、茹皓と結託した元詳は彼の別の従妹と不倫したこともあり、極めて大きな敵意を激しく引き起こしていた。それが彼の宣武帝による元詳と茹皓の集団の排除を積極的に助けたのである。この闘争は趙脩の場合と比べてもいっそう危険であり、影響はいっそう広かったが、しかし結局は狐と狼の争いにすぎず、ここでは回りくどい説明はやめておこう。

　趙脩も終わり、茹皓も終わったのであり、高肇を競争相手と見る者はほとんどいなくなったが、彼らが各々権力構造の中で置かれた位置がバラバラであるために、必ずしも相互に競争の関係を形作ることはなかったのである。しかし高肇の個人的素質と性格は異なり、彼は趙脩・茹皓のようなごく短い期間で四方八方に敵を作ることはなく、一三、四年もの長期間宣武帝の猜疑や阻害を招くことはなかったのである。

今我々は高肇のまなざしにしたがい、権力闘争を越え、視点を宣武帝の後宮に向けることとしたい。まさしくここで発生した全てが、我々の主人公である慈慶／王鍾児を再び歴史の渦に巻き込むことになるためである。

注

（1）『魏書』巻一一二上 霊徴志上（三一六九～三一七〇頁）参照。原文は一一月に作るが、校勘記は一二月に作るべきであるとしている（三一八四頁）。

（2）「漢の五侯」とは前漢成帝が同日のうちに五人の母方の叔父である王譚・王商・王立・王根・王逢を侯に封じたことであり、河平二年六月乙亥（前二七年七月一七日）のことである。

（3）銭大昕『廿二史考異』巻三七 南史三「恩倖伝」条（方詩銘・周殿傑点校『廿二史考異』、上海古籍出版社、二〇〇四年、六〇五頁）参照。

（4）趙超『漢魏南北朝墓誌彙編（修訂本）』一四〇～一四一頁参照。

第22章　皇子昌《さか》んならず

高英が後宮に入ったのは景明四年（五〇三）であり、これは趙脩の死後宣武帝の後宮で発生した重大な変化の一つである。恐らくは一三、四歳であったであろう高英にとっては、非常に有利な条件があった。それは彼女が後宮の中で孤独ではなかったことであり、彼女の大伯母も宣武帝より内侍中に任命されていたため、自由に宮を出入りできたのである。

高照容の長姉は、高肇兄弟の長姉でもあり、宣武帝の親政開始後、皇姨《こうい》（皇帝の伯母）の身分で洛陽（延寿里）に住んでいた。我々がその名を知らないこの高家の長姉は、墓誌によれば正光四年一一月一九日（五二三年一二月一一日）に死去し、享年七一歳であったという（彼女は王鍾児／慈慶よりも一四歳年下であったことになる）。高氏墓誌の誌題には「魏故持節征虜将軍営州刺史長岑侯韓使君賄夫人高氏墓銘」とあり、これによりその夫が韓賄であり、高颺にしたがって北魏に帰順した「郷人韓内」と関係があったことが知られる。墓誌は、「人生においては不幸に見舞われ、韓侯が若くして亡くなってしまった。子は幼く孤独であり、家の中は寂しくなっていた」といい、銘辞にも、「侯 已に夙《つと》に逝き、子続けて幼孤たり」とある。韓賄が死去したとき、子供はまだ非常に幼かったことがうかがえ、恐らくこの子供がいたために、高氏は後に一貫してやもめ暮らしをしていたのであろう。墓誌には、「景明三年に至り、宣武皇帝は夫人の皇姨の重きがあり、兼ねて声が黄河や月を動かすほど美しいことから、湯沐《とうもく》の邑を賜与し、遼東郡君に封じた」とある。この年高氏は五〇歳になったばかりであり、彼女の子供も既に成人であったろう。

墓誌は続いて、「また椒幄〔後宮〕において要職に任じ、輔佐すべきことから、内侍中を授けられ、宮掖を任された」といっている。墓誌は高氏が内侍中をつとめていた期間に言及しないが、もし遼東郡君に封じられたのと同じときでなければ、高英の後宮入りと関係した可能性が高い。この可能性が存在するならば、宣武帝が義理の姉妹を納れて嬪としたとき、高家が大伯母を女侍中とするのを手配したのは、当然年が相当幼かった高英の面倒を見るためであったことになる。別の一面としては、宣武帝も後宮において自身が信用していた人物の影響力が上昇するのを望んでおり、これが「宮掖を任された」の意味である。説明せずとも想像できるであろうが、宣武帝と一貫して関係を保持していた老尼慈慶も、高氏と関係が親密であり、あるいは少なくとも相互に熟知していたが、それは歴史的原因があるのみならず、現実における接点もあったことによるのである。墓誌の文章は高氏が仏教を信仰していたことを顕示しており、「夫人は無生にして永く安逸であっても、狭き心があればいずれ危うくなると思い、志は苦海にのぼり、彼岸に舟橋を架け、ゆえに浮虚を去り、方正さを敬慕した」などとある。

しかし高英が後宮に入ったとき、そこにおける権勢は全て皇后の手中にあった。趙脩が敗死したとはいえ、于皇后の父である于勁は禁軍の将帥である領軍将軍をつとめ、宣武帝の信任を深くえており、まさしく『魏書』源懐伝に「ときに皇后の父于勁の権勢は朝野を傾けていた」という通りである。『北史』后妃伝によれば、于皇后の後宮入りは宣武帝の親政開始後のことであり、左右（すなわち趙脩）は宣武帝に向けて于氏が「容貌・品徳がある」と称揚し、宣武帝は「すなわち迎え入れて貴人とし」、「甚だ寵愛された」という。『魏書』世宗紀によれば、于氏が皇后に冊立されたのは景明二年九月己亥（五〇一年一〇月五日）のことであったといい、この年于氏は一四歳であった。『北史』后妃伝は彼女について、

「寡黙にして寛容であり、嫉妬するような性格ではなかった」と描写している。しかし『北史』孝文六王伝の京兆王愉伝は、この于皇后に関する逆のエピソードを伝えている。

　京兆王愉伝によれば、宣武帝が親政を開始したばかりのとき、数名の弟たちと非常に親密となり（「弟たちをとどめて愛した」）、元愉らは「常に宮掖に出入りし、昼も夜もここで寝ており、家族のようであった」という。これは于皇后の考えであったかもしれないが、宣武帝は元愉のために于皇后の妹を王妃として娶らせた。残念ながらこの夫婦は全く輝きがなく、于妃は結婚後「礼答されなかった」という。元愉はこの種の感情一途な人物であったが、彼は早くも于妃を娶る前に、既に恋人がいた。孝文帝の末年、彼が徐州刺史をつとめていたときのある日の夜、彭城（現在の江蘇省徐州市）の通りにおいて美しい歌声を聞き、声を追って声の主を探すと、果たして東郡から来た、楊という姓の娘がいた（史書は明言しないが、彼女が歌妓であることを暗示している）。元愉は「これを喜び」、娶って妾とし、「そのまま寵愛した」。そのとき皇子の結婚の要求は次第に厳しくなっており、正妻は皇帝家によって手配されるだけではなく、たとえ妾であっても、士族の家庭出身の者でなければならなかった。楊氏の出身は寒賤であり、妾となる資格すらもなかった。深い愛に陥った元愉は任を辞して首都に帰還するときに、楊氏を伴って洛陽に戻ったが、彼女の身分を変えさせる必要があった。彼は名族である趙郡李氏出身の李恃顕《りしけん》を探し出し、楊氏を李家に送り、彼に楊氏を養女にするよう要求し、これによって彼女は姓を李に改めた。こうしたロンダリングを経て、元愉は李恃顕の家から正式に楊氏／李氏を娶って京兆王府に戻ったのである。二人は非常に仲睦まじく、楊氏／李氏は早くも一人の王子を産み、宝月と名付けた。

　この楊氏／李氏の墓誌は既に出土しており、誌題には「魏故臨洮王妃楊氏墓誌銘」とあり、正光四年に長子である元宝月が彼女のために制作したものである。[1] 墓誌の文章からは、元宝月は母親を楊姓に戻したようであるが、あえて彼女の東郡の本貫に言及せず、彼女を弘農楊氏と呼んでいる。墓誌には、

図 54　楊奥妃墓誌

「妃の諱は奥妃、字は婉瀴、恒（弘）農華陰の人である」とある。墓誌は楊奥妃の先祖が後漢の楊震にまで遡るとし、かつその父祖は皆官僚であるとしているが、当然ともに信用できるものではない[2]。以後我々は元宝月の立場を尊重し、彼女を呼ぶときは彼女の本来の姓名、すなわち楊奥妃を使用することとし、『北史』のいう「李氏」は用いないようにしよう。墓誌によれば、楊奥妃は「若いころから機敏で賢く、成長すると温厚かつ聡明となり、奥深く静かで徳があらわれ、広い心が身体に宿っていた」という。墓誌は「一八歳にして、百両の車がここに帰《とつ》いだ（『毛詩』召南鵲巣に基づく表現）」といい、彼女が一八歳のときに元愉に嫁いだとする。楊奥妃が一八歳だったのは、太和二二年（四九八）のことであり[3]、これは彼女が元愉と彭城で知り合ったばかりのときであって[4]、宣武帝が即位した後に

図55　元宝月墓誌

李侍顗の家から名目上嫁いだときではない。これにより、楊奥妃が京兆王府に入ったのは、皇后の妹である于妃よりも少なくとも三年早かったことになる。于妃が元愉に嫁いだとき、楊奥妃は既に元宝月を産んだか、身ごもっていたかのどちらかとなる[5]。

于妃は楊奥妃が寵愛を独占し、自身が元愉から礼をもって遇されない状況にあることを皇后である姉に報告し、于皇后は当然妹に代わって表に立たなければならなかった。ここで彼女は楊奥妃を後宮に呼び付けて「これを打ち付け」、すなわち激しく殴りつけたのであり、さらに容貌を毀損した可能性が高い。その後、于皇后は無理矢理楊奥妃の髪を剃り、出家させて尼とし、彼女を宮中から出ることを許さず、宮内の尼寺において拘禁したが、これは慈慶のいたあの内寺であったと思われる。これは景明三年のことであり、元宝月が生まれてから間もなくのことで、于皇后は元宝月を于妃の養子とした。元愉は当然あえて于皇后の要人を探しに行かなかったが、このようなことをしても元愉にとっての于妃の魅力を高めることには繫がらなかったのである。一年以上が過ぎ、景明四年になり、趙脩が倒れた後、宮内の情勢はいくらかの変化があった。于皇后の父親である于勁は于皇后が長らく子供を産まなかったことを一面では不安に思っていたが、他面においては趙脩の死後における宮内権力構造を調整しなければならず、また高肇兄弟を妨害せねばならず、そこで宣武帝に上表し、「嬪御を広げることを勧め」、すなわち多く妃嬪を立て、皇子をたくさん作ることを勧めたのである。恐らく高英はこうした背景で後宮に入って夫人となったのであろう。同時に于勁は于皇后に楊奥妃を釈放するよう命令したのである。

楊奥妃は京兆王府に戻り、元愉と会い、「旧愛はさらに甚だしく」、間もなくして元愉のために次子元宝暉を産んだ。元愉は全部で四子一女を有することになり、その全員が楊奥妃の産んだ子供であり、元愉の愛情の注ぎぶりがうかがえる。永平元年〔五〇八〕八月に元愉は冀州にて謀反を起こし皇帝を自称したが、『北史』はその原因の一つとして、「また愛妾がしばしば頭をつかまれ辱められ、内や外の者たちが引き離して抑圧したため」といっているが、これが指しているのは于皇后が楊奥妃を「打ち付け」て強制的に出家させたことであり、当時于皇后は既に死去していたとはいえ、元愉は明らかにこの借りを皇帝である兄に返したのである。元愉は冀州の州治である信都城〔現在の河北省衡水市冀州区〕にて壇を設け皇帝を自称し、楊奥妃を皇后に冊立することでとうとう一息をついた――この鬱憤を彼は丸々一〇年間もこらえていたのである。しかし元愉は一か月しか皇帝になれず、信都城は攻め破られ、間もなく元愉と楊奥妃、彼らの子供全員が京師〔洛陽〕に護送され、元愉本人は詳細は不明であるが野王〔現在の河南省沁陽市〕にて死去した。『北史』は護送中の元愉が「停伝にとまるごとに、必ず李〔楊奥妃〕の手を携え、その私情を尽くした」といっている。

元愉の死後、その四人の子供たちは赦免されたが、属籍を絶たれ、元氏宗室とは見なされなくなり、身の置き場がなくなった。楊奥妃は身ごもっていたが、宣武帝の意思に基づき極刑〔「屠割」〕に処されることとなった。『魏書』崔光伝によれば、崔光は当時中書令をつとめ、その職務は詔書の草案作成であった。彼は長らくためらいながらも、最後には、「伏して聞きますに元愉の妾である李への刑につきまして、これには屠割を加えるとのことです。衆を惑わして反乱を煽動したのであり、誠にこの罪がふさわしいでしょう。しかし世間では密かに李が今懐妊しているといわれており、慣例としては生まれるのを待つものであります。かつ臣がこれを古典にたずね、あわせて最近の事例を考えますと、罪は刳胎《こたい》〔妊婦の腹を割《さ》く〕に至りますが、これは虐刑〔残酷な刑罰〕といわれ、桀・紂《ちゅう》などの君主が、これを行うものであります」と上奏した。

崔光は続けて独特の角度から宣武帝に進言しているが、それはこうしたことが宣武帝の皇子を誕生させることに不利な結果をもたらしうるためかもしれない。このとき宣武帝の二人の皇子はともに夭折していたのであろう。宣武帝自身も既に二六、七歳であり、崔光はこの点に言及してどうにか彼の心配事を突いたのであろう。崔光は、「陛下は既に相応のお歳でありますが、未だ後継のご子息がおらず、皇子様方はまだ幼いのに、夭折されてしまいました。臣《わたし》は愚考し、分かった以上はいわないわけにはいきませんが、あの李の獄をやめ、子供が生まれるのを待つのがよろしいのではないでしょうか」といった。宣武帝は楊奥妃が出産・養育を終えてから刑を執行することに同意した。一年以上経った後の永平二年〔五〇九〕一一月、楊奥妃の女児である元明月が生まれて一年になろうとしたときに〔「一女が遺し育てられ、初めて一年になろうとし」〕、楊奥妃は処刑されたのであり、年齢は二九歳であった。

元宝月とその三弟一妹とは、極端な苦境のもとで六、七年を過ごすこととなり、(6) 宣武帝の死後、ようやく属籍を回復し、叔父である清河王元懌のもとに身を寄せた。元宝月墓誌は「一四歳にして、清河文献王に養育された」といっているが、これは皇族・宗室の身分を回復した後のことであることを指す。『北史』は胡太后が元愉を追封して臨洮王《りんとうおう》とすると、「宝月はそこで父母を改葬し、追って三年の喪に服した」と記している。ここでいわれている「母」は、すなわち楊奥妃である。元宝月が楊奥妃のために作った墓誌と、一年後に元宝月が死去した後に家族（彼の妻かあるいは弟である可能性が高い）が彼のために作った墓誌からは、全く于妃の痕跡がうかがえず、あたかも楊奥妃が元愉の正妃であったように書かれている。元愉の末裔は完全に一貫して元愉が堅持していた立場をあらわしているといえるであろう。ひいては元愉の第三子である元宝炬《げんほうきょ》は宇文泰から孝武帝の後継者（西魏文帝）として選ばれたのであり、大統元年正月戊申（五三五年二月一八日）に即位したときには、彼は「皇考を追尊して文景皇帝とし、皇妣楊氏を皇后とした」[7]という。元愉は全く予想できなかったであろうが、彼が死去した三〇年近く後において、彼が心から愛した楊奥妃は法的な皇后の称号を遂に獲得したのである。

当然これらは後の話であり、今我々は景明四年に戻らなければならないが、于皇后が楊奥妃を元愉に返し、またその父が「嬪御を広げることを勧め」ると上表した後に[8]、さらに何が起こったのであろうか。二年後、于皇后は懐妊した。『魏書』世宗紀には、「正始三年春正月丁卯（五〇六年二月九日）朔日、皇子が生まれ、天下に大赦した」とある。これは宣武帝にとって初めての皇子であり、彼は既に二三歳になっていた。元旦に息子をえたのであり、当然大変喜ばしく、ゆえに天下に大赦したのである。三月戊子（五〇六年五月一日）に至り、正式に皇子の名前を付けたのであり、「皇子に昌という名を付けた」とある。

一九歳の于皇后が皇子を産み育てたことは、理論的には彼女の後宮における至尊の地位を強化するはずである。しかしながら実際の状況は大いに異なっていた。趙脩のような親信・左右の日常的な配慮を失い、後宮の権勢の複雑性はいよいよ増していった。このとき趙脩のもとの地位に取って代わった茹皓は、既に高肇の従妹を娶り、高氏の盟友となっていた。しかし于皇后の父親である于勁は、このとき領軍将軍という鍵となる地位から既に離れ、中山（現在の河北省定州市）に赴任し定州刺史をつとめていた可能性が高い[9]。于勁の赴任は、内宮の権力構造を変えてしまった。于皇后にとって、これは災難の始まりであった。皇子を産み育てることは彼女に幸運をもたらすことはなく、相反して、彼女をさらに緊迫した標的とした可能性がある。于皇后の主たる敵は、既に後宮に入って三年が経つ高英であった。

　このとき高英は一六、七歳であり、まさしく人生で最も輝かしい時期にあり、宣武帝の従妹という身分から、あらに宮内宮外における多くの人物の支持を獲得し、実力で皇后に挑戦しうる権威を有していた。具体的な時期は不明であるが、おおよそ正始二年から永平元年にかけて（五〇五～五〇八）の頃、于皇后が元昌を産む前後において、高英は子供を出産していたが、しかし夭折してしまった。後に高英は再び懐妊し、女児を産み、これがすなわち後の建徳公主である。『北史』后妃伝は、「宣武皇后高氏は……宣武帝が後宮に納れて貴嬪とし、皇子を産んだが、早くに死去し、また建徳公主を産んだ。後に皇后を拝し、甚だ礼重された」という。この叙事における時系列に基づくならば、建徳公主は高英が皇后となる前に生まれたことになるが、当然これは誤りである。後に胡太后が高英に出家して尼になることを迫り、自身は建徳公主を養育し、「常に左右に置き、これを愛護した」というが、これは延昌四年（五一五）のことであった。そのとき建徳公主は「五、六歳であり」、ならば彼女は永平三年あるいは四年に生まれたこととなる。『魏書』蕭宝夤《しょうほういん》伝は、「（蕭宝夤の）長子烈は、また粛宗の妹である建徳公主を娶った」という。建徳公主を孝明帝の妹と称しており、彼女が永平三年三月よりも後に生まれたことがうかがえ、そのとき高英は皇后となって既に二年以上が経っていた。

　『北史』后妃伝は、「宣武順皇后于氏は……皇子昌を産んだが、三歳にして夭折した。その後突然崩御し、宮中のことは秘匿され、知り尽くすことはできなかったが、輿論は咎《とが》を高夫人に帰した」という。

この叙事の順序は誤っており、于皇后は実際には子である元昌よりも先に死去している。『魏書』世宗紀によれば、正始四年一〇月丁卯（五〇七年一二月一日）に「皇后于氏が崩御した」といい、永平元年三月戊子（五〇八年四月二〇日）に「皇子昌が薨去した」という。于皇后が死去したときは二〇歳（現代の数え方では一九歳）であり、元昌が死去したのは三歳（現代の数え方では二歳にも満たない）のことであった。北朝史書の書き方から見れば、母子二人の死の背後には高肇の影があったらしい。『北史』外戚伝は、「当時順皇后は突然崩御し、輿論は高肇が殺したといった。皇子昌が薨去すると、皆王顕が医療を失敗したのは、高肇の意思をうけたためであるといった」という。

高肇とその一族（あるいは家庭）は洛陽宮内においてこの二人を謀殺するほどの力量を有していたかもしれないが、それには完全に宣武帝を欺かなければならず、その難易度は巨大であった。つまるところ、「宮中のことは秘匿され」たのであるが、すなわち廃太子元恂に逃亡を強いられ、廃嫡・殺害されるに至っても、このような大事が、孝文帝にさえも事態が全く把握できない状態にまで隠されていたのと同じである。しかし、元昌の死の原因が王顕の故意による治療の誤りであるとするのは、いささか不可解な点があり、結局于皇后が死んでも、幼少の皇子は高英によって養育されることとなるので（「子貴母死」時代にもこのような方法がとられた）、決死の覚悟で挑んで活路を見出すためにこれを行う必要はないであろう。ましてこのとき宣武帝はこの一子しかなく、何が何でも貴重な存在であった。史書のこうした書き方は、高肇に対する北魏後期の上層社会の全面的な否定の輿論と同様に、さらにある種の態度、ある種の立場をあらわしており、必ずしも具体的な事実と関係していたわけではない。

高肇が于皇后と元昌の死に責任を負うべきか否かにかかわらず、史書が明示・暗示するように、高肇一家が利益をえたことには疑いの余地がない。『魏書』世宗紀によれば、永平元年七月甲午（五〇八年八月二四日）、皇子元昌が死亡してから四か月後、「夫人高氏を皇后とした」という。このとき宣武帝は既に二六歳となっていたが、男児も女児もいなかった。これは彼の不安感を激化させたに違いなく、彼に諸弟（とりわけ長弟である京兆王元愉）ないしは叔父である彭城王元勰に対して負の感情を抱かせた。彼が強烈な不安感のもとであらわした態度や仕方は、さらに高英が皇后となった一か月後に冀州における元愉の反乱を招いてしまい、いっそう宣武帝の危惧を強化してしまった。崔光が「陛下は既に相応のお歳でありますが、未だ後継のご子息がおらず、皇子様方はまだ幼いのに、夭折されてしまいました」と上奏したのは、まさしく宣武帝にとって最大の心配事であり、最も深い心配事であった。

しかしながら、皇子を産み育てるという問題において、皇帝と皇后の利益は一致していなかった。皇帝にとっては、后妃中の誰が皇子を産んでもよかった。皇后にとっては、もし他の女性が自分よりも前に皇子を産んだ場合、ほとんど対処しがたくなるほどの困難に直面することになる。高英は自身が后妃間の競争において、誰が先に皇子を産むかを意識していたに違いない。自身の競争における勝利を保証するために、高英は宣武帝が他の嬪妃と接触するのを極力阻止せざるをえなかった。『北史』后妃伝には次のようにある。

　宣武高皇后は嫉妬心と猜疑心が強く、嬪御の中には帝が崩御するまで接したことがない者もいた。これにより洛陽時代二〇年余りにおいて、完全に養育されたのは、明帝〔孝明帝〕だけとなった。

いわゆる「洛陽時代二〇年余り」とは、宣武朝の一六年と孝文帝の遷都以降の六年を含んでいる。大馮を洛陽に迎えてより、孝文帝は他の后妃と接触することがむずかしくなり〔当然廃黜以前の皇后小馮も含まれる〕、「後宮〔の宮女〕が皇帝に接することは、妨害されることが多かった」ため、孝文帝が二七、八歳になって以降は男子が生まれなかった。『北史』后妃伝には、「孝文帝はときに近臣に対し、婦人の嫉妬や妨害は、王者といえども免れることはできず、まして士人・庶人では、といった」とあり、『魏書』天象志は、「当時高皇后は寵愛を独占して凶暴であり、人主でもなお彼女を恐れていたが、あえて動揺することはなく、ゆえに世宗の胤嗣《いんし》〔子孫〕はほとんど絶えてしまった」という。

しかし、もし宣武帝の時代に多くの嬪御が「接したことがな」かったことが、高英の「嫉妬心と猜疑心が強く」、「寵愛を独占して凶暴であ」ったことにのみ起因するとすれば、高英や彼女の背後にいる高肇もある種の不安感を抱いていたことをそこから見出すことはできなくなる。以前の常氏・馮氏と同様に、彼らは一族の栄華・富貴を確保するためには、今の皇帝の寵愛をえるだけでは足らず、さらに次の皇帝もこうした寵愛を継続・更新することを保証しなければならないと知っており、最も頼るべき、ひいては唯一の解決法とは、高英が宣武帝のために長子を産み育てることであったといえるであろう。

しかし高英が宣武帝を支配していたにもかかわらず、彼女も皇子を産むことはできなかったのであり、数年後に一人の皇女を産んだだけであった。もし彼女の「嫉妬心と猜疑心が強」いことにより、全ての妃嬪が「帝が崩御するまで接したことがな」かったのであれば、宣武帝には一人の皇子もいなかったことになるが、幸いにもこの後例外があらわれるのである。

注

（1）楊奥妃墓誌は大同北朝芸術博物館に収蔵され、墓誌の拓本図版と釈文は、『北朝芸術研究院蔵品図録（墓誌巻）』（文物出版社、二〇一六年）にある。また殷憲「北魏臨洮王妃楊氏墓誌考述」（殷憲『北魏平城書跡研究』、商務印書館、二〇一六年、四三四～四五三頁）参照。

（2）楊奥妃墓誌には、「漢の太尉震の末裔であり、晋の太保駿の□世の子孫である。祖父の伯念は、安南・秦州・安邑子である。父の深徳は、蘭陵太守であった」とある。これによれば、楊奥妃の祖父楊伯念は、安南将軍（将軍号）・秦州刺史（官職）、安邑子（封爵）であり、父楊深徳の官は蘭陵太守であったことになる。もし楊奥妃が本当にこのような家庭の出身であれば、元愉は李恃顕に頼み彼女を改姓する必要などなかったであろう。

（3）楊奥妃墓誌には、「永平二年一一月一二日に邸宅において薨去し、二九歳であった」とある。これによれば楊奥妃は孝文帝太和五年（四八一）に生まれ、太和二二年（四九八）に一八歳であったことになる。

（4）『北史』巻一九 孝文六王伝の京兆王愉伝は元愉がわずか二一歳で死去したといっており、これによれば太和一二年（四八八）に生まれたことになる。ならば元愉が楊奥妃に会ったばかりのときは、せいぜい一一歳のときであり、情理に合わない。また『北史』巻一九 孝文六王伝の清河王懌伝によれば、元懌は正光元年（五二〇）に三四歳で死去したというから、その生年は太和一一年（四八七）となる。元愉は元懌の兄であり、生年が元懌より遅いことはありえず、『北史』の年齢に関する記述には誤りがあろう。元愉が彭城に出鎮したときには既に一二歳となっており、翌年に一八歳の楊奥妃に会ったときには、一三歳を下回ることはない。

（5）元宝月墓誌には、「正光五年龍集甲辰五月二五日に病により邸宅にて薨去し、二三歳であった」とあり、元宝月が景明三年（五〇二）に生まれたことが分かる。元宝月墓誌の釈文は趙超『漢魏南北朝墓誌彙編（修訂本）』二三二〜二三四頁参照。

（6）楊奥妃墓誌には、「王は既に災難に遭遇し、別室に幽閉された」とあり、楊奥妃が四男一女をともない洛陽に戻った後に某所に押し込められていたことが分かる。元宝月墓誌には、「七歳にして父を失い、八歳にして母が薨去した。……兄弟姉妹は幼く、宗正にとどめられた」とあり、彼らが八年以上にわたり一貫して宗正に属する某所の機関にいたことがうかがえ、おおよそ半分軟禁・半分管理のような状態に置かれていたのであろう。楊奥妃墓誌は彼女が「永平二年一一月一二日に邸宅において薨去し」たというが、この「邸宅」は当然監獄の婉曲的表現にすぎず、真の家を指すわけではない。

（7）『北史』巻五 魏本紀五（一七五頁）参照。

（8）『北史』后妃伝は皇后が「寡黙にして寛容であり、性格は嫉妬しなかった」とあるのは、于勁が「嬪御を広げることを勧める」のを彼女が支持したことに基づいた可能性がある。

（9）于勁の生没年は分からないが、彼の後に領軍となったのは、現在知られるところでは元珍しかおらず、元珍の後は于忠であった。元珍が領軍となったのは、永平元年〔五〇八〕末の後のことであったはずである。于勁の離任は、正始二・三年〔五〇五・五〇六〕の間のことであった可能性が高い。筆者は、正始三年に皇子元昌が生まれた後のことであると推測する。いかなる証拠も見当たらないが、そう考える理由はあり、于皇后が皇子を産んでいる以上、于勁が続いて宮中にいて禁軍統帥となっているのは疑いを招きかねない。そのため、高肇・茹皓あるいはその他の親信の推進があったか否かにかかわらず、宣武帝本人には于勁を領軍の職から離す十分な理由があったに違いない。しかし現在我々にはなおも于勁が離任した後に誰が領軍を継いだのか分からなくなっている。

第23章　胡嬪充華

景明四年（五〇三）に高英が後宮に入ったことと、于勁が上表して「嬪御を広げることを勧め」たこととの間に関係があるのかないのかは分からない。しかし于勁の上表が宣武帝による同意・詔可をえた後には、女性の選抜を行わなければならなかった。宣武帝の嬪妃の墓誌で現在残っているものは三点であり、王粛の娘の王普賢、司馬悦の娘の司馬顕姿と李続宝の娘の李氏のものがある。[1] 三人は全員出産しなかった。李氏墓誌は年齢を載せておらず、孝昌二年（五二六）に葬られたことだけが述べられており、おおよそこの年に死去したのであろう。王普賢は延昌二年四月二二日（五一三年六月一〇日）、二七歳で死去したといっているので、生年は太和一一年（四八七）のこととなる。司馬顕姿は正光元年一二月一九日（五二一年一月一二日）、三〇歳で死去したというから、その生年は太和一五年（四九一）となる。司馬顕姿墓誌だけは明確に、「正始の初め、勅命により長秋に遣わされ、後宮に納れられて貴華となった」といっている。正始元年（五〇四）に司馬顕姿は一四歳であり、選ばれて後宮に入っているため、于勁が上表して「嬪御を広げることを勧め」たことと直接的な関係があるに違いない。この年王普賢は一九歳であったが、これより早く後宮に入ったかどうかを確認することはできない。

問題は、条件に合う美女が選ばれて後宮に入ったところで、彼女たちが宣武帝と「接」する機会を有するとは必ずしも意味しないということである。後の孝明帝を除き、今確認できる宣武帝の子女は全部

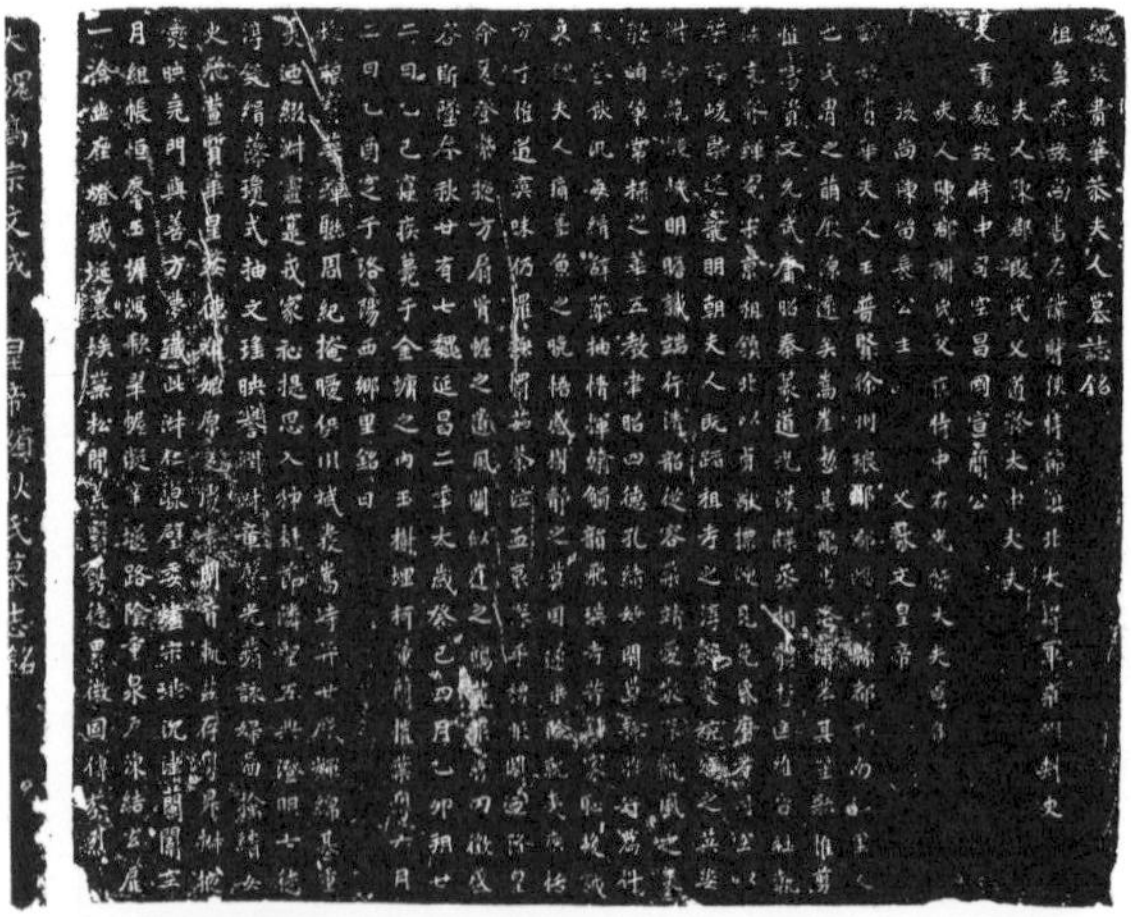

図 56　王普賢墓誌

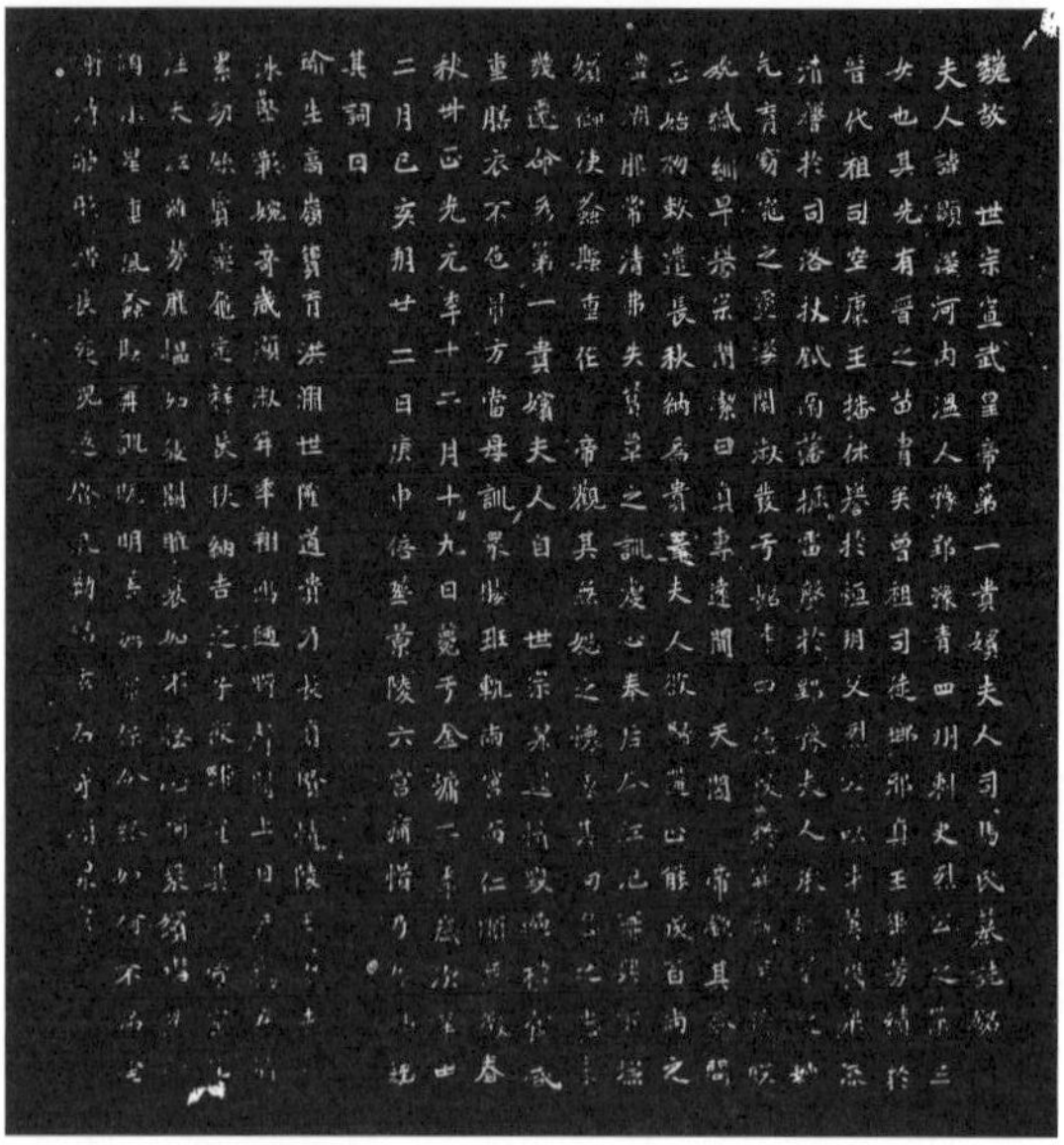

図 57　司馬顕姿墓誌

で三人であり、于皇后は一子を、高英は一子一女を産んだが、二人の皇子はともに夭折してしまった。于皇后と高英とは、それぞれ特殊な家庭の背景があり、権勢はいよいよ宮殿の内外に満ち、彼女たちを阻止して宣武帝と接触することができる人間などいなかった。しかし彼女（とりわけ高英）は宣武帝を他の後宮の嬪妃から引き離すのに足る能力を有しており、その結果がすなわち彼女たち二人が産んだ皇子であり、宣武帝は以後他の子女をえることがなかったが、孝明帝は唯一の例外となった。

図 58　李氏墓誌

しかし、この例外も偶然に発生したものではなく、一部の人間が苦労して画策し、綿密に手配した結果である。

孝明帝の生母は武始伯胡国珍の娘である。『北史』外戚伝には、「（胡国珍の）娘は選ばれて掖庭に入り、明帝〔孝明帝〕を産んだが、これがすなわち霊太后である」とある。胡氏（霊太后）は于勁が「嬪御を広げることを勧め」た後に選ばれて掖庭に入った女性の一人である。『北史』后妃伝は胡氏が宣武帝に寵愛されたのは、出家して尼となった彼女の叔母が宮中にて談議していたときに「左右の者に后〔胡氏〕が容姿と品行に優れていると称賛するようにほのめかし」、「帝はこれを聞き、そこで召して掖庭に入れ、充華世婦とした」[2]

と述べている。この記述に基づくならば、胡氏が選抜されて後宮に入ったのは、彼女の叔母が行った裏工作によることとなり、宣武帝はこうして特に彼女を召して後宮に納れたのである。『北史』后妃伝によれば、胡氏の生母は胡国珍の前妻皇甫氏であり、胡氏が生まれた後に京兆山北県の占卜・観相をよくする者が胡国珍に「賢い娘さんは大貴の相が出ております」云々といったといい、胡氏が長安にて誕生したことがうかがえる。しかし『北史』外戚伝は皇甫氏は景明三年（五〇二）に洛陽にて死去したといい、かつ「これまで諸々の胡氏一族は洛陽にて葬られた」ともいっており、胡国珍の一族が孝文帝による遷都の後に長安から洛陽に移住したことが分かる。『北史』后妃伝は胡氏が叔母に対し「幼いときから頼っており」といい、これはおおよそ洛陽に入ったばかりのときを指すのであろう。

母親がこの世を去ってそれほど経っていない頃のことであろうが、胡氏は「選女」の手順を通じて後宮に入ったのであり、もしこの通りであれば、彼女が後宮に入った時期は司馬顕姿と同じく正始元年のこととなる。正始元年から彼女が皇子を産む永平元年（五一〇）に至るまでには、六、七年の時間があった。彼女が選ばれて後宮に入ったのが叔母によるものであったか否かにかかわらず、実際の状況は胡氏や選ばれて掖庭に入った多くの女子たちと同様に、早くに後宮に入ったといっても、「接したことがな」く、皇帝に会えなかったのである。胡氏にとっての幸運は、彼女の叔母が比丘尼の身分で宮内にて談議し、幾人かの、皇帝の身辺において話すことができ、一定の影響力を持つ人物（その中の多くの人物は史書にいう「恩倖」に属する）と結託していたことである。

後宮の文化的要求は多様であり、例えば、後宮の上層の女性には経学・史学方面の教師あるいは指導者が求められるが、当然こうした教師・指導者も通常は女性である。『魏書』李彪伝によれば、李彪には女児がおり、「幼いときから聡明であり、彪は常にこれを優れているとし、彼女に書学を教え、経伝を読誦させた」という。李彪はこの女児の才能に驚き、密かに家族に対し、「これ（この娘）は我が家

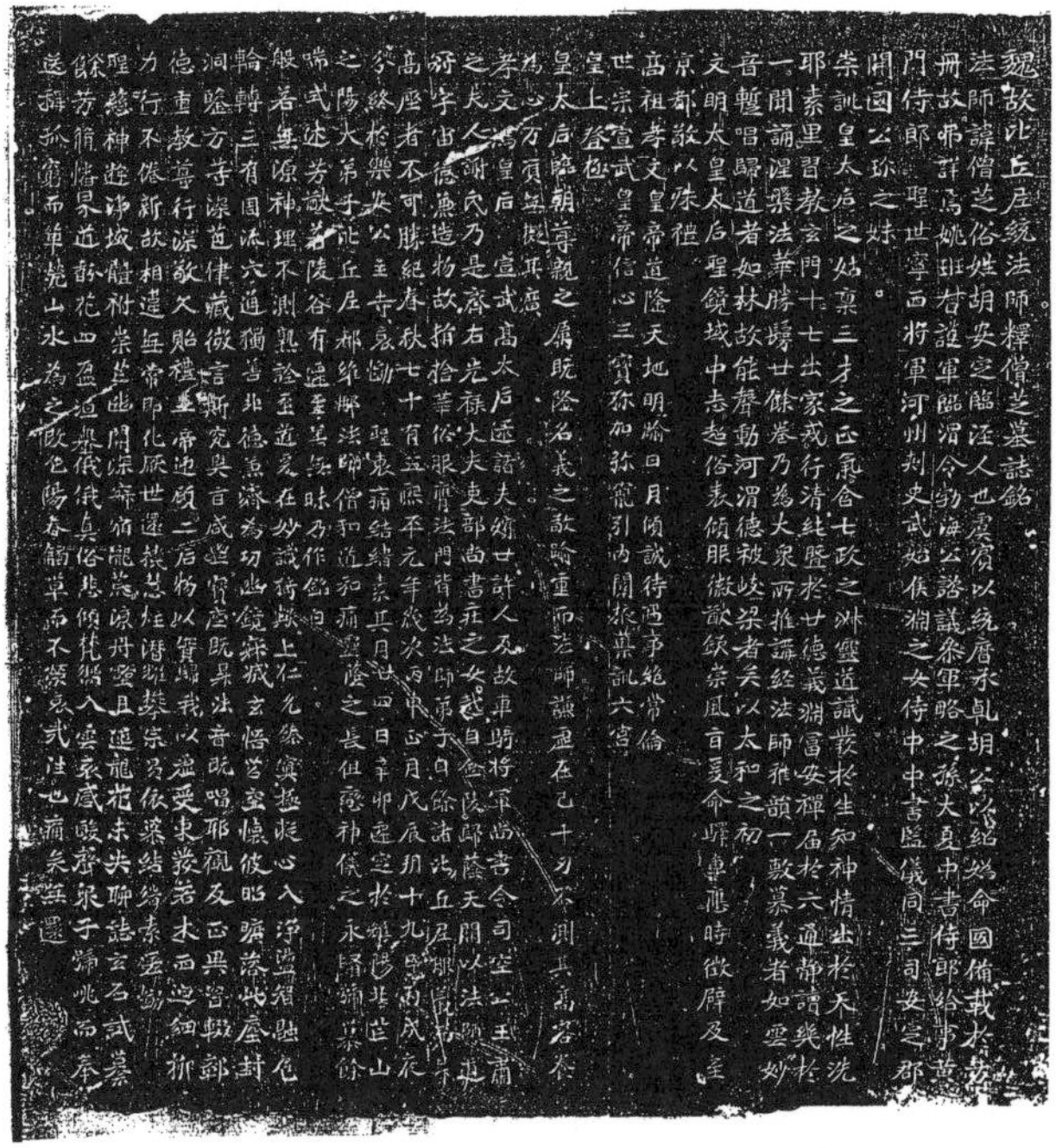

図 59　僧芝墓誌

を振興するに違いなく、皆にはその力をえることを許してほしい」といったという。李彪は宣武帝が親政を開始した景明二年（五〇一）に死去しており、宣武帝は彼の死後にこの博学多才の女児のことを聞き、「召して婕妤《しょうよ》とし、礼をもって迎え」、後宮に到着して以降は妹の公主の文化教師を担当するよう要請した。李婕妤の主たる教学内容は、読書と書写であり、読んでいた書とは主として経史であった。すなわち列伝にいう「婕妤は後宮において、常に帝の妹に書を教え、経史を誦授した」である。公主たちのみならず、后妃・宮官は皆彼女の学生であり、列伝には「後宮は皆彼女を師として尊敬した」とある。後に高猛に嫁ぐこととなる宣武帝の同母妹である元瑛も、かつては李婕妤について勉強していたはずである。注目に値するのは、この李婕妤が宣武帝と同様に仏教を信仰し、好んで経論を読んでいたことである。宣武帝の死後、李婕妤は出家し、「経義を通じて学び」、仏学に比較的深い理解を有する比丘尼となり、常に壇に登って講義し、洛陽の僧伽〔僧侶ら〕に敬われたのであり、いわゆる「法座で講義すると、諸僧は感嘆して彼女を重んじた」がそれである。

胡氏〔霊太后〕の叔母は「〔後宮に〕入って禁中にて講義し」たが、これは宮中の仏教信仰の要求に応えるためであった。我々にとって非常に幸運なことに、この比丘尼の叔母の墓誌が二〇〇〇年春に河南省洛陽市孟津県〔現在の孟津区〕平楽鎮朱倉村から出土しており、誌題には「魏故比丘尼統法師釈僧芝墓誌銘」とあって、彼女の法号が僧芝であったことが知られる(3)。墓誌によれば、僧芝は孝明帝熙平元年正月一九日〔五一六年三月七日〕に七五歳で死去したというから、その生年は太武帝太平真君三年〔四四二〕かあるいはそれよりもやや早い時期であったことになる。『北史』外戚伝によれば、胡国珍は神亀元年四月一二日〔五一八年五月七日〕に八〇歳で死去したというから、その生年は太武帝太延五年〔四三九〕かあるいはそれよりもやや早い時期であったことになろう。僧芝は彼女の兄である胡国珍より三歳年少であり、二人はともにその父胡淵が赫連《かくれん》氏の夏《か》〔十六国の一つ〕から北魏に入った後に生まれた。胡氏は安定郡の大姓であるが、早くに長安に定住していた可能性が高い。墓誌は僧芝が「道識は生まれながらにして発し、神情は天性より出で、耶〔邪〕を故郷にて洗い流し、玄門にて習い学んだ」といい、一七歳〔文成帝太安五年かあるいはそれよりもやや早い時期〕で出家し、二〇歳には既にその学問は完成していた。また僧芝は北魏皇室との関係を有していたが、それは馮太后が彼女に対し「その良策に敬服し、その意図を崇め、ここに駅車に命じ、ときに応じて徴辟し」、彼女を平城に迎えたことに始まるという。僧芝が平城に到着した時期は、孝文帝の中期以前のことであり、僧芝は三〇〜四〇歳であったはずである。

墓誌の誌題は僧芝が比丘尼統であったといっているが、誌文にはそのことについて言及されていないために、彼女が実際にその職務を担当しておらず、死後の追贈であったことが疑われる。彼女は長きにわたって皇帝家に仕え、馮太后と孝文帝はともに彼女を重んじていた。墓誌は馮太后が彼女を徴召して平城に向かわせ、「京都に到着するに及び、殊礼をもって敬われ」、孝文帝は彼女に対し「誠心を傾けて待遇し、他の同僚とは隔絶していた」と述べている。宣武帝時代に至り、彼女の年齢と経歴はいっそう高くなり、礼遇もいよいよ重くなった。墓誌は、「世宗宣武皇帝は三宝を信仰し、いよいよ弥（「珍」字の誤写であることが疑われる）寵を加えられ、内闈掖に引き込まれ、六宮を訓導した」という。もし僧芝が宣武帝時代に至ってようやく掖庭〔後宮〕にて「六宮を訓導した」のであれば、彼女が以前平城から洛陽に移ったばかりのとき、たとえ常に掖庭において行き来していたとしても、地位は突出しておらず、墓誌がいうように馮太后と孝文帝の特別な礼遇をえたわけではなかったことになる。宣武帝は仏教を深く信仰し、後宮の空気はいっそう甚だしくなり、一定程度仏教の素養がある専門の人士が講義・説法することが求められ、そのため僧芝はこの役割を担う機会を獲得したのである。

宣武帝が親政を開始したとき、僧芝は既に六〇歳ほどになっており、平城と洛陽の上層の女性の間を三〇年近くも行き来していた。彼女のように後宮にて行き来する機会を有する尼は少なくはなかったが、僧芝墓誌が小馮・高英と王粛の前妻謝氏らが「法師の道は宇宙に冠たり、徳は造物を兼ねていることから、華俗を捨て、法門に服し、皆法師の弟子となった」と述べていることからは、これらの地位の高い女性が僧芝の門下において出家し始めたことがうかがえ、もし真にこのようであったならば、僧芝は洛陽宮の尼の中でも高い声望を有していたに違いない。墓誌は僧芝の弟子には小馮・高英「及び諸々の夫嬪二〇人ばかり」が含まれていると述べているが、ほとんど全ての「六宮」の妃嬪中で出家を願う者を含んでいたのである。ならば王鍾児／慈慶が彼女と知り合いであったであろうことは疑いなく、ひいては彼女を師として出家した可能性も出てくる。前章で言及したように元愉の愛妾楊奥妃は皇后により強制的に出家させられ、一年以上の長きにわたり内宮に閉じ込められたが、これに僧芝が関与していたとも考えられる。

簡単にいえば、僧芝のような老尼は、北魏皇宮における活動期間が長く、重要人物と知り合うことも多く、人脈は広く、経歴も豊富で、活力は甚だ大きかったが、しかし人の注意を引くことはあまりなかった。僧芝の姪である胡氏（霊太后）が先に選ばれて皇宮に入ったか、それとも僧芝が他人に託して後宮に入れたかを問わず、彼女が後宮に入ったとき、僧芝は既に宮内にて大きな影響力を有していた。『北史』后妃伝には、「（胡）太后は聡明であり、才芸も多く、叔母は既に尼となり、幼いときから頼っており、簡略ながら仏経の大義を理解していた」とある。僧芝が徴召されて平城に赴いたとき、胡氏はまだ生まれておらず、胡家は一貫して長安に住んでいた。後に洛陽に移住したが、これは孝文帝による遷都の後間もなくのことと思われる。いわゆる「幼いときから頼っており」とは、胡氏の母皇甫氏が世を去った後のことを指す。正始年間に後宮に入ったばかりのとき、彼女はまだ一四、五歳にすぎなかった。僧芝は「左右の者に后が容姿と品行に優れていると称賛するようにほのめかし」たとするが、これはすなわち宣武帝の身辺にいる話の通じる「左右」に頼み、皇帝に胡氏を推薦させたことをいう。高英の「嫉妬心と猜疑心が強く」、「宮人が皇帝に愛されることは稀となった」とき、たとえ宣武帝の心が動いたとしても、掖庭の関係メンバーと協力して「天を瞞きて海を渡り」、「暗《ひそ》かに陳倉に渡る」（ともに「兵法三十六計」）必要があった。僧芝の人脈があって初めて多くのキーパーソンの協力・手配があったのである。恐らくは、老尼慈慶も大いにこれを助けたのであろう。

たとえ他者の支援があったとしても、胡氏が獲得した進御の機会は多くなることはありえなかった。

孝明帝の生まれた時期（永平三年三月丙戌、五一〇年四月八日）からは、妊娠したのが永平二年五〜六月のことと推測される。ならば彼女が自らの妊娠を認識したのは、永平二年八〜九月のことであった可能性が高くなる。これは当然すぐに後宮の大事件となった。さらに二、三か月が過ぎ、後継問題について極めて深く憂慮していた宣武帝が新しい法を打ち出した。『魏書』世宗紀は、「（永平二年）一一月甲申（五〇九年一二月七日）、詔により妊娠したものの屠殺を禁じ、もって永制とした」という。宣武帝は詔を下して繁殖期のメスの牛・羊・豚・馬などの犠牲用の家畜を屠殺することを禁じ、またこの禁令を法律の条文中に盛り込んだのであり、この詔書が発布された五日後に、「己丑（一二月一二日）、帝は式乾殿において諸僧・朝臣のために『維摩詰経』を講じた」というから、表向きは宣武帝の仏教信仰と関係するように見える。宣武帝が講じた『維摩詰経』は、当然鳩摩羅什《くまらじゅう》の訳本である。この経は「公に認識された、中国中古時代において最も広汎に流行した仏教経典の一つである」(4)。胡適《こせき》は、「『維摩経』は大乗仏典の中でも最も文学的趣味のある小説であり、鳩摩羅什の翻訳もまた流暢であり、そのためこの書は次第に中古時代に最も流行し、最も勢力のある書となった」という(5)。宣武帝が壇に登り『維摩詰経』を講じたことは、当時の仏経講論の風気を反映している。もしこのときまさに胡氏が妊娠して五〜六月目を迎えていたことが知られていなかったとすれば、宣武帝が妊娠した家畜屠殺を禁じたことと彼の仏教信仰・講経とを繋げるものであった可能性が高くなるが、彼の精神の奥深くにある憂慮と恐れを見出すことはむずかしくなる。

宣武帝の緊張はただ気をもむばかりではなく、さらに「妊娠したものの屠殺を禁じ」ることよりもさらに切実な行動をとらせている。『北史』后妃伝には、「これに先んじ、宣武帝はしきりに皇子を失い、自らも歳をとっていたこともあり、深く慎むようになった」とある。おおよそ胡氏が懐妊を確認したときから、宣武帝が彼女のために「深く慎むようになる」ための組織を打ち立て、彼女と掖庭の日常的な体系を隔離したのである。このチームは後宮にてその他の人間〔高皇后も含む〕が彼女に危害を加えることと、彼女自身が胎児を傷つけることを防止した。『北史』后妃伝の一エピソードは、妊娠した妃嬪が自らを害する事例が確かに存在していたことを示している。

掖庭の中では、国の旧制もあり、相互に祈り合い、皆諸王・公主の出産を願っても、太子の出産は願わなかった。ただ后だけは、「夫人たちはいうが、なぜ一身の死を恐れて皇帝家のために嫡子を育まないのか」と常にいっていた。明帝〔孝明帝〕を身ごもると、同僚たちはなおも故事を恐れ、諸々の計略を勧めた。后は意を決し、夜に独りで、腹の子が男児であり、規則通り長子とし、子が生まれ、自身が死ぬことも辞さないと誓った。

胡氏は皇帝家の大計のために私心を捨て、こうした大義があって勇ましい話をいい立てた。当然全て彼女が後に太后となったときに追述したものである。実際には彼女は妊娠してすぐに特殊な組織によって看護され、一挙手一投足も自由ではなくなり、たとえ彼女が何かしようとしてもできなかった。興味深いのはこのエピソードが「子貴母死」の旧制に触れており、平城時代のこうした人倫にもとる制度が洛陽宮においてなおも忘れ去られておらず、六宮の妃嬪は「相互に祈り合い、皆諸王・公主の出産を願っても、太子の出産は願わなかった」のである。「太子の出産は願わなかった」のは当然願望にすぎないが、もし他人よりも先に妊娠し、また子供の性別があらかじめ分からなかったとしたら、どうしたのであろうか。胡氏は妊娠した後に、「同僚」、すなわち他の充華夫人が、「なおも故事を恐れ、諸々の計略を勧めた」という。「諸々の計略」とは何か。当然妊娠を終わらせる方法を考えることであり、すなわち流産である。こうした方法は平城時代に存在したのであろうか。もし存在していたのであれば、宮廷の管理者はこうした措置を発展させたはずである。
「子貴母死」の旧制の影はもとより存在しており、[6] 後宮の妃嬪の自傷の可能性も排除できなかったが、胡氏の場合では、彼女が妊娠した後に迅速に保護されるようになったということができる。前述の彼女を保護した組織についていえば、防備の対象は多いが、その中には妊婦自身も含まれていたのである。

それでは、宣武帝が入念に組織したこの組織は、どのような人々によって構成されていたのであろうか。過去に史書を読んだ者はおおよそ想像がついたであろうが、その中には御医王顕がいたに違いない。今は王鍾児／慈慶墓誌があり、我々は老尼慈慶も含まれていたことを知る。墓誌は慈慶の死後に発された孝明帝の手詔を掲載しており、そこには「また東華門が建てられた〔皇太子に立てられた〕日、朕《わたし》が生まれたばかりのとき、常に恩勅を被り、〔朕の身を〕任されて側について守っていた」とある。慈慶はこの特殊組織に参加しており、またそれは宣武帝自身の手配によるものであり、一心に彼女に「側について守」ることを委任していたのである。常景が撰した墓誌は「聖なる身体を生まれたときから守ってきた」というが、この種の「守」るとは当然ながら「生まれたばかりのとき」のみならず、出生前後の長い時間を含んでいたに違いない。

問題は、永平二年夏に胡氏が孝明帝を身ごもったとき、慈慶は既に七一歳となり、たとえ身体が健康でも、一般の保母の仕事をうけ持つことは不可能であったことである。なぜ宣武帝は彼女をなおも頼っていたのであろうか。第一に、当然ではあるが信任されていたためである。第二に、彼女の体力が活発であることを必要としていたのではなく、三〇年近く前に王顕とともに仕事をしたという経歴を利用したがったためである。第三に、あるいはさらに重要なことであるのかもしれないが、彼女は現状の内宮体制の一員ではなかったためである。孝明帝が誕生した後、宣武帝は彼を「別宮にて養育し、皇后〔高英〕及び充華〔胡氏〕はともに触れることができなくなった」という。ここから見れば、宣武帝は嫉妬

図60　杜法真墓誌

心と猜疑心の強い高皇后と、皇子の生母である胡氏をともに信用しておらず、皇子と彼女たちを完全に隔離しなければならなかったことが分かる。これには二つの前提条件が必要であり、第一に彼が完全に信用し、また彼だけに忠誠を誓う人物を用いなければならないことであり、第二に内宮において工作を行うがそれでいて内宮体制の外に組織を創設することである。

　第一の条件について、彼は組織のトップを担う二人の人物を探し出した。すなわち彼自身と彼の母親である高照容を養育したことがあり、かつ長きにわたって彼と親密な関係を保持してきた王顕と王鍾児／慈慶がそれである。第二の条件については、既に体制外の身分を獲得していた慈慶が体制外における人員探しを手助けした。『北史』后妃伝は宣武帝の組織編成について、「乳保を選ぶ際に、皆良家の宜子をとった」という。いわゆる「皆良家の宜子をとった」とは、すなわち内宮の既成の体系を脱し、宮壁の外に行って適した者を探したのである。いわゆる「乳保」とは、乳母と保母の総称である。いわゆる「宜子」とは、子供の養育した経験の比較的多い者である。乳母がやや若いことを除けば、子供を比較的多く出産・養育した女性とは若くはないということになる。これらの「乳保」が行うことは重要ではあったが、彼女たちの身分は結局低いのであり、史書はあまり真面目に扱っておらず、後世においてもうかがい知ることはできなくなっている。しかし非常に幸運なことに、今日の我々にはその中の一人が残した墓誌を読むことができるのである。それこそが杜《と》法真《ほうしん》墓誌である。(7)

　杜法真墓誌には誌題がなく、第一句に「傅母・宮大監杜法真なる者は、黄如の人である」とある。黄如という地名は北朝には見られず、誤写である可能性が高い。杜法真の宮職は「傅母・宮大監」であり、傅母は彼女の宮内における仕事であり、宮大監は死後に追贈されたものであろう。墓誌は杜法真が晩年に「下邦に隠れ、身を洛陽に養い」、かつ「洛陽にて死去し」、死後に「子息は涙を流し、車にすがってまで慕」ったといい、彼女の家族が皆洛陽におり、犯罪者の親族ではなかったことがうかがえる。墓誌によれば、杜法真は正光五年一〇月三日（五二四年一一月一四日）、六六歳で死去したというから、その生年は文成帝太安五年（四五九）となる。墓誌は杜法真が「五〇歳で、紫掖に奉職した」といっているので、彼女は五〇歳になってようやく後宮に入ったことが分かり、そして彼女が五〇歳のときとは、ちょうど永平二年（五〇九）、すなわち胡氏が妊娠した年にあたる。墓誌は杜法真が「知遇を先朝より何《にな》（荷）い、顧問を今上より被った」と称しており、彼女が宣武帝（先朝）と孝明帝（今上）の二代の皇帝とかなり特別な関係を有していたことを強調している。

　老尼慈慶は永平二年秋に急ごしらえで宮外の良人により構成される「乳保」の組織を設立し、杜法真はすなわちその一員であった。「法真」の名は彼女が仏教を信仰する家庭の出身であったことを明らかに示しており、彼女本人も敬虔な仏教徒であった可能性は高い。慈慶が彼女を探し出すことができたことには、彼女の仏教信仰と関係があったかもしれない。当然これは慈慶が以前から彼女と面識があったということではないが、杜法真が仏教を信仰していたならば、邑義（法義ともいう）にも参加していたはずである。慈慶は宮内にて出家したが、こちらは逆に比丘尼の身分によって相対的に自由に禁中を出入りすることができ、彼女の宮外における社会生活は、主として各種の信徒の社団組織と関係していたことが想像される。宣武帝が彼女に要請したのは、まさしく彼女のこうした特徴を見出したためであった可能性が高い。彼女は組織の人員を探し求めた際、彼女の洛陽における社会的関係を頼ったに違いなく、その中には当然各種の邑義組織も含まれていたであろう。

杜法真墓誌は彼女が孝明帝の即位後に「歴任するところは清であったが、願うところではなく、遂に下邦に隠れ、身を洛陽に養」ったといい、その意味は杜法真がもと宮内においてゆったりとした生活を送っていたが（彼女によい職位を与えたようである）、彼女は宮内にとどまることを願ってはおらず、そこで宮を出て彼女の洛陽の家に帰り、家族とともに生活していたというものである。慈慶が設立したこの組織が、後宮に入ったときに身分が変わって宮女となることをもちろんであるが、この身分には条件があり、彼女がもともと良人であるために、奚官奴ではなかったということである。孝明帝の養育という任務を完遂した後（報酬と奨励を獲得した後）には、彼女たちは皆自身のもとの生活に戻ることを選択することができたのである。

『魏書』粛宗紀には、「永平三年三月丙戌（五一〇年四月八日）、帝は宣光殿の北東に生まれ、庭中が光り輝いた」とある。宣光殿は洛陽宮の永巷以北にあり、永巷以南の顕陽殿とはそれぞれ禁中の南北における二つの大主殿となっており、理論的には皇后は宣光殿に住み、皇帝は顕陽殿に住むべきであった。いわゆる「宣光殿の北東」とは、語義が不明瞭であり、宣光殿周辺の垣の中における北東角の一室を指すのか、それとも周辺の垣の外側にある西游園の部屋を指すのか分からない。こうした不明瞭さは、胡氏が子を産んだ場所がもとより秘密とされており、皇帝に特別に許された極少数の人々のみが知っていたことを意味するのかもしれない。

もし孝明帝が生まれたところがいくらかの秘密性を帯びていたとするならば、彼が生まれた後すぐにいっそう秘密な場所に移されたのであろう。『北史』后妃伝は孝明帝が生まれた後に、宣武帝が自ら

「別宮にて養育」するよう手配し、「皇后及び充華はともに触れることができなくな」るように仕向けたという。史書はどの「別宮」にて養育したかをいわないが、見たところでは秘密で公にされておらず、皇帝が特に許可した人物にのみ開放されていたのであろうと思われる。皇后高英は後宮の主となり、充華胡氏は自ら皇子の生母となったが、ともに後宮の中にあるこの「別宮」に訪問することが禁じられていた。そこは慈慶の組織だけが、まさしく大いなる北魏の未来のために勤労・服務していたのである。

　皇子が誕生したとき、宣武帝は既に二八歳となっていたが、即位してまだ一紀（一二年）にも満たなかったのであり、すなわち『魏書』世宗紀の一〇月丙申の詔書にいう「乾に乗じ暦を御し（皇帝に即位し）、一紀を回った」である。この年の六月丁卯（五一〇年七月一八日）、「皇子に詡《く》と名付け」たのであり、この元詡こそはすなわち宣武帝唯一の後継者となりうる男児であった。皇子をえたことに喜び、このことは宣武帝に自身が皇帝となって一紀が経ったことを善行的手段で記念することを促した。一〇月丙申（五一〇年一二月一四日）、宣武帝は詔書を発布し、慈善の病院を建設することを決定し、「京畿内外の病人を、皆ここに送り、厳に医署に勅し、医師を分けて治療させせよ」といい、この他にさらにおびただしい量の医書から条目を抜粋し、簡単で学びやすい医書を編纂し、各地にばらまき、「三〇巻余りをとり、九服（全国）に分かち、郡県は書写し、郷邑に下し、救患の術を知らしめた」。

　『魏書』術芸伝は王顕が宣武帝の命をうけて「薬方三五巻を撰し、天下に分与し、諸々の病気を治療させた」ことを記すが、これは前掲の詔書のいうところと同じものを指すであろう。このとき王顕は一人で多数の官職を兼任しており、とりわけ百官を監察する御史中尉をつとめ、地位は高く権力は重く、同時に皇帝の侍医を引き続き担当していた。元詡が誕生した後に、王顕はさらに元詡の侍医をも担当しなければならなくなった。彼が「国を憂うこと家のようであった」とはいえ、職務に精励しようにも、結局時間には限りがあった。実際に日常的に元詡の養育を担当していたのは、慈慶のあの組織であったことが想像される。

二年半の後、その当時の数え方でいうならば、元詡は既に満三歳であり、皇太子に冊立することができるようになった。『魏書』世宗紀は、「（延昌元年）冬一〇月乙亥（五一二年一一月一二日）、皇子詡を皇太子に冊立した」という。二〇日後の一一月丙申（五一二年一二月三日）、宣武帝は再び詔を下し、「朕《わたし》は天の助けをうけ、宸宇を統御し、太子の体は霊明により、宮城の東華門を創建し、二つとも既に生まれていることを明らかにし、三つの善があまねく広がり、恩沢は率土に均しくし、栄誉は庶胤に広げた方がよかろう。天下の父の後継者となる者には爵一級を賜与し、孝子・順孫・廉夫・節婦は門閭〔村里の門〕にて顕彰し、量って粟・帛を賜与しよう」といったという。『魏書』天象志はまとめて、「皇太子を冊立し、父の後継者となるものに爵を賜与し、孝友の家を顕彰した」と記している。おおよそこの年の前後に、皇后高英は女児を出産したのであり、これが建徳公主である。宣武帝にとってこれは心配顔が解けるほどのよい知らせであった。

東宮が建てられ、すぐに東宮官を配置した。東宮官には二種類あり、一つは名誉職で、一つは実態のあるものである。地位が高い三師・三少は前者であり、太子詹事・太子中庶子は後者である。元澄は太子太保、郭祚は太子少師、崔光は太子少傅、甄琛は太子少保となったが、全て名誉職であった。東宮官で実際に最も重要であったのは太子詹事であり、宣武帝はこの職位を王顕に与えた。太子中庶子の中で、裴延儁・裴譚・高貞・王紹は、名門であるか、あるいは貴戚であり、その他にはさらに侯剛がいたが、彼は宣武朝で最も有名な皇帝家の料理人であり、また絶対的な親信・左右であった。かつ、宣武帝は侯剛に禁軍の統帥中三番目である右衛将軍を担当させた。宣武帝による太子官属の手配が十分に凝っており、実権は全て自身が最も信用する「左右」・「恩倖」の手中にあったことが見出せる。『魏書』術芸伝は王顕が「東宮が建てられ、太子詹事となり、甚だ厚く委任された。世宗が東宮に行幸するごとに、顕は常に迎えて接待した。禁中に出入りし、なおも侍医をつとめていた」と記している。

皇太子となった元詡は依然として幼児であり、なおも慈慶の組織した傅母の養育を必要としていた。『魏書』楊播伝附楊昱伝によれば、延昌三年（五一四）に楊昱が東宮官の太子詹事丞とつとめていたとき、皇太子はいつも乳母・保母に抱えられて各所を移動しており、東宮官がかえって全く実情を知らず、また関与することができなくなっているのを見たといい、「当時粛宗〔元詡〕は抱えられており、出入りに至っては、左右の乳母だけで、官僚に知らせなかった」とある。楊昱は宣武帝に、以後太子の出入り（「出入り」とは東宮を離れて禁中に入り宣武帝に謁見することを指す）には皇帝の「手勅」を発し、東宮官に実情を知らせ、当直の官僚を帯同するよう要請した。宣武帝はここで詔を下し、「今より以後、朕の手勅がない場合は、子供を出してはならない。宮臣の当直者は、したがって万歳門に至れ」といった。

延昌三年になり、皇太子元詡はまだ五歳にも満たなかったが、老尼慈慶は既に七六歳になっていた。彼女はなおも東宮にてあくせく職務に従事していたのであろう。慈慶墓誌は彼女について、「苦労してつとめ励んだが、その心を怠らせたことはなかった。力が衰え年齢を重ねても、あえてやめることはしなかった。これもまた正道の帰するところ、仁愛・誠心の結ぶところである」と称賛している。この文言について、恐らくは完全な定型句というわけではないのであろう。

注
（1）趙超『漢魏南北朝墓誌彙編（修訂本）』九九～一〇〇頁、一六二～一六三頁、二四一～二四二頁参照。
（2）「充華世婦」を『魏書』皇后伝は誤って「承華世婦」に作っている。
（3）趙君平・趙文成編『河洛墓刻拾零』（北京図書館出版社、二〇〇七年）二〇頁参照。僧芝墓誌についての研究としては、

王珊「北魏僧芝墓誌考釈」(『北大史学』第一三輯、北京大学出版社、二〇〇八年) 参照。

(4) 陸揚「論〈維摩詰経〉和浄土思想在中国中古社会之関係」(『人間浄土与現代社会——第三届中華国際仏学会議論文集』、中華仏学研究所、一九九八年) 参照。

(5) 胡適「海外読書雑記」(『胡適文存』三集巻四、『胡適全集』第三巻、安徽教育出版社、二〇〇三年、三八四頁) 参照。

(6) 『北史』后妃伝は「子が貴ければその母は必ず死んだ」という平城の旧制は、「孝文帝がこの悪習を改めた」といい、この制度が孝文帝により廃止されたという。孝文帝は生前に太子となった元恪とこの件について話したかもしれないが、史料的根拠があるわけではない。我々は、宣武帝が孝文帝の態度を理解し、かつ彼自身が深くその旧制の傷をうけたことが、この制度を二度と行わないと決意させたのであろうと推測することしかできない。しかしこれを彼が公開の場で討論することはなかった可能性が高く、このためこの制度の影は相変わらず洛陽宮に漂流していたのであろう。

(7) 趙超『漢魏南北朝墓誌彙編(修訂本)』二〇二頁参照。

第24章　高肇の死

老尼慈慶が七五歳となったこの年、北魏の最高層人事の調整中に、領軍将軍の交代という、後の政局に重大な影響を与えることになる変化が発生した。おおよそ永平元年（五〇八）末かあるいはそのやや後に、本来は禁軍副統帥である左衛将軍をつとめていた元珍、そう、自らの手で元勰に毒酒を飲ませたあの元珍が、領軍将軍に昇任したのである。元珍墓誌は次のように彼の領軍将軍任命について描写している。「初めて腹心の任をつとめ、六師の重きをうけ、虎旅を神扉に覆い、開けば外国からの侵略に抗い厳密に警備した」[1]。墓誌は続けて、「延昌二年、尚書左僕射に移った」といっている。等級や待遇からいうならば、領軍将軍は二品上、尚書左僕射は従一品中であり、単に昇任したばかりではなく、二級分の特進を果たしたことになる。しかし二つの官職の権限・責任の差は大きかった。平時においては領軍将軍という官職の重要性を見出すことはできないかもしれないが、最上層のとりわけ皇帝権本体が通過あるいは転移する関節点に達すると、それがほとんどその他の全ての官職に比してより重要になるのである。元珍は左僕射に昇任し、領軍将軍は于忠が後任をつとめた。

于忠も当然ながら宣武帝の最も信任する武官の一人である。六輔体制を転覆させてから元禧の反乱を平定するまで、宣武帝が頼っていたのは領軍将軍于烈であり、于烈の子である于忠はそのとき一貫して左右郎将・領直寝という御前侍衛の軍官をつとめ、かつ彼は宣武帝と于烈の間における最も重要な連絡

図61　元珍墓誌

人であった。于忠のもとの名は現在分からなくなっているが、太和年間において孝文帝は彼に登という名を賜与している。宣武帝はさらに彼に忠という名を賜与しており、彼に向かい、「朕は卿《おまえ》の忠誠心を嘉《よみ》し、今卿の名を忠と改めよう。貞固〔節操が正しく堅い〕の誠心をあらわすのは、名実を一致させるためである」といった。于烈の死後、于烈の弟、于皇后の父である于勁が領軍将軍を継続してつとめたが、于忠は禁軍高級将領の中の武衛将軍をつとめていた。同時に于氏一族の多くの人物は皆禁衛軍官に就任しており、于氏が禁軍系統に極めて深く根ざしていたことがうかがえる。

『魏書』于烈伝によれば、于忠はかつて北海王元詳との関係を緊張させたことがあるという。元詳は面と向かって彼に、「私は自分の前にお前の死を見るのを心配しても、お前が私の死を見ることを心配することはない」といった。于忠は怒り、「人がこの世に生きるのは、運命というものがあり、もし王の手により死ぬべきなのであれば、それを避けようとしても免れないでしょう。もしそうでないならば、王は殺すことなどできないでしょう」といった。元詳が小細工を施して于忠を禁中から外朝に押し込めたとはいえ、最後には意外にも于忠は元詳の無残な死を見届けるのである。元詳の死について、史書は多く高肇のせいとしているが、実際には于氏が少なからずその力をはたらかせたのであろう。まさにこれにより、後に元詳の子である元顥は南朝の支持のもとで皇帝を自称し洛陽に帰還した後に、全力で朝野の人物を籠絡したが、于勁の子であり、尚書僕射であった于暉については遠慮なくこれを殺害したのである。

　領軍将軍という官職は元珍から于忠の手に渡り、宣武帝にとってはその差は大きいものではなかったが、二人はともに長きにわたり禁中において禁衛軍官をつとめており、長い試練を経て、完全な信頼を獲得していた。しかし高肇にとっては、大いに状況が異なっていた。元珍は高肇と仲がよく、『北史』魏諸宗室伝によれば、「宣武帝の時代、（元珍は）高肇におもねり、そのまま皇帝の寵愛をえることとなった」という。しかし于忠はこともあろうに高肇の朝廷においてめったに顔を合わせることのない、公の敵であり、こうした強烈な敵意は、遅くとも于皇后とその子である元昌が謎の死を遂げたときから始まっていたのかもしれない。『魏書』于忠伝によれば、于忠が河南尹をつとめていたとき、「高肇はその為人《ひととなり》を忌み嫌い、密かにこれを追い出そうとし、そこで世宗にいいつけ、……ここにおいて安北将軍・定州刺史として追い出した」という。于忠が河南尹であったときには、さらに河南邑中正もつとめており、最も重要な職務は命令をうけて元暉《げんき》・元匡《げんきょう》・元萇《げんちょう》とともに「代方の姓族を推挙・決定する」ことであった。この四人は元萇墓誌において「銓量鮮卑姓族四大中正〔鮮卑の姓族を銓量する四大中正〕」と呼ばれており、恐らくはこれが正式名称である。墓誌は曖昧ながらこれを「永平中」のこととしている。[2] しかし『魏書』世宗紀は永平二年（五〇九）一二月に五等諸侯の選式論定の詔書を載せており、このことは「代方の姓族を推挙・決定する」ことや「鮮卑の姓族を銓量する」こととは異なるものの相互に関係しており、この年にこの類の問題が集中的に討論されていたことがうかがえ、ゆえに于忠が四大中正にその名を列していたのが永平二年のことと推測されるのである。そうであれば、高肇が彼を洛陽から排除したのは、この年かやや後のことであったはずとなる。

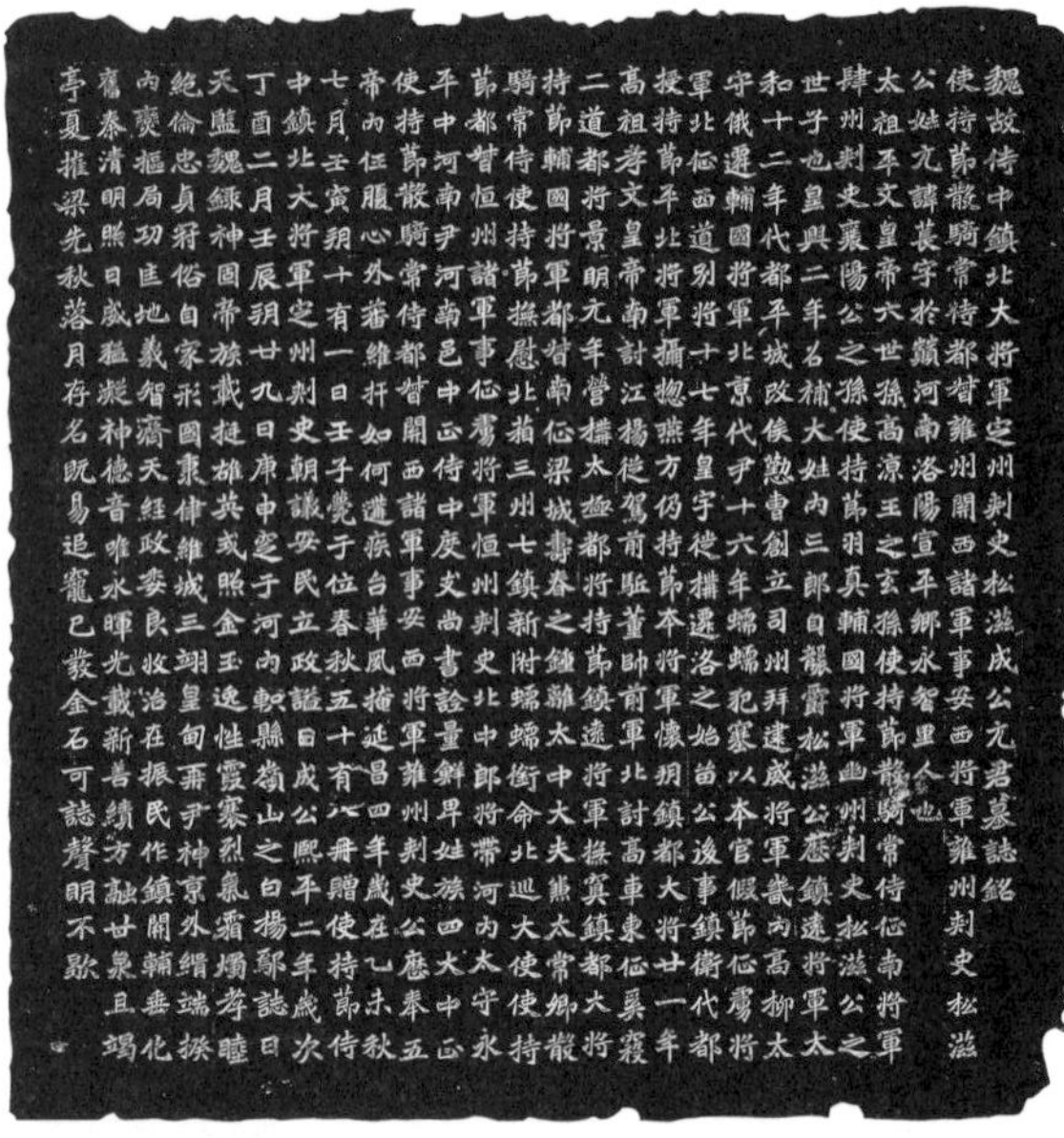

図62　元萇墓誌

しかし皇子元詡が誕生した後、宣武帝は禁軍の人事を調整し、最も信頼すべき人物を禁軍の主要な将官の地位に据える必要に迫られていた。『魏書』于忠伝は于忠が定州刺史として赴任してから間もなくして、宣武帝が「終わってからこれを後悔し」、また彼を呼び戻し、「再び衛尉卿・領左衛将軍・恒州大中正を授けた」と述べている。于忠は三卿をもって左衛将軍（禁軍副帥）を領し、頼るべき股肱の臣であったということができよう。しかし定州刺史は結局名誉職であり、そのため宣武帝は「密かに中使（宦官）」を于忠のもとに派遣し、彼に向かって「近頃股肱《ここう》の臣が抜け落ち、よるべき心膂《しんりょ》（頼りになる臣下）」がない。方任（地方長官の職務）

は重くはあるが、これに比べれば軽い。ゆえにこの外任をやめ、内の任務を委ねよう。つとめて怠ることなく、朕《わたし》の頼みに応えてくれ」といわせた。元詡が皇太子に冊立されると、于忠は「都官尚書に任命され、平南将軍を加えられ、領左衛将軍・中正はもとの通りであったが、また散騎常侍を加えられ」、これらの職務の中で最も重要なのはやはり左衛将軍であった。

『魏書』于忠伝によれば、あるとき于忠は「宴会に同席し」、宣武帝は自身の帯びていた「剣杖」を于忠に賜与し、さらに酒の杯を掲げて酒を勧め、「卿は代々貞節を守り、ゆえに常に禁衛の官職をもって委ねたのである。昔卿が忠義を行ったことから、忠という名を与えた。今卿の才能が外国の侵略を防ぐのにたえることから、この剣杖を与えよう。名にしたがって義をとることは、決して軽くはない、出入・仲介し、常に自ら防ぐがよい」といったという。延昌二年（五一三）になり、領軍将軍元珍は尚書僕射に昇任し、于忠は後任の領軍将軍となり、同時に侍中に任命された。侍中は門下省の長官であり、皇帝が各種の事務作業を処理するのを助けるのが職務であり、非常に重要な位置を占めていたが、日常業務では文書に接触することが比較的多く、一定の文化的素養が要求された。于忠は自身にはこの官職は合わないと思い、宣武帝に、「臣《わたし》は無学であり、文武の任を兼ねることはできません」といった。その意味は領軍だけならば大丈夫だが、必ずしも侍中をつとめるのは妥当ではないというものである。宣武帝は、「今学識を有し文才もある者は少なくはないが、純真であること卿に及ぶ者はない。卿に下に勤労させることで、私は上に心配事をなくしたいと考えているのだ」と答えた。宣武帝の大きな特徴は旧交を忘れず、昔日の情を重んじることであり、一五年来彼は于氏の諸人に対する信任を時間が経つほど深めていったというべきであろう。

これは宣武帝の末年における最も重要な人事調整である。領軍から尚書左僕射に昇任した元珍は、もともとは高肇の朝廷における一大盟友と見なされていたが、彼は翌年に突然病死してしまう。元珍墓誌は、「四七歳で、延昌三年、甲午の年五月戊申朔二二日己巳（五一四年六月二九日）に病にかかって不予に陥り、篤恭里の邸宅で薨去した」という。ここにおいて、高肇の朝堂の内外における比較的重要な盟友は王顕を残すのみとなり、王顕は御史中尉をつとめ、百官を弾劾でき、また深く皇帝の信任をえていたため、相当の抑止力を有していた。

当然ながら、宣武帝が健在でさえあれば、高肇は司徒の重きと皇帝の伯父という立場をもって、朝廷の権力を一二、三年もの長きにわたり掌握していたため、おおよそ何の心配もする必要がなかった。たとえ宣武帝が意外な行動に出たとしても、高肇が随時皇太子を押さえ、即位後に皇太后高英を表に出して聴政させれば、皇帝権力をめぐる制度のもとで常に操作することができるのである。これにより彼がずっと今上の皇帝とともにおり、また随時未来の皇帝を管理下に置くことが可能となったのである。しかし延昌三年末に至り、高肇は宣武帝から統帥の任を委ねられ、軍を率いて蜀地方に遠征し、遠く京師洛陽から離れ、また現在の皇帝と未来の皇帝から離れたのである。

『魏書』世宗紀によれば、延昌三年一一月に「辛亥（五一四年一二月八日）、司徒高肇に詔して大将軍・平蜀大都督とし、歩兵・騎兵一五万をもって西方にて征伐させた」という。二か月後、征蜀軍の先鋒部隊が梁州（現在の甘粛省隴南市）に到達し、まだ展開が間に合わないにもかかわらず梁（南朝）の益州に対して進攻したため、軍をやめて帰還するよう命令した。『北史』外戚伝によれば、高肇と、元遥・甄琛ら征蜀の主要な将領とは、孝明帝の名義で書かれた書信をうけたが、そこでは「諱言を称し凶問を告げ」ており、宣武帝がこの世を去ったという訃報が報告されていたという。

高肇にとって、状況はまさしく不可思議なほどまずいものであった。しかし、結局彼は北魏における最も重要な軍隊を指揮しており、もしこの軍を利用しようと考えたならば、まだしも形勢を転換させることが可能であった。『魏書』任城王澄伝は、「世宗は夜崩じ、ことは倉卒であり、高肇は外にて兵を擁し、粛宗〔元詡〕は幼く、朝野は不安に陥った」という。洛陽の朝廷がこの件に対して憂慮していたことがうかがえる。しかしながら高肇はあえてそうした大事をなすような人物ではなく、かつ軍の諸将はそれぞれ朝廷内の音信をえていたが、それを彼から聞いていたとは思われない。『北史』外戚伝には、「肇は事態をうけ、ただ思慕するだけではなく、また身に災難が降りかかることを恐れ、朝から晩まで泣き、疲労・憔悴するに至った」とある。自身はすっかりおびえていたのである。

『魏書』世宗紀は、「延昌四年春正月甲寅（五一五年二月九日）、帝は不予に陥り、丁巳（二月一二日）、式乾殿にて崩じた。三三歳であった」と述べる。宣武帝と彼の父である孝文帝とは同じように早死にしたが、長きにわたって五石散のような薬を服用していたことが原因であろう。代北時代の拓跋の君主による華夏文化の吸収は、少なくとも初期の段階においては、天象・占卜・讖緯などの神秘主義関連の知識に夢中になるという形であらわれた。時が経つにしたがい、華夏化の程度は次第に高くなり、彼らは中古時代の食散などの医学技術を盛んに実践した。孝文帝が若くして死去したことには、食散と関連があるに違いない。宣武帝もその父と同様に食散に夢中になっていたか否かについて、我々は知ることはできないが、可能性はあろう。

宣武帝がどのような病を患っていたかはともかくとして、彼は甲寅（二月九日）に倒れ、三日後（二月一二日）の丁巳の夜にこの世を去ったのであり、間違いなく洛陽宮ではパニックが発生していたであろう。『魏書』恩倖伝によれば、宣武帝の最後の数日間において、身辺には主として恩倖・左右、とりわけ徐義恭がおり、「世宗は不予に陥り、義恭は昼夜を問わずそばにいたが、その懐の中で崩じた」。朝廷の官僚の中で最も早くこの知らせをえたのは、禁中に宿直する文武の官僚だけであったはずであり、その中でも特に重要なのは侍中兼領軍将軍于忠・侍中崔光・太子詹事王顕・黄門郎元昭・太子中庶子裴延儁・中書舎人穆弼《ぼくひつ》・大長秋卿（宮内宦官の最高長官）劉騰・右衛将軍侯剛（皇帝家のトップの料理人であり、同時に禁軍最高将領の職位を狙っていた）などであり、皇后高英（北宮にいたため、中宮とは隔絶されていた）さえも知らされていなかった。関連する記述は『魏書』于忠伝と礼志に集中してあらわれているが、于忠伝は非常に重要なところが残欠しており、一定の曖昧さや混乱を生み出してしまっている。

皇帝という大いなる地位は不在のままにしてはおけず、そのためこれらの官僚達は朝臣たちに知らせることができない状況下で、その夜のうちに皇太子の即位儀礼を完遂した。『魏書』礼志によれば、宣武帝が崩じ、崔光・于忠・王顕と侯剛は「粛宗（皇太子元詡）を東宮にて奉迎した」という。『魏書』閹《えん》官《かん》伝は「世宗が崩ずると、群官は粛宗を東宮にて奉迎し、（王）温は寝台から粛宗を起こし、保母とともに粛宗を抱え、入って帝位に据えた」という。王温は東宮の大宦官（中給事中）であり、彼と「保母」は一緒に六歳にも満たない元詡を抱え、既に迎えに来ていた大臣たちとともに禁中に向かったのである。これらの「保母」の中に、七七歳の老尼慈慶がいたか否かについては分からない。

『魏書』礼志によれば、一行は永巷の東門である万歳門から宮中に進み入り、直接中宮の顕陽殿に入り、おおよそそこでようやく皇太子に何が起こったのかを告げたのであろうが、皇太子は「長く泣き続けた」。崔光と于忠はすぐに皇帝即位の儀式を挙行するよう提案したが、王顕は翌日を待ってから行うよう主張した。崔光は「天位は不在にさせておくわけにはいかないのに、なぜ明日まで待たなければならないのか」と問うた。王顕はまず皇后に報告し（「中宮に上奏し」）、皇后が令書（皇帝は詔、皇后は令）を下すのを待つべきだといった。崔光は、「皇帝が崩じて太子が立つのは、国の常典であり、なぜ中宮の令を待たなければならないのか」といった。そこですぐに儀式が挙行された。

皇帝即位には一揃えの礼制があり、儀式をつかさどりまた参加する官僚はほぼ固定されていたが、このときはこれらの官僚が皆この場におらず、その場にいる人物たちで臨時にそれらの官職を兼任するしかなかった。崔光は太尉を、元昭は侍中を、王顕は吏部尚書を、裴延儁は吏部郎を、穆弼は謁者僕射を、それぞれ兼任した。崔光は六歳の元詡に泣くのをやめさせ、さらに顕陽殿の東部分に立たせ、于忠と元昭は彼を助け、西方に向かせた。元詡は十数回泣いてやみ、皇太子の正装に着替えた。その後は儀式の中心的段階に進んだ。崔光（及び礼志に記入されていない王顕は、それぞれ太尉と吏部尚書を代表している）は「策を奉じ璽綬を進め」、元詡はひざまずいて璽綬をうけとった。天子の璽綬を手にすれば皇帝となる。この後は身を起こし、皇帝の袞服・冕冠に着替え、顕陽殿から南の朱華門を経て太極殿に進み、太極前殿に到着すると、南に向かって立った（座ったの誤りか）。皇帝に付きしたがっている官僚は崔光をはじめとして、太極前殿の西階から降り、太極殿前の中庭を通り、既にこの隊列にいた宿直の官僚（さらに禁衛軍官と宦官が含まれていたはずである）を加え、北に向かい殿上の小さな皇帝に対し、「稽首して万歳を称した」。このようにして即位の儀式は終

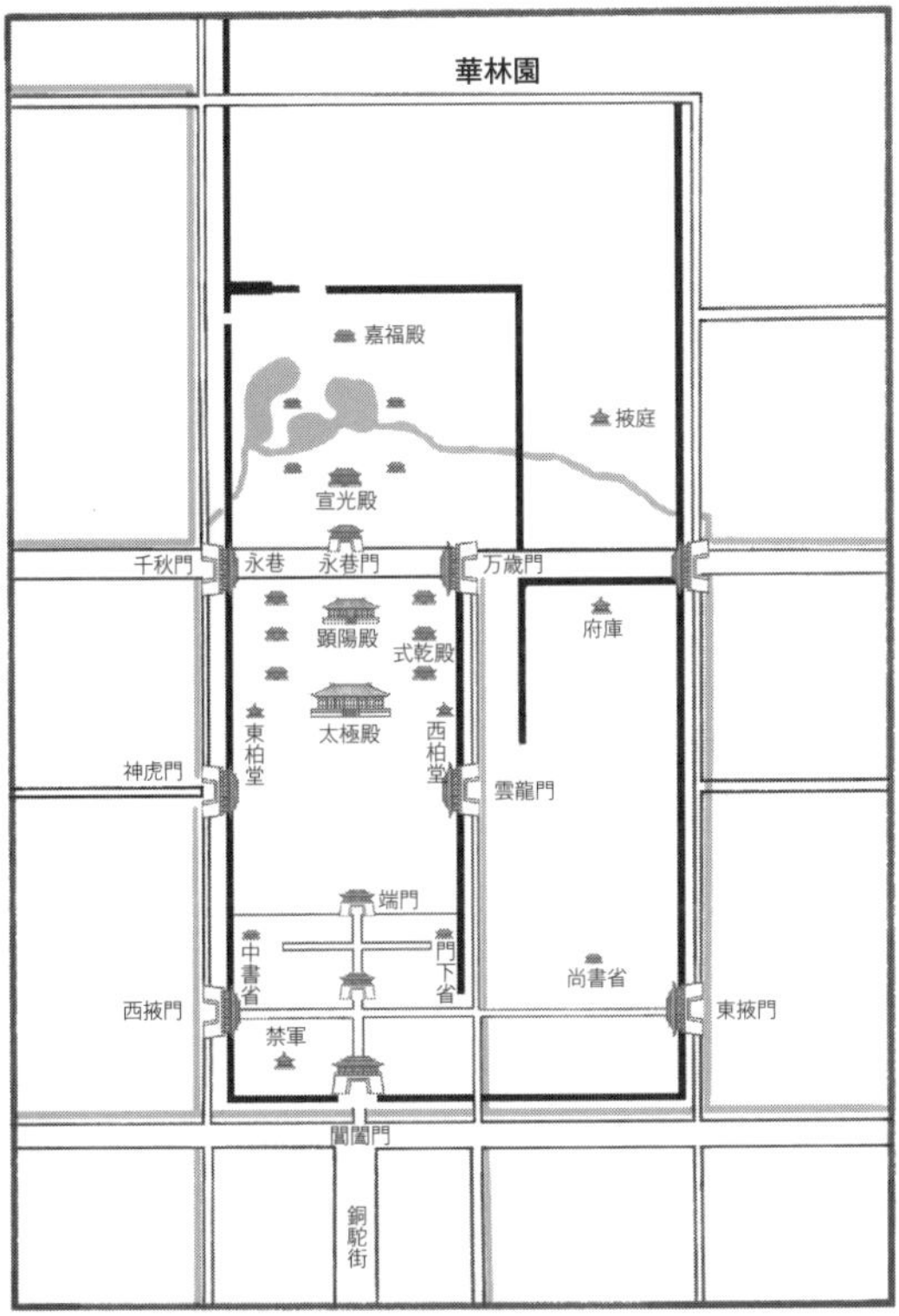

図 63　北魏洛陽城宮城図

了したのである。元詡は即位し、後に孝明帝と諡《おくりな》され、粛宗という廟号をえることとなる。

この後に、宣武帝（大行皇帝）を殯《かりもがり》〔納棺として安置〕し、棺材を式乾殿から太極殿に移し、後の弔喪儀礼に備えた。この他、夜通しで輔政の人選を決定しなければならなかった。このとき知らせは既に北宮にも伝えられ、皇后高英も既に知るところとなった。順序に基づき、その場にいた二人の門下省長官である于忠と崔光から中宮（皇后高英）に向かって輔政者の名簿を上奏し、中宮の裁可をえ、詔書を発布して執行された。

『魏書』于忠伝によれば、于忠はすぐに高肇の排除を決意し、上奏した人選に孝文帝の諸弟の中で唯一在世していた高陽王元雍が含まれていた。元雍の当時の官職は太尉であり、司徒高肇の上にいた。「尊に属し望も重い」元雍を推薦したのは、恐らく高英が疑問を差し挟むことを防止するためであろう。上奏して元雍を太極殿西側の西柏堂に入れ、そこで「庶政を取り仕切らせる」よう要請したのである。なぜ西柏堂に入れる必要があったのか。私は大行皇帝が太極殿におり、群臣の吊喪が太極殿前で行われるためであったと推測している。この他に彼らはさらに宣武帝時代においては一貫して不遇であった任城王元澄を引き入れることを考え、彼に尚書令をつとめ、「百揆《ひゃっき》を総摂する」よう要請したが、その目的はおおよそ高肇の日常的な行政権を奪取することであろう。

門下の奏文は高英の手に渡ったが、彼女はなぜかなすべきことを知っており、日常において最も近しい王顕らに問うた。王顕と宦官の孫伏連らは「血相を変えて聞かず」、高英が門下の上奏に同意することに固く反対し、相手にしなかった。この後、この鍵となる部分において、『魏書』于忠伝では残欠が生じてしまっているが、欠字が少なかったとしても、我々には何が起こったのか推測することはできなかったであろう。その直後に、恐らくは王顕らの提案のもとで、皇后（まだ皇太后ではない）高英は「侍中・黄門に、六輔の姓字だけを持ってくるように」要求した。明らかに、王顕らが高英に対して提起した対応策は宣武帝の即位時における六輔制度にならうことであり、こうすれば高肇を必ずそこに含ませることができるのである。宦官孫伏連が高英に代わって起草した令書は、高肇を録尚書事とし、王顕と高猛に侍中を担当させることを宣布するというものであった。この令書は于忠と崔光に向けて発されており、当然これは何の音沙汰もなかった。後に清河王元懌は于忠のこの夜における功績を評価しており、「偽の令を拒んだ」ことに言及しているから、彼は皇后のこの令書を執行することを拒絶したのであろう。高英の令書が相反する効果をもたらしたのは、于忠がすぐに一層激烈な手段をとるのを促したためであるのかもしれない。

おおよそこれと同時に、高英は（孫伏連か、あるいは王顕がこれに加わったか）「子貴母死」の旧制を発動し、孝明帝の生母である充華嬪胡氏を殺害するよう提案した。この提案は内宮宦官の大親分であった劉騰にいい渡され、劉騰は（躊躇しながらであったに違いないが）禁軍の右衛将軍侯剛にいい、侯剛はすぐに禁軍統帥である于忠に報告した。于忠は崔光にどうすべきかを問い、崔光は「胡嬪を別所に置き、厳重に守衛すれば、理としては万全であり、上計となろう」と回答した。

まさしく高英が「子貴母死」の旧制を利用して胡氏を排除することを企んだために、于忠と崔光に注意を促す結果となり、彼らに突然眼前の困難を切り開く大きな道を見せたということができるのである——そして高肇を排除するとして、皇后（間もなく皇太后となるが）がどうして何もせず手を引くなどということがあろうか。必ず将来の巨大な災難を残すに違いなかった。現に高英により注意を促されたことにより、彼らは孝明帝の生母がちょうど高英を制御するための最良の人選であり、そうすれば何の後患もなくなることを見出したのである。このように、于忠は宮廷内外の高氏勢力に対して深い打撃を与えたのである。

真っ先に王顕を始末せねばならなかった。『魏書』術芸伝には、「（王）顕は既に厚遇され、法官を兼任し、威勢を恃んでいたので、当時憎まれて」おり、王顕が過去数年にわたり精力的に百官を取り調べたことにより、罪をえた人間が多かったというのである。このときは権力闘争の鍵となる時機であり、彼を排除しても朝野の議論を引き起こすことはなかったであろう。「朝宰（于忠を指す）は侍医の治療に効果がなかったといい、これを禁中にて捕らえ、詔により爵位を剥奪した」。于忠は王顕を排除せねばならなかったが、その口実は王顕が第一御医として宣武帝の死に責任を負うべきだというものであり、ゆえに直接禁中にて彼を捕らえ、詔を掲げて官を免じ爵を削ったのである。ここで言及されている詔書とは、高英により批准されたものではありえない。于忠らが既に高英を排除し、もとの順序を守ることがなくなっていたことを物語っている。このとき高英の身辺で彼女のために尽力した宦官孫伏連らも、皆始末されており、高英は既に真の孤独な寡婦となり何らの脅威でもなくなっていたと推測される。

王顕は捕らわれた後に、冤罪であると主張したが、彼を捕縛した直閤（御前の侍衛）は「刀鐶でその腋下を打ち付け、傷が付き血を吐いた」。刀鐶で両脇を打ち、内臓を損傷させたが、表面からは見つけることはできなかった。衛士は王顕を宮城以南、閶闔門の外、銅駝街西の右衛将軍府まで護送したが、ここは侯剛の地盤であった。王顕は右衛将軍府に到着した後「一泊すると死去し」、高肇の朝廷における最も有力な盟友はこのようにしていなくなったのである。

以上の事件は、宣武帝が崩じた丁巳（二月一二日）夜から戊午（二月一三日）昼にかけての間に発生した可能性が非常に高い。

この混乱において鍵となる夜が過ぎた後、翌日に至り、詔により百官に向け、天下に大赦することを告げた。三日目（己未、二月一四日）、人を派遣して高肇ら西征の諸将を追い、令を下して軍をやめ撤退させた。『魏書』粛宗紀は、「己未、西討東防の諸軍を呼び戻した」という。この日に至りようやく正式に西征軍（及び東の辺境に派遣されて西征に協力して梁の攻撃を防いでいた軍）に通知したが、明らかにこれは高氏勢力に対する内外の手配が二日かかってようやく整ったことによる。これらの手配の中で、重要でありながら人の注意を引きつけなかった人事調整があり、それは元匡が王顕に代わり御史中尉となったことである。宣武帝の中・後期において、朝臣の中で公の場で高肇に逆らい迫害された人物は、元匡だけである。『北史』景穆十二王伝附元匡伝によれば、元匡は「性格が正直であり、気節があった」という。『魏書』景穆十二王伝附元匡伝は、「(元)匡は尚書令高肇と不仲であり、常に下手に出る様子を見せなかった」という。『北史』にはさらに印象的な記述がある。

当時宣武帝は政治を高肇に委ね、宗室はこれを憚っていたが、匡だけは肇と対抗していた。まず自ら棺桶を作り、官府に置くことで、棺桶を車で運んで闕に至り、肇の罪悪を論じ、自殺して諫めようとしていた。肇はこれを聞いて憎んだ。後に太常卿劉芳と議論し、そのまま肇といい争った。

ここにおいて御史中尉王顕は元匡を弾奏し、関連部門は「匡を死刑に処しようとした」が、宣武帝は彼を「光禄大夫に降格」するにとどめた。元匡は極めて個性的であり、作った棺桶を高肇のために使うことはなく、ある官府に置き、後に彼が任城王元澄と対立すると、また棺桶を持ち上げようとしたのである。こうした人物であるから、于忠と崔光とが彼と高肇の不仲を利用し、彼を急ぎ御史中尉に抜擢し、彼に高氏勢力の粛清という方面において重要な役割を担わせたのである。当然、かくも正直な人物は、ひたすら他人の棍棒となるだけにはとどまらず、一貫して派閥集団の制限をうけるわけでもなく、最終的に対立して攻撃してくることがありえた。後に元匡は于忠と元澄を狙うようになり、彼自身に巨大な面倒をもたらすことになるのであるが、当然それは後の話である。

己未のこの日には、さらに于忠と崔光が予想だにしなかった緊急事態が発生する。彼らが輔政の人事を手配していたときに、「尊に属し望も重い」元雍をもって高肇を圧倒することしか考えておらず、宣武帝の弟たちにもそれぞれ考えがあることに思い至っていなかった。とりわけ問題になったのは、宣武帝の同母弟である広平王元懐である。彼にとって、高肇は伯父であり、高英は従妹にあたり、一緒に仕事することに何の障碍もなかった。おおよそはこうした考えを抱き、彼は己未のこの日に宮中に入り、重要官僚を皆呼び付け、大行皇帝を見て泣く様を見せたのであり、また小さな皇帝に謁見することを要求したである。これらは、輔政の大権を奪取しようとしていたことを意味している。『魏書』崔光伝には次のようにある。

帝が崩じてから二日後、広平王懐は病を押して入朝し、同母弟であることを理由に、直接太極西廡に至り、禁内にて慟哭し、侍中・黄門・領軍・二衛を呼び、殿にのぼって大行皇帝のために泣き、また主上に謁見したいといった。諸人は非常に驚いてお互いを見たが、あえて抵抗する者はなかった。（崔）光だけが喪服をはらい杖を振るい、後漢の光武帝が崩じたばかりのとき、太尉趙憙《ちょうき》が剣を横たえ階にあたり、親王が入るのを辞退させた故事を引き、話し方や態度が甚だ激しく、聞いている者たちは皆称賛し、光の理・義に根拠があることを壮とした。（元）懐の声と涙はともに止まり、「侍中が故事をもって私を裁くならば、私はこれに服しないわけにはいくまい」といった。ここにおいてそのまま帰り、しきりに左右を派遣して謝罪した。

宣武帝はこの同母弟をほとんど好んでおらず、彼を権力の中心に据えることはもとよりなかった。たとえこうした要素を考慮しなかったとしても、もし于忠と崔光が彼を輔政の中心圏に入れた場合、彼は高肇を保護するに違いなく、ならば全ての情勢は大いに変わってしまうこととなる。しかし元懐の奪権の道を塞ぐには、崔光が後漢の趙憙が「剣を横たえ階にあたり、親王が入るのを辞退させた」ことにならうだけでは足らず、さらに人事構成において元懐と再び争うことをなくす必要があった。『魏書』粛宗紀には、「庚申（二月一五日）、太保・高陽王雍に詔して西柏堂に入り、庶政を決裁させ、また任城王澄に詔して尚書令とし、百官は皆二王にしたがった」とある。このようにして形式的には元雍・元澄二王の輔政構造が確定したが、二人の経歴はその他の諸王が到底及ぶものではなく、元懐は争うことをしなくなった。これも朝堂の内外に決定されたのであり、もはや高肇の話をする人間はいなくなった。

続いて、洛陽の上層部は緊張しながら西辺の情報に関心を向けた。詳細を知ることはむずかしいが、情理をもって推測すれば、孝明帝の「凶問を告げ」る詔書は発行から到着まで少なくとも一〇日はかかり、「朝から晩まで泣き、疲労・憔悴するに至った」高肇が急いで洛陽に戻ろうにも、また同じくらいの時間を要したであろうし、ならば二月上旬に到着したこととなろう。洛陽の朝廷は彼の毎日の行程を十分理解していたに違いなく、彼の行き先を報告する人員が一日のうちに多数にわたって洛陽に出入りし、絶えず往来していた。二月庚辰（五一五年三月七日）、高肇は洛陽の西郊に到着し、馬をとめて進まず、城西の瀍澗《てんかん》駅亭にとどまった。同日に、洛陽宮では盛大な儀式が挙行され、皇后高英が皇太后となった。この二つは同日に起こったが、決して偶然ではない。洛陽宮でこうした劇が上演されたのは、当然高肇に見せるためであり、その目的は高肇に安心して入城させることであった。

『北史』外戚伝によれば、高肇は瀍澗駅亭にとどまった後に、家族がやってきて迎えたというが、恐らくこれは執政者がことさらに皇太后に関わる情報を知らせたのであろう。心配事が重なっていた高肇は家族に会わず、彼の不安は継続していた。翌日の朝（五一五年三月八日）、高肇は駅亭を出発し、東に向かって洛陽に入り、「そのまま闕下に至り、喪服を着て号泣し、太極殿にのぼると、悲しみが極まった」という。高肇は宣武帝の梓宮（棺桶）の前で大泣きし、礼が終わると、この礼をつかさどった官僚が彼を西に行くよう導き、太極殿西側の西柏堂に至りそこで高陽王元雍に面会することとなったようであり、面会前に西柏堂近くの舎人省（中書舎人が宿直するところ）において休息した。

元雍と于忠は早くから一〇名以上の壮士を舎人省内に忍ばせており、その中には後に北魏後期の著名な将領となる伊瓫生《いほんせい》もいた。礼をつかさどった官僚は高肇を太極殿西廡に導き、舎人省に向かうときに、葬儀を行い孝心を守っていた多くの王公貴人は皆この後に何が起ころうとしているかを知っており、教え合い、密かに私語を行うことは避けられず、その中にはかつて高肇との正面衝突を演じた清河王元懌や、ずっと小心翼々としてあえて高肇の不興を買わなかった任城王元澄がいた。理屈からいえば広平王元懐もこの場にいるはずであったが、もし彼がここにいたならば、おおよそ伯父のために悲しみをわずかながらでも感じたであろう。高肇が舎人省に踏み入ると、「壮士はつかみ倒してこれを殺した」。その後に輔政の諸人は「詔を下してその罪悪を暴き、自尽したと称した」。しばらくは影響が拡大することを望まなかったために、詔書は「残党たちについては、皆追って問責することはない」ことを特に強調したが、高肇本人に対しては、「官職・爵位を剥奪し、士礼で葬った」。黄昏時の、道行く人々が少なくなった時まで待ち、「厠の門からその遺体を出して家に返した」。

『北史』によれば、高肇の敗亡は出征時に既にその予兆があらわれていたという。洛陽を出発する前から、彼は西征の諸将二〇人以上とともに、皇宮に入り、太極殿東堂に至って宣武帝に別れを告げ、「自ら策略を奉った」。皇宮に入るとき、高肇の乗っていた馬は太極殿の西門である神虎門の外にとどまっていたが、この駿馬が突然「何もないのに驚き倒れ、水路の中に入ってしまった」といい、狼狽しながら門のそばにある溝の中に倒れてしまい、馬の背中にあった鞍や馬具は皆壊れてしまった。この風景を見て、当然「人々は皆訝しんだ」。高肇は皇帝に別れを告げ、神虎門を出て、馬に乗って旅立とうとしたときに、こうした情景に出くわしたのであり、「これを不気味に思った」という。事後諸葛亮たちは、これは三か月後の高肇の退場を予言するものであったと見なすのであろう。

注

（1）趙超『漢魏南北朝墓誌彙編（修訂本）』一〇七～一〇九頁参照。

（2）元萇墓誌は、誌題に「魏故侍中鎮北大将軍定州刺史松滋成公元君墓誌銘」とあり、二〇〇二年に河南省済源市に出土し、現在は河南博物院に所蔵されている。墓誌についての紹介と研究としては、劉蓮香・蔡運章「北魏元萇墓誌考略」（『中国歴史文物』二〇〇六年第二期）及び劉軍「北魏元萇墓誌補釈探究」（『鄭州大学学報』二〇一三年第五期）がある。墓誌にいう「銓量鮮卑姓族四大中正〔鮮卑の姓族を銓量する四大中正〕」についての研究としては、凌文超「鮮卑四大中正与分定姓族」（『文史』二〇〇八年第二期）がある。

第25章　霊后胡氏

高肇が死ぬと、執政の諸臣にははっきりと、高氏勢力の中でなおも潜在的な脅威となっている者は皇太后高英を残すのみとなることが分かるようになっていた。制度と伝統に基づけば、皇帝が幼少で、皇帝権力の停止という事態があらわれるとき、皇太后はこうした空白状態を埋める制度的な権力を有する唯一の存在であった。輔政者がもし皇太后を（孝文帝の死後に六輔が大馮に対して行ったように）排除できなければ、往々にして彼女が幼君を擁し、皇帝の名義で政治をとり、したがって輔政大臣の権力を分配するかあるいは制御することを容認するしかなくなるのである。延昌四年（五一五）春の輔政諸臣にとって、彼らの最大の幸運は充華胡嬪の存在である。道武帝以後の北魏の歴史において、皇帝即位後に生母がなおも健在であったのは、これが初めてのことではなく、これ以前には文成帝の即位時に例があった[1]。ただしこのときと異なり、今回の輔政諸臣の目標は皇太后の排斥であった（文成帝の即位時にはこうした状況は存在しなかった）。皇帝の生母をこの闘技場に引き連れることにより、少なくとも部分的には皇太后が自分の制度的権力を主張する可能性を打破することができる。これを宣武帝が病死したあの夜に、崔光と于忠は既に思いついていたのである。それゆえ、彼らは高肇をだましておとなしく入城させるため、高肇が洛陽西郊に到着したあの日に、高英を皇太后としたのである。

高肇の死後、輔政諸臣はすぐに高官人事を整頓し、再びケーキを切り分けた。『魏書』粛宗紀によれば、二月癸未（五一五年三月一〇日）、すなわち高肇の死後三日目に、経歴に基づいて新しい三公を拝命した。高陽王元雍は太傅領太尉となり、班位〔席次〕は最も高く、次に清河王元懌が高肇後任の司徒となり、広平王元懐も元懌後任の司空となった。当然続いてその他の職務も全て大きく調整された。半月後、権力と政治闘争における戦利品の分配は一段落し、己亥（五一五年三月二六日）、「胡充華を皇太妃とした」。もしかしたらとっくに相談されていた手配であったかもしれないが、胡氏が皇太妃となった五日後、三月甲辰（五一五年三月三一日）に、「皇太后は出家して尼となり、金墉城に移り」、徹底的に彼女を権力の場から排斥したのである。高英は出家し、慈義という法号をえて、墓誌と『北史』はともに彼女の出家の地を瑤光寺としている。ここでは「金墉城に移」ったといっており、これは出家後に北宮に移されることとなったが、まず金墉城に至ったことを指す。安全を考慮して、執政者はまず彼女の時間をコントロールしたのであり、どれくらいの時間がかかったかは分からないが、結局彼女は後に瑤光寺に行ったようである。

高氏を排除したばかりのとき、輔政大臣は名義の上では高陽王元雍を首席とし、形式的には元雍と于忠の二人が内外を分けて共同統治したが、実際には于忠が大権を総覧していた。元雍の能力は限定的であり、孝文帝も宣武帝も彼を好んではいなかった。『魏書』献文六王伝の高陽王雍伝は彼が「識見や器量は浅く、また学業もなく、朝廷の首席を占めていたとはいえ、世情に推薦されてはおらず」、「正しきを守って欠けたところを補うことができず、唯々諾々とするだけであった」という。真に権力を掌握していたのは于忠であり、『魏書』于忠伝は、「忠は門下（侍中）におり、また禁軍（領軍）を統べ、そのまま朝政をとり、その権力は一時を傾けた」と述べる。その手は禁軍を押さえ、同時に百官の上奏を最終的に処理し、また皇帝の詔勅を宣布する権限を掌握しており、「その権力は一時を傾けた」のである。

高陽王雍伝は元雍が上表して于忠の専権時代を回顧したことに言及し、「詔旨が執行されるには、全て門下を経由し、臣が出て君が行い、意を変えることはない」といっているが、詔書は全て門下省から発され、于忠は門下省トップの人物として、事実上詔書の来源であったという意味である。于忠は禁軍統帥の職務をもって、小さな皇帝と輔政諸臣の連絡を阻み、朝宰である元雍は皇帝に謁見できなくなり、「于忠は武司におり、禁軍を自在に統率し、内外を限定し、入朝・謁見は簡単なものになってしまった」とも彼はいう。まさにこれにより、于忠は最も重要な人事任命権を掌握したのであり、元雍の台詞を借りるならば、「令僕卿相は、随意に昇降され、遷官授職は、多くは一〇日も経たず、賢良を排斥し、専ら腹心を据え、威は百官に振るい、勢いは朝野を傾けた」のである。

かくして元雍に代表される外朝と于忠にコントロールされている内朝との間に闘争が引き起こされたのである。

于忠は実権を握っているとはいえ、班位は必ずしも高くはない。彼は元雍に対し、宣武帝の生前に彼が「優転」することに同意したといったが、これはすなわち昇進することを指す。『魏書』于忠伝には、「(元)雍は忠の威権を憚り、その意にしたがい、忠に車騎大将軍を加えた」とある。于忠は過去には二品上でしかなかったが、この段階では一品下にまで昇進しており、かつ一品下の官職の中で車騎大将軍の位は儀同三司の前にあり、大いなる栄転であったといえるであろう。この点に満足した後に、于忠はさらに自身が宣武帝の死後において、「社稷を安んずる功績がある」といい、爵位方面でも報奨されること、実際には公爵に封ぜられることを期待しているとほのめかした。公爵への封建は三公により提起されるものであり、当時の三公である元雍・元懌と元懐は彼の面子に逆らうことを好まず(「その意に違うことに難色を示し」)、「忠を常山郡開国公に封じ、食邑二〇〇〇戸とすることを議した」。于忠は一人がかくも大きな恩恵をえることにきまりが悪いと思い(「一人だけがうけることに難色を示し」)、他人に「ともに門下省に在籍する者にも封邑を加える」ことを提案させた。

『魏書』郭祚伝には、「領軍于忠は寵愛を恃みほしいままに振る舞い、崔光の徒は、身を曲げてこれに接していたが、（郭）祚は内心これを憎み、そこで子である太尉従事中郎景尚を派遣して高陽王雍に伝え、忠を州に出させた」とある。郭祚は尚書左僕射であり、かつては太子少師をつとめ、孝明帝の「師傅」であったこともあり、経歴と名望のどちらをとっても非常に高位の重臣であった。彼は権力を膨張させている于忠を警戒し、そこで自身の子である郭景尚を派遣して元雍に面会し、于忠を洛陽から離し、州刺史に任命するよう提案させたのであり、これは彼の侍中と領軍という二つの鍵となる官職を解除することを意味する。これに同意していた人物として度支尚書裴植と都水使者韋儁《いしゅん》がおり、当然彼らも小さからざる勢力を代表していた。元雍は彼らに説得された可能性が高いが、まだ何も起こしていない段階で、耳目の広い于忠に先手をとられてしまった。『魏書』于忠伝には次のようにある。

> 尚書左僕射郭祚・尚書裴植は忠の権勢が日増しに盛んとなっていることから、雍に忠を追い出すことを勧めた。忠はこれを聞き、有司に迫ってその罪を誣奏〔無実の罪をきせて天子に告発〕させた。郭祚は師傅の旧恩があり、裴植は地を擁して国に入ったが、忠はともに詔を矯《いつわ》り殺害した。朝野は憤怒し、歯ぎしりしない者はなかったが、王公以下、彼を恐れて脚を震わせていた。また高陽王雍を殺そうとしたが、侍中崔光が固く反対したことにより、沙汰止みとなり、そのまま雍の太尉を免じ、王の身分で第《やしき》に帰した。これ以後の、詔による殺害命令は、皆忠から出されたものである。

既に述べたように、于忠は宣武帝に、「臣《わたし》は無学であり、文武の任を兼ねることはできません」といい、宣武帝も彼の文化力が高くないことは認めていた。ならば彼は、どうして朝堂上のこれらの複雑な技術を要する政治闘争に熟練した対応をとることができたのであろうか。『北史』魏宗室伝の常山王遵条は拓跋遵の後裔である元昭は宣武帝が死去したときに、黄門郎の身分で禁中にて宿直し、重要な役割を果たし、以後于忠に「曲事〔本心を偽って仕えること〕」し、「忠が権と威を専らにし、忠良を陥れたのには、多く昭が指導していた」と記している。于忠のもう一人の軍師は名臣李崇の長子李世哲である。『魏書』李崇伝によれば、李世哲が高肇・劉騰が権力を掌握していたときに彼らと「親しく」、うまく立ち回って私利をはかることに巧みであったことから、世間からは「李錐」と呼ばれていたという。『魏書』于忠伝は于忠が権力を掌握していたときに、李世哲は彼に近づき、「そのまま賞賛され、腹心にとり立てられ、忠が権力を専らにして栄達を貪り求め、崇訓宮（皇太后宮）を経由させたのは、全て世哲のはかりごとである」という。もとより于忠には元昭・李世哲のような人物たちが背後で画策していたのである。元昭やその他の参謀が于忠が「忠良を陥れた」事件を主導し、彼が「朝野は憤怒し、歯ぎしりしない者はな」いほどの局面に対するようになることも主導していたこととなる。

一方で名望も高い郭祚・裴植らを殺害しながら、他方で宗室中でも「尊に属し望も重い」筆頭の高陽王元雍を急いで朝廷から追い出しており、朝中には既に于忠に対抗しうる人物はいなくなったが、これは彼が突然自身を非常に危険な境地に置いたことを意味する。[2]『魏書』于忠伝には、「于氏は曾祖父より四世代にわたり盛んとなり、一人は皇后となり、四人は三公・領軍・尚書令を贈官され、三人は開国公となった」とある。こうした栄誉は于忠の代に至り頂点に達したが、頂点とは最も危険なときでもあった。恐らくは元昭らから提案されたであろう謀略により、于忠は自身が必ず何かを行って朝野の怒りや疑いを避けなければならないことを知り、そして皇太妃胡氏は再び彼の便利な道具となったのである。『魏書』粛宗紀によれば、于忠は詔書を発して郭祚・裴植らを誅殺し、元雍に迫って官職を解き「王の身分で第に帰した」のは、延昌四年八月乙亥（五一五年八月二九日）のことであったという。翌日、すなわち八月丙子（五一五年八月三〇日）に、于忠は行動をとり、「皇太妃を皇太后とした」。これ以前、高肇を殺害した権臣于忠・元雍・崔光らは、自身の長きにわたる安全のために高英に出家を迫った。このとき輔政の朝宰であった元雍を排除し、尚書省の高級官僚を多数殺害しており、朝野に向けて自身が皇帝権力に危険を及ぼすような野心を全く持たないことを表明しなければならないときに、胡氏を高英のいた地位に担ぎ上げざるをえなくなった。彼は宣武帝の死後において高英の手から自ら胡氏を救い出した功績からも、胡氏は自身に対して感謝するだけであり、全く脅威とはならないものと信じていた。

しかしながら、彼が恐らくは予想できなかったであろうことは、胡太后が高太后などよりも遥かに性格がきつく、能力があったことである。『北史』后妃伝には、「(胡)太后は聡明であり、才芸も多く、叔母は既に尼となり、幼いときから頼りにしていたため、簡略ながら仏経の大義を理解していた。自ら万機を総覧し、自らの手で判断・決定を下した」とある。内宮における一〇年余りの艱難《かんなん》や錬磨を経て、彼女は既に無邪気な少女から非常に識見のある成熟した女性に成長していた。高英は出家し、その最大の利益をえたのは胡氏であったが、これは彼女が主導的に操作したものではない。彼女はそのとき解放されたばかりであり、自らが産んだ子供にもまだ会えず、そのため高太后を排除する能力はなかったことになる。皇太后となることはもとより彼女の夢であったが(あるいは彼女が過去に夢にも思わなかったことかもしれないが)、しかし同様に、これも彼女自身が勝ちとったものではなく、于忠と元雍が権力闘争を演じ、朝廷内における政局の展開した結果であった。もし于忠と元雍(及び二人が代表する政治勢力の間)に不和を生じ、あるいは少なくともある種の均衡を維持するとして、胡氏は一貫して別宮にただ座っていただけであった可能性が高く、短時間内に子供に会うこともできなかったであろう。若きときに後宮に入ってからこのときに至るまでに、彼女はずっと動かされ、それに決して逆らうことなく、運命に身を任せていた。しかし、皇太后となってから、いかに制度の付与する自由な空間を利用し、自身の利益に繋げられるかを知っていたために、彼女は遂に自身の運命をつかさどることができるようになったのである。

胡太后が勝ち取らなければならなかった最初の利益とは、自身の子供との団欒である。粛宗紀によれば、胡氏が皇太后となったのは八月丙子（五一五年八月三〇日）のことであり、一二日後の八月戊子（五一五年九月一一日）に、「帝は皇太后と宣光殿にて朝見した」という。宣光殿は后妃の住む北宮の正殿であり、孝明帝は中宮の顕陽殿から永巷門を経て北宮に到着し、宣光殿にて自身の母親と面会したのであり、孝明帝にとっては、これが生まれてから初めてのことであった。五年半前の分娩の成功から、母子はすぐに引き離され、そのとき胡氏は全く機会がなく、あるいはまともに子供を見る力もなかったのであろう。再会のとき、そのときの数え方に基づくならば、孝明帝は既に六歳半となっており、七歳であったといえる。史書に記載がないとはいえ、二人が涙を流していたことが想像できる。

胡太后が子供と再会した以上、彼と離れることはなくなり、この母子は寝食をともにするようになった。このようにして、于忠と皇帝の間に新たな障壁が出現した。于忠が侍中としてなおも王言を出納していたにもかかわらず、王言の具体的な内容は完全に彼により決められていたというわけではなく、胡太后を経由しなければならなくなった。同日に詔書が発布され、天下に大赦し、皇帝と皇太后の再会が祝われた。翌日（九月一二日）、詔書が頒布され、元雍が辞した後の三公人事を調整し、元懌が元雍に代わって太傅領太尉となり、元懐は太保領司徒となり、元澄が尚書令から司空に昇進した。さらに一日後（九月一三日）、于忠は元澄の後任の尚書令となった。『魏書』于忠伝によれば、于忠がこのとき新たにえた官職は儀同三司・尚書令・領崇訓衛尉であり、同時に「侍中・領軍はもとの通りであった」という。尚書令は既に朝官のトップであり、三公からはわずかの隔たりしかなかった。しかし于忠にとっては、これが正常の昇任でしかなかったかもしれないが、崇訓衛尉という官職をも獲得したのは尋常のことではない。胡太后は北宮では崇訓宮に住んでおり、彼女は于忠に崇訓衛尉を加えることに同意したが、これは自身の安全・防備を完全に彼に渡したことと、彼に対する極めて大きな寵愛を明らかに示している。

胡太后は最初から相当に政治的な知恵をあらわしており、彼女の于忠に対する寵愛は一種の交換条件であり、交換したものとは于忠が彼女の臨朝聴政を支持することである。『魏書』粛宗紀によれば、八月壬辰（五一五年九月一五日）、「群臣は上奏により皇太后の臨朝聴政を要請した」という。臨朝聴政とは、制度として認められた、皇太后が皇帝に代わって皇帝権力を行使することである。称制とは、皇帝に代わって話すことであり、特殊な状況では大臣も称制できた。しかし制度の意義からは、臨朝聴政するのはほとんど皇太后だけであった。于忠をよく思っておらずあるいは敵視している内外の朝官は、当然皇太后の臨朝聴政をもって于忠の威権を制約あるいは削減することを希望していたのであり、そのため多くの大臣がこの提案に賛成したに違いない。しかし、もし于忠が固く反対するならば、彼もこの提案が批准されることを阻止する方法を探したであろう。結局、胡太后は彼に向けて並ぶ者のない程どの親しい姿勢をあらわしたが、明らかに聴政後も彼に対して何の不利もないことになり、彼はどうして危険を冒してまで阻止する必要があったのであろうか。この理由にはおおよそ于忠の当時における基本的な心情にあったろう。

于忠が迷っていたか、あるいは宮廷内外に別の勢力があって協議する必要があったかは分からず、具体的な状況は理解できず、順風満帆ではなかったようだが、一三日が過ぎてようやく結論が出た。『魏書』粛宗紀は、「九月乙巳（五一五年九月二八日）、皇太后は自ら万機を総覧した」という。これは胡太后が北魏政治史において勃興を始めたときであった。今後の長きにわたる、北魏政治の多くの発展は、彼女を中心とするようになった。以前の女主の聴政と比べた上での最大の違いは、皇太后が真に百官と対面し、彼らの政務報告を聞き、その場で決定を下したことである。これは朝官が皆その場にいて目撃しているものであるから、輔政の権臣にはその間で自身がコントロールできる隙間を作り出すことができなかった。皇太后と皇帝が一緒にいるだけで（これは臨朝聴政の必要条件である）、皇帝の名義で皇太后に反対する人物はいなくなるのである。皇太后の意思は詔勅の形で下達され、大胆にも抵抗する者はすなわち北魏という国家に対抗することになってしまうのである。

馮太后が太和一〇年（四八六）に聴政を終わらせてから、ちょうど四〇年が過ぎ、今再び女主の聴政が出現したのである。

胡太后が聴政を開始した後にやらなければならなかった最初の大事は、于忠を権力の中心から追放することである。朝廷において、宣武帝の数名の弟たち、とりわけ清河王元懌は、皇太后の重要な知恵袋であった可能性が高い。内宮においては、かつて彼女の生命を救ったことのある宦官劉騰も彼女に知恵を提供していた。これにより、胡太后による于忠が明確に策略を進めていることへの対処が、段階的かつ順序立てて行われていったのである。その第一歩は、彼の侍中と領軍の職務を解くことであり、とりわけ後者は、その軍権を剥奪することでようやく隠れた災難を根本からとり除くことができるのである。『魏書』于忠伝は、「霊太后は臨朝し、忠の侍中・領軍・崇訓衛尉を解き、儀同・尚書令のみとし、侍中を加えた」といっている。これらの内朝官職を解いた後に、さらに彼に「侍中を加えた」というのは、明らかに彼をなだめるためであるが、加官侍中は侍中の正規メンバーではなく、ただの名義にすぎず、正規の侍中と同じように禁中にて勤務することはできなかった可能性が高い。この他にも于忠をなだめる措置がとられたが、それは于忠の夫人元氏を女侍中に拝し、范陽郡君の号を賜与したことである。この元夫人は于忠に比べて文化的素養があり、史書は「わずかながら『毛詩』・『尚書』を理解していた」といっている。これは一〇月から一一月にかけて発生した可能性が高い。

当然ながら、かくも多くの官職を解かれた後においても、于忠はなお尚書令として、行政執行機関である尚書省の首脳であり、「端右」と呼ばれ、非常な要職であった。また一〇日ほどを過ぎて、第二歩に進んだ。皇太后は崇訓宮にて門下省の侍官（侍中・黄門郎など）に会い、「（于）忠は端右にいるが、その評判はどうであるか」と聞いた。その場の官僚たちは皆、「その地位を称するものではありません」と答えた。そこで詔を下し、于忠を外に出して冀州刺史とした。この過程において、于忠は基本的には抵抗の機会がなく、あったのは状況がさらにまずくなることに対する心配だけであった。幸いにも胡太后は自身を助けた功績があることを覚えており、後に元雍・元匡らが重罪を加えるよう要請したものの、皇太后はみな彼のためにこれを阻み、「軟着陸」をはかったと見られ、遂には終わりを全うすることができたのである。

この後の四年間は、胡太后が臨朝聴政を行った。

この四年間において、我々が関心を注いでいる老尼慈慶に関係するのは、主として数名の人物の死である。この年配の人物について、彼女が聞いた情報の中で最も関心を寄せたのは、いつも彼女の人生においてあらわれ、かつ重要な人物の死亡であった。まず胡太后の叔母であり比丘尼であった僧芝が世を去った。僧芝墓誌によれば、僧芝は熙平元年正月一九日（五一六年三月七日）の夜、「楽安公主寺において亡くなり」、享年七五歳であったという。彼女はようやく姪の栄光の到来を見、姪の彼女に対する報答は盛大に葬ることしかなかった。しかし葬式は早く行われたようであり、墓誌は「その月二四日辛卯に移って洛陽の北の芒山の南に葬った」といっている。理屈からいえば胡太后も葬儀に参加したと思われるが、それは彼女にとって一部のことにすぎなかったかもしれない。慈慶も弔喪に行ったに違いない。慈慶は早くも平城時代に僧芝と知り合っていた可能性が高く、後に洛陽宮において出家した後に彼女との関係が深まったのであろう。慈慶の年齢が既に高かったことを考慮すると、必ずしも葬送に行くことができず、この他に我々が知っている人物としては、例えば一年前に出家した宣武帝の皇后高英（このときは比丘尼慈義であった）がおり、彼女も参加したことであろう。さらに孝文帝の廃皇后小馮や、王粛の前夫人謝氏がおり、もし彼女たちがこのときも健在であれば、皆僧芝の弟子であったから、参加したに違いない。

一年余りの後、熙平二年三月丁亥（五一七年五月二日）、広平王元懐が病死した。元懐は慈慶に養育されたことがあり、一貫して関係を有していたはずである。もし慈慶が元懐の葬儀に参加したのであれば、彼女は高猛やその妻である長楽公主元瑛にも面会したであろう。元瑛は慈慶にとって、彼女の兄である宣武帝のような感情があったに違いない。もし高英も吊喪に来たならば、慈慶と彼女とは当然顔見知りであった。会って昔話にふけり、万感の思いを有していたであろう。

さらに一年半が過ぎると、今度は高英が世を去った。

于忠らの輔政大臣は延昌四年三月甲辰（五一五年三月三一日）に、皇太后高英に「出家して尼となるよう迫り、すぐに「金墉城に移り」、後に瑶光寺に入った。僧芝墓誌によれば、高英は出家後に僧芝を師としたという。高英墓誌は彼女が「帝が崩ずると、道門に入ることを志願し、出家して尼となった」といっている。『北史』后妃伝は、「ついで尼となり、瑶光寺におり、大きな祝賀でもなければ宮中には入らなかった」という。高英が出家した後、彼女の娘である建徳公主は胡太后により養育された。『魏書』皇后伝は、「建徳公主は五、六歳になり、霊太后は常に左右に置き、これを養育し愛した」という。高英の年齢は若く（出家したときはおおよそ二五、六歳に過ぎず、死去したときも二九歳でしかなかった）、突然死去したのであるが、これは胡太后の手配によるものであった。

『魏書』粛宗紀は「（神亀元年九月）戊申（五一八年一一月一四日）、皇太后高氏は瑶光寺において崩じた」という。高英墓誌は「神亀元年九月二四日（五一八年一一月一二日）に寺において薨去した」といっている。墓誌は高英の死を『魏書』よりも二日早かったとしているが、両者はともに瑶光寺にて死去したとしている。実際には高英は自身の母親の家で死去したのである。高英の父親である高偃は太和一〇年に死去し、母親である王氏は苦労して数名の子供たちを養育した。高英が皇后となってから二年目に、王氏は武邑郡君に封ぜられた。『魏書』皇后伝によれば、このとき（一日だけであろうが）、高英は瑶光寺を離れて実家に帰り母親と面会したという。こともあろうにこの日に「天文に変化があり」、後宮の主に不利な天象があらわれた。どんな天象なのであろうか。『魏書』天象志は、「旬月戊午、月が軒轅《けんえん》を犯し、また女主の咎《とが》めであった」という。天象志のこの部分は魏収の原文ではなく、唐人によって補われた可能性が高く、時間の誤りが多い。神亀元年閏月は七月であったが、(3)閏七月には戊午の日はない。その後の小字注の占文も問題が多く、「月が軒轅を犯し、女主はこれを心配した。その後皇太后高尼は瑶光寺において崩じた。……胡太后は高氏を殺害して天変を押さえ、そこで后礼をもって彼女を葬った」といっている。概していえば、いわゆる「天文に変化があり」とは月が軒轅を犯し、女主の咎めという占いの結果が出たことである。理屈からいえば、このような災難は胡太后の身の上に起こるものであるが、彼女は当然他人に移す方法を考える必要があった。ここで彼女は前皇太后高英・現在の比丘尼慈義の存在に注目したのである。『北史』后妃伝には、「霊太后は災難を当てようとし、この夜突然崩じ、天下はこれを冤罪とした」とある。

胡太后の指令に基づき、高英は母親の家で殺害されたのであり、その後に「遺体は瑶光仏寺に返され、殯葬は尼礼をもって行った」という。高英墓誌によれば、葬儀を主催しまた参加したのは「弟子法王ら一〇〇人」であったという。ここでいう「弟子」とは、高英／慈義の弟子ではなく、「仏弟子」の略称であり、瑶光寺と高英に関わる比丘尼を指す可能性があり、当然彼女たちの中には元宮女が少なからずいたに違いなく、高英が出家したときに彼女にしたがって比丘尼となったのであろう。高英が葬られた時期は一〇月丁卯（五一八年一一月三日）である。『魏書』礼志によれば、皇帝（実際には胡太后である）がどのように葬礼を手配しているのかを聞いたとき、朝臣は「内外の群官は、仮に常服を改め、単衣・邪巾を着て、奉送して墓に至り、皆は泣き、ことが終わると除く。京師にとどまり、さらに宣下することはしない」ことを提案した。通常の比丘尼の葬礼ではなく、皇太后の葬礼でもなく、ある種の折衷の後に簡略化したものであったと見られる。

北邙山に向け葬送したのは高猛夫妻に違いない。そのとき高家でなお健在であった人物はいくらかいたにもかかわらず、既に時期が過ぎて色あせており、高猛の妻である長楽公主元瑛は宣武帝の同母妹の身分をもって、胡太后に礼遇されることもありえ、なおも宮廷の内外にて活躍していた。老尼慈慶が弔喪・葬送に行ったかどうかは、推測する術がない。

続いて、慈慶が参加したに違いない葬儀があったが、新喪ではなく、改葬であった。胡太后は二三年前に世を去り安葬された人物に対し、盛大な改葬を挙行したが、この人物とはすなわち宣武帝の生母・孝明帝の祖母である高照容である。『魏書』粛宗紀には、「この月（神亀二年正月）、文昭皇太后高氏を改葬した」とある。高照容墓誌に残存している文章は、改葬時期が神亀二年（五一九）であったことを言及しているが、続く月日はかなり残欠してしまっている。[4]証拠が顕示するように、遅くとも前年に高英が葬られてから間もなく、胡太后は高照容を再び安葬することを考慮したのである。例えば、『魏書』礼志は神亀元年一一月に尚書省祠部曹が改葬を準備し、儀式と関係する皇帝・皇太后と群臣の服制について、国子学士に意見を出すよう要請し、崔光は国子祭酒を兼任していたことにより、最後に多くの学士を代表して彼らの討論の結果を上奏した。高英の死後、殯葬は全て尼礼をもってしたため、世宗に配饗〔あわせ祭る〕することができなくなったのであるが、ならば将来胡太后が死去した後、配饗されることはありえるのであろうか。今回の高照容改葬は、将来のための準備であった。

『北史』后妃伝には、「（文昭皇）后はまず長陵の南東に葬ったが、陵制は小さかった」とある。高照容は普通の妃嬪の身分で、孝文帝の長陵の陵園に陪葬されたが、これは太和二〇年（四九六）のことであり、孝文帝は健在で、大馮が政権をとり、当然それを盛大に挙行することはできず、ゆえに墳墓の規模は比較的小さくなったのであり、「陵制は小さかった」とあるのはそれを指す。宣武帝が親政を開始した後に、文昭皇后と追尊し、高祖に配饗したが、改葬はせず、もとの封土の上において規模を拡大し、封丘を増した。いわゆる「よって山陵を起こし、終寧陵と号し、邑戸五〇〇家を置いた」であり、表面上の工作は行ったが、実のところ封土の下の墓室・棺椁には及んでいなかった。

『北史』后妃伝によれば、神亀二年正月に至り、胡太后の主催のもとで、「さらに皇太后の尊号を奉り、漢晋の礼典と同じく、姑婦の礼を正し、廟号はもとの文昭とした」という。『魏書』皇后伝によれば、この一節は実際には孝明帝の詔書から出ており、「文昭皇太后は高祖に配饗し、廟に祔して称号を定め、奉遷を促し、最初から最後まで、皇太后が主をつとめ、さらに尊号を奉り、太皇太后と称し、漢晋の礼典と同じく、姑婦の礼を正した。廟号はもとの通りであった」という。「姑婦の礼」とは、胡太后と高照容の間の姑嫁関係を指し、胡太后がこの改葬の大礼において喪主となったため、この礼を正さなければならないのであろう。しかし、漢晋の礼典とは何であろうか。

孝明帝の詔書はさらに「呂を廃し薄を尊び、礼は漢代にまで伸ばした」ことに言及しているが、これは前漢文帝の生母である薄姫の故事を指している。薄姫は前漢文帝のときに皇太后とされたが、死後には劉邦の長陵に入らず、文帝の覇陵付近に独立した陵墓を建設し、高廟に配饗されなかった。後漢初期、光武帝劉秀建武中元元年一〇月甲申（五六年一一月一五日）、司空馮魴を派遣して高廟に告祠させ、「呂太后は高廟に配饗し、至尊とともに祧するべきではなく」、「薄太后の母徳は情け深く、孝文皇帝は賢明にして国に臨み、子孫は福に頼り、長き福は今にまで続いている」といい、ここで「薄太后の尊号を高皇后とし、地祇に配食し、呂太后の廟主と園に移し、四時上祭した」というが、これは薄太后を尊んで呂太后を落とすためである(5)。光武帝が「薄を尊んで呂を落と」したのは、明らかに自分の後に規則を立てることを考慮したためであり、これがいわゆる漢典である。いわゆる晋典とは、東晋の簡文宣鄭太后を指す。鄭太后は晋文帝が皇帝となる前に妾となった人物であり、簡文帝の生母でもある。簡文帝は即位した後に彼女を皇太后とすることはなかったが、簡文帝の子である孝武帝はかえって祖母を簡文太后と追尊した(6)。つまり引かれている漢晋の礼典とは、ともに皇帝の生母が正宮の地位をうけるというものである。詔書は「薄を尊んで呂を落とす」ことを提唱しており、表面的には当時の大馮を落とし、高照容を尊崇することをたとえているが、実際には、将来の胡太后自身が宣武帝に配饗されるための、制度と理論の手配をあらかじめ行ったのである。

高照容の改葬は、孝文帝の長陵北西の遠くはないところ（六〇歩離れている）にて行われ、別に墓穴を掘り、その後に宣武帝の時代に拡張した終寧陵を開き、下に向けて数丈の深さを掘り、棺桶をとり出し、新しく掘った墓に移し入れた。『北史』后妃伝には、「霊櫬《れいしん》〔内側の棺〕を長陵の兆〔墓地〕内北西六〇歩に移した」とある。長陵に極めて近いために、祔葬と見なしうる。しかしながら、終寧陵から棺桶をとり出したとき、棺桶の上には一匹の大蛇がおり、「初め、終寧陵を開くこと数丈にして、梓宮の上において大蛇をえ、その長さは一丈余り、黒く、頭には王の字があり、閉じこもって動かず、霊櫬を移しても、なおも蛇をもとのところに置いた」という。これによれば、棺桶を移した際にさきに大蛇を移し、棺桶を新陵に移し入れた後に、またこの冬眠状態で「閉じこもって動か」なかった大蛇を、棺桶の上に戻したのである。

この盛大な改葬の儀式は、胡太后から孝明帝以下、内外の百官・朝野の僧俗に至るまで、どれほどの人間が参加したかは分からない。高照容の子女の中でこのときも健在であったのは長楽公主元瑛のみであり、彼女とその夫である高猛は自ずから参加することとなった。高家の諸人も参加したに違いない。さらに内司楊氏など、高照容の身辺にて仕事をしていた宮女・宦官たちも、いうまでもなく参加していたであろうが、彼らの中には老尼慈慶もいた。当然ながら、この一大儀式は実際のところは高照容ではなく、彼女は文章の題目に過ぎず、文章の内容は皇太后自身に関わるものであった。胡太后は「自ら喪主となり」、儀礼全体において終始中心の位置にいた。しかし、慈慶や長楽公主のような老人・家族にとっては、多少なりとも胡太后のこの行為に感激していたことであろう。どうあっても、歳月をもってしても癒やすことのできない傷は、このような死後の栄誉をもってようやく慰められたのであろう。

この年老尼慈慶は八一歳であった。遅くとも孝明帝が即位して以後、彼女は洛陽宮の高い壁と華やかな建物の暗く奥深いところに隠居することとなった。ほんのわずかな時間をもって、例えば高照容改葬の儀式などが行われたのであり、我々はそのとき彼女が表にあらわれたに違いないことを知っているが、たとえ我々がそのときその場にいたとしても、彼女を見つけ出しうる可能性は大きくはなかったであろう。縮こまって年老い、身体が衰えた老尼は、車馬が頻繁に往来し、人が多くいるなかで、いるかどうかも分からないほどの軽い塵にすぎなくなっていたのである。

注

（1）文成帝の生母郁久閭氏は、死後に恭皇后と追尊された。『北史』后妃伝は彼女が「文成皇帝を産んで薨去した」といい、『魏書』皇后伝は彼女が「世祖（太武帝）の末年に薨去した」というが、ともにはっきりしていない。『魏書』高宗紀によれば、文成帝の即位は正平二年（興安元年）一〇月戊申（四五二年一〇月三一日）のことであり、郁久閭氏は興安元年一一月甲申（四五二年一二月六日）に死去し、一八日後の壬寅（四五二年一二月二四日）に恭皇后と追尊したという。
（2）この種の危険は『魏書』于忠伝の末尾の史論に「いやしくも女主の世でなければ、なぜその門族を全うできようか。誅滅しなかったのは、そもそも天の幸運によるものである」といわれていることそのものであろう。
（3）陳垣『二十史朔閏表』（古籍出版社、一九五六年）七三頁参照。
（4）羅新・葉煒『新出魏晋南北朝墓誌疏証（修訂本）』八六～八七頁参照。
（5）『後漢書』巻一下 光武帝紀下（中華書局標点本、一九六五年、八三頁）参照。
（6）『晋書』巻三一后妃伝（中華書局標点本、一九七四年、九七九～九八〇頁）参照。

余韻—— 時間停止

高照容を改葬してからおおよそ一か月未満の後、神亀二年二月庚午（五一九年四月五日）に、洛陽城にて人々の注目を集める事件が発生した。『魏書』粛宗紀には、「羽林一〇〇〇人余りが征西将軍張彝の邸宅を焼き、彝を殴り、その子である始均を焼き殺した」とある。『魏書』張彝伝はこの事件の顛末を詳細に記録している。張彝は一四、五年前に陳留公主を娶ったが、同時に彼女との結婚を考えながら嫌われてしまった高肇の恨みを買い、彼にとって面倒なこととなった。彼は数年「停廃」することを余儀なくされたが、これはすなわちつくべき官がなくなったことを指し、したがって彼と公主の結婚は破壊された。後に張彝は中風となり、ほとんど半身不随となってしまい、努力と鍛錬とを経て、「やや朝拝できるようになった」という。これは当然彼の官僚生活を制限することとなったが、彼は朝政に関心を持ち、勤勉で休むことがなかった。彼の次男である張仲瑀はおおよそこの年の初めに、張彝の支持のもとで、官僚選抜制度改革に関連する封事を奏上した。

官僚選抜制度は政権官職の分配の体系であり、皇帝政治の最も重要な資源は政権官職であった。皇朝の草創期を除き、この資源と需要の間においてもとより供給過多になることはありえなかった。しかしそれぞれの時期の供給方式には大きな差があり、供給比率の変化は市場の構造変化を要求する。北魏の平城時代には武が文より重く、代々の兵将をつとめた代人が財を求め利を追うには弓馬をもって駆け走

図64　尉陵墓誌

るしかなかったのであり、貴冑〔貴顕の家〕の子弟としては羽林・虎賁に入ることで昇進がないことを心配する状況から抜け出せたのである。しかしながら皇朝が次第に多くの文治型の人材を引き込むようになるにしたがい、もとの羽林・虎賁型の人材が出世する道は次第に狭くなっていったのである。戦争の減少はもとより百姓《ひゃくせい》〔一般の人民〕にとっての福であるが、戦場で功績を立て出世を求める武人にとっては、よいことではなかったのである。尉陵墓誌には、「孝明帝の初期、四海に波はなく、貴魚は次をもってし〔順序立てて登用し〕、超越して登用することがむずかしくなった」[1]とある。『魏書』山偉伝は、「当時天下に大事はなく、進仕の道はむずかしくなり、代遷の人の多くはこれにあずかれなかった」という。ともに宣武帝と孝明帝の時代における代人子弟の昇進の苦境を物語っている。

当然ながら、代人子弟の中にも少なからず時代の変化に適応し、文化の変換を果たす者はいたが、さらに多くの代人はなおも伝統を固守していた。こうした状況のもとで選官方面にわずかでも変化が生じるならば、それは多くの人々の利益に影響した。高肇の声望は高くはなかったが、それは彼が選官を行うときに武官の利益を損なったことに関係する。『北史』外戚伝には、「(高)肇は枢要にあたり、常に己に任せたが、もとより学識はなく、動けば礼度に違い、好んで先朝の旧制を改め、封秩を削減し、勲功ある人物を抑え、これによって怨嗟の声が道に満ちた」とある。「勲功ある人物」は主として禁軍に集中し、「勲功ある人物を抑え」たことは自然に禁軍内に極めて多くの敵を作ることとなった。于忠は順序よく高氏勢力を潰していったが、それにはこうした背景と深い関係があった。

張仲瑀が奏上した封事の内容とは、「人材登用の基準を選別し、武人を排斥・抑圧し、清品に参与することがないようにさせることを要請する」というものであった。張仲瑀のこの提案は、選官のときに文武を区別し、人事を待つ官僚を身分に基づいて文武に分け、両者に各々一つずつの序列を設けるものであった。官職には文武・清濁の区別があり、いわゆる清品とは品秩が高からずとも名誉のある官職を指し、これらの官職を経ることの大いなる利点は昇進速度がとりわけ速くなることであった。もし武官の序列における人事待機者をこれら清品官職の外に排除したならば、彼らの今後における昇進は遅くなり、名誉には傷が付き、ここから派生する経済的利益が一層ひどくなることを意味していた。

こうした提案が提起できるほどに、朝廷において文士出身官僚の占める比率が既に相当大きなものとなっていたことがうかがえる。一〇年前には、あえてこうした提案をする人間が出てくるとは想像できず、平城時代においては間違いなく災難を招いたことであろう。しかし、たとえ時代に既に大きな変化が発生したとしても、このような提案を出せば公然と多くの下層禁衛武官を敵に回すのである。羽林・虎賁の中には、文化の転換・制度の変革のもたらした失意と不満が、長らく蓄積し、深く醸し出されていたことにより、早くから爆発のきっかけを探していた。張仲瑀が奏上したのは明らかに封事であり、対外的に公開されていたわけではない秘密の上奏であるが、すぐにこの文書（あるいはその部分的な内容）を社会にまき散らす者が出てしまい、羽林・虎賁は激怒した。

『魏書』張彝伝によれば、庚午の日に張彝宅を攻撃する前に、数日にわたる連絡・動員を組織的に行っており、「このため声がやかましく、怨恨・誹謗は道に満ち、榜〔立て板〕を大巷に立て、期限の時間に集まり、その家を屠《ほふ》り害した」という。こうした宣伝組織は、朝廷は意図しておらず、張家もまた泰然としてこれに対処したが、本当は何が起こっていたかがほとんど分かっていなかった。「（張）彝はことさらに逃げる意図もなく、父子は安静であった」という。行動に不便な張彝は逃げることなど思いもよらず、彼の子供たちも全く心配していなかった。二月庚午（四月五日）に至り、羽林・虎賁は一〇〇〇人近くが集まったが、はじめは明らかに平和的な旅行のようであり、皆武器を携帯していなかった。張彝の長子である張始均が著作佐郎をもって尚書左民郎中を長兼していたことから、彼らはまず尚書省に至った。抗議者は「相互に率いて尚書省に至って罵倒し」、張始均を探し出すことを希望した。ちょうど張始均はこの日不在であり、尚書省は大門を固く閉じ、抗議者が進入して捜索することを許さなかった。そこで抗議者は「瓦石で公門を打ち付け」、ひとしきり騒いだ。尚書省は国家最高の行政機関であったが、このような攻撃をうけた際には、「上下となく恐れ、あえて討伐する者はいなかった」。

街頭における抗議の大きな特徴は次第に激しくなり、次第に人が多くなったことである。一〇〇〇人近くの羽林・虎賁は一緒になったのであり、尚書省においてはえるところがなかったとはいえ、ただですむわけがなかったのである。

彼らは長きにわたる全ての事物に対する不満を張家父子の身の上にぶちまけようとしていた。毒を食らわば皿まで、ということで、彼らはたいまつに点火し、通りの薪や可燃物を奪い、木の棒や石を武器として、張家の邸宅に突入した。張彝伝には、「そのまま火を持ち、道中の薪を略奪し、木の棒や石を武器とし、まっすぐにその邸宅に至った」とある。張家の邸宅は比較的豪華で、張彝はこれ以前に「大いに邸宅を建設し、徽号は豪華であった」といい、このときは多くの羽林・虎賁がこのような豪邸に至り、それが敵愾心をいっそう激しく燃やしていた。

彼らが突入したとき、張彝の二人の子供、すなわち張始均と張仲瑀は一通り抵抗し、ともに負傷し、後院の北壁に向かって逃げるしかなくなり、行動に不便な張彝だけは家の中にとどまった。抗議者は張彝を庁堂の下の庭院に引き入れ、ひとしきり殴り、大声の悲鳴があがるほど打ち付けた。その後彼らは持ってきたたいまつや薪で邸宅全体に放火した。張始均は既に脱出していたが、このとき戻り、羽林・虎賁に対してひざまずき、老父の命を助けるよう求めた。張仲瑀は戻らなかったが、これは彼が既に重傷を負っていたためである。羽林・虎賁たちはまず張始均を殴打し、その後に彼を火の中に突っ込み生きながら焼いた。後に灰の中から遺体を探し出すと、表面は既に識別できないほどになっており（張家の死人が多かったことによる）、髪についていたかんざしからようやくこれが彼であることを知ったのである。

この一通りの発散の後に、羽林・虎賁は盛大に退散し、張彝は気息奄々となり、隣接する仏寺に運ばれた。「遠近となく皆見聞し、驚き嘆かない者はなかった」という。

張彝は二日後に死去した。このとき張仲瑀は滎陽に連行されて療養し、張彝の身辺にはいなかった。張彝は死去する前にあがきながら一通の上書を口述しており、これは依然として張仲瑀の封事のために書かれたものであり、そこには「臣《わたし》の次男である仲瑀が上奏した封事は、統治に益することが実に多いものであります」云々と書かれていた。朝廷はどのように処理したのであろうか。一〇〇〇人近くの羽林・虎賁は、その多くが官貴の子弟であり、朝中において根は深く葉は茂り、巻き添えを食った者は極めて多く、当然その全てを処罰するということはできなかった。張彝伝には、「政府は羽林の凶悪な者八人を逮捕してこれを斬ったが、多くの小物たちを全て誅殺することはできず、すぐに大赦して民衆の動揺を安定させようとした。有識者は国家がもうすぐ滅亡するであろうことを知った」とある。八人を殺害して取り繕い、すぐにその他の人々には大赦を行い、その他の犯人たちの罪は追究しなかったのである。

胡太后は張彝父子の災難に対して「とりわけ哀れんで痛ましく思い、数か月も泣いた」のであり、非常に心を痛めていた。彼女は侍臣に対し、「私は張彝のために飲食が進まず、髪がかすかながら抜けるようになった。悲痛の苦しみは、ここまでひどくなっている」といった。

しかし、これは朝廷が張仲瑀の提案を採用することを意味するものではなかった。むしろ正反対に、この事件のために、現場の官僚は完全に羽林・虎賁らの意思にしたがった選官制度を制定したのであり、それがすなわち「停年格」である。『魏書』崔亮伝には、「(崔亮は吏部尚書となり)ときに羽林が新たに張彝を殺害した後であり、霊太后は武官に資によって入選することを認めた。官僚のポストは既に少なくなり、選に応ずる者は多くなっていたが、前尚書李韶《りしょう》は通常のルールにしたがって人を抜擢しており、百姓は大いにこれを恨んだ。亮はそこで上奏して格制を作り、士の賢愚を問わず、専ら勤務日数を判断材料とした。ある人が官に復職する場合であっても、日数が少なければ結局不可能となった。凡庸の才で下の品であっても、長く勤めた者は灼然として先に登用された。沈滞する者はその能力を賞賛された」とある。史臣には崔亮の停年格を批判する傾向があるが、この方法が相当の人数の不満の感情を緩和したことは認めざるをえなかった。

張彝伝には「有識者は国家がもうすぐ滅亡するであろうことを知った」とあるが、この「有識者」とは、東魏・北斉の建国者である高歓を指しているのかもしれない。

神亀二年(五一九)二月、高歓は北辺の六鎮の一つである懐朔鎮(現在の内モンゴル自治区包頭《パオトウ》市固陽県)の文書送達の小軍官(函使)として、ちょうど洛陽におり、この騒乱を目撃し、また最後の処理まで見届けていた。『北史』斉本紀によれば、高歓は洛陽から懐朔鎮に戻った後、「財産を傾けて食客を

集め」、すなわち家財を費やして友と結んだのである。これはかなり変わった振る舞いであったらしく、親友・旧友の注意を引き付け、彼にどうしてこのようなことをするのかと質問した。高歓は、「私は洛陽に赴き、宿衛の羽林が領軍張彝の邸宅を焼き、朝廷はこの混乱を恐れて不問に付した。政治がこのようであれば、ことは推して知るべきであろう。財物などいつまでも持っていて何になるか」と答えた。史書は高歓が「これより天下を清めんとする志を抱いた」と賞賛し、幾人かの「奔走の友」と結び、国家の秩序が解体されていくときにおいて自身の生存を確保するための人脈資源を少しずつ貯めていった。『資治通鑑』もこれを叙述しており、胡三省の注には、「高歓の事跡はここから始まる」とある。

　高歓の登場は、歴史のこの一幕がなおも終わってはいないものの、次の一幕が既に開いていたことを物語っている。ある者は、歴史の中心的舞台は間もなく別の場所に移り、我々が気にもしていなかった人物が彼ら各々の役割を担うことになるであろうという。

　歴史は遠からず重大な転換点を迎えようとしていたが、しかし誰も意識できてはいなかったのであろう。このときの洛陽は、上は皇太后・皇帝・王公・大人から、下は兵卒・商人・奴婢・僧尼に至るまで、人々は皆もとの生活のままであった。

　歴史と物語とは異なる。物語には主人公がおり、始まりがあり、終わりがあるが、歴史にはそれらがない。物語は河であり、源流があり終端がある。歴史は海であり、起点はなく、また終点もない。

　本書がその人生について叙述してきた王鍾児／慈慶に

ついていえば、彼女は歴史の一部であったが、彼女個人の生命ははっきりとした始まりと終わりがあった。神亀二年の後に、彼女はなおも五年の余生を残していた。この五年のうちに、洛陽宮はその光景を一変させ、胡太后は北宮に軟禁され、幼い皇帝は中宮にて管理され、一本の永巷が母子を隔離し、また権力からも隔離した。これも慈慶に小さな皇帝に訪問するための機会を与えたのかもしれない。同時に、彼女は知り尽くした人間であり、彼女とともに奚官奴の人生を過ごしてきた人物は、皆一人一人離れていった。例えばかつてともに高照容の宮中において仕事していた宮内司楊氏は、正光二年〔五二一〕に世を去り、そのとき慈慶は八三歳であった。このような人が多くなるほど、慈慶の生命も深刻に萎縮するようになり、一人亡くなるごとに彼女の生命の一部を持ち去っていくようであった。最後、正光五年〔五二四〕の四・五月の間に、彼女が昭儀寺に横たわって最後のときを待ちつつ、汝水の流れる懸瓠城や、幾年にわたる人々や物事について回想していたか否かについては我々には分からなくなっている。

我々の物語としては、ここで停止させるべきであろう。

歴史はしかしながらなおも継続する。

最後に、杜法真墓誌の一句の銘辞を引用し、本書で言及した全ての人々に献じたいと思う。

魂や永逝し、名挙がりて風旋す。

注

（1）侯璐（編著）『保定出土墓誌選注』（河北美術出版社、二〇〇三年）四〜七頁参照。

あとがき

昔のこと、先師田余慶先生の『拓跋史探』の「子貴母死」の制を解析した数章を読んだばかりのとき、私は初めて王鍾児（慈慶）墓誌が深く掘り下げる価値のある物語を含んでいる可能性を意識した。田先生が亡くなられた後、私はこの物語について書くことを考え始め、試しに数回この物語を講座の主題としてみた。しかし真に勇気を振り絞って筆をとったのは、二〇二〇年春に至ってからのことであり、オンライン授業を行いつつ、王鍾児について書いていたのである。しかし四月末に北京でコロナウイルス対策のロックダウンが緩和され、別件に忙しくなり、この仕事はしばらく停止した。二〇二一年春に私は大学院生のために開いた「北朝史専題」の授業を利用して、既に書き上げた部分を学生たちに渡して討論し、同時に執筆を継続した。基本的には毎週授業にて一章分の原稿について討論し、学生たちに修正の意見を求めたのであり、私に対する助けとしては当然大きかったが、私はあえて学生たちが多大な収穫があるだろうと保証することはしなかった。しかし、六月上旬に課程が終わるとき、ようやく孝文帝の病死にまで到達した。長期休暇に入るとまた作業を休止した。一冊の本にまとめるには、結局長い時間がかかったのであり、『漫長的余生』は「漫長〔果てしない〕」著作となったのである。今年の春節の後に再度点検し、二か月近く推敲し、遂に完成にこぎつけたのである。

このようにモタモタと書き進めたわけであるが、可能な解釈としては、私はこうした書き方が学問の意義を備えているか否かが分からなかったというものである。現代歴史学の最も鮮明な特徴は解釈と分析であり、単に物語を講ずるものではなく、またむやみに感慨を発するものでもない。王鍾児の物語を講述することは、多すぎるほどの文献の校訂、史事の分析あるいは史学の解釈に、一、二点の大いに関心を注がれるある学問の主題を貼り付けることはできないなどとはいえず、これにより一つの研究ということが困難となっている。しかし私は散々ためらったものの、この物語が私を惹き付けることを振り切ることはできず、かつ明らかに、この仕事を完成させなければ、別件をこなすのに精力を集中させることがほとんど困難になっていたのである。これが唯一かつ真実の理由であるわけはなかったにもかかわらず、私は自分を激励するときにはいつも、この物語は講述するに値し、主人公がいかなる意義においても結局弱者と周辺の人物であるがゆえに、弱者に関心を持ち、周辺の人物のために声を発することは、まさしく歴史学に携わる人間の重要な責務なのではないか、と問いかけていたのである。

執筆とは生米を炊くことであり、出版とは後の祭であり、矢は既に弦を離れているのである。田余慶先生は常に学生に対して、高い境地を追求し、分量のある作品を書き上げるよう戒めた。私は先生に長きにわたり師事してきたが、この訓戒を一度も忘れたことはなかった。ただ、資質が鈍いのを深く恥じ、また期待に背いたことを恥じている。まさしく謝霊運の詩に、「明月 雲間に在り、迢迢として得べからず」〔「東陽谿中贈答」〕とある通りである。高い境地は自然に到達することが容易ではなくなっていたが、しかし心中には既にこの追求が存し、この基準を有し、入稿のときに至ってもなお、逡巡することは免れなかった。

ロックダウンのもと、春は既に過ぎ、夏は未だ来たらず、落ちた花はひっそりと地に満ちていた。庾信のいう、「妨ぐる無くして春日に対し、懐抱して只《ただ》秋を言うのみ」〔「和庾四詩〔庾四に和する詩〕」〕である。

壬寅の年、春夏の間に朗潤園にて

羅新

訳者あとがき

本書は羅新『漫長的余生――一個北魏宮女和她的時代』（北京日報出版社、二〇二二年）の邦訳である。著者の羅新氏は、一九六三年に湖北省随県に生まれ、一九八五年に北京大学中国語言文学系を卒業、一九九二年に同大学歴史学系の修士学位を取得、一九九五年には歴史学系の博士学位を取得されている。そして同年に同大学中国古代史研究中心の教員となり、現在に至っている。

羅新氏は魏晋南北朝史の研究者であるが、その専門は政治史・社会史・北方民族史・走馬楼呉簡など多岐にわたり、これまでに『中古北族名号研究』（北京大学出版社、二〇〇九年）、『殺人石猜想』（中華書局、二〇一〇年）、『歴史的高原遊牧』（中華書局、二〇一一年）、『黒氈上的北魏皇帝』（海豚出版社、二〇一四年）、『従大都到上都 在古道上重新発現中国』（新星出版社、二〇一四年）、『有所不為的反叛者 批判、懐疑与想象力』（上海三聯書店、二〇一九年）などの著書を出版され、発表論文も多数にのぼる。その研究はモンゴル語・チュルク語などの多言語をも踏まえた、高度な実証性を特色としている。

原書『漫長的余生』は、北京日報出版社や西北大学出版社・広東人民出版社・上海三聯書店・百花洲文芸出版社・民主与建設出版社・九州出版社など、多数の出版社による横断的なシリーズ「理想国＝imaginist」の一部として出版されたものである。元来、中国における歴史関係の出版物は、日本における一般読者向けの概説書のようなものは比較的少なかったが、『漫長的余生』は史料を細かく引用するという学術書のスタイルをとりつつも、比較的平易な文章により叙述されており、今回の翻訳に際しても、かなりスムーズに作業が進められるほどであった。今後『漫長的余生』が中国出版界における画期をもたらす可能性も十分にありえるであろう。

さて本書の最大の特色は、何といっても墓誌・石碑等の石刻史料の豊富な引用である。魏晋南北朝時代における石刻史料は北朝（北魏の洛陽遷都以降）の墓誌が主たるものであるが、こうした石刻史料を使用した研究は、日本・中国とも量的には二〇〇〇年頃以降に増加し、とりわけ羅新氏は『新出魏晋南北朝墓誌疏証』（中華書局、二〇〇五年、葉煒氏との共著）などを出版されているように、魏晋南北朝時代の墓誌研究の第一人者であり、石刻史料に関する該博な知識が本書には遺憾なく活かされている。本書の各所においては、『魏書』・『北史』などの伝世文献と石刻史料の比較検討がきめ細かくなされており、その考察も極めて実証的である。私にとっても北朝墓誌に対してはもちろん関心はあったが、どのように使用すべきなのかあまり理解できておらず、このたびの翻訳を通じて、ようやくその活用法を知ることができた。また北魏の後宮という、特に日本においてはあまり着目されてこなかったテーマに真正面からとり組み、一宮女の人生という切り口から北魏政治の実像をあぶり出すという氏の独創的な発想には感服する他ない。本書が日本の読者に幅広く読まれ、斬新な視点から描写される北魏の政治・社会像が深く知られることを願ってやまない。

今回の翻訳は、人文書院の青木拓哉氏の依頼によるものである。青木氏は私の大学の後輩にあたり、二〇二一年三月にまず中文書の翻訳依頼が青木氏よりあったためそれを承諾し、その後に翻訳する書籍の選定にとりかかったが、かなり難航した。最終的に二〇二二年九月に青木氏より『漫長的余生』の推薦があったので、これを翻訳することに決定した。今回の翻訳に際しては読者の理解の助けのため、原文を現代日本語に訳するだけではなく、石刻史料の拓本図版や系図を多数掲載した。拓本図版の検索には近年公刊された王連龍編撰『南北朝墓誌集成』（上下冊、上海人民出版社、二〇二一年）を活用し、地図の作成に際しては北京日報出版社の馮博文氏のご協力をえた。特に馮氏には記して謝したい。

なお北魏の後宮に関しては、本書第一〇章に言及されているように、代表的研究として李憑『北魏平城時代（修訂本）』（上海古籍出版社、二〇一一年）と田余慶『拓跋史探（修訂本）』（生活・読書・新知三聯書店、二〇一九年）があり、ともに「子貴母死」を扱っているが、両書はそれぞれ劉可維・小尾孝夫・小野響訳『北魏平城時代』（京都大学学術出版会、二〇二一年）、田中一輝・王鏗訳『北魏道武帝の憂鬱――外戚・皇后・部族』（京都大学学術出版会、二〇一八年）として邦訳が刊行されており、後者の翻訳には私も参加した。本書とあわせ読むことで、北魏の政治・後宮についての理解がより深められるであろう。

最後に、このたび貴重な機会を与えていただいた著者羅新氏と青木氏に、あらためて謝意を表したい。

二〇二四年六月

訳者　田中一輝

魏墓誌選編』図版47。

図62　元萇墓誌　劉蓮香・蔡運章「北魏元萇墓誌考略」(『中国歴史文物』2006年第2期)。

図63　北魏洛陽城宮城図　原書288頁。前掲銭国祥「北魏洛陽宮城的空間格局復原研究」に基づき製図。

図64　尉陵墓誌　侯璐編著『保定出土墓誌選注』(河北美術出版社、2003年)4頁。

地——2009～2010年北区発掘報告』（科学出版社、2021年）114頁。
図39　邢巒墓誌　田国福主編『河間金石遺録』(河北教育出版社、2008年)186頁。
図40　邢偉墓誌　前掲田国福主編『河間金石遺録』188頁。
図41　崔楷墓誌蓋　田韶品「曲陽北魏崔楷墓」（『文物春秋』2009年第6期）。
図42　北魏皇室・邢氏・崔氏系図　訳者作成。
図43　元詳墓誌　前掲洛陽市文物局編、朱亮主編、何留根副主編『洛陽出土北魏墓誌選編』図版29。
図44　元勰墓誌　前掲趙万里『漢魏南北朝墓誌集釈』図版185。
図45　高氏(韓賄妻)墓誌　前掲毛遠明校注『漢魏六朝碑刻校注』第5冊292頁。
図46　高猛墓誌　前掲洛陽市文物局編、朱亮主編、何留根副主編『洛陽出土北魏墓誌選編』図版89。
図47　高植墓誌　前掲趙万里『漢魏南北朝墓誌集釈』図版227。
図48　高湛墓誌　前掲趙万里『漢魏南北朝墓誌集釈』図版293。
図49　高慶碑　前掲北京図書館金石組『北京図書館蔵中国歴代石刻拓本彙編』第三冊114頁。
図50　高貞碑　前掲毛遠明校注『漢魏六朝碑刻校注』第5冊232頁。
図51　李氏（李令徽）墓誌　前掲洛陽市文物局編、朱亮主編、何留根副主編『洛陽出土北魏墓誌選編』図版10。
図52　慈義（高英）墓誌　前掲洛陽市文物局編、朱亮主編、何留根副主編『洛陽出土北魏墓誌選編』図版61。
図53　北魏後期皇室系図　訳者作成。
図54　楊奥妃墓誌　大同北朝芸術研究院編著『北朝芸術研究院蔵品図録（墓誌巻)』（文物出版社、2016年）85頁。
図55　元宝月墓誌　前掲趙万里『漢魏南北朝墓誌集釈』図版191-2。
図56　王普賢墓誌　前掲趙万里『漢魏南北朝墓誌集釈』図版22。
図57　司馬顕姿墓誌　前掲趙万里『漢魏南北朝墓誌集釈』図版30。
図58　李氏墓誌　前掲趙万里『漢魏南北朝墓誌集釈』図版39。
図59　僧芝墓誌　趙君平・趙文成編『河洛墓刻拾零』（北京図書館出版社、2007年）20頁。
図60　杜法真墓誌　張伯齢編著、陝西省古籍整理弁公室主編『北朝墓誌英華』(三秦出版社、1988年)。
図61　元珍墓誌　前掲洛陽市文物局編、朱亮主編、何留根副主編『洛陽出土北

成帝《南巡碑》」(『文物』1997年第12期)。

図21　文成帝南巡碑碑陰　同上。

図22　馮煕墓誌　劉連香「北魏馮煕馮誕墓誌与遷洛之初陵墓区規劃」(『中原文物』2016年第3期)。

図23　常季繁墓誌　北京図書館金石組『北京図書館蔵中国歴代石刻拓本彙編』第四冊（中州古籍出版社、1989年）136頁。

図24　太武帝東巡碑　「北魏太武帝東巡碑（已断残)」(『中国書法』2014年第7期)。

図25　高照容墓誌　洛陽文物工作隊『洛陽出土歴代墓誌輯縄』(中国社会科学出版社、1991年）28頁。

図26　高琨墓誌　毛遠明校注『漢魏六朝碑刻校注』第4冊（線装書局、2009年）260頁。

図27　王曇慈墓誌　陳花容「新見《北魏王曇慈墓誌》考釈」(『書法研究』2020年 第4期)。

図28　元懐墓誌　前掲趙万里『漢魏南北朝墓誌集釈』図版193。

図29　元瑛墓誌　洛陽市文物局編、朱亮主編、何留根副主編『洛陽出土北魏墓誌選編』(科学出版社、2001年）図版115。

図30　馮季華墓誌　前掲北京図書館金石組『北京図書館蔵中国歴代石刻拓本彙編』第三冊173頁。

図31　北魏中期皇室系図　訳者作成。

図32　高道悦墓誌　毛遠明校注『漢魏六朝碑刻校注』第5冊（線装書局、2009年）3頁。

図33　北魏山西地図　前掲譚其驤主編『中国歴史地図集』第四冊52頁に基づき訳者作成。

図34　元楨墓誌　前掲洛陽市文物局編、朱亮主編、何留根副主編『洛陽出土北魏墓誌選編』図版2。

図35　北魏・南斉地図　馮博文氏原案、前掲譚其驤主編『中国歴史地図集』第四冊に基づき訳者補正。

図36　元純陀墓誌　前掲趙万里『漢魏南北朝墓誌集釈』図版131。

図37　崔賓媛墓誌蓋　陶鈞「北魏崔賓媛墓誌考釈」(『収蔵家』2012年第6期)。

図38　崔賓媛墓誌　前掲葉煒・劉秀峰主編『墨香閣蔵北朝墓誌』15頁、北京大学考古文博学院・河北省文物考古研究院『賛皇西高北朝趙郡李氏家族墓

挿図出典一覧

図1　北魏皇帝系図　訳者作成。
図2　北魏洛陽城内城図　原書3頁。郭沫若主編『中国史稿地図集』(中国地図出版社、1996年)、銭国祥「北魏洛陽宮城的空間格局復原研究——北魏洛陽城遺址復原研究之三」(『華夏考古』2020年第5期) などに基づき馮博文氏作成。
図3　慈慶(王鍾児)墓誌　趙万里『漢魏南北朝墓誌集釈』(上下巻、鼎文書局、1972年) 図版239。
図4　『康熙汝陽県志』汝陽県治　原書19頁。馮博文氏作成。
図5　劉宋皇帝略系図　訳者作成。
図6　北魏・劉宋地図　馮博文氏原案、譚其驤主編『中国歴史地図集』第四冊 (中国地図出版社、1982年) に基づき訳者補正。
図7　文羅気墓誌　葉煒・劉秀峰主編『墨香閣蔵北朝墓誌』(上海古籍出版社、2016年) 69頁。
図8　問度墓誌　前掲葉煒・劉秀峰主編『墨香閣蔵北朝墓誌』249頁。
図9　楊氏墓誌　前掲趙万里『漢魏南北朝墓誌集釈』、図版36。
図10　呉光墓誌　前掲趙万里『漢魏南北朝墓誌集釈』、図版26。
図11　劉阿素墓誌　前掲趙万里『漢魏南北朝墓誌集釈』、図版29。
図12　張安姫墓誌　前掲趙万里『漢魏南北朝墓誌集釈』、図版33-2。
図13　緱光姫墓誌　趙君平『邙洛碑誌三百種』(中華書局、2004年) 17頁。
図14　緱顕墓誌　上海書画出版社編『北朝墓誌精粋』第一輯北魏巻一 (上海書画出版社、2021年) 82～83頁。
図15　孟元華墓誌　北京図書館金石組『北京図書館蔵中国歴代石刻拓本彙編』第三冊 (中州古籍出版社、1989年) 130頁。
図16　劉華仁墓誌　前掲趙万里『漢魏南北朝墓誌集釈』、図版31。
図17　王遺女墓誌　前掲趙万里『漢魏南北朝墓誌集釈』、図版34。
図18　王僧男墓誌　前掲趙万里『漢魏南北朝墓誌集釈』、図版35-2。
図19　馮迎男墓誌　前掲趙万里『漢魏南北朝墓誌集釈』、図版32。
図20　文成帝南巡碑碑陽　山西省考古研究所・霊丘県文物局「山西霊丘北魏文

著者略歴

羅新（ら しん、Luo Xin）

1963年、湖北省随県生まれ。北京大学歴史学系博士。現在、北京大学中国古代史研究中心・歴史学系教授。著書に『中古北族名号研究』（北京大学出版社、2009年）、『殺人石猜想』（中華書局、2010年）、『歴史的高原遊牧』（中華書局、2011年）、『黒氈上的北魏皇帝』（海豚出版社、2014年）、『従大都到上都 在古道上重新発現中国』（新星出版社、2014年）、『有所不為的反叛者 批判、懐疑与想象力』（上海三聯書店、2019年）、『王化与山険 中古辺裔論集』（北京大学出版社、2019年）、『月亮照的阿姆河上』（上海人民出版社、2022年）などがある。

訳者略歴

田中一輝（たなか かずき）

1983年、愛知県瀬戸市生まれ。京都大学大学院文学研究科博士後期課程修了、博士（文学）。現在、椙山女学園大学外国語学部准教授。著書に『西晋時代の都城と政治』（朋友書店、2017年）、訳書に霍宏偉・史家珍主編（岡村秀典監訳、田中一輝・馬渕一輝訳）『洛陽銅鏡（上下巻）』（科学出版社東京、2016年）、田余慶（田中一輝・王鏗訳）『北魏道武帝の憂鬱——皇后・外戚・部族』（京都大学学術出版会、2018年）、陳政・盧星・方志遠（向井佑介監訳、田中一輝訳）『埋もれた中国古代の海昏侯国——二十七日間の皇帝劉賀』（樹立社、2019年）、楊鴻勛（向井佑介・高井たかね・田中一輝訳）『唐長安大明宮（上下巻）』（科学出版社東京、2021年）がある。

JIMBUN SHOIN Printed in Japan
ISBN978-4-409-51105-3 C3022

果てしない余生
——ある北魏宮女とその時代

二〇二四年一二月二〇日　初版第一刷印刷
二〇二四年一二月三〇日　初版第一刷発行

著者　羅　新
訳者　田中一輝
発行者　渡辺博史
発行所　人文書院
〒六一二-八四四七
京都市伏見区竹田西内畑町九
電話〇七五（六〇三）一三四四
振替〇一〇〇〇-八-一一〇三

装丁　文図案室　中島佳那子
印刷・製本　モリモト印刷株式会社

乱丁・落丁本は送料小社負担にてお取替いたします。

http://www.jimbunshoin.co.jp/